DIGITAL TRANSFORMATION · MEDIA MANAGEMENT

디지털전환시대의
미디어경영론

송민정

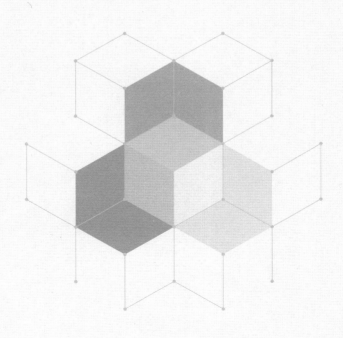

박영사

서문

　2020년 코로나19로 전 세계가 팬데믹을 경험하면서 디지털 트랜스포메이션 (Digital transformation; 이후 디지털 전환)은 기업의 생존을 넘어 성장 전략으로서 한층 더 탄력을 받는다. 기존의 온택트(Ontact) 시대는 언택트(Untact) 시대로 불리고 있으며, 거의 모든 기업이 정보통신기술(Information Communication Technology; ICT)을 도입하기 시작했고, 국가 차원의 디지털 정책과 투자가 추진된다. 4차 산업혁명 도래와 함께 코로나19 확산으로 ICT 적용이 더욱 강하게 요구되면서 디지털 전환 시대가 우리 앞에 성큼 다가온 현실에서, 기업의 경영전략 혁신은 디지털 전환하는 것을 뜻한다.

　국경 없는 미디어 시장 경쟁에서 살아남기 위해 디지털 전환은 이제 미디어 기업에게도 필수 조건이 되었다. 국내에 이미 진입한 넷플릭스를 필두로 디즈니플러스 등 또 다른 글로벌 미디어 기업들의 진입이 잇따를 것으로 보이는 가운데, 국내 미디어 기업들의 고민은 깊어만 간다. 앞으로 어떻게 수익을 창출해낼 것인지, 얼마나 지속적으로 콘텐츠를 제작할 것인지에 더해, 물밀듯이 밀려들어오는 글로벌 미디어 기업들에 어떻게 대응할 것인지로 고민이 확장된다. 본 교재는 미디어 기업들이 실제로 디지털 전환 대응을 어떻게 해야 할지에 대해 경영상에 실제적 도움을 주고자 한다.

　디지털 전환 시대의 미디어 경영은 4부로 구성된다. 먼저, 1부 [미디어 경영의 디지털 전환 개관]에서는 1장에서 디지털 전환 시대를 개관하고, 2장에서 디지털 전환 시대의 미디어 경영을 개관하며, 3장에서 디지털 전환 시대의 미디어 데이터를 개관한다. 먼저 1장에서는 디지털 전환의 개념 정의와 함께 핵심 실행 영역을 비즈니스(Business), 생태계(Ecosystem), 거버넌스(Governance)로 구분하며 기술 및 정책 조건을 살펴보고, 2장에서는 미디어 및 미디어 경영을 보는 양대 시각을 소개하고, 앞서 논의한 핵심 실행 영역과 기술 및 정책 조건을 미디어 경영 관점에서 다시 한 번 개관한다. 3장에서는 데이터의 유형과 특성을 설명하고, 각 특성별 미디어 데이터 자원을 소개하며, 그 가치와 기준을 설명하고, 미디어 데이터 관련 요소 기술에 대해 간략히 소개한다.

2부 [미디어 비즈니스의 디지털 전환]에서는 4장에서 미디어 비즈니스 활동의 디지털 전환을, 5장에서 미디어 비즈니스 프로세스의 디지털 전환을, 6장에서 미디어 비즈니스 모델의 디지털 전환을 살펴본다. 먼저, 4장에서는 미디어 콘텐츠 상품의 주요 특성을 설명하고, 기존 미디어 마케팅 믹스의 발전 현황을 살펴본 후, 테이셰이라(Teixiera)의 '디커플링(Decoupling)' 이론을 토대로, 미디어 고객의 소비 활동 과정에 존재하는 탐색, 평가, 구매, 이용 등 연결고리 중 가장 약한 고리를 떼어내는 미디어 비즈니스 활동의 디커플링 전략에 대해 이야기하고, 데이터 기반의 미디어 비즈니스 활동에 대해 사례 중심으로 설명한다. 5장에서는 비즈니스 프로세스의 개념과 특성을 설명하고, 기존 미디어 비즈니스 프로세스의 발전 현황을 살펴본 후, 크리스텐슨(Christensen)의 '파괴적 혁신(Disruptive innovation)' 이론을 토대로, 저가형 시장과 신시장에서의 비즈니스 프로세스의 파괴적 혁신에 대해 이야기하고, 데이터 기반의 미디어 비즈니스 프로세스에 대해 사례 중심으로 설명한다. 6장에서는 비즈니스 모델의 개념과 구성 요소를 설명하고, 기존 미디어 비즈니스 모델의 발전 현황을 살펴본 후, 체스브러(Chesbrough)의 '비즈니스 모델 혁신(Business model innovation)' 이론을 토대로, 개방형 비즈니스 모델 혁신 이후의 단계적 혁신에 대해 이야기하고, 데이터 기반의 미디어 비즈니스 모델에 대해 사례 중심으로 설명한다.

3부 [미디어 생태계의 디지털 전환]에서는 7장에서 미디어 플랫폼 생태계, 8장에서 중앙집중형 미디어 플랫폼, 9장에서 분권형 미디어 플랫폼의 디지털 전환을 살펴본다. 먼저 7장에서는 부상하는 플랫폼 생태계와 플랫폼의 조건을 설명하고, 기존 미디어 플랫폼 생태계의 발전 현황을 살펴본 후, 아이젠만, 파커, 반 앨스타인(Eisenmann, Parker, and Van Alstyne)의 '양면시장 전략(Strategies for two sided markets)' 이론을 토대로, 미디어 플랫폼의 양면시장 성장 전략에 대해 이야기하고, 데이터 기반의 양면시장 미디어 플랫폼을 사례 중심으로 설명한다. 8장에서는 중앙집중형 플랫폼 생태계의 특성을 설명하고, 기존 중앙집중형 미디어 플랫폼의 발전 현황을 살펴본 후, 아이젠만, 파커, 반 앨스타인의 '플랫폼 흡수(Platform envelopment)' 이론을 토대로, 미디어 플랫폼이 생태계를 중앙집중적 구조로 가져가기 위해 보완재나 대체재를 인수 합병하거나 이들과의 배타적 제휴를 어떻게 가져가는지에 대해 설명하고, 데이터 기반의 미디어 플랫폼 흡수에 대해 사례 중심으로 설명한다. 9장에서는 분권형 플랫폼 생태계의 특성을 설명하고, 기존 분권형 미디어 플랫폼의 발전 현황을 살펴본 후, 아이젠만, 파커, 반 앨스타인의 '개방형 플랫폼(Open platform)' 이론을 토대로, 플랫폼 개방 수준별로 미디어 플랫폼의 개방형 플랫폼 전략이 어떻게 차별화되는지 이야기하고, 데이터 기반의 개방형 미디어 플랫폼에 대해 사례 중심으로 설명한다.

4부 [미디어 거버넌스의 디지털 전환]에서는 10장에서 미디어 기업 거버넌스, 11장에서 미디어 조직 거버넌스, 12장에서 미디어 데이터 거버넌스, 13장에서 미디어 플랫폼 거버넌스의 디지털 전환을 살펴본다. 먼저, 10장에서는 기업 거버넌스의 개념과 특성을 설명하고, 기존 미디어 기업 거버넌스의 발전 현황을 살펴본 후, 체스브러의 '개방형 혁신(Open innovation)' 이론을 토대로, 미디어 기업의 개방형 혁신 전략에 대해 이야기하고, 데이터 기반 미디어 기업 거버넌스에 대해 사례 중심으로 설명한다. 11장에서는 조직 거버넌스의 개념과 특성을 설명하고, 기존 미디어 조직 문화 및 규범의 발전 현황을 살펴본 후, 영국왕립표준협회가 제시한 '조직 레질리언스 인덱스(Organization resilience index)'와 MIT의 '디지털 시대 적합한 조직' 설문조사 결과를 토대로, 미디어 조직의 레질리언스 전략에 대해 이야기하고, 데이터 기반의 미디어 조직 거버넌스에 대해 사례 중심으로 설명한다. 12장에서는 데이터 거버넌스의 개념과 특성을 설명하고, 기존 미디어 데이터 거버넌스의 변화에 대해 살펴본 후, 가트너의 '데이터경제(Data economy)'와 '데이터 거버넌스(Data governance)' 개념 정의를 토대로, 미디어 기업의 데이터 거버넌스 전략에 대해 이야기하고, 데이터 기반의 인공지능(Artificial Intelligence; AI) 미디어에 대해 사례 중심으로 설명한다. 13장에서는 플랫폼 거버넌스의 개념과 특성을 설명하고, 기존 미디어 플랫폼 거버넌스의 변화 현황을 살펴본 후, 릴리어와 릴리어(Reillier & Reillier)의 저서 《플랫폼 전략(Platform strategy)》에 제시된 플랫폼이 유지해야 할 '핵심 신뢰 7C(The 7Cs of trust)'를 토대로 미디어 플랫폼의 신뢰형성 전략에 대해 이야기하고, 데이터 기반의 미디어 플랫폼 거버넌스에 대해 사례 중심으로 설명한다.

본 교재의 대상은 미디어 업계에 있는 모든 사람들과 연구자들, 그리고 학계에 있는 대학, 대학원 전공자들이며, 본 저자가 이전에 출간한 기본 교재와의 차별점은 미디어 경영을 기존의 비즈니스 관점에서만 관찰하는 데서 과감히 벗어나, 디지털 전환 시대에 필요한 미디어 생태계와 거버넌스 경영을 함께 다루고 있다는 점이다. 미디어 경영 기획 단계에서 필요한 디지털 전환 시대의 생태계 마인드셋부터 어떻게 조직원의 공감대를 함께 형성해 나가야 하는지, 어떻게 하면 데이터 기반의 디지털 지식을 현업 과제와 연결시키는지, 그리고 미디어 기업 최고경영자는 디지털 전환 전략에 대한 리더십을 어떻게 발휘해야 하는지, 디지털 전환을 위한 조직문화는 어떻게 만들어야 하는지 등 전 과정을 체계적으로 소개하고 있다.

　디지털 전환은 전체적인 경영혁신이며, 변화의 차원을 넘은 전사적, 전산업적 대전환 전략이다. 본 교재는 결론적으로 디지털 전환 실행의 중심은 결국 기술이 아닌 '사람'이라는 점, 그리고 그들을 참여시킬 때 디지털 전환의 성공 확률이 확실히 높아진다는 점을 강조하고 있으며, 특히 디지털 경제가 신뢰 경제로 발전해야만 플랫폼 생태계가 더욱 건강하고 지속 가능하게 유지될 수 있음을 주장한다. 본 교재를 잘 출판할 수 있도록 아낌없는 지원과 배려를 해주신 박영사의 안종만 회장님과 안상준 대표님, 마케팅에 힘써주신 김한유 님과 꼼꼼한 편집을 해주신 배규호 님 등 임직원 여러분께 심심한 감사의 인사를 드리며, 본 교재가 국내 미디어 기업을 글로벌 혁신 기업으로 도약시키는 데 도움이 되기를 소망하면서, 이 책을 미디어 전문가들에게 바친다.

차례

제1부 미디어 경영의 디지털 전환 개관

제2부 미디어 비즈니스의 디지털 전환

제3부 미디어 생태계의 디지털 전환

제4부 미디어 거버넌스의 디지털 전환

CHAPTER 13
미디어 플랫폼 거버넌스의 디지털 전환 / 305

제 **1** 부

미디어 경영의
디지털 전환 개관

디지털 전환 시대의 개관

디지털 전환의 배경 및 개념

디지털 트랜스포메이션(Digital transformation; 이후 디지털 전환)이란 급격하게 발전 중인 디지털 기술을 기업 경영의 모든 측면에 활용하는 과정이다. 이는 모든 산업에 예외 없이 영향을 미치고 있으며, 부분적으로 완료된 산업 영역의 대표 주자가 미디어 산업이다. 이는 여전히 많은 도전 과제와 기회를 제공한다. 예컨대, 비즈니스 프로세스를 상호 연결하여 어떻게 쓸 것인가, 현재의 비즈니스 모델을 어떻게 새롭게 할 것인가, 없던 비즈니스 모델을 어떻게 창출할 것인가, 데이터를 제어하는 시스템을 어떻게 만들어서 분석하고 활용할 것인가 등 다양한 문제 제기를 할 수 있게 만든다.

고객은 디지털 방식으로 접근할 수 있는 서비스와 상품을 선호하고 있음을 아마존이나 넷플릭스 사례에서 보게 된다. 이는 디지털 기술만으로 산업을 변화시키는 것이 아니라, 기존 산업에서 하지 못했던 서비스나 이용의 불편함을 개선하는 것을 뜻한다. 따라서 디지털 전환은 무엇보다도 고객 경험 차원에서 어떻게 개선할 것인가에 초점을 두어야 한다. 디지털 전환의 일차적 동기는 디지털 기술로 인해 매우 동적으로 변화하는 비즈니스 환경에 따라 민첩하게 변화하기 위함이다. 더 나아가 디지털 전환은 기술과 문화, 운영, 가치 제공에서의 근본적 변화를 의미하며, 주요 과제는 비즈니스와 생태계, 그리고 거버넌스의 디지털 전환이다. 기업은 유지 비용이 많이 드는 전통 기술을 줄이고, 디지털 전환을 지원하는 기업문화가 필요하며, 인공지능(Artificial Intelligence; 이후 AI), 사물인터넷(Internet of Things; 이후 IoT) 등 정보통신기술(Information & Communication Technology; 이후 ICT)을 적극 활용해 고객경험을 혁신하고 생산성을 향상하며 경쟁 우위를 확보해야 한다.

이미 화두로 자리잡은 디지털 전환과 함께 언급되는 용어는 4차 산업혁명이다. 산업혁명은 신기술이 사회, 경제를 근본적으로 변화시키는 것을 의미한다. 증기기관 기술에 의해 촉발된 1차 산업혁명은 농업사회를 공업사회로 전환시켰고, 전기 에너지 및 내연기관 기술에 의해 촉발된 2차 산업혁명은 대량 생산 시스템을 만들었으며, 인터넷 등 ICT로 촉발된 3차 산업혁명은 자동화를 이끌었다. 4차 산업혁명은 인공지능, 사물인터넷, 클라우드(Cloud), 빅데이터(Big data) 등의 기술에 의해 주도되며, 디지털 전환은 이러한 기술 기반으로 사회, 경제를 근본적으로 변화시키는 4차 산업혁명의 혁신 방식이다.

많은 기업과 기관들이 디지털 전환을 개념화하고 실행영역들을 분류하였다. 2011년 제시된 개념과 실행영역을 소개하면, IBM이 정의한 디지털 전환은 기업이 디지털 요소와 물리적인 요소들을 통합해 비즈니스 모델을 전환하고, 전 산업에 새로운 방향을 정립하는 것이다(IBM, 2011). MIT는 실행영역을 디지털 전환 빌딩블럭(Building block)을 통해 제시한다(MIT 2011). 빌딩블럭이란 조직의 비즈니스 요구를 만족할 수 있는 기능들의 논리적 집합으로, 기업의 ICT 활용 과정에서 비즈니스나 기술 이슈들을 유사한 집합으로 묶고 그 집합에 상징적 의미를 부여해 블록화하는 것이다. 아래 [그림 1]을 보면, 디지털 전환 실행영역은 고객 경험, 운영 프로세스, 비즈니스 모델로 나뉜다. 고객 경험은 고객을 이해하고 고객 접점을 만들어가는 비즈니스 활동의 혁신을, 운영 프로세스는 업무 및 경영 최적화를 만들어가는 비즈니스 프로세스의 혁신을, 그리고 비즈니스 모델은 새로운 디지털 비즈니스와 글로벌화 등 비즈니스 모델의 혁신을 의미한다. 이 세 가지 전략이 완성되기 위해 디지털 역량 및 분석 역량이 필요하고 그 기반은 데이터이다.

[그림 1] MIT가 제시한 '디지털 전환 빌딩 블럭'

Customer
Experience

Operational
process

Business
Model

**Customer
understanding**
- Analytics-based
  segmentation
- Socially-information
  knowledge

**Process
digitization**
- Performance
  improvement
- New features

**Digitally-
modified business**
- Product/service
  augmentation
- Transitioning physical
  to digital
- Digital wrappers

Top line growth
- Digitally-enhanced
  selling
- Predictive marketing
- Streamlined customer
  processes

Worker enablement
- Working anywhere
  anytime
- Broader and faster
  communication
- Community knowledge
  sharing

New digital business
- Digital products
- Reshaping organizational
  boundaries

**Customer
touch points**
- Customer service
- Cross-channel coherence
- Self service

**Performance
management**
- Operational transparency
- Data-driven decision-
  making

Digital globalization
- Enterprise integration
- Redistribution decision
  authority
- Shared digital services

- Unified Data & Processes
- Analytics Capability

Digital capabilities

- Business & IT Integration
- Solution Delivery

출처: MIT 2011

그 이후 5년이 지난 2016년, AT커니(Kearney)도 디지털 전환 실행영역을 아래 [그림 2]와 같이 디지털 전략, 디지털 비즈니스 모델, 디지털 트랜스포메이션과 거버넌스, 그리고 데이터, 클라우드, 사물인터넷(IoT), 인공지능(AI) 등의 파괴적 기술로 구분하고 있다.

[그림 2] 기업의 디지털 전환 실행영역(AT커니 2016)

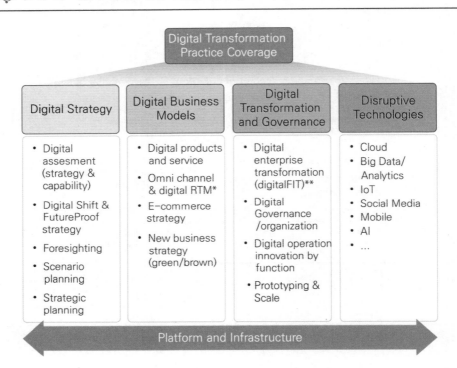

출처: 한국경제-AT커니 Digital Business Forum 2016
 *RTM: Route to market
**Digital FIT(Digital enterprise transformation): AT커니의 전사혁신방법론

디지털 전환 개념 정의들을 모아 디지털리테일컨설팅그룹이 2018년에 정리한 내용은 아래 [표 1]과 같다. 종합하면, 디지털 전환은 기존의 산업경제와 초기 디지털경제 시대에 추구해온 변화보다 한층 높은 강도의 근본적 전환을 말하며 디지털적인 모든 것(All things digital)으로 인해 발생하는 변화에 대응하는 경영전략으로 이해된다.

[표 1] 디지털 전환 개념 정의 정리(2018)

구분	정의
Bain & company	디지털 엔터프라이즈 산업을 디지털 기반으로 재정의하고 게임의 법칙을 근본적으로 뒤집음으로써 변화를 일으키는 것임
AT Kearney	모바일, 클라우드, 빅데이터, 인공지능(AI), 사물인터넷(IoT) 등 디지털 신기술로 촉발되는 경영 환경상의 변화에 선제적으로 대응하고 현재 비즈니스의 경쟁력을 획기적으로 높이거나 새로운 비즈니스를 통한 신규 성장을 추구하는 기업 활동임
PWC	기업 경영에서 디지털 소비자 및 에코 시스템이 기대하는 것들을 비즈니스 모델 및 운영에 적용시키는 일련의 과정임
Microsoft	고객을 위한 새로운 가치를 창출하기 위해 지능형 시스템을 통해 기존의 비즈니스 모델을 새롭게 구상하고 사람과 데이터, 프로세스를 결합하는 새로운 방안을 수용하는 것임
IBM	기업이 디지털과 물리적인 요소들을 통합하여 비즈니스 모델을 변화(Transform)시키고 산업(Entire Industries)에 새로운 방향(New Directions)을 정립하는 것임
IDC	고객 및 마켓(외부 환경)의 변화에 따라 디지털 능력을 기반으로 새로운 비즈니스 모델, 제품 서비스를 만들어 경영에 적용하고 주도하여 지속 가능하게 만드는 것임
World Economic Forum	디지털 기술 및 성과를 향상시킬 수 있는 비즈니스 모델을 활용하여 조직을 변화시키는 것임

출처: 디지털리테일컨설팅그룹, http://digitalretail.co.kr 2018

디지털 전환의 핵심 실행영역

　　디지털 전환을 개념 정의한 기관들이 제시한 실행영역들을 정리해 보면 크게 비즈니스, 생태계, 거버넌스로 대별되며, 각각은 다시 세부적으로 구분된다. 첫 번째로, 비즈니스의 디지털 전환 실행영역은 비즈니스 활동, 비즈니스 프로세스, 그리고 비즈니스 모델로 구분된다. 비즈니스 활동의 디지털 전환은 마케팅, 운영, 인력, 관리, 고객 서비스 등을 재디자인해 고객 경험 중심으로 전환하는 것이고, 비즈니스 프로세스의 디지털 전환은 외부 고객 니즈와 내부 운영 목표를 믹스해 비용, 프로세스를 개선하는 것이며, 비즈니스 모델의 디지털 전환은 시장 접근 중심의 가치 제안에서 벗어나 핵심 사업을 보다 효과적으로 디지털 환경에 맞게 혁신해 나가는 것을 말한다.

　　두 번째인 생태계의 디지털 전환 실행영역은 양면시장 기반 플랫폼, 중앙집중형 플랫폼, 그리고 분권형 플랫폼 생태계로 구분된다. 양면시장 기반 플랫폼의 디지털 전환은 양면의 생산자, 소비자로 하여금 새로운 가치 획득이 가능한 생태계 중심의 플랫폼 비즈니스로 전환하는 것이고, 중앙집중형 플랫폼의 디지털 전환은 생태계 내에서 여러 이해관계에 있는 타 집단을 지휘, 통제하는 조직 구조로 전환하는 것이며, 분권형 플랫폼의 디지털 전환은 유동적이고 탈 중심적인 특성을 갖는 생태계 참여자들 간의 상호작용이 왕성해지도록 전환하는 것을 말한다. 중앙집중형과 분권형의 플랫폼은 양면시장 기반 플랫폼의 두 가지 상반된 성장 전략 옵션들로 이해된다.

　　마지막으로 거버넌스의 디지털 전환 실행영역은 기업 거버넌스, 조직 거버넌스, ICT 거버넌스, 그리고 플랫폼 거버넌스로 구분된다. 기업 거버넌스의 디지털 전환은 빠르게 변화하는 시장 환경에 대응하기 위해 기업 외부에 문호를 여는 등의 기업 지배구조의 전환이고, 조직 거버넌스의 디지털 전환은 조직 리더십과 문화를 프로세스 최적화, 비즈니스 활동, 협업 및 ICT에 맞추어 나가는 조직 문화의 전환이며, ICT 거버넌스의 디지털 전환은 ICT를 보조수단이 아닌 투자, 경쟁력 확보의 핵심으로 전환하는 것이며, 플랫폼 거버넌스의 디지털 전환은 자신의 리스크 최소화 관점에서 벗어나, 생태계 참여자들의 리스크 최소화 관점으로 전환하는 것이다. 이를 도식화하면 아래 [그림 3]과 같다.

[그림 3] 디지털 전환 핵심 실행영역

디지털 전환 핵심 실행영역

비즈니스
- 비즈니스 활동
  : 마케팅, 운영 등 고객경험 중심
- 비즈니스 프로세스
  : 외부 고객 니즈와 내부 운영 목표 조율
- 비즈니스 모델
  : 핵심사업을 디지털 환경에 맞게 단계적 혁신

생태계
- 양면시장 기반 플랫폼
  : 양면의 고객집단에서 가치창출과 가치획득
- 중앙집중형 플랫폼
  : 생태계 내 타집단을 지휘, 통제하는 조직구조
- 분권형 플랫폼
  : 생태계 참여자들 간 상호작용하는 조직구조

거버넌스
- 기업 거버넌스
  : 기업 외부에 문호 개방
- 조직거버넌스
  : 조직문화를 디지털전환된 비즈니스, 생태계에 맞게 재구성
- ICT 거버넌스
  : ICT를 보조수단이 아닌 경쟁력 확보의 핵심화
- 플랫폼 거버넌스
  : 생태계 참여자들의 리스크 최소화에 초점

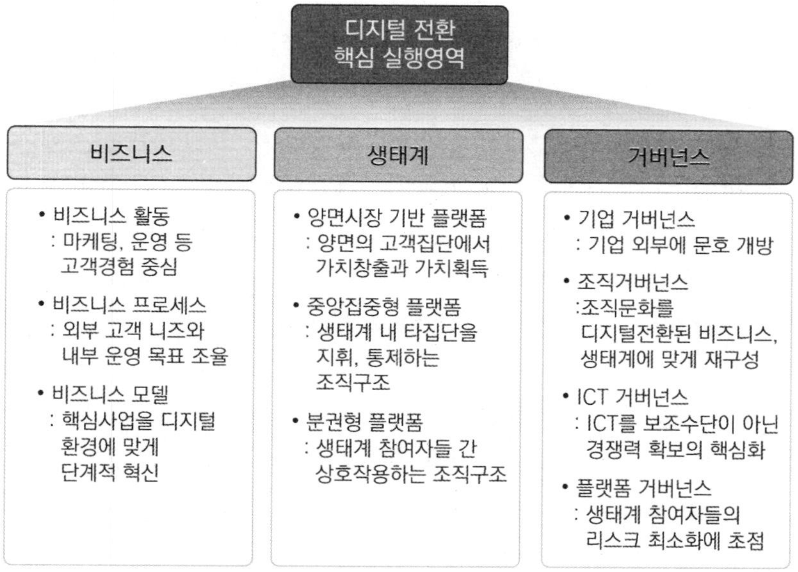

디지털 전환을 위한 기술조건

디지털 전환은 기업으로 하여금 디지털 요소들과 물리적 요소들을 통합하여 비즈니스, 생태계, 거버넌스를 전환하게 하는 것이다. 따라서 디지털 전환을 위한 기술 조건도 우선은 디지털 기술과 물리적 기술의 통합에서 시작된다.

글로벌 리서치 기관인 가트너(Gartner)는 매년 10대 전략 ICT를 발표하고 있는데, 디지털 전환의 기술 조건을 설명하는 데 좋은 근거가 된다. 디지털 전환이 화두가 되기 시작한 2011년에 바라본 2012년 10대 전략 ICT에 '빅데이터'가 처음 등장하였고, 2013년 '전략적 빅데이터'로 바뀌더니, 2014년부터는 제외된다. 그 이유는 데이터가 모든 전략적 ICT의 원료가 되기 때문이다. 데이터는 디지털 전환을 가속시키고 새로운 기회를 창출시키는 자원이다. 아래 [표 2]는 2019년부터 2021년 전략 ICT의 변천사를 나타낸 것이다.

2019년에 바라본 2020년 10대 전략 ICT는 크게 '사람 중심(People-centric)'과 '스마트 공간(Smart spaces)'으로 구분된다. '사람 중심' 영역을 먼저 보면, '초자동화(Hyperautomation)'는 기계학습(Machine Learning; ML), 패키징된 소프트웨어, 자동화 툴을 결합시켜 업무를 수행하며, 감지, 분석, 설계, 자동화, 측정, 모니터링, 재평가 등이 포함된다. '다중경험(Multiexperience)'은 대화형 플랫폼을 통해 사람들의 상호작용 방식을 바꾸고, 가상현실(Virtual Reality; VR), 증강현실(Augmented Reality; AR), 혼합현실(Mixed Reality; MR)을 통해 사람들이 디지털 세상을 인식하는 방식을 바꾼다.

[표 2] 2019~2021년 전략 ICT의 진화

2019년		2020년		2021년	
Intelligent 지능화	Augmented Analytics 증강 분석	People-centric 사람 중심	Hyperautomation 초자동화	People centricity 사람 중심	Internet of Behaviors 행동 인터넷
	AI-Driven Development 인공지능 주도 개발		Multiexperience 다중 경험		Total experience strategy 전체 경험 전략
	Autonomous Things 자율주행 사물		Democratization 기술의 대중화		Privacy-enhancing Computing 개인정보보호가 강화된 컴퓨팅
Digital 디지털화	Digital Twin 디지털 트윈		Human Augmentation 인간 증강	Location Independence 위치에 대한 독립성	Distributed Cloud 분산형 클라우드
	Empowered Edge 강화된 에지 컴퓨팅		Transparency and Traceability 투명성과 추적 가능성		Anywhere Operations 어디서나 운영 가능
	Immersive Experience 몰입하는 경험	Smart spaces 스마트 공간	Empowered Edge 강화된 에지 컴퓨팅		Cybersecurity Mesh 사이버보안 메시
Mesh 융합화	Blockchain 블록체인		Distributed Cloud 분산형 클라우드	Resilient Delivery 탄력적인 전달	Intelligent composable Business 지능형으로 구성한 비즈니스
	Smart Spaces 스마트 공간		Autonomous Things 자율주행 사물		AI Engineering AI 엔지니어링
	Privacy and Ethics 디지털 윤리와 개인정보보호		Practical Blockchain 실용적인 블록체인		Hyperautomation 초자동화
	Quantum Computing 양자 컴퓨팅		AI Security AI 보안		Combinatorial Innovation 조합적 혁신

'기술의 민주화(Democratization) 내지 대중화'는 비용이 많이 드는 훈련을 요구하지 않으면서도 단순화된 경험을 통해 사람들에게 기계학습, 앱 개발 등 기술 전문 지식이나 판매 프로세스, 경제 분석 등 비즈니스 관련 전문 지식을 제공하는 것이다. 시민 데이터사이언티스트(Data scientist), 시민 인티그레이터(Integrator) 등의 시민 접근이 가능하다. 가트너는 향후에 데이터 및 분석의 민주화, 개발의 민주화, 설계의 민주화, 지식의 민주화가 가능해질 것으로 전망한다. 데이터 및 분석의 민주화는 전문 개발자 커뮤니티 내 확장하는 데이터 사이언티스트 대상 툴을, 개발의 민주화는 맞춤 개발된 애플리케이션에서 활용할 수 있는 AI 툴을 의미한다.

'인간 증강(Human augmentation)'은 기술이 인간 경험의 필수 부분이 되어 어떻게 인간의 인식과 신체에 향상점을 제공할 수 있는지 탐구하는 것이다. 물리적 증강은 인간 몸에 웨어러블 디바이스 기술을 심어 타고난 신체적 기능을 변화시켜 인간을 향상시키고, 인식적 증강은 컴퓨터 시스템과 스마트 공간 내 새로운 다중경험 인터페이스상의 정보를 평가하고 앱을 활용하면서 이뤄진다. 개인이 스스로 인식적 증강 수준을 높여 새로운 '소비자화(Consumerization)' 효과를 만들어내고, 직원들이 이러한 개인 향상점을 활용해 업무 환경을 향상시킬 수 있게 된다. 마지막으로 '투명성과 추적 가능성(Transparency and traceability)'은 개인정보에 대한 가치 인식과 이에 대한 통제와 관련된다. 기업은 개인의 데이터 보호와 관리의 위험이 증가하고 있음을 자각하며, 정부는 강력한 규제를 시행한다.

다음은 '스마트 공간' 영역이다. 먼저, '강화된 자율권을 가진 에지 컴퓨팅(Empowered edge)'은 정보 처리, 콘텐츠 수집 및 전달이 해당 정보의 출처, 보관 장소, 소비자 위치와 인접한 곳에서 처리되는 컴퓨팅 토폴로지(Topology)로 지연 시간을 줄이기 위해 트래픽과 프로세싱을 로컬에서 처리하고, 에지 기능을 활용하며, 에지에서 더 강화된 자율권을 가능하고자 한다. '분산형 클라우드(Distributed cloud)'는 퍼블릭 클라우드 서비스가 다양한 장소에 배포되는 것을 말한다. 기존의 퍼블릭 클라우드 서비스 제공 업체는 서비스의 운영, 거버넌스, 업데이트 및 개발에 대한 책임을 지고 있는데, 분산형 클라우드는 이러한 퍼블릭 클라우드 서비스의 중앙집중형 모델에 상당한 변화를 주면서 새로운 클라우드 컴퓨팅 시대를 견인한다.

'자율주행 사물(Autonomous things)'은 인간이 수행하던 기능들을 자동화하는 데 있어서 인공지능(AI)을 활용하는 실제 디바이스를 말한다. 자율주행 사물은 대부분 로봇, 드론, 자율주행차, 자율주행선, 가전제품 등의 형태로 구현된다. 이러한 디바이스의 자동화는 엄격한 프로그래밍 모델들이 제공하는 자동화를 뛰어넘는 수준으로, AI를 활용해 주변 환경 및 사람들과 보다 자연스럽게 상호 작용하는 고급 행동을 구현한다. 기술력이 향상되면서 규제도 완화되고 사회적 수용이 증가함에 따라, 점점 더 많은 자율주행 사물들이 통제되지 않는 공공 장소에 배치될 것으로 보인다.

'실용적인 블록체인(Practical blockchain)'은 신뢰 구축, 투명성 제공, 비즈니스 생태계 간 가치 교환 구현, 잠재적 비용 절감, 거래 합의 시간 단축, 현금 흐름 개선 등을 통해 산업을 재구성할 수 있게 도와주는 잠재력을 가진 기술이다. 자산의 출처를 추적할 수 있어 위조품 사기의 가능성이 현저히 줄어들고, 자산 추적은 공급망 전반에서 식품에 대해 추적해 오염 발생 지점을 보다 쉽게 찾을 수 있도록 하거나 개별 부품을 추적하여 제품 리콜을 지원하는 등 다양한 영역에서 가치를 제공한다. 블록체인이 잠재력을 가진 또 다른 영역은 신원 관리 분야이다. 스마트 계약은 사건이 특정 액션을 촉발할 수 있는 블록체인으로 프로그래밍되어, 상품을 받으면 지불이 이뤄지는 형태이다.

마지막으로 '인공지능 보안(AI security)'의 경우, 인공지능 및 머신러닝은 다양한 사례를 통해 인간의 의사결정을 향상시키는 데 지속적으로 활용되며, 초자동화를 구현하는 수많은 기회를 만들어내고 자율주행 사물을 활용해 비즈니스의 디지털 전환을 이뤄낼 수 있게 하는 기반이 된다. 하지만 그 이면에는 보안 관련 리더들에게는 새로운 중요한 과제를 제시한다. IoT, 클라우드 컴퓨팅, 마이크로서비스 및 스마트 공간 내 고도로 연결된 시스템들로 인해 공격 가능한 포인트들이 광범위하게 늘어나기 때문이다. 보안 및 위기 관리 리더들은 AI 기반 시스템 보호, AI를 활용한 보안 방어 향상, 공격자의 범죄 목적 AI 사용 예측 등의 영역에 초점을 맞춰야 한다.

2020년 소비자가전쇼(CES)에서도 디지털 전환의 기술 조건으로 접속과 융합(Connectivity & Convergence), 효율(Efficiency), 그리고 삶의 만족(Satisfaction)이 제시되었다. 접속과 융합의 상징은 구글 어시스턴트, 아마존 알렉사, 애플 시리 등의 인공지능 비서이며, 효율성의 상징은 AR/VR, 공유경제 서비스, 스마트 가전,

삶의 만족을 상징하는 것은 헬스케어나 환경 보호 등이 있겠다. 이상에서 언급한 가트너의 2020년 전략 ICT와 CES의 핵심 기술을 엮어 보면 디지털 전환의 기술 조건은 클라우드, 인공지능, 실감 내지 증강기술, 블록체인 등으로 추려진다.

디지털 전환을 위한 정책조건

디지털 전환의 핵심 실행영역을 비즈니스, 생태계, 거버넌스로 구분하여 설명하였다. 비즈니스, 생태계, 거버넌스의 디지털 전환까지 이루어도 법적 제약이 따른다면 디지털 전환을 완성할 수 없다. 이미 법적 제약으로 인해 디지털 전환에 타격을 받은 사례들이 있다.

국내 예로는 역경매 방식으로 기존 중고차 매매 관행을 디지털 전환한 헤이딜러가 있다. 정부가 온라인 중고차 경매 사업자로 하여금 오프라인 중고차 경매 사업자와 마찬가지로 1,000평의 주차장과 100평 이상의 경매실 등 각종 시설과 인력 조건을 갖추도록 규정하면서 헤이딜러는 순식간에 불법이 되어 수개월간 영업할 수 없었고, 여론과 업계의 비판을 받은 법령이 잠정 유예되면서 영업을 재개하게 된다. 다른 예로는 '여객자동차운수사업법'에 따라 자가용 승용차로 돈을 받고 사람을 태워주면 불법이라고 규정되면서 타다 같은 공유경제형 비즈니스는 불법 콜택시 영업이 되었다. 이처럼 국내에서는 운수업, 숙박업 같은 공유경제 서비스업의 디지털 전환은 선진 경쟁국들에 비해 더디게 진행되는 양상이다.

비즈니스, 생태계, 그리고 거버넌스의 디지털 전환에는 앞서 언급한 기술 조건과 함께 기본적인 정책 조건이 필요하다. 디지털 전환의 원료는 데이터이며, 디지털 전환의 공통 인프라인 사물인터넷, 클라우드 컴퓨팅, 인공지능과 빅데이터 분석 시스템 등은 방대한 데이터 수집을 필요로 하고, 이것이 디지털 전환을 하는 산업의 경쟁력을 창출시키는 기반이 된다. 따라서 공유경제 플랫폼에의 접근 정책, 가격 정책, 데이터 활용과 프라이버시 및 보안 정책, 디지털 조세 정책, 플랫폼 노동 정책 등 다양한 이슈들이 논의되고 있는데, 여기서는 미디어 경영의 디지털 전환을 위한 정책 조건으로 데이터 활용을 원활하게 하는 정책 조건에 대해 살펴보자.

데이터 활용의 정책적 지원은 두 가지로 구분 지어 살펴볼 수 있다. 하나는 데이터 활용을 원하는 주체에 대한 지원이다. 미국 국가과학기술자문위원회가 내놓은 '스마트공시(Smart disclosure)'는 복잡한 데이터를 표준화하고 기계가 읽을 수 있는 정보 파일로 만들어 활용자의 의사결정에 도움이 되도록 한다는 취지이다. 다른 하나는 데이터 소유자 보호 정책으로 데이터 프라이버시 정책을 말한다.

먼저, 데이터 활용을 위한 정책으로는 영국 기업에너지과학전략부에서 제시한 '마이데이터(Midata) 정책'이 선두이다. 이는 2000년대 초부터 시도된 영국의 데이터 개방 정책으로 거슬러올라간다. 2000년 말 제정해 2005년 발효된 '정보자유법(Freedom of Information Act 2000)'은 공공기관이 소유하고 있는 기록 정보를 누구나 요청할 수 있는 권리와 국민의 접근권을 보장한 것이다. 그 이후 2009년 '스마트정부(Putting the Frontline First: Smarter Government)' 보고서는 공공 데이터를 개방하고 투명성을 높이기 위한 세부 실행 계획을 담았고, 2010년 정부데이터(data.gov.uk) 사이트를 통해 데이터를 무료로 활용할 수 있게 되었다. 같은 해 6월에는 공공 데이터를 활용해 투명성을 제고하고 경제적 이익을 실현할 수 있도록 '투명성 어젠다' 및 '투명성 원칙'이 발표된다. '투명성 원칙'에는 데이터 재이용과 자유로운 활용, 기계 판독이 가능한 형태의 데이터 공개, 단일 포털을 통한 데이터 제공 등이 포함된다.

2012년 6월, 영국 내각 사무국은 오픈 데이터에 관한 공공 부문의 추진 실적 및 정부 방침을 소개한 '오픈데이터 백서(Open Data White Paper)'를 내놓는다. 여기에는 데이터 접근 강화 및 오픈 데이터 지침, 향후 공개할 데이터 목록이 포함된다. 같은 시기에 기업혁신기술부(The Department for Business, Innovation and Skills; 이후 BIS) 등 주요 영국 부처들은 부처별 특성에 맞는 '오픈 데이터 전략(Open Data Strategy)' 발표를 통해 교육, 의료, 고용, 세금, 날씨 데이터 등을 2015년까지 순차적으로 개방하기로 결정한다. 2013년 BIS는 기업들이 보유한 소비자 정보(재화와 서비스 구매행태 등)를 소비자들에게 다시 제공하도록 하는 '나은 선택, 나은 딜(Better Choices, Better Deals)' 정책을 발표하였고, '마이데이터' 프로젝트가 26개 주요 기업들과 정부가 함께 추진하는 자발적 프로그램으로 자리잡게 된다.

2013년 2월 BIS 데이터전략위원회(Data Strategy Board: DSB) 요청에 따라 빅이노베이션센터(Big Innovation Centre)가 내놓은 영국 정부의 데이터 활용을 위한 정책적 시사점을 담은 보고서에는 공공 데이터 개방만으로 데이터의 가능성을 실현시키기 어렵다는 점이 지적되었고, 고려해야 할 핵심 정책 조건들이 소개되었다. 디지털 인프라 구축, 전문 인력 양성, 법 제도화, 데이터 테스트베드 구축 등이다.

국내에서도 먼저 의료, 금융, 통신 분야에서 마이데이터 시범사업이 2019년부터 시작된다. 국내에서 정의한 마이데이터(MyData)란 정보 주체인 개인이 본인의 정보를 적극적으로 관리, 통제하고, 이를 신용 관리, 자산 관리, 나아가 건강 관리까지 개인 생활에 능동적으로 활용하는 과정이며, 마이데이터 산업은 개인의 효율적인 본인 정보 관리, 활용을 전문적으로 지원하는 산업이다.

앞서 영국에서 제시한 핵심 정책 조건인 디지털 인프라 구축, 전문 인력 양성, 법 제도화, 데이터 테스트베드 구축 중에서 법 제도화와 관련된 마이데이터 이니셔티브는 가명 처리를 안전하게 하는 등의 정책적 지원이다. 그런데 가명 처리에 대한 신뢰 부족 이슈가 여전히 존재하며, 본인의 동의를 받지만 개인정보 침해 위험성에 대한 충분한 고지가 이루어질지에 대한 우려, 주행거리 정보를 제공하는 대가로 보험료 할인을 해주는 정책 등 보상을 통해 개인정보 제공을 유도하려는 기업들의 데이터 활용의 문제 등이 이슈로 존재한다.

한편, 데이터 활용 정책을 추진할 경우에는 사생활 보호가 매우 중요한 정책적 이슈가 된다. 사생활을 최우선시하는 규정은 특히 미디어 이용자들의 반발을 막기 위해 반드시 필요한 미디어정책 중의 하나로 여겨진다. 국내의 사생활 보호 정책은 이미 오래전부터 개인정보 보호 정책과 동일시하여 논의되고 있어서 혼란을 주는 경향이 강하다.

개인정보 보호에 대한 미국과 유럽의 시각 차가 존재하는데 잠깐 소개한다. 먼저, 미국은 개인정보 보호보다 시민의 알 권리를 우선시하므로 개인 데이터를 활용하는 것에 대해 유럽에 비해 상대적으로 관대하다. 이에, 미국 연방헌법에는 사생활 보호를 명문으로 인정하지 않으며, 구체적 개별 법령에 한해 사생활 보호 규정이 적용된다. 사용자가 이의를 제기하지 않으면 기업의 데이터 활용을 허용하는 '옵트아웃(Opt-out)' 방식이다. 이는 이용자가 사업자에게 수신 거부 의사를 밝혀야만 데이터를 활용할 수 없는 방식으로, 과도한 개인정보 보호가 인터넷산업 성장 정체로 이어질 수 있다는 우려에서 비롯된다. 이러한 관대함으로 인해, 미국에서도 일부에서는 개인정보 보호 수준을 높여야 한다는 주장이 2012년부터 제기되기 시작한다. 이에, 당시의 오바마 정부는 온라인상에서 발생할 수 있는 개인정보 침해 행위에 대해 개별 입법을 통해 보호 조치를 마련하기 시작했고, '추적 금지법(Do not track bill)'과 개인정보 수집을 차단시키는 '원클릭(One click)'이 시행되기에 이른다. 미국과 달리, 유럽은 개인정보 주체에 대한 권리를 엄격하게 강조해, 오프라인 '사전 동의(Opt-in)' 의무를 온라인에도 그대로 적용하고 있다. 옵트아웃의 반대 개념인 옵트인은 사업자가 이용자의 사전 동의를 얻어야 데이터를 활용할 수 있는 방식이다.

이처럼 시각이 양분화되는데, 국내는 유럽식을 기본으로 한다. 국내에서 정의하는 개인정보는 개인에 관한 모든 정보 가운데 직·간접적으로 각 개인을 식별할 수 있는 정보이며, 식별 가능성이 없는 정보는 개인정보로 취급되지 않는다. 2016년 6월 발표된 '개인정보 비식별 조치 가이드라인'에 따라, 국내의 비식별정보는 가명정보와 익명정보로 구분된다. 전자는 추가 정보 사용 없이는 특정 개인을 알아볼 수 없게 조치한 정보이고, 후자는 시간, 비용, 기술 등 개인정보 처리자가 활용할 수 있는 모든 수단을 합리적으로 고려할 때 다른 정보를 사용하여도 더 이상 개인을 알아볼 수 없게 조치된 정보이다. 문제가 되는 것은 비식별화가 정말로 가능한가이다. 이에, 2017년 제시된 미디어정책 9대 이슈에 이 문제가 포함되기에 이른다. 이에 대해서는 2장에서 다루기로 한다.

비식별화에 대해 살펴보면, 예로 'A카드사 고객정보' 파일이 있다면 개인정보가 노출될 수 있는 이름, 주소, 주민등록번호는 모자이크 처리를 하듯이 지우고, 결제 내역 리스트만 보관하는 것을 말한다. 그러나 다른 정보와 대조하고 결합하면 각 개인이 특정될 가능성은 커진다. A라는 이용자의 통신정보, 카드결제정보, 의료정보 등을 하나로 묶게 되면 당사자가 누구인지 쉽게 알 수 있다는 게 전문가들의 의견이다. 국내에서 정부 차원에서 이러한 '비식별화'라는 용어를 만들어냈다. 하지만 국제적으로는 '익명화'된 정보에 한해서만 가공을 허용하고 있다. '익명화'는 '비식별화'와는 다른 개념으로 정보를 결합해도 개인이 특정될 가능성이 없을 정도로 가공한 데이터이기 때문에 그 활용에도 제약이 따른다.

음성 기반 AI 스피커의 데이터 프라이버시 문제가 화두인데, 결국 개인정보 동의 이슈로 귀결되고 미국식의 옵트아웃(Opt-out)이냐, 유럽식의 옵트인

(Opt-in)이냐에 대한 정책적 선택만이 남게 된다. 음성 기반 AI 플랫폼 생태계가 스마트폰 생태계의 성공방식을 그대로 답습할 것으로 기대되는 가운데 2019년 4월, 아마존이 전세계 수천 명의 인력을 동원해 아마존 에코 스피커로 사용자의 음성 명령을 녹음해왔다는 사실이 드러나면서, AI 스피커들이 사생활 이슈에서 자유롭지 못하다. 아마존 직원들은 AI인 알렉사(Alexa) 기능 향상을 위한 소프트웨어 피드백 작업의 일환으로 여기에 녹음된 사용자들의 명령 내용을 청취하여 문서로 기록했다. 아마존 입장에서는 AI 음성비서를 지속적으로 훈련시키기 위한 과정의 일환이라 해당 사용자의 신원은 파악할 수 없다며 프라이버시 침해 가능성을 부인하였으나 사용자의 음성 명령 내용 중 배송 주문을 위한 주소정보나 인적사항 등이 포함될 수 있다는 점에서 심각한 개인정보 침해 우려가 제기된다.

AI 기능이 딥러닝 방식으로 기존 음성명령을 학습하면서 그 성능이 향상되기 때문에, 개발 과정에서의 개인 음성 데이터 수집은 피할 수 없는 작업이다. 업계도 사용자의 음성 데이터 수집과 활용 시 개인정보와 프라이버시를 엄격하게 보호할 수 있는 방안을 마련하는 것이 중요해짐을 인식하면서, 글로벌 기업 중심으로 정책이 제시되기 시작한다. 예로, 구글은 자사 AI 스피커인 구글홈에 음성입력 버튼을 탑재해 버튼을 눌렀을 때만 음성 데이터를 받아들이도록 하는 기능을 탑재하였다. 문제는 이런 방식은 스피커를 사용하기 위해 매번 버튼을 눌러야 하는 불편함을 동반하게 된다. 이는 업계에만 이 문제를 맡길 수 없음을 방증하는 것이다.

정책 기관의 대표적 대응 사례로는 2019년 5월 미국 캘리포니아 주 의회가 기기에서 음성 녹음을 저장하기 전에 스마트 스피커 제조업체가 소비자의 동의를 얻도록 요구하는 법안(Assembly Bill 1395)을 통과시킨다. 업계의 강력한 반대에도 불구하고 초당적인 지지를 받아 통과된 이 법안은 본격적 대화 뿐만 아니라 스마트 기기에서 음성 기능을 구동시키는 단어를 말하는 순간부터 사용자의 동의를 확인할 수 있는 옵트인 시스템을 의무화하게 된다.

참고문헌

대외경제정책연구원(2016). 디지털경제의 진전과 산업혁신정책의 과제

디지털리테일컨설팅그룹(디지털이니셔티브그룹으로 개명)(2018). 디지털 트랜스포메이션 개념 정의 정리, http://digitalretail.co.kr.

삼정KPMG경제연구원(2020.4). 음성AI시장의 동향과 비즈니스기회, 이슈모니터 제126호.

소프트웨어정책연구소(2016.9). 디지털전환의 개념, 유형, 그리고 조건.

과학기술정책연구원(2018.9), 디지털 전환에 따른 혁신생태계 변화 전망 – 여객·운송분야 모빌리티서비스를 중심으로.

관계부처 합동(2013.12.10). 공공데이터의 제공 및 이용 활성화 기본계획(13년~17년).

키움증권(2019.11.20). 디지털 트랜스포메이션의 첨병.

한겨레 (2021.1.25). AI시대 위기의 '사생활 보호'…'비공개' 기본으로 돌아가라

한국인터넷진흥원(2019.11). 가정용 스마트 기기의 개인정보 침해 사례 및 최근 동향.

한은영(2014.12). 영국 오픈 데이터 정책의 특징 및 시사점, 정보통신정책연구원, 제26권 23호 통권 591호.

BIC (2013.2). How should the government approach the big data challenging?

GOV.UK (2010.5.31). Letter to government departments on opening up data.

GOV.UK (2011.7.7). Letter to Cabinet Ministers on transparency and open data.

GOV.UK (2012.11.8). Cabinet Office responds to PAC report on transparency.

GOV.UK (2013). Improving the transparency and accountability of government and its services, https://www.gov.uk/government/policies/improving–the–transparencyand–accountability–of–government–and–its–services.

GOV.UK (2014.4). Breakthrough Fund and Release of Data Fund.

HM Government (2009). Putting the Frontline First: Smarter Government, https://www.gov.uk/government/uploads/system/uploads/attachment_data/file/228889/7753.pdf.

MIT Sloan Management (2011). Digital Transformation: A roadmap for billion–dollar organizations, Capgemini Consulting.

MIT Sloan Management (2015). Strategy, not Technology, Drives Digital Transformation, Deloitte University Press.

미디어 경영의 디지털 전환 개관

미디어와 미디어 경영을 보는 시각

미디어를 보는 시각은 미디어의 두 가지 상반된 특성인 기술적 특성과 사회문화적 특성을 함께 고려하는 데서 시작한다. 미디어 커뮤니케이션 기술이 사회 변화를 이끄는 견인차 역할을 한다는 기술결정론(Technological determinism) 내지 기술 중립론(Technological neutralism)과 미디어의 문화적 속성이 사회 변화를 주도한다는 문화결정론(Cultural determinism)이 상존하기 때문이다. 기술결정론은 허버트 마샬 맥루한(Herbert Marshall McLuhan)에 의해, 문화결정론은 헤롤드 이니스(Herold Innis)에 의해 2차 세계대전 시기인 1940년부터 시작해 1970년대까지 이론으로 발전한다. 맥루한은 미디어 커뮤니케이션 양식의 변화가 역사 변화를 가져온다고 설명하며, 이니스는 미디어 커뮤니케이션과 사회문화 구조 간의 관계를 체계적으로 설명한다. 미디어 경영과 연계되는 미디어에 대한 시각은 전자인 기술결정론 내지 중립론이 더 지배적이다.

기술결정론은 그 독창성과 거시적인 설명력과 통찰력에도 불구하고 이론으로서 가지는 방법론적 엄밀성이 약하다는 평가를 받아오다가 인터넷 등 커뮤니케이션 기술이 급속히 발전하면서 새롭게 조명받기 시작한다. 따라서 미디어와 미디어 경영 개념을 연계하려면 우선은 기술결정론에 대한 이해가 필요하다. 맥루한은 1962년 《구텐베르크 은하계(Gutenberg Galaxy)》 1964년 《미디어의 이해(Understanding Media)》 1967년 《미디어는 메시지다(The medium is the massage)》 저서 출간을 통해 기술결정론 이론가로 인정받는다.

맥루한은 1967년 저서를 통해 "미디어는 메시지다(The medium is the message)"

라는 명언을 남겼으며 미디어를 신체 감각기관의 확장으로 보았다. 그에 의하면, 미디어는 신체기관과 감각, 또는 기능을 증폭시키는 것으로 인간의 범위를 확장시키고 효율성을 증대시킬 뿐 아니라 사회적 존재를 조직하고 설명하는 필터로 기능한다. 미디어는 사회 문화에 그만한 대가를 지불하며, 문화 격변은 TV, 컴퓨터에 의해 조장된 정보 폭발의 직접적 결과이므로, 미디어가 문화를 통제한다는 게 그의 주장이다. 이러한 맥루한의 주장에 대해 학자들은 실증적 검증이 어렵다는 비판을 쏟아냈다. 하지만 전자 미디어 커뮤니케이션의 영향력에 대한 맥루한의 예지력이 높았다는 평가도 동반되기 시작한다.

맥루한의 1964년 저서인 《미디어의 이해》는 기술적 미디어 커뮤니케이션 중심으로 인간의 역사, 세계에 대한 문명사적 통찰을 했다는 점에서 미디어학, 사회학, 역사학 외에 철학에까지 주목을 받게 했고, 잇따른 디지털 미디어 커뮤니케이션 기술 발달로 인해 그의 주장은 속속 현실로 드러나기 시작해 디지털 경제 시대의 필독서가 되었다.

미디어 경영은 미디어의 다양화로 미디어시장이 광범위해지면서 시장에서 살아남기 위한 기업들의 경영전략이 필요함에 따라 미디어 마케팅에 이어 점차 일반화된다. 방송미디어에서는 유료방송이 자리잡기 전까지 미디어가 공공재로 인식되어 경영을 타부시한 경향이 강했다. 이러한 통념은 인터넷의 등장으로 급속히 변화했다. 인터넷의 발달은 수많은 콘텐츠를 양산했고, 미디어 소비자들은 기술적 전송 미디어에 종속되지 않고 콘텐츠를 이용할 수 있게 해주는 인터넷 이용을 선호하게 되었고, 미디어 기업들도 새로운 디지털 시장에서 콘텐츠를 개발하기에 이르렀다. 이에 미디어 경영전략이 미디어 마케팅전략보다 상위의 전략으로 자리잡게 된다.

경영이론에서 말하는 경영전략이란 기업의 성장을 위하여 경쟁우위를 지키기 위한 계획 시스템이다. 전략이란 원래 전쟁 시에 가능한 한 능률적으로 적을 제압하기 위한 용병술에서 나온 말로, 기업의 경영에 도입되면서 경영전략이라 부르게 된다. 기업은 지속적으로 성장하지 않으면 안 되고, 경쟁환경에서 경쟁 대상인 기업에 대해 경쟁우위를 유지할 필요가 있다. 경영환경이 급속히 변화하는 시대에는 단순히 과거 경험이나 직관만으로는 효율적 경영을 유지할 수 없게 되었으며, 기업을 존속시키고 성장시키기 위해 외부환경과 기업 역량을 체계적으로 분석하고 종합, 평가하여 전략을 짜는 일이 더욱 중요해지면서 경영전략

이론들도 개발된다.

그동안 경영전략에 대한 다양한 정의와 시각이 발전되어왔다. 외부환경 분석에서는 포터(Porter)의 경쟁전략이, 내부역량 분석에서는 하멜(Hamel)의 핵심역량 전략이 대표적이다. 외부환경 분석의 시각인 산업조직론(Industrial Organization)은 기업전략과 그 기업이 처한 외부환경 간 연계성을 부여하는 데 초점을 두며, 포터(Porter, 1985)의 경쟁전략 연구를 통해 유명해진다. 포터의 파이브포시즈(Five forces) 모델에 의하면, 경쟁전략 수립에 있어 가장 중요한 외부환경 요인은 산업 내 경쟁자, 고객, 공급자를 포함한 산업구조 특성들이다. 오랫동안 이 모델들은 기업들로 하여금 경쟁 상황을 관찰하고 대응하게 하는 도구로 이용되어왔으며 미디어 경영에서도 마찬가지이다.

미디어시장 경쟁이 더욱 심화되고 고객의 눈높이가 글로벌 수준으로 높아지면서 이러한 전통적인 전략 방식은 한계를 갖게 된다. 미디어산업구조의 다섯 가지 특성별로 한계점들을 살펴보자. 첫 번째는 동일 산업 내 경쟁하는 '기존 업체 간 경쟁(Rivalry among existing firms)' 특성이다. 기업 규모와 경쟁자 수로 산업구조를 살펴보면, 진입장벽이 낮고 차별화 여지가 제한적이라 다수 기업이 존재하고 지배적 사업자가 없다면 분화된 산업(Fragmented industry)을, 그렇지 않다면 집중된 산업(Concentrated industry) 구조를 갖는다. 국내 방송미디어산업은 집중된 산업구조를 갖는다. A기업의 전략적 성과가 B기업에도 영향을 미치며, 그 경쟁 정도는 분화된 산업에서보다 높아야 함에도 불구하고 실제로 치열하지 않은데 그 이유는 담합 여지가 높기 때문이다. 국내의 방송통신기업들 간의 담합이나 전통적인 지상파방송사들 간의 담합이 대표적이다. 이를 방지하기 위해, 이들 대상의 공정경쟁 관련 독과점 규제가 사후 규제로서 중요한 역할을 하기 시작한다.

기존 기업들 간 경쟁에서 관찰되는 주요 특성은 경쟁 심화, 산업 수요 감소, 그리고 소비자 수요의 이동이다. 먼저, 경쟁 심화로 미디어 기업들 간 담합행위가 유효하지 않게 되었다. 이는 마치 '신사협정(Gentlemen's agreement)'같이 안정되어 2, 3위 기업들이 1위 기업이 정한 가격을 따르는(Price leadership agreement) 편이었다. 하지만 미디어 소유규제가 완화되고 글로벌 경쟁으로 확대되면서 관련 기업들은 인수합병 등의 방법을 동원하고 담합구조는 한순간에 깨지게 된다. 국내 예로, KTF와 합병한 KT의 아이폰 출시, 규모가 커진 SBS의 스포츠 판권 독점 사례가 대표적이다. 경쟁에서 관찰되는 또 다른 한계는 유료방송 중 케이블방송 수요의 감소이다. 산업 자체가 쇠퇴기일 때에는 퇴출장벽(Exit barriers)도 존재하는데, 케이블방송이 퇴출장벽을 경험 중이다. 이제는 시장 수요의 이동도 무시하지 못할 한계점이다. 문화적 속성을 가진 미디어산업에서는 갑작스러운 수요 감소는 나타나지 않지만, 디지털 유통인 OTT(Over the top)의 등장이 기존 방송 수요의 인터넷으로의 이동을 불러오고 있다.

포터가 말하는 두 번째 산업구조 특성은 '새로운 경쟁자의 위협(Threat of new entrants)'이다. 기존 기업들은 진입장벽을 형성하는데, 가장 경쟁력 있는 진입장벽은 '규모의 경제(Economies of scale)'이다. 초기 투자비가 많이 들어가는 산업이기 때문이다. 이 외에도 신규 진입 기업과 비교되는 브랜드 인지도, 절대적 비용 우위, 우호적인 정부규제 등이 있다. 하지만 이러한 특성들을 조절하기가 점점 어려워지면서 한계에 부딪힌다. 특히 신규 진입자 대비 절대적 비용우위를 가지려면, 기존 기업은 독점 기술과 유통채널 장악 등의 방법들을 필요로 하는데, 기술이 점점 더 범용 평준화되면서 초기 진입자 이득(First mover's advantage)을 누리기가 쉽지 않게 된다. 방송미디어산업에서는 시장에 먼저 진입한 케이블방송이 후발 사업자인 IPTV 대비 진입장벽을 형성하는 데 이미 실패하였다.

포터가 말하는 세 번째 특성은 '대체재의 위협(Threat of substitutes)'이다. 대체재가 많아지면 기존 기업들은 자신의 제품에 높은 가격을 받을 가능성이 점차 줄어들어 위기의식을 가진다. 미디어산업의 경우 유료방송이 OTT에 갖는 위기의식이다. 기존 기업의 대응책으로 방어, 공격, 협력 등 여러 가지 시나리오가 가능한데, 이는 미디어 기업의 디지털 전환이 필요한 주요 배경이 된다. 공격적 전략으로는 자기잠식(Self-cannibalization)을 추진하는 경우가 많다. 영국의 유료방송 기업인 버진미디어(Virgin media)가 대체재인 OTT가 된 경우가 대표적이다.

포터가 말하는 산업구조의 네 번째 특성은 '구매자의 교섭력(Bargaining power of buyers)'이다. 교섭력의 결정 요소는 구매자의 가격 민감도와 공급자에 대한 구매자의 교섭력이다. 제품 차별화가 심하면 가격 민감도가 높지 않아 구매자의 교섭력은 약하게 된다. 한편, 구매자의 강한 교섭력은 공급자의 이윤을 압박하는 요인이 되며, 인터넷이 발달하면서 디지털미디어 산업구조에서는 구매자의 강한 교섭력이 확인된다. 앱, 웹사이트 이용자는 언제든 서비스를 넘나들 수 있기 때문이다. 포터의 모델이 디지털미디어 경제에서 점차 효력을 잃어가는 이유 중 하나가 바로 이러한 구매자의 강한 교섭력이다.

마지막으로 포터가 말하는 산업구조 특성은 '공급자의 교섭력(Bargaining power of suppliers)'이다. 이는 분화된 산업구조인지 집중화된 산업구조인지 여부에 따라 다르다. 방송통신 미디어산업에서 유통사업자가 미디어상품을 직접 만들 수 있는 집중화된 산업구조의 경우에는 공급자의 교섭력이 약할 수밖에 없다. 하지만 방송콘텐츠 수급 가격이 상승 기류를 타면서 어그리게이터(Aggregator)인 넷플릭스나 아마존, 유튜브 등이 직접 미디어 제작 사업에 투자하기 시작한다. 이는 공급자의 교섭력이 그만큼 강해지고 있음을 방증하고 있다.

이상에서 포터의 산업구조론 기반으로 미디어산업구조의 특성별 한계점들을 관찰했다. 이 접근은 기업 내부의 경쟁력보다는 외부환경인 산업구조를 보다 잘 이해할 수 있게 하고, 산업 전체의 수익률, 규모가 어떠한지를 설명하는데 도움을 준다. 특히 산업 트렌드를 살펴봄으로써 그 산업의 미래 수익성, 퇴출 여부 등을 예측하는 데도 도움이 되며, 산업구조 특성을 자사에 유리한 방향으로 바꾸게 하는 경영전략 수립에도 도움을 준다. 하지만 미디어산업이 경쟁환경으로 치닫는 상황에서 이 분석 툴은 한계를 갖게 되는데, 누구나 똑같이 주요 성공요인(Key success factor; KSF)을 도출하고 추구하는 경영전략이 똑같을 수 있기 때문이다. 이는 포터의 산업구조 분석 모델이 정태적 모형이기 때문에 현재의 경쟁 환경과 산업구조의 동태적 변화를 반영하지 못한 결과이다. 미디어 산업구조는 기업의 전략적 의사결정과 기업 간 경쟁에 따라 얼마든지 변화 가능하므로 디지털 전환 시대의 미디어 경영전략을 새롭게 필요로 하게 된다.

포터의 분석 모델이 외부환경 분석을 전제로 하는 경영전략 기법이라면, 자원 기반 이론은 기업의 내부역량을 강조하는 경영전략 기법으로 중요한 의미를 갖는다. 기업이 전략적 경영을 추구하려면 기업 외부환경과 더불어 내부역량에 대한 객관적이고 비판적 검토를 함께 필요로 한다. 기업은 자사만이 갖는 자원을 보유하고 있으며, 이것이 기업 성과에서 차별화로 가게 하는 원천이 되게 한다. 자원은 유형자원(Tangible resources)과 무형자원(Intangible resources)으로 대별되며, 조직능력(Organizational capabilities)이 추가되는 추세이다. 유형자원에는 기업이 보유한 재무자원, 공장설비, 유통망, 전략적 지역 등 기업의 물적자산과 금융자산이, 무형자원에는 특허나 저작권 등의 독점기술, 브랜드명, 고객 데이터베이스, 특수관계 등 보이지 않는 기업 고유의 자원이, 조직능력은 상품 개발력, 운영 능력, 마케팅 능력, 인수합병 및 전략적 제휴 능력 등을 말한다.

1980년 말부터 기업들은 외부환경 분석보다 내부역량 분석에 더 집중하기 시작한다. 경영 자원은 손에 구체적으로 잡히지 않지만 가치 있고(Valuable), 모방 불가능해야(Non-imitable) 한다. 유형자원은 모방 가능하나, 무형자원은 특허 등 모방이 쉽지 않으며, 특히 모방하기 매우 어려운 조직능력은 중요한 경영 자원으로 부상한다. 조직능력은 조직 구성원의 스킬(Skill)과 관련된다. 미디어 기업에게 유형자원은 설비 기반의 자원을, 무형자원은 지식 기반의 자원을 말하며, 불확실성이 더욱 커지는 미디어산업 환경에서는 점차적으로 지식 기반의 자원이 설비 기반의 자원보다 더 큰 경영성과를 이끌게 된다. 국내의 경우를 보면, 전통적 방송미디어 기업들은 협소한 국내 미디어시장 규모에도 불구하고 그동안 설비 기반의 경쟁을 해왔다. 게다가 방송법에도 여전히 설비 기반의 사업자 분류 체계를 유지하고 있어서 폐쇄적이고 종속적인 산업의 가치사슬을 그대로 답습하고 있다. 하지만 글로벌 시장에서는 이미 지식 기반의 경쟁구도가 OTT 등의 뉴미디어 기업들을 중심으로 시작되었다. 국내에서도 이러한 흐름에 맞는 지식 기반의 자원 관점에서 바라보는 미디어 경영 전략이 요구된다.

미디어 경영을 보는 두 가지 시각을 정리하면, 미디어 기업은 우선 미디어경제 전반과 미디어시장 환경을 고려한다. 이를 외부환경 분석이라 부른다. 이와 동시에 미디어 기업은 경영 목표를 고민하고 설정해야 한다. 이를 내부역량 분석이라 부른다. 이윤 극대화(Monetization)라는 광의의 목표가 있긴 하지만, 앞서 언급한 미디어를 보는 이중적 시각 때문에 문화적 요소도 함께 고려되고 편성 규제를 고려한 편성 전략도 협의의 경영 목표로 작용한다.

이러한 이중적인 경영목표 설정 과정을 통해 미디어 기업 경영진과 실무진에 의해 제안된 경영목표는 얼마나 달성할 것인가에 대한 답을 미리 설정하는 경향이 강한 게 사실이다. 이를 KPI(Key performance indicator)라 부르며 매년 재무관리 시행을 통해 점검된다. 여기에는 미디어가 갖는 사회문화적 특성을 고려해 제안된 경영 의사결정이 사회문화적으로 긍정적 내지 부정적인 영향을 미칠 것인가에 대해서도 고민하는 과정이 함께 포함된다. 이의 결과로 공익성(Public interest)을 가진 방송미디어의 책무가 함께 동반되는 것이다.

이러한 미디어를 바라보는 이중적 시각을 기반으로 하는 미디어 경영 의사결정 과정을 따르는 전통 미디어 기업들은 더욱 확장된 미디어산업 범주를 경험 중이고, 그렇기 때문에 또 다른 대안들(Alternatives)을 함께 고민해야만 한다. 이는 기존의 미디어 비즈니스가 쇠퇴하거나 새로운 미디어 비즈니스가 출현할 때마다 겪게 되는 이윤 극대화를 위한 대안들을 찾아가는 과정이기도 하다. 미디어 기업은 기존의 경영 의사결정 과정에서 얻게 되는 순편익(총편익−총비용)과 대안적 방법의 경영 의사결정 과정에서 얻게 될 순편익을 비교해야 한다.

그런데 일반 기업과 비교해 미디어 기업이 갖는 특이한 이윤의 법칙이 있다. 일반 상품을 생산하는 일반 기업들은 이윤 극대화를 위해 한계수입과 한계비용이 같아지는 수준에 맞추어 생산량, 지출을 결정한다. 즉, 이윤은 총수입에서 생산하는 데에 들어간 총비용을 뺀 것이고, 총이윤 극대화는 총수입과 총비용의 차이를 크게 하는 것이다. 한 단위를 더 생산해 판매한 수입과 그 한 단위를 더 만들 때 들어간 비용을 비교해서, 추가수입(한계수입)이 추가비용(한계비용)보다 많으면 생산을 계속하는 것이다. 즉, 한계수입과 한계비용이 일치하는 수준에서 이윤 극대화의 조건이 실현된다. 이를 '수확 체감의 법칙(Diminishing returns of scale)'이라 말하며, 총수입은 어느 수준까지 증가하다가 이후 감소하는 법칙을 따르게 된다.

이에 비해 미디어 기업에게는 '수확 체증의 법칙(Increasing Returns of Scale)'이 성립한다. 이는 투입된 생산요소가 늘어나면 늘어날수록 산출량이 기하급수적으로 증가하는 현상을 말한다. 미디어 기업이 가진 고유의 지식 자원과 기술 자원은 무형자산인 지적 자원에서 나타난다. 그렇게 때문에 지식과 기술은 사용한다고 없어지지 않는다. 예로, 모바일 애플리케이션은 한 번 만들면 계속해서 팔 수 있기 때문에 팔면 팔수록 기하급수적으로 이익이 증가한다. 이러한 논리가 '수확체감의 법칙'과 다른 점은 투입량이 늘어나면 늘어날수록 그 이익이 폭발적으로 증가한다는 것이다.

일반 기업과 미디어 기업의 경영을 다르게 하는 또 다른 요소는 앞서 언급한 미디어 커뮤니케이션이 갖는 기술적 특성과 사회문화적 특성의 양면성이다. 아직도 많은 전통 미디어 기업들이 이윤을 극대화하기 위해 생산량이나 비용을 조정하는 것에 익숙하지 못하다. 미디어의 이중적 시각 내지 특성 때문에 아직도 일부 전통 미디어 기업들은 TV 시청률이나 신문 구독률의 극대화에 더 역점을 두는 경향이 강하고, 일반 기업이 고려하는 광의의 경영목표인 이윤 극대화에 따른 행동을 하지 않는 경우가 많다. 그러다 보니 미디어 경영 이론과 실제 미디어 경영 활동 간에 괴리가 발생한다. 국내의 경우를 보면, 지상파방송사들이

풍요를 구가하던 2000년대 초반 이전에는 이윤 극대화 추구와는 다소 거리가 있는 TV 시청률 극대화 추구에 더 몰두하였다. 즉, '광고 → 미디어 → 시청자' 순으로 광고가 노출되어 시청자는 제한된 광고를 받아볼 수밖에 없었다. 이런 배경에서 TV에 광고를 올리는 광고주들에게는 '스프레이 앤 프레이(Spray & pray)'라는 용어까지 등장하게 된다.

미디어 소비자들이 점점 데스크톱에서 스마트폰으로, 또 태블릿으로 기기를 확대하고 멀티 디바이스를 사용하면서 광고주들은 이러한 소비자들의 움직임을 따라가기가 점점 어려워진다. 광고주 기업의 마케터들은 더 이상 시간과 돈을 낭비하지 않으면서 광고가 좀 더 관심이 있을 만한 사람들에게 노출되는 것을 원하기 시작한다. 그러면서 나온 것이 프로그래매틱 바잉(Programmatic buying)이다. 이는 디지털 광고 공간(디스플레이 광고, 배너 광고, 영상 광고)을 자동화하는 전용 소프트웨어와 AI 알고리즘 기반으로 자동으로 광고를 구매하는 방식이므로, 광고주들이 방송에 맡기고 시청자들이 보기를 기도하는 수동적 방식과 대별된다. 이에 대해서는 뒤의 데이터 거버넌스에서 다루기로 한다.

미디어 경영의 디지털 전환
실행영역

    이상에서는 기술결정론과 문화결정론 시각에서의 미디어의 특성, 그리고 산업조직론과 자원기반론 시각에서의 미디어 기업이 갖는 경영전략 특성에 대해 살펴보았다. 국경이 사라진 글로벌 미디어시장에서 신생 OTT(Over the top) 중심으로 미디어 시장이 재편되면서 다양한 전통 미디어 기업들이 OTT에 도전하기 시작하였다. 신생 벤처기업으로 시작한 넷플릭스는 이미 공룡 기업이 되어 콘텐츠 제작에서 유통까지 아우르는 플랫폼으로 자리잡았고, 기존의 전통 방송통신 미디어 기업들도 자사의 부족한 역량을 채우기 위해 적극적으로 지식재산권과 콘텐츠에 투자하기 시작한다.

    소셜네트워크서비스(Social network service; 이후 SNS)나 OTT 등 다양한 유형의 디지털 미디어가 등장하면서 미디어산업 영역은 더욱 확장된다. 전통적인 신문, 출판잡지, TV방송, 라디오방송 등 미디어산업에 게임, 스포츠, 통신, 테마파크가 포함되더니 이제는 인터넷서비스가 포함된다. 이에, 2007년 미국의 통계청은 출판, 영화 제작·유통·상영, 음반 제작, 라디오, 지상파방송, 케이블방송, 유무선 통신, 위성통신, 광고 등을 하나의 정보산업 범주로 묶었다. 같은 기간에 한국 통계청도 2007년 개정된 한국표준산업 분류에서 미디어산업의 범주를 출판업, 영상 및 오디오 기록물 제작 및 배급업, 방송업, 통신업, 정보서비스업, 컴퓨터프로그래밍/SI업, 광고업 등을 포괄하는 것으로 재정의하기에 이른다.

    모바일시대가 개화되면서 미디어산업의 범위는 더욱 확장되었고, 2018년 10월에 모건스탠리 캐피털 인터내셔널(Morgan Stanley Capital International; MSCI)은 글로벌산업분류표준(Global Industry Classification Standard; GICS) 시스템 개편을 통해 미디어 커뮤니케이션 범주를 새롭게 확장해 구성하기에 이른다. 새롭게 구성된 MSCI GICS 산업 분류에는 11개 섹터(Sector), 24개 산업 그룹(Industry group), 그리고 68개의 산업(Industry)들이 있는데 커뮤니케이션 서비스(Communication services) 섹터가 신설되면서 기존의 텔레커뮤니케이션 서비스(Telecommunication services) 섹터가 이 섹터의 하위 산업그룹으로 예속되었다. 즉, 아래 [그림 1]에서 보듯이, 커뮤니케이션 서비스 섹터(Code 50)는 2개의 하위 산업그룹인 텔레커뮤니케이션 서비스(Code 5010)와 미디어와 엔터테인먼트(Code 5020) 산업그룹으로 구성되었다. 또한, 정보기술(IT) 섹터의 서비스들이 미디어와 엔터테인먼트 산업그룹에 속하게 되었다.

[그림 1] 커뮤니케이션 서비스 섹터 형성 개관

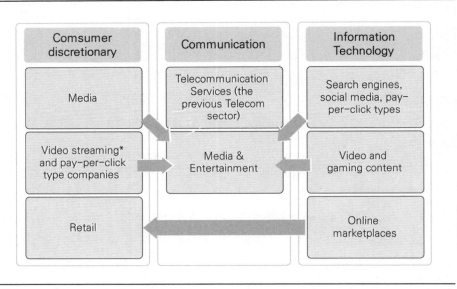

자료: Credit Suisse Strategy, 2018
* 비디오 스트리밍을 OTT라 부르기 시작.

대표적인 IT 섹터의 서비스들은 검색엔진(Search engines), 소셜미디어(Social media), 그리고 이를 기반으로 하는 클릭당 지불(Pay-per-click)을 하는 기업 광고들이다. 아래 [표 1]에서 보듯이, 글로벌 IT기업들인 페이스북, 알파벳

(Alphabet; 구글의 사명), 트위터, 바이두(Baidu), 텐센트(Tencent), 야후재팬(Yahoo Japan) 등의 기업들과 비디오게임 기업인 닌텐도(Nintendo) 등이 이 기준에 의해 대거 커뮤니케이션 섹터의 코드 5020인 미디어와 엔터테인먼트 산업그룹으로 이동하게 된다. 또한, IT 섹터가 아닌 소비자 디스크레셔네리(Consumer Discretionary; 소비자 재량) 섹터에 속했던 미디어 산업그룹인 넷플릭스와 디즈니, 타임워너도 커뮤니케이션서비스의 미디어와 엔터테인먼트 산업그룹에 속하게 된다. 한편, IT 섹터에 속했던 알리바바와 이베이 등의 전자상거래 서비스는 소비자 디스크레셔네리 섹터로 이동하게 된다.

[표 1] GICS 시스템 개편에 따른 주요 기업들의 섹터 이동

Company	Sector(Past)	Sector reclassification
Facebook	Information Technology	Communication Services
Alphabet	Information Technology	Communication Services
Baidu	Information Technology	Communication Services
Tencent	Information Technology	Communication Services
Twitter	Information Technology	Communication Services
Weibo	Information Technology	Communication Services
Netflix	Consumer Discretionary	Communication Services
Disney	Consumer Discretionary	Communication Services
Time Warner	Consumer Discretionary	Communication Services
Alibaba	Information Technology	Consumer Discretionary
Ebay	Information Technology	Consumer Discretionary
MercadoLibre	Information Technology	Consumer Discretionary

자료: MSCL, 2018

여기서 목격되는 점은 GICS 개편이 산업재편의 선행적 지정이 아닌 후행적 조율이라는 사실이다. 이는 그동안 커뮤니케이션 섹터에 의해 새로운 비즈니스 모델들이 생겨났고 기존의 영역들이 상당 부분 모호해짐(Blurring)을 경험하거나 심지어 파괴되고 있음을 방증하는 것이다. 아래 [그림 2]에서 보듯이, 신설된 커뮤니케이션 서비스 섹터의 비중은 더욱 확대되고 있다.

[그림 2] 신설된 커뮤니케이션 서비스 섹터 비중의 확대

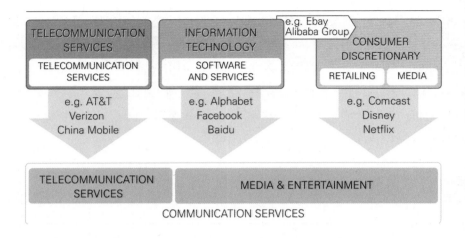

자료 : MSCI, 2018

　　맥루한이 주장한 미디어의 확장이 미디어산업 영역의 확장으로 이어지고, 미디어산업이 먼저는 통신산업, 이제는 IT산업과의 경계가 불분명해지면서 기존의 전통 미디어 기업들은 미디어 경영을 이전보다 더 중요하게 생각해야 하는 시점을 맞게 된다. 기존의 미디어 경영이 앞서 언급한 정태적 시장에서 관찰되는 산업조직론과 자원기반론 시각의 의사결정 과정이었다면, GICS 개편에서 의미하는 대로 이제는 통신기업을 넘어 IT기업들의 의사결정 과정과도 연관됨을 전제로 하여 다양한 질문들에 끊임없이 답하는 대안적인 의사결정 과정이 되어야 한다.

　　2000년대 이후 인터넷 기반의 디지털경제가 본격화되고 2010년대 모바일 인터넷 소비가 급증하면서 시청자나 구독자들은 이미 페이스북 등의 SNS를 통해 미디어 콘텐츠를 접하고 이메일이나 SNS가 제공하는 광고에 직접 노출되는 세상이 되었다. 게다가 이메일이나 SNS가 제공하는 광고는 사용자 취향이나 구매 내역 등을 고려해서 노출하기 때문에 기존의 전통 미디어 기업들이 제공하는 광고들보다 더 효과가 높음을 인정받고 있다. 기존 광고를 받아서 제공하는 전통 미디어와 구글, 페이스북 같은 디지털미디어 간 경쟁에서 후자의 승리일 수밖에 없는 상황이 전개되고 있는 것이다.

　　전통 미디어 기업들의 미디어 경영 패러다임이 이처럼 시대가 바뀌었음에도

불구하고 아직도 산업조직론이나 자원기반론 등 산업경제 시대의 경영 전략 기법과 논리에 천착하는 경향이 농후하다. 이에, 디지털 전환 시대의 새로운 경영 논리를 속히 받아들여야 할 필요성이 제기된다.

새로운 방향성을 키워드로 제시하면서 세 가지 미디어 경영의 디지털 전환 실행영역을 제시한다. 첫 번째는 미디어 비즈니스의 디지털 전환이다. 기존의 문화 상품 내지 서비스 비즈니스 개념은 플랫폼 비즈니스 개념으로, 오프라인 미디어에서 말하는 수확체감의 법칙은 디지털 미디어에서 말하는 수확체증의 법칙과 네트워크 효과 개념으로 바뀌어야 한다.

두 번째는 미디어 생태계의 디지털 전환이다. 기존의 선형적인 산업 가치사슬 개념은 비선형적인 산업 생태계 개념으로, 기존의 공급자 주도의 통제는 수요자 측에서의 규모의 경제와 범위의 경제 개념으로, 기존의 자산에 대한 수익 기반 시장가치 개념은 생태계 기반 시장 평가 개념으로, 기존의 자사 내 유기체적 성장(Organic growth) 또는 인수합병을 통한 성장 개념은 간접 네트워크 효과(비대칭적 요금구조)에 기반한 성장 개념으로 바뀌어야 한다.

마지막 세 번째는 미디어 거버넌스의 디지털 전환이다. 기존의 설비 자산 등 물질적 자산 및 자본의 감가상각 개념은 지식 자산 등의 디지털 자산과 혁신 자산 개념으로, 산업경제의 측정 수단인 GDP 개념은 새로운 디지털경제 측정 수단인 디지털 밀도, 무료 및 공유 재화 개념으로 바뀌어야 한다. 이러한 세 가지 미디어 경영 실행영역의 디지털 전환은 이미 인터넷기업들에 의해 주도되고 있다.

미디어 경영의 디지털 전환 기술조건

1장에서 디지털 전환을 위한 기술조건을 가트너가 제시한 2020년 10대 전략 ICT 중심으로 살펴보았다. 디지털 전환은 이러한 전략 ICT를 모든 경영에 통합하는 과정이고, 기업은 디지털 기술을 토대로 모든 프로세스와 비즈니스 모델을 전환시킬 수 있다. 미디어 기업은 유지 관리 비용이 점차 증대되는 레거시 기술들을 줄이고, 디지털 전환을 지원하도록 ICT를 더욱 활용해야 한다. 이에, 선두 미디어 기업들은 특히 데이터를 활용하는 방법을 개발하기 시작했다. 새로운 디지털미디어 고객에 대응하지 못하는 미디어 기업은 도태될 것이며, 변화를 수용하고 민첩성을 강화한 미디어 기업은 그 어느 때보다도 성공할 가능성이 높다. 그 이유는 디지털 전환에 필요한 기술을 통해 미디어 경영의 모든 측면을 살피고 기술과 함께 지속적으로 발전하도록 고도화하는 방법을 지속적으로 모색하기 때문이다.

특히, 디지털화된 데이터를 잘 생산하고 축적 및 활용하는 것이 미디어 기업의 경쟁력을 평가하는 주요 지표가 되기 시작했다. 스마트폰, 오픈 API, SNS 등 데이터를 생성하는 주요 수단들이 확대되면서 데이터 수집과 생성, 유통은 활성화되었고, 미디어 기업도 수많은 로그(Log) 데이터를 발생시킴과 동시에 생산된 데이터를 활용하는 주체가 되고 있다. 데이터가 혁신적 지식과 상품, 서비스 창출을 위한 투입요소가 되면서 양질의 미디어 데이터가 확보될 수만 있다면 정보, 지식, 상품, 서비스로 전환되어 더욱 편리하고 효과적인 미디어 경영 의사결정을 지원하게 되며, 유형의 실물 자원과 달리 무한한 재이용도 가능하다.

데이터가 미디어 경영의 디지털 전환을 위한 우선적 기술조건이 된다. 앞에서 자원기반이론에 대해 설명하였는데 데이터는 미디어 기업의 중요한 지식 자원이 된다. 2016년 MIT는 자원(Resource)을 자산(Asset) 개념으로 구분하여 그 특징을 비교 설명하였다. 즉, 실물 자산과 데이터 자산을 각각 세 가지 특징을 들어 구분하였다. 먼저, 실물 자산의 첫 번째 특징은 경쟁성으로 하나의 화폐나 장비가 한 곳에서만 이용 가능하고, 두 번째 특징은 대체성으로 동일한 가치의 다른 재화로 대체가 가능하며, 세 번째 특징은 물리적 재화로서 재화 가치를 계량적으로 즉시 파악 가능하다. 이에 비해, 데이터 자산의 첫 번째 특징은 비(非)경쟁성으로 하나의 데이터를 여러 서비스에서 동시다발적으로 사용 가능하고, 두 번째 특징은 비(非)대체성으로 각 데이터의 서로 다른 내용으로 인해 대체 불가하며, 세 번째 특징은 경험적 재화로서 데이터 가치의 사후 측정이 가능하다.

이러한 데이터 자산 내지 자원을 활용하는 미디어 기업의 경영을 예상해보면, 제작 부문에서 데이터가 생성되고 거래를 통해서도 데이터가 생성된다. 미디어 기업은 이러한 데이터를 주고받음으로써 미디어 서비스 간 융합을 발생시킬 수 있고, 더욱 크고 복잡하고 중요한 데이터를 형성할 가능성도 제공할 수 있다. 따라서 미디어 기업은 유용한 데이터를 공유함과 동시에 성장과 혁신을 할 수 있는 환경을 구축해 나가야 하며, 소비자 선택권을 보장하면서도 데이터 제공업체 간 경쟁을 유도하는 분석 플랫폼 구축도 필요로 한다. 사용자 중심의 부가가치를 창출할 수 있는 데이터 관리가 미디어 기업들에게 요구되기 때문이다. 국내의 경우, 2012년 3월 CJENM이 시청률 조사기관인 닐슨코리아와 제휴해 만든 고객의 콘텐츠 소비행태(Content Consuming Behavior; 이후 CoB)는 콘텐츠 파워지수(Content Power Index; 이후 CPI)와 콘텐츠 가치지수(Content Value Index: 이후 CVI)로 구성된다. KBS, MBC, SBS 등 지상파방송 3사와 CJENM 계열 채널의 시청 행태, 검색, 뉴스 구독량, 홈페이지 방문량, 소셜미디어 데이터를 수집해 매월 CVI, 매주 CPI를 산출해 10여 개 광고대행사와 공유하기 시작하고, 이를 토대로 CJENM은 광고판매대행사인 메조미디어를 같은 해에 인수해 본격적인 데이터 분석 플랫폼을 구축한다. 메조미디어는 광고시장 공략에 집중하면서 SNS 데이터를 분석해 영향력과 구매 의지가 있는 이용자를 골라내기 시작한다.

같은 해인 2012년 5월 MBC, SBS, KBS 지상파방송 3사의 '콘텐츠연합플랫폼'이 법인으로 설립되었고, 이어서 OTT인 푹(Pooq)이 출시되면서 비로소 데이터 활용의 가능성이 열리기 시작한다. 푹 회원의 연령대, 기기별로 구분된 푹 애플리케이션(이후 앱)의 구동시간, 방송사별로 구분된 트래픽 최고점의 프로그램 분석 등 가장 원시적인 형태의 데이터 분석이 진행되기 시작한다.

이러한 전통적 미디어 기업들의 데이터 활용이 시작되기 전부터 이미 네이버(Naver)나 카카오(Kakao) 같은 국내 양대 인터넷기업들은 데이터 분석 플랫폼을 구축하였고, 이를 제3자 앱 개발업체들이 이용할 수 있게 개방형 플랫폼을 구축하기 시작했다. 이에 대해서는 9장에서 자세히 다룰 것이다. 또한, 미디어 기업은 마케팅을 위한 고객데이터 분석에서 한 발 더 나아가 공익을 위한 목적으로 활용 범위를 넓히려는 노력도 필요하다. 이러한 활동들은 궁극적으로 기업의 신뢰를 높여 시장 규모 확대에도 도움을 줄 것이다. 대표적인 예로, 통신 데이터 분석은 사회 공헌(Data philanthropy: 데이터 자선활동)에 기여한다. MIT 연구팀은 휴대전화 통화 패턴 변화를 통해 독감 발생을 예측했고, 스페인의 다국적 통신기업인 텔레포니카(Telefonica)의 연구팀은 통화 패턴 분석으로 주택, 교육, 의료 등에 대한 수요를 추정하였으며, 미국의 콜롬비아 대학 연구팀은 통신기업인 디지셀(Digicel)의 통화 데이터 분석을 통해 아이티 지진 시의 난민 이동을 분석하였다. 국내에서도 통신기업인 KT의 통신 데이터를 활용해 서울시의 심야버스 운행 효율화를 가져오게 되었다.

미디어 경영의 디지털 전환
정책조건

　정권이 바뀔 시점인 2017년, 대선주자가 주목해야 할 미디어정책 9대 이슈가
언론에 제시된 바 있다. 먼저, 방송통신위원회의 시청점유율 조사, 문화체육관광
부의 여론집중도 조사 등 신문방송 융합 이슈, 민간기구인 방송통신심의위원회
의 정부 여당 다수 위원 추천 등 공정성 이슈, 지상파방송, 종합편성 및 보도 채
널의 공정성 확보를 위한 노사 동수 편성위원회 구성 이슈, 종합편성 채널의 황
금채널 이슈와 의무 재송신과 채널 제공 대가의 이중 특혜 이슈, 지상파방송 재
송신 대가 갈등에 따른 방송통신위원회의 '직권조정' 권한 이슈, 새로운 유료방
송인 IPTV 급성장에 따른 통신시장 지배력의 방송시장 전이를 막기 위한 결합
상품 구성 품목 제한 및 특정 상품 할인비율 명시 이슈, 무분별한 인수합병이
일어나지 않도록 해야 한다는 이슈, 개인정보 보호를 위한 정부의 '비식별화' 가
이드라인 재검토와 미디어교육 정책 검토 등이다. 이를 통해 정책 입안자들이
미디어의 기술경영 특성보다는 사회문화적 특성에 더 중점을 두고 있음을 알 수
있다. 이 중에서 미디어 경영의 디지털 전환 정책조건과 관련된 핵심 경영 이슈
는 데이터의 '비식별화'이다.

　앞서 언급한 미디어 경영의 디지털 전환 기술조건에 연계해 정책조건을 데이
터 활용 정책 중심으로 살펴보자. 2010년부터 OECD는 통계의 원천이 인터넷
영역으로 전환되는 것에 이미 주목하였고, 인터넷 기반 통계에 대한 타당성 연
구를 시작했다. 유럽에서는 2011년 유로스탯(Eurostat)이 인터넷 접속 정보를 활
용한 정보사회 지표 작성에 대한 가능성을 검토하기 시작했다. 데이터 활용이

전 세계적인 정책 이슈로 부상하면서 생산된 데이터를 개방해 활용하는 방안이 우선 모색되기 시작한 것이다. 데이터 공유는 중복 생산 제거를 통한 비용절감 효과를 주는데, 공유를 넘어 공개를 통한 데이터 품질 제고, 투명하고 효율적인 행정을 가능하게 하기 때문이다. 정보 공개와 청구권이 헌법에 보장된 스웨덴, 핀란드 등 정보 공개 선진국은 데이터의 국가 경쟁력 순위에서 상위권에 속한 다. 따라서 국내에서도 정부와 기업이 생산하는 데이터의 소유권과 재사용 등의 활용방안에 대해 이해당사자 간 소통과 합의가 필요한 상황에서 단계적이고 합 리적인 데이터 공유 정책이 모색되어야 한다.

데이터 활용으로 다양한 미디어 서비스 제공이 기대되고 소비자 편익도 증대 되지만, 사생활 보호 범위 내에서의 데이터 활용 정책이 필요하다. 사생활 보호 를 전제로 하고 데이터를 공평하게 잘 활용하게 하기 위해서는 데이터에 관한 정보가 집약된 '데이터웨어(Dataware)' 구축이 필요하다. 데이터웨어는 기존 데 이터의 상태뿐만 아니라 향후 생산(조정, 개선, 대체, 중지 등을 포함)과 유통 계획 을 총망라하는 종합정보서와 같다. 이는 데이터 자원을 보유하고 이를 활용할 능력을 가진 기업들에게는 기회로 작용하겠지만, 활용 과정에서 소외되는 정보 약자 기업들이 양산될 가능성도 배제할 수 없다. 데이터는 디지털 전환 시대의 새로운 사회적 자본이며 지식 자본이다. 데이터 인프라의 이용 격차를 해소하 고, 기업들이 동반 성장 가능한 데이터 활용 정책이 국가 차원에서 필요하다.

참고문헌

권호영/송민정/한광접(2015). 디지털미디어 경영론, 커뮤니케이션북스.

국회법제연구원(2017). 빅데이터 관련 개인정보 보호법제 개선방안 연구.

개인정보 보호법 (법률 제10465호, 2011. 3. 29, 제정).

미디어오늘(2017.14). 대선주자가 주목해야 할 미디어정책 9대 과제를 소개합니다.

송민정(2003.12). DMB 사업자의 경쟁전략 방향 연구: 산업구조 분석을 토대로, 방송문화
연구, KBS 방송문화연구소, 15(2): 223－245.

유재복(2014). 빅데이터 분석을 통한 방송분야 활용에 대한 전망 및 제안, 특집 빅데이터
와 미래방송, 방송공학회지 19권 4호, pp. 366~378.

이승훈(2013). Big Data와 함께 팽창하는 개인정보 개방과 보호의 딜레마, LGERI 리포트.

이재식(2013). 빅데이터 환경에서 개인정보보호를 위한 기술, FOCUS 4.

정용찬(2012). 빅데이터 혁명과 미디어 정책 이슈, 프리미엄 리포트, 정보통신정책연구원.

정용찬(2011. 12. 8), 빅데이터 시대의 방송통계 개선, 2011년 방송통신 통계 개선 및 수요
조사 보고회 발표 자료.

통계청(2007). 한국표준산업분류 최종 개정안.

한국투자증권(2019.2.21). 인터넷: 확장의 시대.

한화투자증권(2017.7.13). 인터넷 플랫폼 기업의 정의를 바꾸고 있는 세 가지 이슈.

Craig, T & Ludloff, M. E.(2011). Privacy and Big Data. O'Reilly.

Dialogic (2008). Go with the dataflow! Analyzing the Internet as a data source,
Ministry of Economic Affairs, Netherlands.

Spiezia, V.(2010. 5.10). Official statistics in the era of ubiquitous connectivity and
pervasive technologies, OECD.

Wirthmann, A.(2011). The feasibility of producing relevant indicators about the
Information Society using Internet traffic flows as a data source, 58th ISI World
Statistics Congress.

CHAPTER

03

디지털 전환 시대의 미디어데이터 개관

데이터의 유형 및 특성의 확장

디지털 전환이 활성화되려면 데이터가 핵심 원료가 된다. 그런데 소위 빅데이터는 그 자체로는 가치가 없으며, 쓸모 있는 가치를 지니기 위해 반드시 정제과정을 거쳐야 한다. 실제로 방대한 양의 데이터가 매일 쏟아져 나오는데 어떻게 데이터가 디지털 전환을 주도하는 핵심 원료가 되는지를 살펴보기 위해 우선 데이터의 유형과 특성을 논의하고자 한다. 빅데이터의 등장으로 데이터가 관심을 받고 있지만, 데이터는 방대한 양만을 의미하는 것이 아니다. 구조화되지 않은 데이터와 구조화된 데이터를 잘 결합해 기존에는 생각도 못한 새로운 비즈니스를 창출하고 생태계를 조성하며, 거버넌스 통찰력을 얻는 데 데이터의 의미가 있다.

데이터는 구조화된(Structured) 정도에 따라 그 유형이 나뉜다. 데이터가 비(非)구조화된 경우에는 일정시간 경과 후 소멸된다. 수많은 데이터를 저장 기술을 통해 저장할 필요가 없거나 그 생성속도가 너무 빨라 저장기술이 그 생성속도를 따라갈 수 없을 경우에도 비구조화된 데이터로 유지될 수밖에 없다. 하지만 저장기술이 생성속도를 능가하는 시점이 도래한 후에도 데이터 저장 여부는 이슈가 되는데, 이는 1장에서 언급한 사생활 보호 이슈 때문이다. 비구조화된 데이터는 고정된 필드에 저장되어 있지는 않지만 텍스트 분석이 가능한 문서, 이미지, 동영상, 음성 데이터 등의 비정형화된 데이터이다. 한편, 구조화된 데이터는 기존 데이터베이스에 있는 정형화된 데이터로 고정된 필드에 저장된 관계형 데이터베이스 및 스프레드 시트 등을 말한다. 구조화와 비구조화 사이에는 절반만 구조화된(Semi-structured) 데이터가 있다. 이는 고정된 필드에 저장되어 있지 않은 메타데이터(Metadata)로서 XML이나 HTML 텍스트 등을 말한다. 데이터는 내부와 외부로도 유형화된다. 내부 데이터는 기업이 가진 고객 데이터, 외부 데이터는 공공, 소셜 데이터, 파트너 기업의 거래 데이터 등이다.

모바일 시대가 시작되면서 소셜 데이터 등 비정형 데이터가 기하급수적으로 증가하고 '빅데이터(Big data)'라는 용어가 등장한다. 빅데이터의 부상을 가장 먼저 언급한 맥킨지 글로벌 인스티튜트(McKinsey Global Institute)는 2011년에 빅데이터를 '데이터 형식이 매우 다양하고 그 유통 속도가 매우 빨라 기존 방식으로는 관리·분석하기 어려운 데이터'로 정의하였다. 빅데이터는 기존 데이터에 비해 그 양이나 종류가 너무 커서 기존의 방법으로는 수집, 저장, 검색, 분석 등이 어려운 데이터이다. 예로 웹 로그, RFID, 센서 네트워크, 소셜 네트워크, 인터넷 텍스트 및 문서, 인터넷 검색 인덱싱, 음성 통화 상세 기록, 천문학/대기과학/유전학/생화학/생물학 등 연구 기록, 군사 경계 기록, 의료 기록, 사진 목록, 동영상 목록, 전자상거래의 행적 등이 모두 빅데이터에 속한다.

2012년에 가트너(Gartner)는 빅데이터의 특성을 3V(Volume, Velocity, Variety)로 나누어 설명하였다. 규모(Volume)는 해마다 디지털 정보량이 기하급수적으로 폭증했음을 의미하고, 다양성(Variety)은 로그, 소셜, 위치, 소비, 현실 데이터 등 데이터 유형이 증가하고 비정형 데이터의 유형이 보다 다양화됨을 의미하며, 속도(Velocity)는 사물 정보, 스트리밍 정보 등 실시간성 정보가 증가해 데이터의 생성, 이동 속도가 빨라져 실시간 활용 목적의 데이터 처리 및 분석 속도도 빨라지고 있음을 의미한다.

데이터는 데이터 양만이 아니라, 데이터 형식, 입출력 속도 등을 함께 아우르는 특성을 갖는다. IBM은 이상의 규모, 다양성, 속도 등 3대 빅데이터 특성 중에서 두 가지만 충족시키면 데이터 기술이 된다고 보았다. IBM에 의하면, 데이터의 규모는 더욱 증가하므로 매우 방대한 생 데이터(Raw Data)의 집합을 말한다. 데이터의 다양성은 관계형 데이터베이스뿐만 아니라 SNS, 위치 정보, 각종 로그 기록을 비롯해 멀티미디어 등 비정형 데이터를 포함한, 구조화되지 않은 데이터를 다루는 것을 말한다. 속도는 데이터를 생성하거나 수집 및 통합하고 분석하고 활용하는 모든 단계에서 중요해져서, 분석 결과를 실시간으로 활용하는 것을 추구하는 것이 과거의 분석 기술과 빅데이터 분석 기술을 구별하게 하는 가장 큰 특징이 된다.

빅데이터 분석은 데이터 웨어하우스(Data Warehouse; 이하 DW) 및 비즈니스 인텔리전스(Business Intelligence; 이하 BI) 기술로는 처리하기 어려운, 다양한 형태로 혼재되어 있는, 그리고 복잡성 높은 대용량 데이터를 신속하게 처리 가능하게 해서, 심층 분석(Advanced analytics)과 예측 등을 통한 새로운 차원의 서비스 창출을 가능하게 하는 기반이 된다. 따라서 빅데이터 3대 특성인 규모, 속도, 다양성에 더해, IBM은 가치를, 가트너는 복잡성을 이후에 추가하여 설명하기 시작한다. 이는 3V 특성만으로 데이터의 진실을 설명하기가 점점 어려워짐을 시사한다. 가트너가 강조하는 데이터의 진실(Truth)은 다양한 데이터 셋(Multiple sets of data) 간의 상관관계를 이해하는 데 있으며, 데이터를 모으는 것 자체가 의미가 있는 것이 아니라, 의미가 없는 다크 데이터(Dark data)와 의미 있고 가치 있는 데이터를 구분할 수 있음을 뜻한다.

데이터 특성별 미디어데이터 자원

　　미디어 경영에 데이터를 활용하기 위한 다양한 접근들이 있다. 미디어 기업은 비즈니스를 위해 미디어 소비 행태를 알아야 하고, 다양한 유형의 데이터를 다양한 미디어 단말을 통해 수집, 분석해야 한다. 신문, TV, 라디오 등 전통적 매스미디어뿐 아니라 케이블, 위성, IPTV 등 유료방송 미디어와 개인방송 등 인터넷 미디어가 등장하면서 미디어 간 융합은 더욱 활발해졌으며 미디어 범위가 확장되었다. 이는 다양한 미디어 소비를 측정하려는 노력도 동반되어야 함을 의미한다. 여기에 와이파이(WiFi)나 블루투스(Bluetooth) 등 무선 네트워크 프로토콜을 통한 단말 간의 상호작용이 더해지면서 미디어데이터의 양과 유형은 더욱 확장되고 있다.

　　미디어 소비 패턴을 측정하려면 다양한 데이터의 조합이 필요하다. 하지만 현실은 다양한 미디어데이터의 조합이 아직 일어나지 않고 있다. 예컨대 지상파 방송 미디어데이터는 '시청률' 측정이라는 이름으로 민간의 조사기관에 의해 시행되고 있고, 유료방송 미디어데이터는 각 기술 플랫폼별로 단말 데이터로만 보관 중이다. 새로운 미디어 서비스를 개발하려면 이들 간의 데이터 조합 및 공유가 전제되어야 한다. 인터넷 미디어 소비 패턴을 파악하려는 대부분 전통 미디어 기업들은 아직 구글이나 페이스북 빅데이터에만 의존하는 형국이다.

　　미디어데이터는 전통적 TV 방송과 유료방송에서 제공하는 VOD 등의 동영상뿐만 아니라 SNS와 음악, 게임 등의 다양한 소셜미디어데이터와 미디어 단말에서 수집되는 로그 데이터 등을 통칭한다. 이러한 미디어데이터 자원은 앞서 언급한 데이터의 3대 특성별로 구분하여 관찰될 수 있다. 아래 [표 1]은 미디어 기업들이 일상적으로 처리하는 데이터 중에서 주로 선호하는 데이터 자원을 나타낸 것이다. 미디어데이터도 크게 내부와 외부(제3자) 데이터로 구분되며 데이터 특성별로 나뉠 수 있는데, 앞서 언급했듯이 3대 특성 외에 4대 특성을 논의한다. 코빌러스(Kobielus 2013)는 네 번째 특성으로 진실성(Veracity)에 대해 논의했는데, 이는 가트너가 강조했던 추가적 특성이다. 아래 [표 1]는 진실성을 포함한 4대 데이터 특성별로 구분된 미디어데이터 자원을 보여준다.

[표 1] 데이터의 4대 특성별로 본 미디어데이터 자원

Internally generated data	Key "V" characteristic
Consumer profile details including customer service interactions.	Volume-Large amounts of data to be stored and potentially mined. Variety applies when considering the different ways customers may interact with a media service provider-and hence the opportunity for the business to "join up the dots" and better understand them.
Network logging (e.g. for web or entertainment companies operating their own networks).	Velocity-Network issue must be identified in real-time in order to resolve problems and retain consumer trust.
Organizations own data services to end users.	Characteristic(s) will depend on business objective of the data. e.g., a news agency will prioritize speed of delivery to customers, a broadcaster will be focused on streaming content in multiple formats to multiple types of device.
Consumer preferences inferred from sources including click stream data, product usage behaviour, purchase history, etc.	Volume-Large amounts of data can be gathered. Velocity will become pertinent where the service needs to be responsive to user action, e.g., online gaming networks which upsell extra features to players.

Third-party data	Key "V" Characteristic
Commercial data feeds, e.g., sports data, press agency newswires.	Velocity-Being first to use data such as sports or news events builds competitive advantage.
Network information (Where external networks are being used, e.g., messaging apps that piggyback on mobile networks.)	Velocity-Network issues must be identified in real-time in order to ensure continuity of service
Public sector open datasets.	Veracity-Open data may have quality, provenance, and completeness issues.
Free structured and/or linked data. e.g., Wikidata/DBpedia	Veracity-crowdsourced data may have quality, provenance, and completeness issues.
Social media data, e.g., updates, videos, images, links, and signals such as "likes".	Volume, variety, velocity, and veracity-Media companies must prioritize processing based on expected use cases. As one example, data journalism requires a large volume of data to be prepared for analysis and interpretation. On the other hand, a media marketing business might be more concerned with the variety of social data across many channels.

자료: Lippell, H.(2016). 250쪽

　　먼저, 기업 내부에서 생성된 미디어데이터 자원을 데이터 특성별로 보면, 고객 서비스 내용을 포함한 고객 프로파일 상세 데이터(Consumer profile details)는 규모와 다양성의 특성을, 기업이 네트워크를 직접 보유하고 운영하는 경우의 네트워크 로깅(Network logging)은 속도의 특성을, 기업 내부에 보유한 최종 이용자 대상의 데이터 서비스(Organizations own data services to end users)는 관련 비즈니스 목표에 따라 여러 특성들을 갖는다. 또한, 클릭 스트림 데이터, 제품 사용 행동, 구매 내역 등을 포함한 소스에서 추론된 소비자 선호도 (Consumer preferences inferred from sources including click stream data, product usage behavior, purchase history etc.)는 규모의 특성을 갖는다.

한편, 기업 외부의 제3자에게서 제공되는 미디어데이터를 데이터 특성별로 보면, 스포츠 데이터나 언론홍보 데이터 등의 광고 데이터 피드(Commercial data feed)는 속도의 특성을, 메시징 앱 등 외부 네트워크의 네트워크 정보(Network information)는 속도의 특성을, 공공 영역의 개방 데이터셋(Public sector open datasets)은 진실성의 특성을, 위키데이터(Wikidata) 등 무료의 구조화된 링크드 데이터(Free structured and linked data)는 진실성의 특성을 갖는다. 또한, 업데이트, 비디오, 이미지, 링크 및 '좋아요' 같은 소셜미디어 데이터(Social media data)는 규모, 진실성, 속도, 다양성 등 네 가지 특성을 모두 갖는다.

미디어데이터 자원의 가치와
기준

한 번의 데이터 분석이 이루어지는 시점에서 잘못된 판단을 내리거나, 데이터에 대한 지나친 맹신으로 분석 결과가 오용될 수도 있다. 그렇기 때문에 미디어데이터 자원에 접근해 분석하고, 분석된 데이터를 해석하고 결정을 내리는 데이터 전문가들은 자율성을 가지고 데이터가 투명하면서 진실한지의 여부를 지속적으로 관찰하는 과정을 통해 미디어데이터 자원의 가치를 유지시켜야 한다.

미디어데이터 자원은 양적 증가와 수집원의 다양화로 인해 계속 변화하고 확장한다. 따라서 이러한 데이터를 저장해서 정해진 시점에 분석하는 것보다는 변화하는 양상을 관찰하고 그 본질을 파악하려는 노력이 더 필요하다. 이를 위해서는 어제의 미디어데이터와 분석의 내용은 오늘의 분석 내용과 다르며, 내일의 분석은 또 달라질 것이라는 전제하에, 시간의 흐름과 함께하는 변화의 요체를 파악하려는 노력이 미디어데이터 자원 분석자들에게 요구된다.

뒤에서 미디어데이터 자원의 요소 기술들에 대해 설명할 것인데, 데이터의 분석과 시각화에서 끝나지 않고 활용까지 이어져야 그 가치를 비로소 발휘하게 됨을 분석자들은 명심해야 한다. 즉, 생산, 수집, 거래 등을 통해 데이터를 수집하고, 데이터센터나 클라우드 서비스를 이용해 저장, 처리한 후 분석을 위해 데이터를 수정, 보완, 통합하여 가공된 미디어데이터를 거래하고, 분석한 후에는 그 결과를 관련 서비스나 새로운 비즈니스 모델 개발에 활용하는 단계로까지 이어야 그 가치를 발휘할 수 있다.

데이터의 가치는 양질의 데이터에서 나온다. 양질의 데이터만이 제품이나 서비스로 전환되는 과정에 활용되어 더 나은 경제적 편익을 발생시킬 수 있기 때문이다. 또한, 품질이 양호한 데이터는 공유되어야 그 가치가 더욱 발현된다. 이는 데이터의 3대 특성 중의 하나인 다양성 때문이다. 미디어데이터 활용의 예로 영국 공익서비스방송인 BBC를 살펴보자. 2014년에 BBC는 8개의 TV 채널, 10개의 라디오 채널 프로그램에 대한 메타데이터를 발행하기 시작했으며, 이에 머물지 않고 BBC 고유의 음악 정보를 디비피디아(Dbpedia), 뮤직브레인즈(MusicBrainz) 등과 통합해 서비스하기 시작한다. 2014년 뮤직브레인즈는 약 86만 건의 아티스트 정보와 약 1,700만 건의 음원정보 서비스를 제공하였다. 검색하면 BBC 뮤직(BBC Music)과 링크되어 있음을 알 수 있다.

이처럼 미디어데이터를 서로 공유하려면 지속 가능성(Consistency), 활용 가능성(Usability), 확장 가능성(Extensibility)이 우선 요구된다. 지속 가능성은 매스터 데이터 관리(Master data management)와 비즈니스 인텔리전스(Business intelligence)를, 활용 가능성은 메타데이터 관리(Metadata management)를, 확장 가능성은 데이터와 서비스 아키텍처 간 연계 가능성을 말한다. 설득력 있는 미디어데이터가 확보되었는지, 미디어데이터가 미디어 기업의 수익, 비용 절감의 원동력으로 활용되는지 등의 여부가 미디어데이터의 기술적 가치 척도이며, 실시간성 판단이 매우 중요한 기준이 된다. 미디어데이터가 묶음으로 처리되고 분석 결과로부터 행동을 취하기 위해 얼마 동안 기다려야 하는지에 대한 여부 등의 기준도 필요하다. 또한, 미디어데이터의 객관성 차원에서 제3자가 지속적으로 미디어데이터의 정확성을 평가하는지의 여부, 행동으로 바로 옮길 수 있는지 등의 여부 확인도 아울러 요구된다.

미디어데이터 자원의 가치를 판단하는 기준은 얼마나 정확한가(Accurate), 얼마나 행동으로 옮겨지는가(Actionable), 그리고 얼마나 민첩한가(Agile) 등 3A로 요약된다. 첫 번째 기준인 정확성은 많은 미디어데이터의 노이즈로부터 얼마나 양질의 정보를 빼낼 수 있느냐 하는 것이다. 빅데이터 등장 이후의 데이터 자원은 분명히 기존의 데이터베이스와는 차별된다. 방대한 데이터를 분석해 일정 패턴이 만들어지는데, 문제는 정말로 데이터의 일정 패턴을 설명할 수 있을 만큼 신뢰성이 있느냐는 점이다. 이는 데이터 양이 많아질수록 쓰레기 데이터도 커질 가능성이 그만큼 높아지기 때문이다.

두 번째 기준인 행동성은 바로 행동으로 옮길 수 있어서 가치를 창출하는 원동력으로 미디어데이터가 작동하는 것이다. 다양하고 복잡한 미디어데이터가 생성되는 환경에 필요한 즉각적인 의사결정은 상당한 시간을 필요로 하는 보고서 분석 등 과거의 행동 방식과는 분명히 달라야 한다. 미디어 소비자의 활동 영역을 최대화하고 소비자가 바로 행동할 수 있는 미디어데이터의 확보는 수익이나 시장점유율로 직결되는 성장 요인이 된다.

세 번째 기준인 민첩성은 실시간 미디어데이터 분석이 가능함을 의미한다. 미디어 비즈니스 결정을 내리기 위한 업무 환경은 실시간 의사결정을 필요로 하는 환경으로 변화되고 있다. 특히 소셜미디어의 확산으로 자기 의견을 자유롭게 게시하는 것이 쉬워졌지만, 실제로 자기 생각을 글로 표현하는 과정에서 맥락에 따라 다른 사람들의 오해를 불러오는 것처럼 데이터의 맥락에 따라서도 의미가 달라질 수 있기 때문에 민첩성이 매우 중요하다.

미디어데이터 기준에 이처럼 데이터의 정확성, 행동성, 민첩성이 요구되는 이유는 미디어데이터 양이 급증하고 있고 더욱 다양화되어 그 활용에 어려움이 더욱 가중되고 있기 때문이다. 특히 사생활 보호나 데이터의 안전한 전송 보장, 표준화된 데이터 수집 형식을 얼마나 갖추었냐가 미디어데이터의 가치를 가늠하는 기준이 되고 있다.

미디어데이터 자원의 요소 기술

미디어데이터 자원에서 정보를 추출해내고 분석해야 한다면 요소 기술에 대한 이해가 전제되어야 한다. 아래 [표 2]에서 보면, 데이터의 요소 기술은 수집, 공유, 저장, 처리, 분석, 시각화로 구분된다. 미디어데이터와 연계해 살펴보자.

[표 2] 데이터의 요소 기술

요소 기술	설명	해당 기술
데이터 수집	조직 내부와 외부의 분산된 여러 데이터 소스로부터 필요로 하는 데이터를 검색하여 수동 또는 자동으로 수집하는 과정과 관련된 기술로 단순 데이터 확보가 아닌 검색/수집/변환을 통해 정제된 데이터를 확보하는 기술	• ETL • 크롤링 엔진 • 로그 수집기 • 센싱 • RSS, Open API 등
데이터 공유	서로 다른 시스템 간의 데이터 공유	• 멀티 테넌트 데이터 공유 • 협업 필터링 등
데이터 저장	작은 데이터라도 모두 저장하여 실시간으로 저렴하게 데이터를 처리하고, 처리된 데이터를 더 빠르고 쉽게 분석하도록 하여, 이를 비즈니스 의사결정에 바로 이용하는 기술	• 병렬 DBMS • 하둡(Hadoop) • NoSQL 등
데이터 처리	엄청난 양의 데이터를 저장·수집·관리·유통·분석을 처리하는 일련의 기술	• 실시간 처리 • 분산 병렬 처리 • 인-메모리 처리 • 인-데이터베이스 처리

요소 기술	설명	해당 기술
데이터 분석	데이터를 효율적으로 정확하게 분석하여 비즈니스 등의 영역에 적용하기 위한 기술로 이미 여러 영역에서 활용해온 기술임	• 통계 분석 • 데이터 마이닝 • 텍스트 마이닝 • 예측 분석 • 최적화 • 평판 분석 • 소셜 네트워크 분석 등
데이터 시각화	자료를 시간적으로 묘사하는 학문으로 데이터는 기존의 단순 선형적 구조의 방식으로 표현하기 힘들기 때문에 데이터 시각화 기술이 필수적임	• 편집 기술 • 정보 시각화 기술 • 시각화 도구

자료: 한국정보화진흥원·빅데이터전략센터(2013), 빅데이터 기술분류 및 현황. P.7

첫 번째 요소 기술인 데이터 수집은 조직 내부와 외부에 분산된 구조화된(정형의), 비구조화된(비정형의), 절반만 구조화된(반정형의) 데이터로부터 필요로 하는 데이터를 검색하여 수동 또는 자동으로 수집하는 과정으로 검색, 수집, 변환을 통해 정제된 데이터를 확보하는 기술을 모두 포함한다. 가치 있는 데이터를 산출하기 위해 변환, 저장, 분석 과정이 반복되며, 조직 내부에 존재하는 정형 데이터는 로그 수집기(Log aggregator)를 통해 수집되고, 조직 외부의 비정형 데이터는 RSS (Really simple syndication), 크롤링(Crawling), 개방형(Open) API를 이용한 프로그래밍을 통해 수집된다.

데이터 수집에 사용되는 기술들을 보면, 내부 데이터 경우에는 ETL(Extract, Transformation, Load) 등 솔루션을 통해 확보하거나 물리적 이동 없이 분석에 적용할 수 있는 EII(Enterprise Information Integration)가 있다. 로그 수집기는 웹서버 로그, 웹 로그, 거래 로그, 클릭 로그, 데이터베이스 로그 등 각종 로그 데이터를 수집하는 오픈소스 기술을 말하는데, 미디어데이터 수집 시에 많이 활용되는 기술이다. 외부 데이터 경우에는 크롤링 엔진(Crawling engine) 기술을 활용해 키워드 검색을 수행하거나 스캐닝을 통해 데이터를 확보할 수 있다. 크롤링이 웹에서 텍스트를 가져오는 기술이라면, RSS는 웹 기반 최신 정보를 공유하기 위한 XML 기반의 콘텐츠 배급 프로토콜이다. 또한, 개방형 API는 웹 운영 주체가 데이터를 제공하기 위해 제3자인 개발자와 사용자에게 개방하는 수집 기술이다.

그 외에, 스트리밍(Streaming) 기술은 인터넷에서 음성, 오디오, 비디오 데이터를 실시간 수집할 수 있게 한다.

두 번째 요소 기술은 데이터 공유로서, 서로 다른 시스템 간의 데이터 공유를 말한다. 사용되는 기술은 멀티테넌트(Multi-tenant) 데이터 공유와 협업 필터링이 있다. 멀티테넌트는 다수의 입주자를 말하는데, 여러 조직이 하나의 인프라에 통합되면 발생할 수 있는 문제가 있다. 바로 보안 이슈이다. 가장 손쉬운 서버 가상화를 통한 통합의 경우에 물리적 네트워크 영역이 확실히 분리되어있지 않기 때문에 한 조직 내에서 네트워크 모니터링 프로그램을 통해 타 조직의 패킷을 볼 수도 있다. 이런 이유로 인해 여기에는 추가적인 암호화 기술들이 요구된다.

세 번째 요소 기술은 데이터 저장 기술로서, 작은 데이터라도 모두 저장해 실시간으로 저렴하게 데이터를 처리하도록 돕는 기술이다. 미디어데이터에 주로 사용되는 저장 기술로는 오픈 소스인 하둡(Hadoop)의 하둡 분산형 파일 시스템(Hadoop Distributed File System; 이후 HDFS)/H베이스(Hbase), 카산드라(Cassandra) 등이 있다. NoSQL은 대량 데이터 저장을 위해 수평 확장 접근 방식을 사용하는 기술이다. 하둡은 저렴한 비용으로 데이터 분석을 할 수 있어서 가장 대표적인 저장 기술로 자리잡았다. 하둡이나 NoSQL 데이터베이스(DB)에 저장한 상태로 필요한 정보를 추출할 수 있으며, 시급성의 정도에 따라 저장 영역이 정해진다. 실시간으로 활용되는 데이터는 하둡의 영역에, 시간 여유가 있는 데이터는 NoSQL의 영역에 저장된다. 예를 들면, 전화의 콜데이터 기록(Call Data Record; CDR)의 경우에 생명주기가 50일 정도이면 하둡의 영역에, 50일에서 6개월 이내이면 비즈니스 데이터 웨어하우스(Business Data Warehouse; BDW) 영역에, 그리고 그 이상이면 아카이브 영역에 저장한다. 이처럼 데이터 생명주기 관리(Life-cycle management)가 중요한 기술 요건이 된다.

네 번째 요소 기술은 데이터 처리 기술로서, 사용되는 주요 기술로는 실시간 처리, 분산 병렬 처리, 인-메모리 처리, 인-데이터베이스 처리 등이 있다. 데이터에 숨겨진 의미를 찾아 활용하는 데 실시간성을 확보할 목적으로 고속 데이터 처리를 가능하게 하는 인-메모리 컴퓨팅의 경우에는 애플리케이션이 운영을 위한 데이터를 하드 디스크가 아니라 메인 메모리에 모두 올려서 서비스를 수행하는 경우이다. 그동안 연산을 위한 영역으로만 여겨졌던 메모리 영역을 연산뿐만 아니라 저장을 위한 공간으로도 사용하는 것이다. 가트너는 2012년, 2013년 10대 전략 ICT로 인-메모리 컴퓨팅을 선정하였다.

다섯 번째 요소 기술은 데이터 분석 기술로서, 사용되는 기술은 통계학이나 전산학에서 사용되는 통계 분석, 텍스트 마이닝, 예측 분석, 평판 분석, 소셜 네트워크 분석, 기계학습, 자연어 처리, 패턴 인식 등이 있다. 데이터 마이닝 기법으로 OLAP(Online Analytical Processing), 군집 분석(Cluster Analytics), 연결 분석(Link Analytics), 사례기반 추론(Case-Based Reasoning), 연관성 규칙 발견(Association Rule Discovery), 인공 신경망(Artificial Neural Network), 의사 결정 나무(Decision Tree), 유전자 알고리즘(Genetic Algorithm) 등이 있다.

마지막인 여섯 번째 요소 기술은 시각화 기술이다. 이는 도표나 그래프를 활용한 분석 결과의 시각화와 버튼을 활용한 변수 값 조정 등 기능을 포함하나, 중요한 것은 분석 시나리오에 따라 관련 분석 정보들을 순차적 또는 동시에 분석하는 분석 경로를 설계해 구축에 반영하는 것이다. 사용 기술로는 시간 시각화 기술, 분포 시각화 기술, 관계 시각화 기술, 비교 시각화 기술, 공간 시각화 기술, 인포그래픽(Infographic) 등이 있다. 시간 시각화 기술은 분절형과 연속형으로 구분된다. 분절형 데이터는 특정 시점 및 시간의 구간 값을 막대그래프, 누적 막대그래프, 점그래프 등으로 표현하며, 연속형 데이터는 지속적으로 변화하는 값, 시계열 그래프, 계단식 그래프, LOESS(Local regression의 약어) 곡선 추정 등으로 표현한다.

분포 시각화 기술은 전체 분포와 시간에 따른 분포로 나누어진다. 최대, 최소, 전체 분포를 나타내는 그래프로 전체 관점에서 각 부분 간 관계를 보여주는 전체 분포는 파이 차트, 도넛 차트, 누적 막대그래프, 인터랙티브 누적 막대그래프 등으로 표현된다. 관계 시각화 기술은 각기 다른 변수 사이에서 관계를 찾는 기술로 상관관계, 분포, 비교로 구분된다. 상관관계는 스캐터플롯, 스캐터플롯 행렬, 버블차트 등으로 표현될 수 있다. 비교 시각화 기술은 히트맵, 체르노프 페이스, 스타 차트, 평행좌표 그래프, 다차원 척도법(Multi-Dimensional Scaling), 아웃라이어(Outlier) 찾기 등으로 표현된다. 공간 시각화 기술은 위치를 점이 찍힌 지도, 선을 그린 지도, 버블을 그린 지도 등으로 특정하고 색상으로 영역을 구분한다. 마지막으로, 인포그래픽은 차트, 지도, 다이어그램, 로고, 일러스트레이션 등을 활용하여 데이터를 한눈에 파악할 수 있게 한다.

데이터 시각화 작업을 손쉽게 자동화해 주는 도구들이 등장한다. 구글 데이터 스튜디오(Data Studio), 태블로(Tableau), 마이크로소프트 파워 BI(Power BI), 클릭(Qlik), 세일즈포스 데이토라마(Datorama), 삼성SDS 브라이틱스 AI(Brightics AI), 데이지(Daisy), 뉴스 젤리 매직 테이블(Magic table), 펜타호(Pentaho), SK 메타트론(Metatron) 등은 클라우드, 웹 또는 앱 기반에서 데이터를 편리하게 시각화할 수 있도록 도와주며, 각 도구마다 시각화 기능을 넘어 AI 분석, 딥러닝 등의 기능도 갖추기 시작했다.

참고문헌

김대완/송민정(2019). 빅데이터경영론, 박영사.

유재복(2014). 빅 데이터 분석을 통한 방송분야 활용에 대한 전망 및 제안, 방송공학회지, 19권 4호.

이재원(2019.8.5). 미디어 데이터의 자동 시각화, 제일 매거진, https://blog.cheil.com/magazine/39088

키움증권(2019.3.20). 통신서비스, 가까워지는 미래.

한국방송통신전파진흥원(2013). 빅데이터 활용단계에 따른 요소기술별 추진 동향과 시사점, 방송통신 이슈 & 전망.

한국전자통신연구원(2013). 인－메모리 DBMS 기술 동향.

한국정보화진흥원(2013). 빅데이터 기술 분류 및 현황.

Chen, H., Chiang, R. and Storey, V.C.(2012). Business Intelligence and Analytics: From Big Data to Big Impact, *MIS Quarterly*, Vol. 36 No.4, pp.1165~1188.

Gartner (2012), The Importance of Big Data: A Definition, www.gartner.com.

IBM (2014). Infographic － The four V's of big data, http://www.ibmbigdatahub.com/enlarge－infographic/1642.

Kobielus, J.(2013). Measuring the business value of big data, http://www.ibmbigdatahub.com/blog/measuring－business－value－big－data.

Lippell, H.(2016). Big Data in the Media and Entertainment Sectors, in: Cavanillas, J.M. et al.(eds.), *New Horizons for a Data－Driven Economy*, pp.245~259.

Marz, N. & Warren, J.(2014). *Big Data: Principles and Best Practices of Scalable Realtime Data Systems*, Manning Publications.

Minelli, M., Chambers, M. & Dhiraj, A.(2013). *Big Data, Big Analytics: Emerging Business Intelligence and Analytic Trends for Today's Businesses*, Wiley.

제2부

미디어 비즈니스의 디지털 전환

미디어 비즈니스 활동의 디지털 전환

미디어 콘텐츠 상품의 특성

미디어 비즈니스 활동의 디지털 전환을 다루기에 앞서 상품으로서의 미디어 콘텐츠에 대한 이해가 필요하다. 이는 1장에서 언급한 미디어를 보는 시각에 대한 이해와 연계된다. 경영학의 대가인 피터 드러커에 의하면, 비즈니스는 가치를 제공하는 것이다. 가치는 그 비즈니스 내지 업의 본질을 어떻게 이해하는가에 따라 다르게 나타나며, 비즈니스의 가치는 곧 상품으로 표현되기 때문에, 여기서는 먼저 미디어 콘텐츠 상품의 특성을 살펴보고자 한다.

미디어 콘텐츠 상품의 특성은 세 가지로 대별된다. 첫 번째 특성은 이중재(Dual goods)이다. 이는 이중적 특성을 갖는 재화로서, 한 관점은 미디어 상품이 두 개의 다른 시장(이용자에게 콘텐츠, 광고주에게 이용자의 주목)에 제공된다는 점이다. 광고주에게는 미디어 상품이 주목재(Attention goods)이므로 이용자의 소비 시간, 반복, 빈도, 다른 상품과의 호환성이 중요해진다. 다른 관점은 미디어 상품이 두 개의 상반된 가치인 경제적 가치와 사회문화적 가치를 동시에 제공한다는 점이다. 경제적 가치와 문화적 가치 간의 간극을 극복하려는 논리는 미디어 상품의 사회문화적 외부성(Externality)이다. 경제학에서 말하는 긍정적 외부성 개념을 적용하면 두 접근 간의 오해가 조정될 수 있다. 예로, TV 드라마에 담긴 사회문화적으로 바람직한 스토리 전개로 시청자가 더 나은 국민이 될 수 있게 된다는 것인데, 물론 반대도 성립해 부정적 외부성이 발생하면 미디어 상품에 대한 콘텐츠 내용 심의가 필요해진다. 전통적 미디어 경영에서는 이러한 두 가지 관점을 가진 미디어 상품의 이중재적 특성에 초점을 맞추었다.

미디어 콘텐츠 상품의 두 번째 특성은 재능재(Talent goods)이다. 미디어 상품은 사람의 재능에 의존하는 경우가 대부분이며, 중요한 요소는 상품에 영향을 미치면서 이를 관리하는 창의적 노동자이다. 기자, 가수, 배우, 작가 등은 자신의 선호, 취향, 전문가적 식견을 가지며, 이것이 재능재에 담긴 콘텐츠의 질에 암묵적인 영향을 미친다. 재능 있는 개인에 의존하는 미디어 상품은 그만큼 위험성도 함께 가진다. 개인이 하나의 미디어에서 다른 미디어로, 또는 한 회사에서 다른 회사로 이용자를 움직이게 할 수 있기 때문에 개인은 협상력을 행사할 수 있고, 특정 회사의 경쟁력에 영향력을 행사할 수 있다. 따라서 계약이 매우 중요하다. 재능 있는 사람을 시스템적으로 발굴하고 관리하기 시작한다. 아래 [표 1]에서 보듯이, 국내에서는 1970년대 초기 매니저 시기, 1980년대 개인 매니저 황금기, 1990년대 기업형 매니지먼트 기업으로 발전하면서 연예매니지먼트 산업이 자리잡게 된다.

[표 1] 국내 연예매니지먼트 산업의 역사

① 1970~1980: 초기 매니저 시기
대중문화의 급속한 확장과 함께 배우/가수 매니저가 탄생
② 1980~1990: 개인 매니저 황금기
음반 기획사들의 1차 전성기, 연기자들의 수익은 등급제와 '전속제'라는 제도에 의해 결정. 1990년대 초 민영방송 SBS의 등장으로 연기자 매니지먼트의 역할이 단순 일정관리에서 지금의 수익관리까지 확장됨
③ 1990~1995: 기업형 매니지먼트사의 등장
방송국의 전속계약 시스템이 해체되면서 자유계약이 활발해지고 방송 프로그램의 양적, 질적 경쟁을 야기하면서, 연예인의 활동관리가 필연적으로 요구됨에 따라 기업형 매니지먼트 회사 등장
④ 1995~현재: 연예매니지먼트 산업 시대의 도래
문화산업의 저변확대와 케이블 TV, 위성방송, 인터넷의 급속한 확산, 한류 열풍과 영화산업의 성장으로 인한 스타 수요 증가로 거대 자금이 연예 산업으로 유입. SM엔터테인먼트, YG엔터테인먼트, JYP엔터테인먼트 등 음반 제작을 기반으로 하는 대형 기획사들이 설립되며 본격적인 종합 엔터테인먼트 회사의 시대가 시작.

미국에서는 이미 제도화된 연예매니지먼트 비즈니스이지만, 국내에서는 아직도 제작사와 스타 간의 수급 불균형, 연예매니지먼트사의 권력화로 인한 소수 스타의 과도한 개런티 상승, 콘텐츠 제작비의 상승, 비용 절감에 따른 콘텐츠 부실 등의 문제점들이 존재한다. 이는 국내법상 아직 연예매니지먼트 산업의 규제

상의 진입장벽이 없고 음반제작 기획사에 한해서만 신고제가 존재하는 수준이라 소수의 스타를 관리하는 소규모 개인 매니지먼트사를 기반으로 영세한 업체가 난립할 수밖에 없는 구조가 지속되고 있기 때문이기도 하다.

스튜디오 제작 시스템 기반으로 자본집약적 산업을 이루고 있는 할리우드의 전문성과 시스템화된 구조에서 우수한 인력들이 높은 수익을 창출해내는 미국과 국내 연예매니지먼트 산업구조는 다를 수밖에 없다. 미국에서는 스타매니지먼트 산업이라 불리는데, 그 역사를 거슬러올라가보면 미국도 국내와 같은 시기를 겪었다. 할리우드 초기 시스템은 스타 중심으로 영화와 드라마 콘텐츠를 기획, 제작하여 흥행 안전성을 확보하는 스튜디오 시스템 구조를 보였다. 스튜디오가 연예인을 스튜디오에 전속시키며 콘텐츠를 제작하고, 연예인은 스튜디오의 자산이 되고, 작품 기획 단계와 금융권으로부터 자금을 조달받기 위해서는 스타의 스튜디오 전속 여부가 중요한 요소로 작용하였다.

미국의 이러한 스튜디오 전속 연예인으로 콘텐츠를 제작하는 것에 문제가 발생한다. 1948년 파라마운트 반독점 사건으로 기존의 할리우드 스튜디오 시스템은 붕괴된다. 1948년부터 시행된 독과점 방지법인 '파라마운트 합의 명령'은 할리우드에 지각 변동을 가져온다. 이 명령은 할리우드 메이저 스튜디오들의 수직 통합 해체와 8개 대형 스튜디오들의 반경쟁적 행위를 금지한다는 미국 연방대법원의 판결이다. 제작과 매니지먼트 기능이 분리된 것이다. 또한, 연예인이 프로젝트별로 계약에 의해 일하는 에이전시 시스템이 정착된다.

미국에서는 에이전시와 매니지먼트사의 업무가 명확하게 구분된다. 에이전시는 연예인, 감독, 작가, 투자자 등 미디어 시장 내 모든 플레이어들의 정보를 수집하고 관리해서 작품에 대한 객관적인 캐스팅 능력을 보유하며, 이들을 통합 분석해서 캐스팅하는 패키지 상품을 구성해 가치를 극대화시킨다. 이러한 기능은 그동안 제작사들이 가장 어려워했던 주요 플레이어들의 캐스팅을 한 번에 해결해줘 시간과 비용을 절감하게 한다. 즉, 에이전시는 계약된 연예인들의 장단점을 분석하고 체계적인 이미지 관리와 미래 진로를 관리해주며 연예인의 상품성을 극대화시킨다. 매니지먼트사의 역할은 연예인의 스케줄, 홍보 및 이미지 관리, 트레이닝과 교육, 개인 재산 관리 등이다. 에이전시는 계약 건당 10% 수수료를 가지는 수익배분 구조를 가지며, 매니지먼트사는 개인 스케줄 관리와 에이전시의 변호사, 회계사, 홍보 전문가로 구성된 비즈니스를 관리해 갈등이 최소화된다. 그런데 2020년 미국 법무부는 '파라마운트 합의 명령' 재검토에 들어 간다. 이 법이 넷플릭스 같은 새로운 OTT의 등장으로 인해 미디어 산업 전반의 시대 흐름에 더이상 부합하지 않는다고 받아들였기 때문이다. 법의 재검토가 시 장독과점을 용인하겠다는 말은 아니다. 거대 제작사들이 이미 OTT에 초점을 맞 춰 비즈니스를 펼치고 있기 때문이다.

한편, 국내에는 에이전시와 매니지먼트사가 분리되어야 하는 법령이 없다. 이러한 환경에서 매니지먼트사의 가장 큰 문제는 비용으로 수익을 창출하지 못 한다는 점이다. 보통 스타 연예인은 매니지먼트사와 8:2, 9:1 등의 계약을 한다. 그런데 매니지먼트사가 스타 연예인에게 토털 서비스(차량, 매니저 제공, 제반 비 용, 법무, 재정, 회계, 세무 등)를 제공하는 시스템이라 스타 연예인들과의 계약기 간 내 적자를 면하기가 어려운 구조이다. 이에, 회사는 비용을 줄이려 하고, 직 원들의 처우가 악화되고 배우들과 또 다른 회사를 차리는 악순환이 계속된다.

미디어 콘텐츠 상품의 세 번째 특성은 정보재(Information goods)이다. 미디어 콘텐츠의 디지털화가 본격화되면서 변화가 생긴다. TV 수상기를 통해서만 소비 하던 방송 콘텐츠를 컴퓨터를 통해 시청하고, 저장하고, 휴대할 수 있게 된다. 음악은 개인 선호에 상관없는 14곡이 수록된 CD를 사지 않아도 한 곡씩 들을 수 있게 된다. 미디어 속에 내재된 콘텐츠는 그릇인 미디어와 분리되기 시작하 고, 이러한 미디어 콘텐츠 상품의 특성을 정보재라 한다. 인터넷이 콘텐츠 이용 공간이 되면서, 미디어 콘텐츠는 거의 공짜에 가깝게 이용된다.

전통 미디어 기업은 이러한 인터넷 시장 환경을 따라가기에 역부족임을 알게 되지만, 이러한 변화를 스스로 경험하고 깨닫는 데만 거의 10여 년 시간을 보냈 다. 인터넷이 등장한 2000년대 초기에는 콘텐츠가 미디어에서 분리되어 PC에서 만 이용되는 정도로만 여겨졌으나, 스마트폰이 등장하면서 미디어 시장 질서 자 체가 바뀌는 것을 목격하게 된다. 문제는 국내에서만 벌어진 전통 미디어 산업 내에서의 미디어 기업 간 경쟁이 아니라는 점이다. 국경은 사라졌고, 국내 밖에 서 시작된 글로벌 경쟁이 국내에서도 그대로 나타나고 있다. 미디어 콘텐츠의 제작과 유통, 소비 전반에 걸친 지각 변동은 미디어 비즈니스가 더 이상 창작물 만을 판매하는 비즈니스가 아니라는 점을 일깨워준다.

샤피로와 배리언(Shapiro & Varian 1998)에 의하면, 정보재는 물리적 재화 (Physical goods)와 다르다. 미디어 콘텐츠 상품의 가치 차원에서 보면, 정보의 가치는 이를 담고 있는 컨테이너인 미디어가 아니라 내용물인 콘텐츠에 있다. 따라서 미디어 콘텐츠 상품을 정보재라 부를 때는 콘텐츠(Content)와 컨테이너(Container)를 구분해야 하며, 점차 고객 경험을 중요하게 여기면서 여기에 콘텍스트(Context)가 추가되는 양상이다. 종이책을 예로 들어보자. 종이라는 물리적 컨테이너에 담긴 콘텐츠에 본원적 가치가 있다. 종이라는 물리적 요소를 없애더라도, 즉 디지털화하더라도 본원적 가치의 변화는 없다. 종이책에서 종이를 없앤 전자책(e-book)의 본원적 가치는 근본적으로 종이책의 경우와 같은 것이다. 종이는 컨테이너일 뿐이기 때문이다. 여기에 책을 추천하는 개인화 기능까지 들어간다면 콘텍스트가 형성되는 것이다.

　이러한 정보재에는 규모의 경제와 범위의 경제가 함께 작용한다. 그 이유는 초판 제작에 많은 고정비용이 투입되고, 복제에는 거의 무시할 정도의 낮은 변동 비용이 소요되는 구조 때문이다. 규모의 경제는 많은 콘텐츠가 소비되면 될수록 한계비용이 지속적으로 감소하는 것이며, 범위의 경제는 다수의 디지털 콘텐츠 배급과 다양한 포맷으로 판매할 경우 상당한 비용이 절약됨을 의미한다.

미디어 마케팅 믹스의 발전

전통적인 미디어 비즈니스 활동의 중심은 미디어 마케팅이며, 미디어 마케팅의 중심은 미디어 콘텐츠 상품이다. 따라서 전통적인 미디어 마케팅의 요소는 미디어 콘텐츠 상품, 가격, 유통, 촉진 등 4P(Product, Price, Place, Promotion)이며, 이를 미디어 마케팅 믹스라고 부른다. 예로 방송 미디어의 마케팅 믹스는 아래 [그림 1]과 같다.

[그림 1] 방송 마케팅 믹스

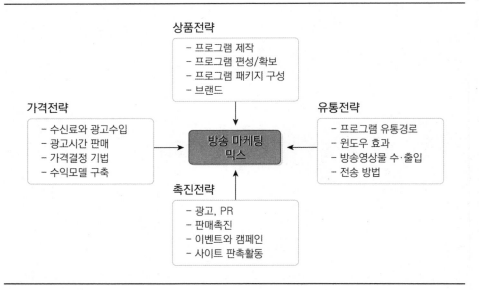

전통적인 방송 미디어의 첫 번째 마케팅 믹스는 상품전략이다. 콘텐츠 상품인 방송 프로그램은 시청자에게 판매하는 상품이면서 동시에 시청자의 주목(Attention) 내지 접근권을 광고주에게 판매하는 시장이기도 하다. 이는 앞서 언급한 미디어 콘텐츠 상품의 이중재 특성과 연관된다. 방송사들은 시청자들에게 더 잘 팔릴 수 있는 콘텐츠 상품의 기획, 제작, 편성, 그리고 브랜드에 신경 쓰게 된다. 두 번째 마케팅 믹스는 가격전략이다. 방송사는 광고단가 및 시간, 수신료 내지 시청료, 수신기 가격, 수익모델 등을 결정해야 하며, 수익구조는 주로 수신료와 광고수익에 의존한다. 세 번째 마케팅 믹스는 유통전략으로 유통 채널, 윈도우 효과, 프로그램 수출입, 전송 방법 등을 결정한다. 마지막인 네 번째 마케팅 믹스는 촉진전략이다. 광고, PR, 판매촉진, 이벤트와 캠페인 홍보, 온라인 및 오프라인 프로모션, 사이트 판촉, 프로그램 가이드 등을 결정한다. 유료방송사들은 설치비 할인 등 인센티브를 제공해 가입자 수 극대화에 매진한다.

미디어 콘텐츠 상품 중심의 4P 전략에 중점을 두는 전통 미디어 기업들은 밖에서 시작된 글로벌 경쟁구도를 경험하면서 점차 상품 판매 중심에서 고객관계 중심으로 마케팅 믹스의 초점을 바꾸기 시작한다. 미디어 마케팅이 공급자 중심에서 소비자 중심으로 이동하면서 기존의 4P 중심 미디어 마케팅 믹스의 변화가 불가피하다. 아래 [그림 2]는 미디어 마케팅 믹스 변화를 보여준다.

◇ [그림 2] 미디어 비즈니스 마케팅믹스의 변화

마케팅 믹스	4P	4C
	Product(상품)	Consumer value(고객가치)
	Price(가격)	Cost to consumer(기회비용)
	Place(유통)	Convenience(편의)
	Promotion(촉진)	Communication(커뮤니케이션)

출처: 윤홍근(2013: 128쪽) 재구성

첫 번째는 미디어 콘텐츠 상품에서 소비자 가치(Consumer value) 중심으로의 변화이다. 방송 프로그램이 TV 편성 중심에서 콘텐츠 큐레이션 중심으로 이동 중이다. 두 번째는 가격 중심에서 소비자가 부담할 기회비용(Cost to consumer) 중심으로의 변화이다. 2장에서 언급했듯이, 방송광고는 시청률 기반 광고 가격에서 데이터 기반 프로그래매틱 바잉(Programmatic buying) 광고 가격 중심으로 이동 중이다. 세 번째는 상품 유통 중심에서 고객 편의(Convenience) 중심으로의 변화이다. 방송 프로그램이 창구 효과 기반의 콘텐츠 홀드백(Holdback)에서 멀티 플랫포밍(Multi-platforming)으로 이동 중이다. 마지막인 네 번째는 촉진 중심에서 고객과의 소통(Communication) 중심으로의 변화이다. 방송 미디어 콘텐츠 판매만을 촉진하는 데서 벗어나 점차 미디어 소비자와의 질적 상호작용인 인터랙티브 콘텐츠 제공으로 이동하고 있다. 이처럼 변화된 미디어 마케팅 믹스 4C (Customer Value, Cost to Customer, Convenience, Communication)는 아래 [그림 3]과 같이 마케팅 목표, 전략, 과정, 양식으로 나누어 각각 설명될 수 있다.

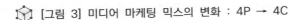 [그림 3] 미디어 마케팅 믹스의 변화 : 4P → 4C

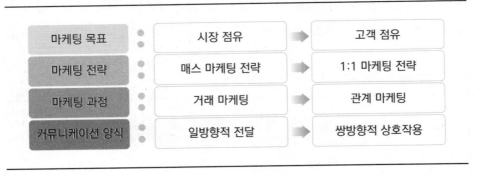

마케팅 목표	시장 점유	고객 점유
마케팅 전략	매스 마케팅 전략	1:1 마케팅 전략
마케팅 과정	거래 마케팅	관계 마케팅
커뮤니케이션 양식	일방향적 전달	쌍방향적 상호작용

먼저, 미디어 마케팅 목표는 시장 점유가 아닌, 고객 점유이다. 앞서 미디어 콘텐츠 상품의 정보재 특성에서 언급했듯이, 디지털 시대가 되면서 콘텐츠는 미디어로부터 분리되고, 미디어 고객은 오락과 소통을 위해 생성, 사용, 공유할 수 있는 모든 종류의 콘텐츠를 접하기 원한다. 이제 고객들은 서로 공감하고 공유하고 소통하기 위해 미디어 콘텐츠 상품에 모여든다. 방탄소년단(BTS) 아미(Army)가 대표적인 예가 된다. 미디어 콘텐츠는 사용자 간에 공유될 때 그 가치

가 극대화된다. 지식을 담은 책이든, 댓글이든, 트윗이든, 혼자 들었던 음악, 혼자 감상한 영화, 혼자 읽었던 도서가 이제는 지인들과 소통하기 위한 매개가 되고 있다. 전통 미디어가 추구하는 마케팅 목표가 상품을 파는 시장의 점유였다면, 이제 정보재 특성을 띠는 미디어 마케팅의 목표는 콘텐츠를 매개로 소통하기 원하는 고객을 점유하는 것이다. 전통 미디어 마케팅 믹스에서 소비 대상을 단순 상품 판매 자체에만 집중했을 때와는 전혀 다른 양상이다. 2019년 국내 유료방송 가구당 보급률은 164.3%로 양적 성장이 끝난 상태이다. 따라서 유료방송 기업들은 가입자당 매출 규모를 늘려 질적 성장을 꾀해야 한다.

미디어 마케팅 전략은 매스 마케팅이 아닌 1:1 마케팅이며, 고객이 부담할 기회 비용을 최소화하는 마케팅 전략이 필요하다. 미디어 콘텐츠 상품의 이중재 특성에서 보여주는 두 고객 집단 중에서 광고주 고객을 대상으로 광고 인벤토리를 사고 파는 프로그래매틱 바잉 시스템이 등장했다. 이를 기반으로 한 실시간 광고 운영을 통해 인벤토리당 수익률을 최대화하고 재고를 최소화하여 광고주와 미디어 소비자의 기회비용을 최소화할 수 있다. 그렇게 되면, 광고주는 인벤토리의 사전 대량 구매 없이 전하고자 하는 메시지를 정확한 타깃에게 원하는 시간에 송출할 수 있어서 ROI를 극대화하고 자연히 기회비용은 절약된다. 또한, 미디어 소비자도 광고에 대한 상대적 피로도를 감소시킬 수 있어서, 고객의 기회비용의 절감에도 도움을 준다.

미디어 마케팅 과정은 거래가 아닌 관계 마케팅이다. 기존에는 콘텐츠 상품을 원소스 멀티유즈(One Source Multi Use; OSMU)하는 거래망 확장이었다면, 이제는 콘텐츠 이용 환경을 개선하는 과정을 필요로 한다. 소비자들에게 콘텐츠 소비 자체보다는 콘텐츠를 함께 즐기며 공감할 수 있는 컨텍스트를 만들어 주는 것이다. 스마트폰, SNS, 메신저, 검색 창에서 콘텐츠 소비가 '끊김 없이(Seamless)' 이어지고 있다. 항상 소비자와 연결되어 소비자와의 관계를 유지하기 위해서는 보다 편의를 주는 인터페이스가 필요하다. OSMU는 콘텐츠 제작 원가 대비 수익을 극대화하려는 공급자 시각에서 비롯되었고, 전통 서점은 전자책 시장을 OSMU 관점으로 바라보다가 시장 주도권을 빼앗겼다. 이제 콘텐츠의 존재 이유가 관계에 있다면, 미디어 마케터는 사용자가 쉽게 콘텐츠에 접근하고 공유하며 이야기 나눌 수 있는 컨텍스트를 제공해야 하며, 고객들의 피드백 활동이 다시 양질의 콘텐츠가 되도록 선순환 구조를 만들어야 한다. 관계 마케팅에서 중요시되는 영역 중 하나는 결제시스템이다. 이는 아마존의 원클릭 도입으로 증명되었으며, 이어서 애플 아이튠즈와 넷플릭스 등이 벤치마킹하였다.

미디어 커뮤니케이션 양식은 일방향이 아닌 양방향 상호작용이다. TV에서는 이를 소셜 TV나 소셜 비윙(Social viewing)이라 부른다. 트위터나 페이스북이 TV를 만나는 것이다. 사용자에 의해 형체도 없이 흩어진 콘텐츠 상품의 조각들을 재구성하는 과정에서 새로운 비즈니스 가능성이 발견된다. 예로 트위터는 실시간 정보 네트워크 강점을 살려 TV와의 강한 연계를 시도해, 해시태그(#hashtag)와 @트위터리안(@Twitterian)이 등장했다. 방송 중인 프로그램 주제나 아나운서 등 등장인물에 대해 트윗할 수 있도록 화면에서 트위터 해시태그나 계정을 직접 보여주고 사용자의 참여를 유도하는 방법이다. 방송과 SNS가 결합된 모델은 실시간성을 반영하는 등 방송 콘텐츠 제작에도 영향을 미치고, 좋아하는 프로그램을 여러 사람들과 함께 시청할 수 있는 공유 시청 기회도 제공한다. 양방향 광고로 트위터 TV 광고 타기팅(Twitter TV Ad Targeting)도 등장한다. 방송 내용에 대해 실시간 트윗을 날린 사람들을 광고 타깃으로 설정하고, 이들에게 TV를 시청하면서 이미 시청했을 것으로 보이는 광고와 이어진 광고를 '판촉 트윗(Promoted tweet)'으로 보내주는 것이다. 타임라인 TV 트렌드(TV Trending on Timeline)도 있다. 생방송 동안 해당 트윗을 날려 제공자가 사용자 유입을 확보하고 트위터도 더 많은 트윗을 확보하는 등 윈윈하게 된다. 이는 실시간 시청을 원하는 뉴스나 스포츠, 경연대회 등에 적용 가능한데, 중요한 것은 TV＋트위터처럼 결합이 가능해지면서, 콘텐츠 재구성이 상호 영향을 미치는 선순환 구조로 발전할 수 있다는 점이다.

미디어 콘텐츠 상품은 넘쳐나기 시작했고, 아무리 좋은 콘텐츠라도 사람들과의 상호작용을 고려하지 않는 '프로페셔널리즘(Professionalism)'만으로는 이제 마케팅할 수 없게 되었다. 디지털 콘텐츠는 이제 단순 상품이 아니라, SNS 등 소셜미디어 그릇 속에서 수시로 함께할 수 있도록 변화되어야 한다. 이처럼 미디어 콘텐츠를 계속 살아 있도록 만드는 마케팅 과정은 콘텐츠 제작 과정에도 포함되어야 한다. 이처럼 변화된 미디어 비즈니스 활동에서 제작인 생산은 곧 유통이고 유통은 곧 소비이며, 소비도 곧 생산이라는 점을 미디어 마케터들은 명심해야 한다.

미디어 비즈니스 활동의 디커플링

미디어 비즈니스 활동의 디지털 전환은 마케팅, 운영, 인력, 관리, 고객 서비스 등을 재디자인해 완전히 고객 중심으로 전환하는 것을 말한다. 따라서 미디어 비즈니스 활동이 일어나는 가치사슬은 곧 미디어 고객 가치사슬(Customer value chain)이다. 앞서 언급한 미디어 마케팅 믹스의 변화와 연계해서 미디어 고객 가치사슬의 디지털 전환을 살펴보고자 한다. 1장에서 언급했듯이, 2011년 MIT가 제시한 디지털 전환의 3대 빌딩 블록의 한 축은 소비자 경험(Customer experience)이고, 이는 다시 타깃 마케팅, 예측 마케팅, 크로스 마케팅으로 세분화되어 있다. 미디어 비즈니스 활동의 핵심이 미디어 마케팅임을 알 수 있다.

미디어 비즈니스에서 미디어 마케팅 대신 콘텐츠 마케팅이란 용어가 등장하기 시작했다. 2017년 당시 야후 부사장은 마케팅에서 콘텐츠 역할이 중요하다는 맥락에서 '콘텐츠 마케팅'을 언급한 것이다. 이는 잠재고객이 충성고객으로 발전할 수 있도록 가치 있는 콘텐츠를 지속적으로 제공하는 것을 말하고 콘텍스트가 중요함을 시사한다. 잠재고객에게 있어 가치 있는 콘텐츠는 합리적 구매의사 결정을 하기 위해 찾는 정보에서 시작해서 즐기고 싶어하는 엔터테인먼트 콘텐츠까지 포괄한다.

2019년 국내 미디어 시장을 살펴보면, 방송광고는 전년 대비 7.2% 감소했고, 지상파방송 15%, 케이블방송 3% 이상 하락했다. 그동안 방송광고 시장 총액은 유지하면서 광고 수혜 대상이 지상파에서 CJENM과 JTBC 같은 케이블 및 종합편성 PP 사업자로 이동하는 그림이었지만, 2019년에는 방송광고 총매출액 자체가 무너져버린 시기이다. 물론, 이것이 사람들이 선호하는 콘텐츠의 시청률과 광고 수익 간 관계를 부인하는 것은 결코 아니다. 사람들은 여전히 TV 방송에서 제공하는 핵심 콘텐츠를 개인방송 등 1인 미디어 크리에이터가 제공하는 아마추어 콘텐츠보다 더 좋아한다.

TV 방송이라는 그릇에 담긴 핵심 콘텐츠가 인터넷상의 OTT인 넷플릭스나 유튜브로 간 것은 고객 접점인 사용자 인터페이스에 디커플링(Decoupling)이 발생했기 때문이다. 탈레스 S. 테이셰이라(Thales S. Teixiera, 2016.8)의 '디지털파괴자의 디커플링 효과' 논문에서 제기된 '디커플링 효과(Decoupling effect)' 이론에 따르면, 고객의 소비 활동 과정에 존재하는 상품 탐색이나 평가, 구매, 사용자 인터페이스 등 연결고리 중 가장 약한 고리를 떼어내어 디커플링해서 기존의 비즈니스 활동이나 비즈니스 모델의 파괴가 가능하다.

2016년 테이셰이라는 수백 개의 대기업들과 스타트업들의 비즈니스 활동과 비즈니스 모델들을 분석하고 이 효과를 발견하게 된다. 디커플링은 '분리'라는 뜻이며, 보통 경제 분야에서 아직도 사용하는 용어인데, 여기서는 다른 개념이다. 경제 분야에서는 국가 경제나 환율 등이 전반적 흐름과 달리 독자적으로 움직이는 현상을 '탈동조화(Decoupling)'라고 불리운 것과 달리, 테이셰이라는 소비 가치사슬상에서 연결된 고리의 약한 고리를 깨뜨려 '분리'시킨 후에 그 일부 자리를 차지하기 위해 하나 또는 몇 개의 단계를 다른 비즈니스 활동이나 비즈니스 모델이 훔쳐가는 것을 말한다. 아래 [그림 4]는 테이셰이라가 이 논문을 저서로 내놓아 번역된 '디커플링(원작은 'Unlocking the customer value chain')'에서 제시한 전형적인 소비 가치사슬로, '평가하기 – 선택하기 – 구매하기 – 소비하기'로 연결된다.

[그림 4] 전형적인 고객 가치사슬(Customer value chain)

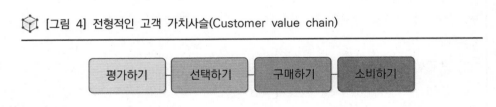

출처: 테이셰이라(2019, 번역 저서), 54쪽

그의 저서에서 테이셰이라가 강조하는 것은 상품이 아닌 고객 가치사슬이다. 고객의 소비 가치사슬 여정 중에서 고객에게 가치를 만들어내지 못하는 부분을 없애고 그 자리에 새로운 가치를 넣는 것이다. 이는 고객 중심의 비즈니스 활동을 말하며, 앞서 언급한 변화된 마케팅 믹스의 목표이며 전략이다. 아래 [그림 5]는 그의 저서에서 제시된 대표적인 디커플링 사례들이다. 아마존은 고객이 가격 비교 후에 쇼핑한다는 사실을 파악하고 이를 활성화하기 위해 오프라인 매장 고객이 검색, 바코드 스캔, 사진 촬영을 통해 아마존 가격과 비교하게 도와주는 앱을 개발함으로써, 소비자의 '선택'과 '구매'를 잇는 연결고리를 깨트렸다. 제품 선택 단계는 오프라인 매장인 베스트바이로, 제품 구매 단계는 아마존으로 '분리'시킨 것이다. 티보(Tivo)도 2000년대 초반 시청자가 프로그램을 녹화해서 시청하다가 광고가 나오면 빨리감기 기능을 사용해 건너뛸 수 있게 해주는 디지털 비디오레코더(DVR)을 출시함으로써 '구매'인 광고보기와 '소비'인 TV시청하기를 분리하였다. 이처럼 디커플링은 비즈니스 활동 전반에 수시로 발생할 수 있는 일반적인 마케팅 전략 활동이다.

[그림 5] 디커플링의 대표적 사례들

출처: Adapted from Thales S. Teixeira and Peter Jamieson, "The Decoupling Effect of Digital Disrupters." European Business Review, July-August 2016. 17-24

출처: 테이셰이라(2019, 번역 저서), 68쪽

테이셰이라의 디커플링 개념을 미디어 비즈니스 활동으로 가져와보면, 미디어 고객 가치사슬의 '구매'와 '소비'의 대표적 디커플링 사례는 넷플릭스(Netflix) 같은 OTT들로서 비즈니스 모델의 혁신이기도 하다. 비즈니스 모델의 혁신에 대해서는 6장에서 자세히 다룰 것인데, 넷플릭스는 영상을 시청하기 위해 인터넷 가입, 광고 보기, 결제하기, 시청하기에 불편한 '구매' 과정들을 모두 없애 버리고 원하는 영상 콘텐츠를 시간 및 공간 제약 없이 '소비,' 즉 시청할 수 있는 새로운 형태의 비즈니스 활동과 비즈니스 모델을 탄생시켰다. TV 시청률이 증가해도 TV 방송광고 수익은 감소한다면, 이는 바로 넷플릭스 같은 OTT가 시도한 TV 시청과 광고구매의 디커플링 때문이다.

20세기 대부분 기간 동안 미디어 기업들은 미디어 콘텐츠 상품의 이중재 특성에만 주목했던 게 사실이다. 즉, 무료 콘텐츠를 미디어 소비자에게 제공하는 대신에, 소비자의 주목(관심)을 광고주에게 파는 광고 수익모델로 가치를 확보했던 것이다. 이러한 이중재의 한계를 극복하기 위해 HBO 같은 프리미엄 유료 채널들은 남보다 빨리 유료 수익모델을 추구했었지만 그다지 성공하지 못했고, 미디어 기업의 선택은 광고 수익모델이 주를 이루었다. 그런데 OTT의 등장으로 인터넷이 미디어로 자리잡으면서 젊은 층 외 40~50대의 유튜브 등 OTT 이용이 늘면서 광고시장에도 영향을 미치면서 광고주도 인터넷으로 이동한다. 국내 유튜브의 단위당 광고 단가가 이를 극명히 보여준다. 클릭당 1원에 머물렀던 유튜브 광고 단가는 어느새 6~8원까지 상승했다. 2019년 기준, 국내 방송광고 시장은 2.9조 원, 인터넷광고 시장은 6.42조 원을 기록했고, OTT 광고시장이 이를 견인하게 된다.

데이터 기반의 미디어 비즈니스 활동

미디어 고객 가치사슬인 '평가하기 – 선택하기 – 구매하기 – 소비하기'의 디커플링을 시도하는 비즈니스 활동을 하려면 고객의 동기와 행동을 파악하는 데이터 분석 작업이 선행되어야 한다. 이는 미디어 콘텐츠 상품의 특성인 정보재의 3대 구성요소 중 하나인 콘텍스트를 제공해주는 비즈니스 활동이다. 점차 데이터 분석 인프라가 강화되면서 고객의 순간적 행동에 대해서도 인사이트를 발굴할 수 있게 되었으며, 데이터는 주로 구조화되지 않은 비정형의 동적 데이터이다. 이에 대해서는 3장에서 자세히 언급하였다. 이러한 동적 미디어 데이터로는 이용자의 프로파일 상세 데이터, 이용자 행동 데이터, 라이프사이클 데이터와 제3자 사업자 제공의 개방형 API 데이터 등이 있다.

동적 데이터의 수집을 통해 순간적인 고객 니즈를 정확히 예측할 수 있다. 이에 가장 적극적인 미디어는 구글 같은 검색 엔진이다. 구글은 동적 데이터 분석을 통해 이용자가 원하는 정보를 검색창을 통해 찾아보는 방식(Query – based search)에서 이용자가 필요로 할 정보를 사전에 예측해 전달하는 방식(Queryless search)으로 변화시켰다. 2018년 구글은 검색어 입력 대신, 인공지능(AI)이 미리 알아 관심 콘텐츠를 제시하는 검색으로 변경한 것이다. AI는 이용자가 관심 가질 콘텐츠를 제시하고, 이용자 인터페이스도 카드 형태로 세로로 나열되게 하여 각 카드에 콘텐츠 내용에 부합하는 주제를 표시한다. 검색 이후에도 검색 이력 정보 확인이 가능하고 이전에 검색된 유용한 정보가 어떤 페이지에 저장되어 있는지를 기억 못할 경우에 단계 추적 기능도 제공한다. 또한, 검색 결과를 동적으로 정리하는 기능도 제공한다.

그렇다면 고객 가치사슬에서 각 연결고리를 분리하는 디커플링이 일어나게 하기 위해 어떤 미디어 데이터가 어떻게 활용되는지 살펴보자. 먼저, 미디어 콘텐츠 상품의 '평가'와 '선택' 간 디커플링을 위해서는 소셜미디어 데이터가 주로 활용된다. 리뷰나 패러디, 평론 등 고객이 남긴 소셜미디어 콘텐츠가 데이터로 활용되는 것이다. 유튜브 등에서 1인 미디어 크리에이터로 활동을 시작해 팬덤을 형성한 인플루언서(Influencer)들은 주로 인스타그램이나 페이스북에서 활동하는데, 특히 젊은 미디어 소비자들은 브랜드 자체보다는 이들의 '평가'를 더 신뢰하는 경향이 강하다. 1인 미디어 크리에이터의 창의적 아이디어를 통해 제작된 아마추어 콘텐츠가 소비되면서 긍정적 이미지를 구축하면 팬들의 SNS를 통해 확산되어 다양한 플랫폼에 노출된다. 소셜미디어 이용자는 자신과 관심 분야가 비슷한 사람들과 관계를 맺고, 관계를 넓히려고 친구의 '좋아요'나 댓글을 남긴 계정들과 친구 관계를 맺는 활동들을 한다.

예컨대, 미디어 소비자가 영화를 '평가'하는 한 소셜미디어에서 업로드된 영화 동영상에 '좋아요'를 누르고 영화를 평가하면, '평가'와 '선택' 간에 디커플링이 일어난다. 이는 미디어 비즈니스 활동의 '생산 – 유통 – 소비'라는 선형적 가치사슬 질서를 뒤엎어버린다. 실제로 영화 데이터베이스(Db) 전문 소셜미디어인 '인터넷무비 데이터베이스(Internet Movie Database; IMDb)'는 영화 마니아들의 수많은 '평가'와 영화 추천이 쌓여 있는 곳이다. 이 사이트는 소비자의 소비 가치사슬의 맨 앞에 위치해서 전통적인 '생산 – 유통 – 소비' 질서를 파괴한다. 이 사이트의 가치를 알게 된 아마존은 1998년에 IMDb를 인수하게 된다. 영화 콘텐츠 소비자들은 이제 IMDb에서 '평가'를 보고 아마존이나 넷플릭스가 제공하는 영화를 '선택'하고 구매 단계로 들어간다. 이러한 비즈니스 활동이 가능하려면 '소셜분석'이 필수이다. 이는 특정 키워드 및 이슈에 대한 보다 정확한 접근을 가능하게 한다. IMDb의 소셜 분석의 기법은 감성 분석이다. IMDb의 리뷰 데이터는 리뷰에 대한 텍스트와 해당 리뷰가 긍정인 경우 1을, 부정인 경우 0으로 표시한 레이블로 구성된 데이터이다.

IMDb의 평점 데이터는 OTT들이 활용할 수 있는 미디어 데이터로 매우 유효하다. 한 예로, 2006년 넷플릭스 추천 알고리즘 개발 공모전에서 텍사스대학의 한 연구진은 IMDb의 평점 데이터와 넷플릭스의 평점 데이터를 비교해서 유사한 패턴을 보이는 사용자를 추측해 내는 데 성공하게 된다. IMDb 평점 데이터를 활용한 넷플릭스의 알고리즘은 더욱 고도화된다. 넷플릭스 추천 시스템은

'취향군(Taste cluster)'과 '태거(Tagger)' 기반으로 구분된다. 취향군은 콘텐츠 취향 만으로 비슷한 회원들을 묶는 것으로 같은 취향군에 속한 구독자가 시청하거나 '좋아요'를 누른 콘텐츠가 다른 구독자에게 추천되는 식으로 콘텐츠 카테고리는 5만여 개이다. 처음 가입 시에 취향 데이터가 아직 생성되지 않았을 경우에는 태거 기반으로 시작한다. 사용자가 가입 시에 자기 취향에 맞는 콘텐츠 3개를 고르는데, 여기에 붙은 태그(Tag)들과 일치도가 높은 콘텐츠를 컴퓨터 알고리즘 이 분석한다. 사용자가 넷플릭스 콘텐츠를 계속 감상하면 할수록 더 정확한 결 과가 나오게 하는 이 태그들은 실제로 사람이 분류하고 있다. 실제로 약 수십 명의 태거들은 콘텐츠를 면밀히 시청하고 줄거리와 분위기, 등장인물의 특성 등 을 꼼꼼히 기록하며, 이렇게 만들어진 태그들이 추천 알고리즘 데이터가 되어 수동 작업을 통해 더 정밀한 추천이 가능하게 하는 데 도움을 준다.

그 외에도 넷플릭스는 메인 화면을 극장처럼 어두운 배경으로 설정하고 섬네 일도 사용자 취향에 맞는 이미지를 선별 배열해, 같은 콘텐츠라도 로맨스를 좋 아하는 사람에겐 연인 모습을, 액션물을 좋아하는 사람에겐 추격 모습을 제시한 다. 예로, 〈모던 패밀리(Modern Family)〉 감상 시의 태거는 정해진 양식 표에 "유 머: 약간 어두운," "톤: 웃긴, 무례한," "Juline Bowen의 Claire 역: 통제하려 하 는, 적극적인," 등 태그를 조합하여 각 콘텐츠를 설명한다. '껄끄럽고 긴장감 넘 치는 서부복수극(Gritty Suspenseful Revenge Western)' '시각적으로 뛰어난 외국 노스탤지아 드라마(Visually-striking Foreign Nostalgic Dramas)' 등 각 조합들이 다양하게 나타나며, 조합된 장르는 '하위장르(altgenre: 알트장르라 부름)'라는 이름 으로 관리되며, 약 8만 개의 조합이 있다.

미디어 콘텐츠 상품의 '선택'과 '구매'의 디커플링에도 미디어데이터가 활용된 다. 사례로는 광고주가 미디어렙(Media representative)이 제공하는 광고를 '선택'하 고 '구매'하는 비즈니스 활동을 분리시킨 프로그래매틱 바잉이다. 아래 [표 2]에서 보면, 광고주와 미디어 기업 간에는 이제 다양한 플랫폼들이 존재한다. 데이터 관 리 플랫폼(Data management platform; MP)은 시청자 타기팅에 필요한 이용자 데이 터를 수집하고 관리하며, 수요 측 플랫폼(Demand side platform; DSP)은 광고주에 게 가장 효율적인 미디어를 선별하여 광고를 송출하며, 공급 측 플랫폼(Supply side platform; SSP)은 미디어 기업에게 가장 높은 수익 달성이 가능한 광고를 채 택하며, 광고거래소(Advertising exchange; AD Exchange)는 다수의 광고 네트워크 와 연결되어 거대한 온라인 거래소 역할을 한다.

[표 2] 데이터 기반의 프로그래매틱 광고 비즈니스 활동

DMP	Data Management Platform	오디언스 타기팅(Audience Targeting)에 필요한 유저 데이터 수집 및 관리
DSP	Demand Side Platform	광고주(대행사) 입장에서 가장 효율적인 매체/타깃 (Target) 선별, 광고 송출
SSP	Supply Side Platform	매체사 입장에서 가장 높은 수익 달성이 가능한 광고 채택, 송출
AD Exchange	Advertising Exchange	다수의 Ad NW와 연동된 거대한 온라인 광고 거래소

이렇게 새롭게 등장한 다양한 플랫폼들 간의 투명성과 효율성 이슈를 해결하기 위해서 지표 표준화 협의 등 업계 전반의 대응 노력이 함께 진행된다. 대표적인 예가 광고 인증(Ad Verification) 서비스이다. 아래 [그림 6]에서 보듯이, 모아트(Moat), 피어39(Peer39), IAS(Integral Ad Science) 등 글로벌 수준의 광고 인증 플랫폼 기업들은 공급 측 플랫폼인 DSP와 연동해 트래킹 데이터를 제공하며, 광고주는 이 트래킹 데이터를 확보해 광고 의사결정에 반영한다.

[그림 6] 광고 인증 플랫폼과 DSP 간의 연동

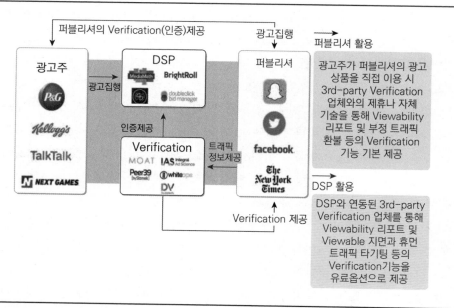

출처: 메조미디어, 2018

국내에서는 2018년 10월 SK브로드밴드가 국내 최초로 프로그래매틱 TV광고 바잉 시스템을 선보였고, 온누리DMC와 위시미디어(Wishmedia)를 통해 IPTV VOD 인벤토리를 제공한다. 또한, 새롭게 생긴 데이터 분석 플랫폼 기업들과의 협력을 위해 전통 광고기획사와 미디어렙들도 다양한 인수합병을 추진한다. TV 광고 선택의 여지가 거의 없던 시기에는 15초 안에 시청자의 관심 내지 주목을 확보하는 것이 광고의 미학이었고, 이를 극대화하기 위한 에지 있는 광고 카피, 인지도 높은 광고모델, 화려한 영상과 사운드를 조합해 창의력을 발휘하는 것이 주요 역량이었다면, 이제는 데이터를 분석해 개별 타기팅과 미디어 플래닝하는 것이 광고기획사의 성패를 좌우하는 기준이 된다. 광고주의 의도를 전달할 역량을 보유하기 위해 데이터 분석 플랫폼과의 제휴가 불가피하며, 국내 프로그래매틱 바잉 역량을 위해 광고기획사의 인수합병이 활발해진다. 한 예로 2015~2019년 기간 동안 이노션의 주요 인수합병 현황은 아래 [표 3]과 같다.

[표 3] 이노션의 주요 인수합병 현황

기업명	시기	주요 광고주	핵심 역량 및 기대효과
캔버스 월드와이드	2015년 8월	하이네켄	• 데이터 및 디지털 기반의 캠페인, 매체구매 효율성 • 북미시장에서 글로벌 기업 광고 파트너
데이비드&골리앗	2017년 12월	유니버셜스튜디오, 잭인더박스, HBO	• 크리에이티브, 미디어, 데이터 서비스 등 통합형 체계 • 기아차 미국판매법인 광고제작 대행권, 미주 광고주 개발
웰컴그룹	2019년 7월	테스코, ANZ은행, 루이비통, 로레알	• 디지털 마케팅 솔루션 • 미국, 유럽, 싱가포르, 말레이시아, 홍콩, 뉴질랜드 등 신규 진출

한편, 미디어 콘텐츠 '전송 네트워크' 상품의 '구매'와 '소비' 간 디커플링은 유튜브나 넷플릭스 등 OTT에 의해 주도되고 있으며, 네트워크 중립성(Network neutrality; 망중립성이라고 불리움) 이슈와 연계된다. 초고속인터넷 서비스라 불리는 브로드밴드(Broadband) 구매는 통신 기업에게서 일어나지만, 실제 트래픽 소비는 유튜브나 넷플릭스에서 발생하기 때문이다. 이를 위해 유튜브의 모회사인

알파벳이 먼저 콘텐츠 전달 시스템(Content Delivery Network; CDN)을 개발하였고, 넷플릭스도 그 뒤를 이었다.

인터넷 산업은 인터넷콘텐츠제공자(Internet Content Provider; ICP)와 인터넷 서비스 제공자(Internet Service Provider; ISP)로 대별되며, 후자를 네트워크 사업자가 담당한다. 네트워크 사업자 간에 네트워크 사용료를 받으려면 인터넷 구조를 훼손하지 않는다는 협상을 통해 상호접속료를 받는 형식을 취한다. 네트워크 사업자 간의 상호접속료는 전용회선료, 이용자 접속료, 유료 피어링(paid peering), 트랜짓 피(Transit fee), 망사용료 등이라 불리운다. 네트워크 사업자 자신과 연결된 라우터 숫자가 많은 라우터 소유자는 접속 대가로 상호접속료를 상대방 네트워크사업자에게 요구해 많은 라우터 연결을 개통하고 유지하는 비용을 회수하고자 한다. 하지만 범용 인터넷의 성격상 전달 경로 전체를 한 사업자가 책임질 수는 없기 때문에, 한 사업자가 얼마나 많이 전달했나는 중요하지 않고 얼마나 많은 라우터들과 동시에 패킷을 주고받느냐가 중요하다. 즉, 양(Volume)이 아닌 역량(Capacity)이 더 중요하며, 회선의 증설이 자연히 요구된다. 그런데 실제로 국내의 네트워크 이용료 관련 법정 공방까지 간 SK브로드밴드(SKB)와 넷플릭스 간 갈등을 보면, SKB는 ISP이고 넷플릭스는 ICP이다. SKB는 대량의 트래픽을 발생시키는 넷플릭스가 네트워크 이용대가를 지급해야 한다는 입장인 반면, 넷플릭스는 네트워크 이용대가는 줄 수 없고 트래픽을 줄일 수 있는 자사의 캐시서버(Cache server)를 활용하라며 맞선다. 캐시서버가 바로 CDN이다. ISP와 ICP 간의 가입자단 갈등은 망중립성 이유와 연계된다.

ISP와 가입자단의 헤비 트래픽 유발 ICP 간 갈등구조는 국내만의 현상이 아니다. 미국에서는 ISP인 레벨3(Level3)와 컴캐스트 간 무정산(free peering) 상호접속 시행 중에 2010년 넷플릭스가 레벨3와 CDN 서비스 계약을 체결하면서 먼저 ISP 간 분쟁이 시작된다. CDN은 ICP와 ISP 간 빠르고 효율적인 데이터 전송을 돕는다. 레벨3가 넷플릭스와 CDN 계약 체결 후 레벨3로부터 들어오는 트래픽이 폭증했다. 관련 비용은 증가할 수밖에 없었고, 컴캐스트는 레벨3에 상호접속 구간에 대한 네트워크 이용대가를 요구했다. 당연히 레벨3는 컴캐스트의 요구를 거부했다. 이에, 컴캐스트는 상호접속 구간 증설을 중단하고 분쟁은 거세져 2013년 레벨3가 컴캐스트에 일부 네트워크 이용대가를 상호접속료로 지급하게 된다.

이를 계기로 넷플릭스는 미국에서 특정 네트워크 사업자에 한해 네트워크 직접접속 대가를 지불하기 시작한다. 이는 트래픽 속도 저하 문제와 망중립성 규제에 대한 FCC(연방통신위원회) 패소 판결 등에 따른 것이다. 트래픽이 폭증하면서 대형 ISP 중심으로 이용자들의 트래픽 지체 현상이 심화하기 시작했고 이용자들의 불만도 터져나왔다. 일부에서는 컴캐스트가 넷플릭스의 콘텐츠 전송속도를 매우 느리게 했다고 주장한다. 2014년 2월 넷플릭스가 컴캐스트 네트워크에 직접 연동하는 대신 접속료를 지급하는 계약을 체결하면서 레벨3와 컴캐스트 간 수년간 분쟁은 종료되고, 넷플릭스는 버라이즌(4월), AT&T(7월), 타임워너케이블(8월)과도 잇따라 ICP－ISP 간 직접접속 계약에 합의했다. 유럽에서는 프랑스의 통신기업인 오렌지(Orange)가 넷플릭스를 포함한 구글 등으로부터 네트워크 접속대가를 받기 시작했다. 구글은 오렌지 텔레콤 네트워크에 자체 개발한 캐시서버를 설치하고 무료로 하자는 제안을 했지만, 오렌지 텔레콤은 이를 거부했고 네트워크 접속대가를 지급하기로 합의했으며, 넷플릭스는 자사 서버를 통해 오렌지 텔레콤 네트워크와 연동하고 네트워크 접속대가를 지급하기에 이른다.

결론적으로 보면, ICP인 넷플릭스는 가입자 구간과 백본망 접속 구간을 다른 망으로 보고 백본망 접속 구간에의 직접 접속에 대해서만 비용을 지불한 것이다. 따라서 망중립성이 적용되는 가입자 구간은 ISP가 책임져야 한다는 넷플릭스의 기본 입장에는 변함이 없다. 그 이후, 컴캐스트는 엑스피니티(Xfinity)라는 스마트 셋톱박스(Smart Set－top－box)를 통해 OTT를 구독할 수 있게 하였고, 엑스피니티 가입자는 컴캐스트를 통해 인터넷에 연결하면 다양한 OTT를 이용할 수 있게 된다. 이용자들은 OTT를 이용하기 위해 이에 맞는 더 빠른 속도를 필요로 했고 가입자 구간의 인터넷 업그레이드 수요가 발생하면서 컴캐스트의 매출은 상승한다. 컴캐스트는 사람들이 더 빠른 인터넷으로 업그레이드하는 이유 중 하나가 넷플릭스임을 알게 되었고, 그동안 적대 관계였던 컴캐스트와 넷플릭스 간에는 2016년 엑스피니티 셋톱박스에 넷플릭스를 선탑재하는 협력 관계(2016)를 거쳐 2018년 코브랜딩(Cobranding)이라는 협약 관계로 발전하게 된다. 컴캐스트는 엑스피니티 패키지와 종합 구독 서비스에 넷플릭스를 코브랜딩하게 된다.

곤혹을 겪은 넷플릭스는 이미 2012년부터 자체 CDN을 구축해 네트워크를 연동시키는 오픈커넥트 제휴(Open Connect Appliances; OCA)를 체결하기 시작했다. 이는 캐시서버와 ISP 연동에 필요한 네트워크 구축 비용을 넷플릭스가 부담하되 ISP 트래픽 비용을 무정산하는 조건으로 ISP와 직접 연동하는 것으로 2013년 미국에서는 케이블비전, 서든링크 등 소규모 ISP 중심으로 OCA를 체결했지만, 컴캐스트, 버라이즌, 타임워너케이블 등 대형 ISP들은 이 계약을 거절했다. 국내에서는 2018년부터 LG유플러스, 딜라이브가 오픈커넥트 제휴를 시작했다.

오픈커넥트는 단방향 스트리밍 서비스에 특화되었다. 넷플릭스 가입자는 유튜브처럼 콘텐츠를 업로드하거나 인터넷방송을 진행하는 것이 아니므로, 트래픽 총량을 미리 예측하기 편리하다. 따라서 가입자단의 네트워크를 운영하고 관리하는 책임은 ISP에 있다고 넷플릭스는 주장하게 된다. 사실 이 문제는 망중립성 및 운용에 대한 관념적이고 다소 정치적인 논란인데, 여하튼 넷플릭스는 미디어 네트워크 상품의 '구매'와 '소비' 간 디커플링에 주력하였고, 그 기반에 데이터분석을 활용한 CDN이 있다. 넷플릭스는 전 세계에 걸쳐 1,000여 곳 이상의 ISP들과 오픈커넥트 제휴를 맺어 트래픽 부하를 현저히 줄임과 동시에 고객 경험을 향상시킨다.

오픈커넥트는 데이터 분석을 통해 미디어 콘텐츠 상품을 예측 배송하며 단방향 전송에 적합하게 설계되어 있다. 콘텐츠 인기도를 미리 예측해 네트워크 효율을 극대화하는 것이다. CDN은 가장 짧은 네트워킹 경로를 통해 최대한 많은 콘텐츠를 제공하고 네트워크 대기시간을 줄여 스트리밍 환경을 극대화시킨다. 인기도에 따라 콘텐츠 순위가 매겨지며, 높은 처리량의 서버(최대 100Gbps)는 인기 콘텐츠를 제공하는 데, 대용량 스토리지 서버(200TB+)는 비교적 인기 낮은 콘텐츠를 제공하는 데 사용된다.

참고문헌

권호영/송민정/한광접(2015). 디지털미디어 경영론, 커뮤니케이션북스.

박창헌/송민정(1999). 정보콘텐츠 산업의 이해, 커뮤니케이션북스.

블로터(2018.2.6). 옛 유튜브 알고리즘 담당자가 밝힌 추천 시스템의 비밀

송민정(2000). 인터넷콘텐츠산업론, 진한도서.

송민정(2000). 인터넷 콘텐트산업의 경제적, 사회적 파급효과 연구, 사이버커뮤니케이션학보, 사이버커뮤니케이션학회, 통권 제6호(2000-2): 33-70.

송민정(2001). 다채널 시대의 상업적인 공익 프로그램 공급 가능성에 대한 연구, 한국언론학보, 한국언론학회, 제 45-4호. 2001년 가을호: 5-35.

송민정(2002). 양방향 서비스의 주요 특징인 상호작용성(Interactivity)의 이론적 개념화, 한국언론학보, 한국언론학회, 2002년 여름호, 46(3): 116-152.

송민정(2003). 디지털미디어와 콘텐츠, 진한도서.

송민정(2013). 망중립성 갈등의 대안인 비즈니스모델 연구: 양면시장 플랫폼전략의 6가지 전략 요소를 근간으로, 사이버커뮤니케이션학보, 30(1): 191-237.

씨넷(CNET)(2009). 멀티미디어 2.0.

윤홍근(2013). 문화마케팅 전략론, 도서출판 청람, 2013

윤지영(2016). 콘텐츠의 재정의와 새로운 비즈니스의 기회, Organic Media, 2016, https://organicmedia.pressbooks.com/chapter/redefining-contents-opens-new-business-opportunities/.

중앙일보(2019.1.7). '유튜브 혁명' 이끄는 1인 미디어, 상식을 바꾸다.

OECD (2009). Guide to measuring the information society, 2009, http://www.oecd.org/sti/sci-tech/43281062.pdf, p.57.

Shapiro, C. & Varian, H.R.(1998). Information rules, Harvard Business Review Press.

TechCrunch (2013.8.14). Twitter Is Testing Out A New 'TV Trending' Box At The Top Of Your Timeline, http://techcrunch.com/2013/08/14/twitter-is-testing-out-a-new-tv-trending-box-at-the-top-of-your-timeline/.

Twitter (2013.10.1). Twitter on TV: A Producer's Guide, https://dev.twitter.com/media/twitter-tv.

Teixeira, T. S. and Jamieson, P. (Jul.-Aug. 2016). The decoupling effect of digital disruption, *European Business Review*, pp.17-24.

Teixeira, T. S. & Piechota, G.(Feb. 2019). Unlocking the customer value chain, 김인수 옮김(2019), 디커플링, 인플루엔셜.

미디어 비즈니스 프로세스의 디지털 전환

비즈니스 프로세스의 개념과 특성

1920년대 나온 비즈니스 프로세스의 초기 개념은 주로 절차의 방법 및 분석과 관련하였지만, 정보통신기술(Information and Communication Technology; ICT) 발전 이후 재개념화된다. 1993년 《기업의 리엔지니어링》 저서를 낸 해머와 챔피 (Hammer & Champy, 1993)는 비즈니스 프로세스를 "하나 이상의 인풋(Input)을 받아들여 고객에게 가치 있는 결과를 산출하는 행동들의 집합"이라고 정의한다. 즉, 비즈니스 프로세스는 기업의 목표 달성을 위해 밀접하게 관련된 비즈니스 활동들의 집합으로 이해된다. 여기서 비즈니스 활동은 기획 관리, 제조 관리, 재무 관리, 영업 관리 등 실행할 수 있는 단위이고, 비즈니스 프로세스는 이들의 묶음이다.

《프로세스 혁신》 저서를 쓴 데이븐포트(Davenport, 1993)도 1993년에 비즈니스 프로세스를 특정 시장을 위해 지정된 산출물을 생성하도록 설계된 구조화된 활동들의 집합으로 정의하면서, ICT를 통한 업무의 리엔지니어링(Reengineering)을 강조한다. 그에 의하면, 비즈니스 프로세스 경영(Business Process Management; BPM)의 궁극적 목표는 품질 향상과 시간 단축, 비용 절감, 그리고 비즈니스 위험의 최소화이다.

2000년에 에릭슨과 팬커(Eriksson and Penker, 2000)는 비즈니스 프로세스의 특성에 대해 논의하였다. 이들에 의하면, 비즈니스 프로세스는 목표와 특정한 인풋(Input)과 아웃풋(Output)을 가지며, 자원을 사용하며, 프로세스 실행 중에 발생하는 이벤트에 따라 어떤 순서로 수행될지가 정해지는 다양한 비즈니스 활동들을 갖는다. 이러한 비즈니스 프로세스는 하나의 조직 단위 이상에 영향을 미치되, 수직적 조직보다는 수평적인 조직 특성을 가지고 내부와 외부 고객 모두의 가치를 창출시키는 데 초점을 둔다. 비즈니스 프로세스는 새로운 상품이나 서비스를 개발하는 과정, 공급자에게 상품을 주문하는 과정, 고객과 상대하는 배송 등 주문을 처리하는 과정, 더 나아가서 비즈니스의 위험을 줄이기 위한 보험 청구 처리와 지불 등의 과정 등을 포함한다.

ICT는 더욱 발달하였고, 2011년 IBM에 의하면, 비즈니스 프로세스는 내부 및 외부 고객 모두를 위해 유용한 산출물을 만들어 가는 과정으로, 구체적이고 (Definable) 반복적이며(Repeatable) 측정 가능(Measurable)해야 한다. 즉, 비즈니스 프로세스의 최적화이다. 비용을 절감하고, 비즈니스 위험을 최소화하며, 비즈니스 경쟁력을 강화할 목적으로, 비즈니스 기획 측면에서는 계획 및 조직하고 지휘 및 통제하는 프로세스로, 비즈니스 활동 측면에서는 인사, 마케팅, 생산, 재무 프로세스로, 경영 의사결정 측면에서는 전략적이고 관리 가능하며 기능적인 프로세스로 최적화해야 한다. IBM은 이를 위해 비즈니스의 콤포넌트화, 시스템 통합, 고급 알고리즘 개발, 혁신적인 공급망 등이 뒷받침되어야 한다고 주장한다. AI나 IoT를 이용해 물류와 공급체인을 혁신하는 것이 그 예가 된다.

결론적으로 보면, 기업의 비즈니스 프로세스 개념과 특성이 변하였다. 기존에는 비용 중심, 상품 중심, 내부 생산 중심, 규모 중심, 기능 중심의 조직, 소품종 대량생산 환경의 특성이었다면, 인터넷 시대가 되면서 비용보다는 시간 중심, 상품보다는 고객 중심, 내부 생산보다는 아웃소싱 중심, 규모보다는 민첩성 중심, 기능보다는 과정 중심의 조직 특성과 소품종 대량 생산보다는 다품종 소량 생산의 비즈니스 환경으로 변모하였다.

미디어 비즈니스 프로세스의 발전

　앞서 언급된 데이븐포트의 비즈니스 프로세스 개념을 빌린다면, 미디어 비즈니스 프로세스는 특정 미디어 시장을 위해 지정된 미디어 산출물을 생성하도록 설계된 구조화된 미디어 비즈니스 활동들의 집합을 말한다. 새로운 미디어 콘텐츠 상품을 개발하는 과정, 콘텐츠 제작사에게 미디어 콘텐츠를 주문하는 과정, 미디어 고객과 상대하는 주문 처리의 과정, 그리고 미디어 비즈니스 위험을 최소화하기 위한 처리 과정 등이 예가 되겠다. 미디어 기업도 민첩성을 유지하고 업계 평균 이상의 속도로 비즈니스를 운영하려는 의지를 가진다.

　미디어 기업은 기존 시장을 유지하기 위해 기존 기술을 사용하기도 하지만, 새로운 기술을 도입하기도 하며, 새로운 시장을 창출하기 위해 기존 기술을 활용하든지 아니면 전혀 새로운 기술을 활용하는 선택을 하게 된다. 이러한 일련의 과정이 바로 미디어 비즈니스 프로세스의 최적화이다. 미디어 기업의 우선적 관심은 기존 시장을 유지할 것인가, 아니면 신시장을 창출할 것인가일 것이며, 이를 위해 고민하는 것은 기존 기술을 활용할 것인가, 아니면 새로운 기술을 도입할 것인가이다.

　전통적 미디어 기업이 기존 시장을 유지하기 위해 기존 기술을 활용하는 사례로는 디지털화로 인해 남은 대역의 지상파 주파수를 활용하는 UHD(Ultra High Definition) TV가 있다. 국내의 지상파방송사들은 UHD TV에 집중하는 모습을 보여주었다. 기존 시장 유지를 위한 기존 기술의 활용이다. 디지털화로 인해 여유가 생긴 기존 주파수 대역을 활용해 기존 방송서비스를 고도화하는 것이다. 처음에는 비용 절감이라는 비즈니스 프로세스 최적화에서 시작했지만 유료방송과의 경쟁을 위해 중요해진 가입자 기반 형성이 새로운 목적이 된다. 이는 비용 절감에 이은 고위험 방어로 미디어 비즈니스 프로세스가 최적화되는 것이다.

한편, 유료방송의 성장으로 지상파 방송사들은 이제 유료방송을 경유해 지상파 방송 콘텐츠가 주로 이용됨으로써 유통 기능을 제대로 발휘할 수 없는 상황에 이르게 되고, 콘텐츠 공급자로 전락한 지상파 방송사는 유료방송에 제공하는 콘텐츠 이용 대가와 관련해 케이블방송이나 IPTV 등의 유료방송 기업들과의 갈등이 고조된다. 더 나아가, 유료방송 기업들은 고객 데이터 분석을 통해 시청자 취향이나 선호도를 정확하고 다양하게 파악할 수 있는데 비해, 가입자 기반을 가지지 못한 지상파 방송사의 비즈니스 활동은 점차 축소되는 상황이 벌어지게 된다. 이를 극복하기 위해 지상파 방송사는 UHD TV를 통해 미디어 시장의 기득권을 유지시키려 하는 것이다.

하지만 지상파 방송사가 UHD TV를 구축하는 비즈니스 프로세스에는 또 다른 문제들이 상존한다. 무엇보다도 지상파 방송을 직접 수신하는 가구 비율이 매우 낮기 때문에 시장을 확대하기가 매우 어렵다는 점이다. 협소한 국내 시장에서 새로운 수신 장비를 구매할 이용자가 있을까 하는 문제도 발생한다. 게다가 UHD TV 기술 표준 확정에 따른 기존 수신기 교체 작업을 포함해서 과연 얼마나 UHD 콘텐츠 제작에 투자하며, 이를 위해 필요한 시스템 구축을 어떻게 감당할까 등 UHD TV 서비스가 대중화되기 쉽지 않게 하는 문제점들이 드러나게 되면서, 비즈니스 프로세스의 개선은 어려움을 겪게 된다.

전통 지상파 방송사가 기존 시장을 유지하기 위해 새로운 기술을 도입한 미디어 비즈니스 프로세스 사례로는 지상파 방송사 연합으로 탄생한 OTT가 있다. 기술은 진보적이지만 기존 시장을 유지하는 정도이기 때문에 시장을 확장시키지 못한다는 비즈니스 리스크가 존재한다. 미국의 훌루(Hulu), 국내의 푹(Pooq)이 대표적이다. 훌루는 NBC, FoxTV, ABC 간 합작회사로서 2019년 디즈니의 소유가 되었고, 푹은 MBC, SBS의 합작회사로 시작해 2020년 IPTV 기업인 SK브로드밴드의 OTT인 옥수수와 합병한다. 미국의 경우, 지상파 방송사들은 기존의 기득권을 유지할 목적으로 모든 기기에서 TV를 보는 개념으로 합작 형태로 OTT를 시작했으나, 고객은 신규 옵션에 대한 정보에 잘 접근하고 지불 결제도 신속히 해주는 넷플릭스나 아마존 제공 OTT를 더 선호하게 되면서, 기존 시장 유지와 신기술 도입이라는 비즈니스 프로세스 최적화는 한계에 봉착해, 결국 자사 OTT를 시작하는 디즈니에 인수된다. 국내도 상황은 마찬가지이다.

한편, 전통 미디어 기업에게서 신시장을 창출하되 신기술을 도입하는 경우는 보기 드물며, 인터넷 기업에게서 나타나는 비즈니스 프로세스의 최적화이다. 대표적인 예로 아마존(Amazon)의 전자책인 킨들(Kindle)은 새로운 '전자 잉크', 텍스트를 소리 내어 읽게 하는 신기술을 고안해냈다. 이 신기술은 킨들에게 신규 수익원 창출 기반이 되었으며, 서적 판매를 위한 예기치 않은 새로운 유통망이 구축되어 특정의 신시장을 목표로 하는 비즈니스 프로세스의 최적화가 일어난다. 이는 기업의 장기 성장률 유지에 중요한 역할을 하며 기존 시장을 변화시키면서 필요한 신성장 기반을 제공한다는 차원에서 최적화라기보다는 혁신에 가깝다.

정리해보면, 초기의 미디어 비즈니스 프로세스 최적화의 목적은 주로 전통 미디어 기업에게서 나타나고 비용 절감이나 고위험 방어에서 시작한다. 하지만 점차 저위험 경쟁에의 대응, 고위험 고수익화(High risk high return) 등으로 확대가 가능하게 된다. 기존의 방송 기술 기반에서 기존 방송 시장을 유지하고 관리하는 정도의 미디어 비즈니스 최적화는 주로 기존 고객에게 보다 나은 제품이나 서비스를 제공하는 수준에 머물게 된다. 하지만 기업의 생존을 위한 혁신을 말할 때는 처음에는 제품이나 서비스 혁신이 강조되나, 점차 새로운 기술을 활용하는 비즈니스 프로세스의 혁신이 요구된다.

앞서 언급한 IBM에 의하면, 비즈니스의 콤포넌트화, 시스템 통합, 고급 알고리즘 개발, 혁신적인 공급망 등이 필요하다. 새로운 비즈니스 가치를 창출하려는 미디어 기업도 ICT 도입을 통해 비즈니스 프로세스 혁신을 고민해야 한다. IBM이 미디어 기업에게 제공한 ICT를 도입한 사례로 미식축구협회(NFL)가 있다. NFL은 32개 구단이 속해 있는 미국 대중스포츠 조직으로서, 리그 전문 미디어 프로덕션 자회사인 NFL필름을 두고 NFL 경기를 방송한다. NFL은 새로운 채널과 프로그램을 통해 콘텐츠를 유연하게 배분하고자 애썼고, 새로운 유통 채널 기회를 포착하고 콘텐츠 파트너십을 늘리기 위해 미디어 비즈니스 프로세스의 최적화를 모색한다. NFL은 콘텐츠를 다양한 채널을 통해 고객들에게 제공하고 비즈니스를 극대화하기 위해 콘텐츠 자산을 적극 비즈니스화하고, 시청자의 선호에 맞는 방송을 기획하고자 했다.

NFL필름이 보유한 필름은 약 3만km 길이로 특정한 비디오테이프 속에서 원하는 내용을 찾는 것은 상당한 시간이 걸리는 작업이다. NFL은 경기 필름을 수집, 저장, 액세스 및 분배해주는 간결한 방식의 디지털 콘텐츠 관리 및 분배 시스템을 구축하기 위해 IBM을 파트너로 삼아 이전 대비 10배 빨리 편집해 프로그램 제작 시간을 4배나 앞당길 수 있게 되었고, 콘텐츠의 가치를 크게 향상시켰으며, 새로운 편성을 지원하는 능력을 끌어올리게 된다. 이처럼 비즈니스 프로세스 최적화의 시발점은 ICT 활용이다. 1장에서 언급한 대로, 디지털 전환은 모바일, 클라우드, 빅데이터, AI, IoT 등 핵심 ICT로 촉발된 경영 환경 변화에 선제적으로 대응하고 비즈니스 경쟁력을 획기적으로 높이거나 신규 비즈니스를 통해 성장을 추구하는 기업의 비즈니스 프로세스이다. 기업 대상으로 비즈니스 프로세스 최적화 관련 솔루션을 제공하는 IBM은 비즈니스 프로세스 최적화의 주된 이유로 비용 절감, 비즈니스 위험 최소화, 쇠퇴기를 겪기 시작하는 기존 비즈니스의 한계, 그리고 경쟁사의 경쟁 압력을 들었다.

미디어 비즈니스 프로세스의 파괴적 혁신

2016년 AT커니는 비즈니스 프로세스 최적화를 위해 파괴적 기술 기반으로 신규 비즈니스 모델을 통한 성장을 해야 한다고 강조하였고, 2017년 IBM은 디지털 전환 프레임워크를 제시하면서 비즈니스 프로세스의 최적화를 고객가치를 재정의하고 이에 맞는 운영모델을 재구성하는 것이라고 정의하였다. 아래 [그림 1]

🔷 [그림 1] 디지털 전환 프레임워크의 요소들

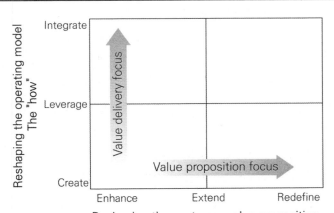

자료: IBM 2017

자료: IBM 2017

은 IBM이 2017년 제시한 디지털 전환 프레임워크의 요소들이다. 수평축으로는 디지털 전환의 목적(What)인 고객가치 제고이며, 수직축으로는 디지털 전환의 방법(How)인 고객가치 전달을 위한 운영모델 재구성이다.

비즈니스의 디지털 전환 세부 실행영역인 비즈니스 프로세스는 고객 니즈와 내부 목표를 조정해 프로세스를 혁신해가는 과정을 말한다. 이를 가장 잘 설명해주는 이론은 1997년 저서에 나온 클레이튼 크리스텐슨(Clayton M. Christensen)의 '파괴적 혁신(Disruptive innovation)'이다. 그는 하버드경영대학원 석좌교수로 글로벌 전략 및 혁신 컨설팅 기업인 이노사이트와 투자 기업인 로즈 파크 어드바이저스, 비영리 싱크탱크인 '파괴적 혁신을 위한 클레이튼 크리스텐슨 연구소(Clayton Christensen Institute for Disruptive Innovation)'를 설립했고, 1997년《혁신자의 딜레마(The Innovator's Dilemma, 혁신기업의 딜레마로 번역서 출간)》2003년《혁신자의 해법(The Innovator's Solution, 성장과 혁신으로 번역서 출간)》을 출간한 외에《미래 기업의 조건》《이노베이터 DNA》등 많은 책을 펴냈고, 경영학계 노벨상 '싱커스 50'에 두 번 세계 최고 경영 사상가 1위로 선정되었고, 2020년에 별세한다.

크리스텐슨은 '파괴적 혁신' 이론을 통해 대기업들을 향해 기존 비즈니스 프로세스와 방식에 너무 익숙해지지 말라고 경고한다. 1997년 출간된《혁신자의 딜레마(The Innovator's Dilemma)》는 2000년, 2016년 보정판을 통해 초기 파괴적 기술 기반의 비즈니스 프로세스 혁신에만 초점을 둔 시각에서 점차 신시장을 발견하는 비즈니스 프로세스 혁신으로 발전시켜 나간다.

1997년 기존 시장 선도 기업들은 기존 고객 유지를 위해 더 좋은 성능을 개발하려는 경향이 있지만, 빠르게 발전하는 ICT에 대응하기 위해서는 즉각적 이익을 얻을 수 없는 혁신적 기술에 과감하게 투자하라는 내용에서 시작한다. 1997년 당시 제시된 사례들은 주로 제조업과 유통업들이다. 복사기 업계를 지배하던 제록스가 개인과 소규모 조직에 적합한 소형 복사기를 개발한 캐논에게 패한 사례, 한때 엄청나게 매장을 늘렸던 시어스 백화점이 월마트에게 밀린 사례, 단순한 미니컴퓨터의 등장을 신경 쓰지 않았던 IBM이 애플에게 시장을 빼앗긴 사례 등이 거론되었다. 이는 기존의 대기업들이 무시해버린 저렴하고 단순한 제품이 시장 저변에서 입지를 구축해 파괴적 혁신으로 고성능 제품으로 인기를 얻으면서, 기존 기업들이 뒤늦게 이에 대응하려고 할 때쯤 되면 이미 시장을 빼앗긴 상황이라 곤경에 빠지게 된다는 내용이다.

크리스텐슨은 이처럼 성공을 위한 기업의 조건을 알면서도 이러지도 저러지도 못하고 방황하게 되는 기존 기업들의 곤경을 '혁신자의 딜레마'라 표현했다. 그에 의하면, 성공하려는 기업은 고객과 투자자에게 그들이 원하는 제품, 서비스, 이익을 제공해야 하고, 고객들이 원하지 않는 아이디어를 없애는 데 발달된 프로세스와 시스템을 가져야 한다.

크리스텐슨에 의하면, 안타깝게도 기존 기업은 고객들이 원할 때까지 고객들이 아직 원하지 않는 기회인 파괴적 기술에 적절한 자원을 투자하기 어려운 상황인데, 정작 투자를 할 무렵에는 너무 늦어버린다는 것이다. 즉, 기업은 주가를 유지하고 직원들을 위한 기회를 창출하기 위해 지속 성장해야 하며 커진 매출 규모에 맞는 대규모 시장이 되게 할 기술을 선택하길 주로 원하기 때문에 초기에 소규모 시장이 형성되는 파괴적 혁신에 매력을 못 느끼게 되어 기회를 놓친다. 또한, 기업은 존재하지 않은 시장에 대한 분석을 늘 해야 하며 완벽한 시장 조사와 사업계획을 수립하지만, 실제로 파괴적 기술 기반 비즈니스의 성공 가능성은 너무 불투명해 당시 의사결정에 어려움에 빠지면서 시기를 놓친다. 성공하려는 기업은 소비자 눈높이에 맞춘 기술 혁신으로 경쟁력을 확보해야 하므로 보통 하위 기술보다는 상위 기술을 지향하는 경향이 더 강한데, 상위 기술로의 진화가 시장 가치사슬에 부합한다고 보기 어렵기 때문에 어려움에 처하게 된다.

1997년 성공을 원하는 기존 기업들의 딜레마에 초점을 둔 크리스텐슨은 레이너(Raynor)와 함께 2003년 《혁신자의 해법(The innovator's solution)》을 출간하면서 파괴적 혁신을 저가(Low-end) 시장과 신(New) 시장으로 구분하게 된다. 이들이 제시한 2003년 새롭게 제시한 파괴적 혁신 프레임워크는 아래 [그림 2]와 같다.

크리스텐슨과 레이너에 의하면, 기존 기업들은 우선은 존속적 혁신의 궤적을 따라 발전한다. 이는 어떤 상품이나 서비스가 시장에서 살아남으려면 지속적으로 그 성능이 향상되어야 한다는 논리이며, 성능을 향상시켜 늘 상위시장을 만족시키는 기술 및 비즈니스 모델 개발을 하는 것이 존속적 혁신이다. 제품 성능이 점점 고도화되는 현상은 이러한 존속적 혁신의 결과이다. 한편, 이러한 존속적 혁신이 고객이 활용할 수 있는 성능 범위, 즉 고객의 필요를 넘어설(Overshoot) 수 있다는 관점이 파괴적 혁신의 시작점이 된다. 기존 기업에 대응할 만한 역량을 가진 기업의 파괴적 혁신이 등장하여 고객을 유인하게 되고, 기존 기업은 이러한 파괴적 혁신으로 인해 시장의 몫을 빼앗기게 되고 점차 곤경

[그림 2] 파괴적 혁신 이론의 기본 틀

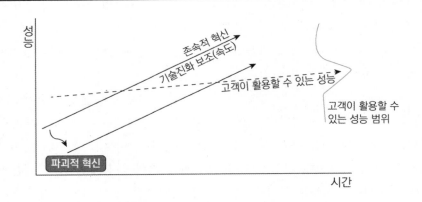

자료: Christensen & Raynor 2003, 33쪽

에 처하게 된다. 아래 [그림 3]은 파괴적 혁신을 다시 저가 시장과 신시장으로 구분하여 도식화한 것이다. 예로 자동차산업에서는 도요타자동차가 기존 기업이 되고 현대자동차가 저가시장을 공략해 파괴적 혁신하는 기업이 된다. 저서에는 없지만, 현시점에서 신시장파괴는 테슬라 자동차에 의해 진행된다.

[그림 3] 기술 관점에서 비즈니스 관점으로 이동한 파괴적 혁신 이론

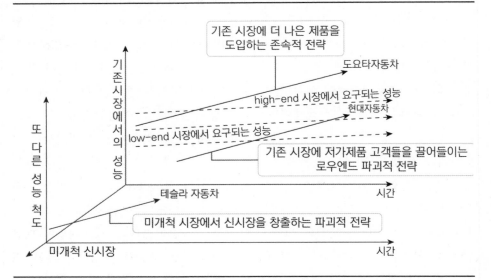

자료: Christensen & Raynor 2003, 44쪽 재구성

이러한 파괴적 혁신이 일어날 때, 기존 기업이 파괴적 기술 변화에 무조건 항복해 기존 주류 시장에서 기존의 역량과 조직 구조, 의사결정 프로세스를 무조건 포기하는 것이 해결방안은 아니지만, 기존 기업이 주류 시장 리더가 되게 해주는 현재의 관성인 비즈니스 프로세스에 안주하여 파괴적 혁신 기회를 놓쳐서도 안된다. 선두 자리에 오르게 해 준 그 관성이 궁극적으로 그들의 시장을 뺏기게 할 수도 있기 때문이다.

혁신하려는 기업의 딜레마는 한번 혁신적인 제품과 서비스로 성공을 거둔 뒤 그 성공의 관성 때문에 기존 시장을 지키는 데만 급급하게 되면서 오히려 도태되는 상황이 종종 발생한다. 이는 기존 시장과 가치사슬을 뒤집어버린 혁신가들의 '파괴적 혁신' 때문이다. 만약 기존 시장의 매력도가 점차 떨어져 쇠퇴하고 있어서 더 이상의 기존 시장 고객 유입과 기존 기술 진보가 무의미해진 경우라면 기존 시장 매력도가 떨어졌다는 전제하에 기존 기업에게도 파괴적 혁신이 검토될 수 있다. 이는 파괴적 혁신 시장 진출이 기술적 차원이 아닌 비즈니스 차원이어야 함을 의미한다.

혁신하고자 하는 기존 기업 딜레마에 대한 해법을 정리해보면, 첫째는 현재 고객에만 충성해선 안 된다는 점이다. 기존 기업은 일단 성공한 후 관성에 젖어 새로운 고객을 발굴하기보다 기존 고객을 만족시키는 데에만 집중하기 쉽다. 모순적이게도 어떤 기업이 성공하고 망하는 이유는 기존 고객의 의견을 너무 적극적으로 받아들여 이를 만족시키기 위한 결정을 내렸기 때문이다. 이게 바로 혁신하려는 기업가의 딜레마 중 하나이다.

그저 맹목적으로 고객의 의견에 귀를 기울이는 것은 치명적인 실수로 이어질 수 있다. 크리스텐슨 교수는 이를 가장 잘 보여주는 사례로 컴퓨터 보조기억장치인 하드디스크 드라이브 산업을 언급했다. 1980년대 시장점유율 1위 업체인 신생기업인 씨게이트(Seagate)는 PC 보급에 맞춰 하드디스크 크기를 8인치에서 5.25인치로 파격적으로 줄여 성공한다. 하지만 1985년 5.25인치를 3.5인치로 줄인 제품을 개발했지만 3.5인치 제품을 상용화하지 않기로 결정했다. 당시 주요 고객사인 IBM 등이 크기가 작아졌지만 용량, 가격 등에서 5.25인치 제품보다 더 뛰어나지 않다며 신제품 구매를 꺼렸기 때문이었다. 출시 보류에 반발한 엔지니어들이 씨게이트에서 나와 코너라는 회사를 차렸고, 컴팩, 도시바, 제니스 등이 노트북을 출시하면서 코너의 3.5인치 하드디스크를 구매하게 된다. 씨게이트는 뒤늦게 3.5인치 제품을 상용화했지만 이미 시장 1위를 코너에게 넘겨준 이후였다. 기존 고객에만 집착하다가 시장 자체를 잃어버린 경우이다.

두 번째는 어디에도 얕잡아 볼 만한 경쟁자는 없다는 점이다. 선도 기업들은 대개 저렴한 하위 시장을 하위 업체들에게 내어준다. 수익성이 높지 않고 골치만 아픈 시장을 넘기고 싶은 것이다. 그런데 기존 기업이 관심을 두지 않은 그 곳에서 혁신은 발생할 수 있다. 혁신하려는 신생 기업은 기존 기업으로부터 소외된 시장을 파고들어 기존 기업을 위협한다. 이는 4장에서 언급한 비즈니스 활동 및 모델의 디커플링과도 연결된다. 크리스텐슨이 제시한 사례는 철강업이다. '규모의 경제' 때문에 신규 진입이 어려운 철강업도 파괴적 혁신을 피해갈 순 없었다.

1960년대 소규모 철강업체들은 미니밀(Mini mill)을 사용했다. 미니밀은 전기로를 이용해 스크랩을 용해한 다음 연주·압연 설비로 철강재를 생산하는 공정을 말한다. 철광석과 연료 탄을 녹여 쇳물을 만드는 용광로와 달리, 고철 조각들을 녹여 쇳물을 만드는 미니밀은 좁은 공간에서 효율적으로 철강재를 생산할 수 있다는 장점이 있는 반면, 품질은 조악했다. 마진이 적어 대형 철강기업들이 잘 판매하지 않은 철근이 미니밀에서 주로 생산되었는데, 미국 중소 철강기업인 뉴코어는 압연 직결 프로세스 등을 도입해 미니밀에서 강판, 앵글 철당, 구조용 형강 등 마진이 높은 품목 생산을 늘려갔고 100년 이상 역사의 US스틸 등 대형 철강기업들이 주도했던 미국 철강 시장이 2000년대 들어 US스틸, 아르셀로미탈, 뉴코어 등 빅3로 재편되더니, 다시 뉴코어와 아르셀로미탈 2강, US스틸 1중 체제로 재편된다. 대형 업체들은 중소 업체들이 생산하는 하위 시장 철강 품목들을 매력적이지 않다고 느낄 뿐이었던 반면, 중소 업체들은 상위 시장을 올려다보며 품목을 확대했고 더 많은 이윤을 남길 수 있는 기회가 있다고 믿었던 것이다.

셋째는 새로운 시장을 만들어야 한다는 점이다. 크리스텐슨에 따르면, 캐논은 개인 복사기라는 새로운 시장을 열었다. 그런데 원래 복사기의 최강자는 제록스이다. 1959년 세계 최초로 건식 복사기를 개발한 제록스는 기업들에 약 3만 달러의 고가 복사기를 판매하기 시작했다. 1970년 기준, 제록스의 복사기 세계 시장점유율은 95%에 달했고 미국에서는 '복사하다'는 말 대신 '제록스하다'가 쓰일 정도였다. IBM과 코닥 등 경쟁자가 나타났지만 상대적으로 조금 저렴한 가격에 출시했을 뿐 기업 고객들은 여전히 많은 종이를 빠르고 선명하게 복사하는 제록스의 기술력을 선호했다.

1980년대가 되면서 캐논은 제록스와 전혀 다른 시장을 공략한다. 캐논은 제록스보다 복사 속도나 품질은 떨어지지만 가격을 1,000달러로 파격적으로 낮춰 기업고객이 아닌 개인 소비자를 공략한다. 캐논 복사기 품질도 점점 개선되면서 출시 10년 만에 제록스를 제치고 시장점유율 1위로 올라섰다. 결국 제록스는 사업 부진으로 인해 2018년에 1만 명의 인력을 구조 조정했다. 캐논 이전에 사람들은 문서를 들고 복사센터에 가서 기술자가 복사기를 작동시켜줄 때까지 기다려야 했지만, 캐논 이후에는 누구나 책상 위에 복사기를 놓고 쓸 수 있게 된 세상으로 바뀌었다. 복사가 쉬운 일이 되었고 사람들은 더 많이 복사를 하게 됐다. 캐논은 새로운 수요와 가치를 창출해낸 혁신을 만들어낸 것이다.

이처럼 파괴적 혁신은 창업가들에게 '성공을 위한 주문'과도 같다. 넷플릭스

[표 1] 세 가지 특성 별로 본 파괴적 혁신과 존속적 혁신

	파괴적 혁신		존속적 혁신
	신시장 파괴	저가 시장 파괴	
기술/상품/서비스	단순화(Simplicity), 맞춤화(customization)	저가에 적당한 성능 (Good enough performance at lower prices)	기존 경쟁 기반 기술 향상 (Improve along primary basis of competition
고객	비-소비자 (Non-consumer) 또는 비-개발자 (non-producer)	저가 시장에서의 과잉 충족 고객 공략 (Overshot customer at low end of market)	과소 충족 고객 (Undershot customer)
비즈니스 프로세스	완전 신규 비즈니스 모델로 핵심 사업과는 차별화 (Completely new model, different from core business.) → 다품종 소량생산	저가에 맞는 매력적 보상 (Attractive returns at low prices) → 마진 높일 영업 방법	승산 있는 비즈니스모델로의 확장 (Extension of winning model
기존 업계 반응	시장 무시(See market too small to matter), 주요 기술 미비 (lack key skills)	갑작스런 외부 공격을 피하려는 동기 발생 (Motivation to flee incursion)	성공적으로 경쟁하는 방법/스킬 부족 (Lack skill to compete successfully)

자료: Christensen & Raynor 2003, 51쪽 재구성

창업자인 리드 헤이스팅스(Reed Hastings)는 자신의 성공 상당 부분이 크리스텐슨 교수에게 빚진 것이라고 했고, 스티브 잡스도 그의 책에서 깊은 영감을 받았다고 말했다. 그의 이론은 많은 창업가들에게 이론적 무기가 된 게 사실이다. 아래 [표 1]은 파괴적 혁신과 존속적 혁신을 구분하되, 파괴적 혁신을 저가 시장과 신시장 파괴로 나누어 세분화하고 있다. 이를 기반으로 아마존과 넷플릭스 등 미디어 기업의 파괴적 혁신 사례들을 간략히 소개하고자 한다.

아마존의 경우, 미디어 비즈니스 프로세스 특성에서 보면, 저가 시장 파괴적 혁신은 종이책의 온라인 유통이다. 기존 도서판매 업체와 전통 서점 전쟁에서 아마존은 "낮은 마진과 자산 활용의 차별적 결합"을 선택한다. 신시장 파괴적 혁신은 1인 제작이다. KDP(Kindle Direct Publishing)은 2007년부터 전자책 비즈니스와 함께 시작되었고 개인 작가들의 콘텐츠 소싱 채널로 급성장한다. KDP의 모토는 "독립적으로 당신의 책을 출간하라(Publish your books independently)"로 편집에 도움을 주는 저작 툴로 자리잡았다. 이후 2013년 유사한 방식으로 동영상 편집을 위해 개발된 스토리텔러(Storyteller)는 아마추어들의 영상 콘텐츠 저작을 가능하게 한다. 이러한 프로세스 혁신과 함께 아마존은 2005년 '아마존 프라임'이라는 회원제를 통해 빠른 배송이라는 비즈니스 프로세스 최적화를 함께 진행하여 시너지를 거두고 있다. [그림 4] '위쪽'은 2019년 기준 그동안의 아마존 주가 추이와 주요 이벤트이며, [그림 4] '아래쪽'은 매출액과 영업이익률 추이이다.

넷플릭스의 경우, 1997년 우편 배달 DVD 대여 모델은 기존 가치사슬을 깨는 데서 시작했으나 모객이 어렵다고 판단하고, 기술/상품/서비스 특성에서 저가 시장을 공략해 월정액만 내면 많은 영화들을 무한정 즐길 수 있게 하는 OTT (Over the top)를 내놓는다. 이 용어는 2000년 초 미국 케이블TV 자연독점하에서 기본 채널 가입만 하고 영화는 셋톱박스(Set-top-box)를 구매하여 추가 가입하는 개념에서 출발하였는데, 우편배달 DVD 대여로 자리 잡은 넷플릭스는 2001년 가입자 수, 매출 측면에서 1위 OTT로 성장하게 된다. 2009년 많은 컴캐스트 및 타임워너케이블(Time Warner Cable; TWC) 가입자가 이탈해 넷플릭스로 오고 2011년 넷플릭스 가입자 수가 컴캐스트 가입자 수를 추월한다. 이러한 파괴적 혁신으로 주류 미디어 기업이 된 넷플릭스의 2019년 성적표는 [그림 5] '위쪽'과 [그림 5] '아래쪽'과 같다.

[그림 4] 아마존 주가 추이와 주요 이벤트/아마존 매출액 및 영업이익률 추이

아마존 주가 추이 및 주요 이벤트

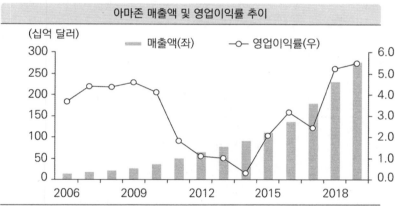

아마존 매출액 및 영업이익률 추이

자료: 블룸버그, DB금융투자 2020

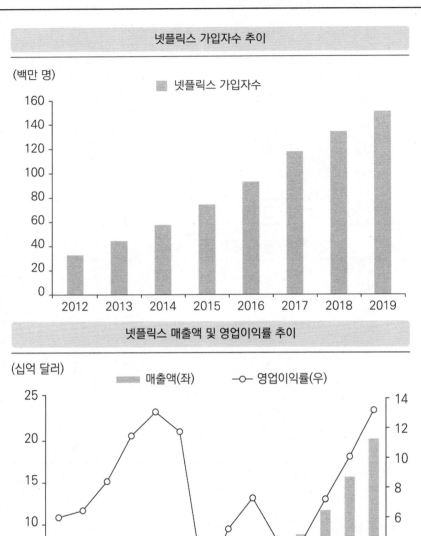

자료: 넷플릭스, DB금융투자 2020

데이터 기반의 미디어
비즈니스 프로세스

디지털 전환으로 인해 새롭게 조명된 파괴적 혁신 이론은 2018년 출간된 《파괴적 혁신 4.0》에서 다시 주목을 받는다. 이 책에서 제시된 핵심 3대 가이드는 첫째, 파괴적 혁신은 오랜 시간에 걸쳐 전개되는 비즈니스 프로세스이다. 파괴적 혁신은 대부분 뛰어난 기술이나 제품, 서비스가 어느 날 갑자기 파란을 일으키며 나타나는 것이 아니다. 저가 및 신규 시장에서 시작해 주류 시장을 잠식하는 비즈니스 프로세스를 거치려면 시간이 걸린다는 의미이다.

넷플릭스 등장 초기에 비디오 대여점 고객은 온라인으로 영화 DVD를 주문해 우편으로 대여받는 서비스에 매력을 느끼지 못했고 미국 최대 비디오 대여점인 블록버스터는 이 신생 기업을 무시했다. 그러나 넷플릭스가 인터넷 스트리밍 서비스를 제공하면서 비디오 대여점 시대는 종말을 고한다. 넷플릭스가 처음부터 기존의 핵심 시장을 겨냥했다면 선도 기업은 강력하게 대응했을 것이다. 하지만 가랑비에 옷 젖듯이 이렇게 신생 기업은 처음에 주변 시장을 공략하기 때문에 기득권을 쥔 기존 기업들은 성장하는 중소기업을 무시하거나 놓치고 만다.

둘째, 파괴적 혁신을 하는 기업은 기존 기업과 아주 다른 비즈니스 모델과 프로세스를 구축한다. 애플의 아이폰이 대표적이다. 2007년 출시된 아이폰 기기 자체는 스마트폰 기기 시장에 일어난 존속적 혁신에 해당한다. 기존 기업들과 같은 고객을 겨냥하면서 제품의 우월성을 토대로 성공했기 때문이다. 그러나 아이폰의 실제 성장은 파괴적 혁신으로 설명하는 것이 정확하다. 아이폰이 파괴한 대상은 인터넷에 접속하는 주된 도구로 쓰이던 노트북이며, 제품 개선에만 머무

르지 않고 새로운 시장의 도입을 통해 이뤄졌다. 아이폰은 앱 개발자와 사용자를 연결하는 플랫폼 생태계를 구축해 아이폰을 개인용 컴퓨터 생태계와 같이 만들었다. 플랫폼 생태계에 대해서는 7장에서 다룰 것이다.

셋째, 파괴하지 않으면 파괴당한다는 말은 오해를 낳을 수 있다. 기존 기업들은 시장에서 일어나는 파괴적 혁신에 대응해야 하지만 수익성을 갖춘 사업을 단숨에 폐기하는 과잉 반응을 보여서는 안 된다. 그 대신 존속적 혁신에 투자해 핵심 고객과의 관계는 계속 강화하면서 한 동안은 아주 다른 두 가지 혁신을 모두 고려하여 운영해야 한다. 이를 양손잡이 전략이라 부르기도 한다.

이상의 파괴적 혁신 4.0 핵심 3대 가이드를 데이터 기반 미디어 비즈니스 프로세스와 연계해서 살펴보자. 첫째는 파괴가 오랜 시간에 걸쳐서 전개된다는 점인데, 아마존과 넷플릭스 모두 이러한 경험을 하였다. 이들의 공통점은 데이터 기반 구축이다.

아마존이 온라인서점을 만들었을 때 전통 서점인 반즈앤노블은 시장 지배력을 활용해 출판사들에게 아마존에 책을 제공하지 못하게 했다. 이에, 아마존의 진짜 파괴적 혁신은 출판을 하고 싶어도 여건이 안 되어 못하는 아마추어 작가들의 니즈에 대응하는 것이다. 아래 [그림 6]은 2013년 6월《하버드비즈니스리뷰》에서 발표된 반즈앤노블의 대응에 직면한 아마존의 가치 네트워크를 나타낸다. 아마존은 온라인 도서 소매업 초기(1994-2001) 자사와 출판사, 고객 간의 가치 네트워크를 형성한다. 온라인 서점의 파괴적 혁신은 서점업의 지형만을 바꾼 것이 아니라 책을 만드는 출판업의 지형도 바꾼 것이다. 반즈앤노블 횡포에 대응한 아마존은 아마추어 작가들을 위해 아마존 킨들 출판시스템인 KDP를 내놓으면서 1인 출판시대를 열었다. 킨들로 책을 팔려면 출판사 등록이나 ISBN 코드를 취득하지 않아도 되며, 간단히 아마존에 가입하고 http://kdp.amazon.com/에 접속하면 된다.

이처럼 아마존의 성장은 초기 낮은 가격구조에서 출발하지만, 원클릭 결제 등 훌륭한 고객경험으로 이어지고, 도서 별점 표시를 가장 먼저 시행한 아마존닷컴은 2001년 도서 미리보기를 도입해 실물 확인이 어려운 점도 해소해 나가는 등 지속적인 고객 경험 제고에 노력했고, KDP를 통해서는 다수의 개인 작가와 직접 계약을 추진하고 마케팅 및 유통까지 일원화된 시스템을 지원하기에 이른 것이다. KDP는 e북 제작 시 ISBN 대신 10자리인 ASIN(Amazon Standard Identification Number)을 할당하고 페이퍼백 제작 시에는 무료 ISBN도 제공한다.

[그림 6] 아마존의 가치 네트워크

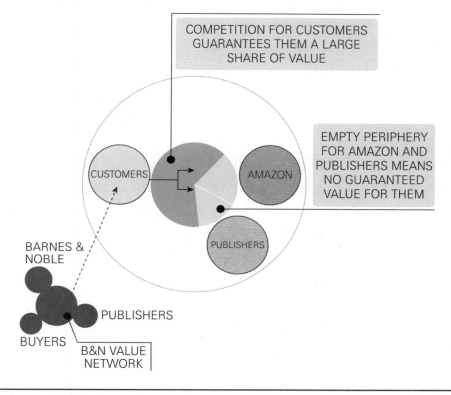

자료: Ryall, M. D.(June 2013; 85쪽)

아마존은 이러한 고객데이터 기반의 성공공식을 다른 미디어에도 지속 활용한다. 2018년 아마존 AWS(Amazon Web Services)는 아마존 기계학습(Amazon Machine Learning) 서비스를 제공 중이며, 누구나 증강현실(Augmented Reality; AR) 및 가상현실(Virtual reality; VR) 서비스를 개발할 수 있는 저작 툴인 '슈메리언(Sumerian)'을 공개한다. 3D 애니메이션 캐릭터인 호스트를 배치해 실제와 같은 몰입도가 높은 대화형 장면을 설계할 수 있다. 이때 호스트는 아마존의 챗봇, 딥러닝 등 다른 AWS 서비스와 호환된다. 챗봇 같은 대화형 인터페이스를 구축할 수 있는 아마존 렉스(Amazon Lex)와 실제 사람 목소리처럼 음성을 합성할 수 있는 텍스트 음성 변환 서비스인 아마존 폴리(Amazon Polly)를 통해 호스트는 사용자에게 스크립트를 설명하거나 질문에 대답하며 사용자와 호스트 간 음성 상호작용을 유도한다.

넷플릭스도 아마존처럼 사업 초기에 저가시장으로 진입했으나 비디오대여점 고객은 온라인으로 영화 DVD를 주문받고 우편으로 대여해주는 서비스를 외면했다. 하지만 넷플릭스는 스트리밍 서비스로 신시장의 파괴적 혁신을 이끌었고 블록버스터를 파산시키는 데 기여한다. 이때 넷플릭스의 무기는 온라인 거래를 통해 쌓인 고객 데이터로 만들어진 추천 엔진 '시네매치' 기반으로 콘텐츠 수급 비용을 절감해 블록버스터 대비 콘텐츠 수급 비용상의 경쟁우위를 가지게 된 점이다.

파괴적 혁신 4.0 핵심 가이드 둘째는 파괴적 기업이 기존 기업과 아주 다른 비즈니스 모델을 구축한다는 점이다. 스타트업으로 파괴적 혁신한 중국 바이트댄스(Byte dance)의 OTT인 진르터우탸오와 틱톡은 인공지능(AI) 기반이다. '오늘의 헤드라인'이라는 뜻을 가진 '진르터우탸오'는 AI를 통해 뉴스 구독 패턴(나이, 직업, 관심 분야, 거주지 등)을 분석하고 맞춤형 서비스를 제공하여 2018년 누적 이용자 수 6억 명을 돌파했다. 기술/상품/서비스 특성에서는 독자가 많이 사용할수록 독자 취향에 정확하게 추천 가능한 맞춤형 뉴스가 된다. 고객 특성에서는 기존 언론사뿐만 아니라, 정부, 기관, 기업, 1인 미디어 크리에이터, 유명 블로그 등의 콘텐츠 제공이 가능해 고객 집단의 범위를 넓힌 점이다. 또한, 비즈니스 프로세스 특성에서는 다양한 유형의 콘텐츠를 큐레이션해 전통 언론 기사를 최상위로 노출하지 않고 인기순으로 배열함으로써 구독자의 체류 시간을 높인 점이다. 2018년 기준 하루 평균 사용 시간 76분을 기록하게 된다.

틱톡(TikTok)도 AI를 활용한 맞춤형 서비스와 편리한 UI/UX로 전 세계 인기를 이끌었다. 파괴적 혁신 방식은 진르터우탸오와 유사하다. 기술/상품/서비스 특성에서는 15초 이하 짧은 영상 추천 서비스를 제공하고, 고객 특성에서는 전문적 영상 장비를 필요로 하는 유튜브를 겨냥해 앱 내에서 영상 편집과 효과 및 음악 추가를 용이하게 해 누구나 제작 가능하게 하고, 비즈니스 프로세스 특성에서는 챌린지를 기반으로 자연스럽게 신곡 등을 프로모션하며 하나의 놀이 문화로 자리잡은 점이다. 바이트댄스는 세계 최초로 헥토콘 기업(기업가치 1,000억 달러 이상의 스타트업)에 오르게 된다.

파괴적 혁신 4.0 핵심 가이드 셋째는 파괴하지 않으면 파괴당한다는 말은 오해를 낳을 수 있다는 점이다. 전통 미디어 기업들은 신생 OTT들의 파괴적 혁신으로 인해 떠밀리듯 디지털 전환을 해야 하는 상황을 맞이한다. 구독료 수익모델 증가는 방송광고 시장 감소에 영향을 미친다. 전통 미디어 기업으로서 파괴당하기 전에 자기 파괴를 한 사례로 뉴욕타임스는 조직의 디지털 전환을 먼저 시작했다. 이에 대해서는 거버넌스의 디지털 전환에서 다루기로 한다. 뉴욕타임스는 종이 신문이라는 하나의 오프라인 플랫폼이 아니라 인터넷 홈페이지, 스마트폰 앱 등 다양한 뉴스 미디어에 최적화된 내용과 형식의 콘텐츠를 차별화해 디지털 매출을 끌어 올리면서, 언론의 본질적 가치인 '양질의 뉴스'를 유지하려고 노력한다. 즉, 수단만 디지털화이지 언론사 경쟁력인 '콘텐츠 품질'에 있어서는 최우선을 고집하는 것이다. 뉴스 콘텐츠 품질에 초점을 두는 뉴욕타임스는 그 전달 과정에서 데이터 분석 후의 시각화 기법인 인포그래픽(Inforgraphics)를 적극 활용한다. 이에 대해서는 3장에서 언급하였다. 데이터 분석을 통해 생산된 새로운 유형의 뉴스를 매우 보기 좋은 이미지나 그래픽을 통해 사람들에게 제공하는 것이다. OTT 시대에 맞게 뉴욕타임스는 뉴스를 읽는 시대에서 보는 시대로 전환시켰고, 다시 읽는 뉴스를 듣는 뉴스로도 확대해나간다. 뉴욕타임스의 자기 파괴적 혁신 사례인 팟캐스트 '더데일리'는 청취자 75만 명으로 시작해 2020년 4,300만 명에 이르고 열성 청취자 절반이 30세 이하일 정도로 성공하게 된다.

뉴욕타임스는 항상 저널리즘이라는 핵심 콘텐츠를 기반으로 확장한다. 2015년 여행 콘텐츠 형식 파괴에 도전해 영상으로 여행 기사를 전달하는 '36시간(36hours)'을 만들고 OTT인 훌루와 함께 '더위클리' 뉴스쇼를 제작했고, 기자들이 10년 간 취재한 '아버지, 군인, 아들'이라는 다큐멘터리를 제작해 OTT인 넷플릭스를 통해 공개해 다큐멘터리 뉴스 장르를 창출했다. 2012년 스노우폴의 디지털 인터랙티브 기사가 나올 때만 해도 뉴욕타임스는 조직 거버넌스 혁신 정도로만 이해되었지만, 2012년 인터랙티브 기사 제공 이후 비즈니스 프로세스의 디지털 전환을 함께 꾀한다. 2014년 스타트업 OTT로 파괴적 혁신 중인 버즈피드가 성장할 때 뉴욕타임스가 고전을 면치 못했지만, 2020년 버즈피드 전 편집장이었던 벤 스미스가 뉴욕타임스에서 일하고 있다. 파괴적 혁신이 신생기업의 몫이라고 생각하는 편견은 과감히 버려야 한다.

신생 기업도 파괴적 혁신을 한 두 번 채택한 후 지속적 비즈니스 프로세스 최적화를 위해 노력하지 않는다면 다른 신생 기업에 의해 파괴적 혁신을 당할 수도 있다. 이는 아마존과 넷플릭스의 양면 시장 플랫폼 전략으로 이어지는 모습에서 잘 관찰된다. 따라서 한때 적절한 의사결정 절차를 선택해 파괴적 혁신으로 성공한 기업이라면 지속적으로 파괴적 혁신을 이루는 요소들을 세심히 살펴야 한다. 시장을 가치사슬보다는 생태계 관점에서 보는 플랫폼 마인드가 필요하며, 이를 위해 데이터도 공유되고 개방되는 환경을 아울러 가져가야 할 것이다. 이에 대해서는 생태계의 디지털 전환에서 다루기로 한다.

참고문헌

김국진/최정일(2013. 11). 지상파 UHD 방송 도입 방안 연구, 방송통신위원회

삼성KPMG(2012). 빅데이터 분석을 통한 기업 미래가치 창출, Issue Monitor, 삼정KPMG 경제연구원

송민정(2002). IT혁명이 문화콘텐츠산업구조에 미치는 영향, 문화정책논총, 문화정책연구원, 2002. 10.

송민정, 이화진, 최명호(2011). 스마트TV 서비스 혁신에 따른 시장 전망: 파괴적 혁신 이론을 근간으로, 정보와 통신, 통신학회 학회지, 27(12): 35-43.

송민정(2015). 국내 스마트헬스케어 기업들의 파괴적 비즈니스 혁신 연구: 파괴적 혁신 이론을 토대로, 의료커뮤니케이션, 대한의료커뮤니케이션학회 학회지, 10(2): 135-154 (2015)

송민정(2016.9). 글로벌 5대 MCN 미디어 기업들의 비즈니스모델 연구: 파괴적혁신 이론을 토대로, 방송통신연구, 2016년 가을호, 96: 38-67.

송민정(2020.10.2). 포스트 코로나 시대의 미디어 산업 생태계 변화, 방송공학회 학회지, 방송과 미디어, 제25권 4호.

서경화(2011.12.16). IBM의 프로세스 최적화 전략 및 솔루션 소개.

이코노미조선/한국IBM(2007.3.1). 공동 기획, 미디어·엔터테인먼트 산업에 부는 '혁신 바람' '글로벌 비즈니스 혁신 사례'(상) 29호.

아이비엠(IBM)비즈니스가치연구소(2012). 빅데이터의 현실적인 활용, 혁신 기업이 불확실한 데이터에서 가치를 창출해 내는 방법, 옥스퍼드 대학교 사이드 경영대학원과 공동연구, IBM Global Service.

Christensen, C.(1997). *The innovator's dilemma*, Harvard Business School Press.

Christensen, C.(2016). *The innovator's dilemma*, Harvard Business Review Press.

Christensen, C.(2018). *Disruptive innovation 4.0,* 김태훈 옮김, 파괴적 혁신 4.0, 세종도서.

Christensen, C. & Raynor, M.E.(2003). *The innovator's solution*, Harvard Business School Press.

Davenport, T. H.(1993). *Process innovation; reengineering work through information technology.* Boston, Harvard Business School Press.

Eriksson, H-E & Penker, M.(2000). *Business Modeling with UML: Business Patterns at Work*, John Wiley & Sons, New York, USA, ISBN: 978-0-471-29551-8 February.

Hammer, M. and J. Champy (1993). *Reengineering the corporation; a manifesto for business revolution*. New York, HarperCollins.

Ryall, M. D.(June 2013) The New Dynamics of Competition, *Harvard Business Review*, pp.80~87.

Song, M.Z.(2018). A Study on Trust ICT Business Models: Based on Disruptive Innovation Theory, *Journal of Engineering and Applied Sciences (JEAS)*, Vol.3, No.12, pp.61−69 (Feb. 28, 2018).

미디어 비즈니스 모델의
디지털 전환

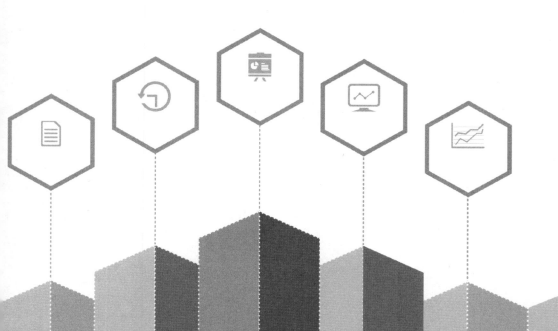

비즈니스 모델의 개념과 구성 요소

비즈니스를 영위하는 기업에게 전략은 미래가 불확실한 상태에서 하나 이상의 목적을 쟁취하기 위한 높은 차원의 계획이다. 따라서 기업의 경영전략은 경영 자원을 배분하여 경쟁우위를 창출하는 의사결정이다. 이러한 경영전략의 실험 활동이 되는 비즈니스 모델은 비즈니스를 위한 전략적 선택들을 모으고 상호 정렬하는 사업방식이다. 즉, 고객과 상품 및 서비스, 비용과 수익을 관리한 수익 공식, 가치사슬을 작동시키기 위한 자원과 프로세스, 그리고 경쟁을 유지하기 위한 전략 등을 모두 포함하는 사고의 틀이라고 하겠다. 또한, 비즈니스 전략은 다양한 비즈니스 모델 옵션들 중에서 어떤 것을 채택할 것인지에 대한 계획으로 영원 불변하지 않으며, 외부 환경 변화에 따라 언제든 변화하거나 혁신할 수 있다. 선택된 비즈니스 모델은 기업의 비즈니스 활동 중심부에 위치한다.

비즈니스 모델에 대한 다양한 정의가 있는 것처럼, 그 구성 요소에도 다양한 요소와 정의가 존재한다. 정의에 따라 용도도 다르게 나타난다. 인터넷 등장 시점부터 볼 때, 2004년 제시된 9개 블록(가치 제안, 고객 세그먼트, 채널, 고객 관계, 수익원, 주요 활동, 주요 자원, 주요 파트너, 비용 구조)으로 구성된 비즈니스 모델 캔버스와 2008년 제시된 가장 핵심이 되는 4대 구성 요소가 대표적이다.

2008년 존슨/크리스텐슨/카거만(Johnson, Christensen, Kagermann)이 《하버드비즈니스리뷰(HBR)》에 낸 논문 '비즈니스 모델 재창조(Reinventing Your Business Model)'에서 제시된 비즈니스 모델의 네 가지 구성 요소를 소개하면, 고객 가치 제안, 이익 공식, 핵심 자원, 핵심 프로세스이다. 크리스텐슨은 앞서 5장에서 논의된 파괴적 혁신 이론의 창시자이기도 하다. 아래 [그림 1]은 네 가지 구성요소들의 특징을 동아비즈니스리뷰(DBR)에서 재정리한 내용이다.

 [그림 1] 비즈니스 모델의 4대 핵심

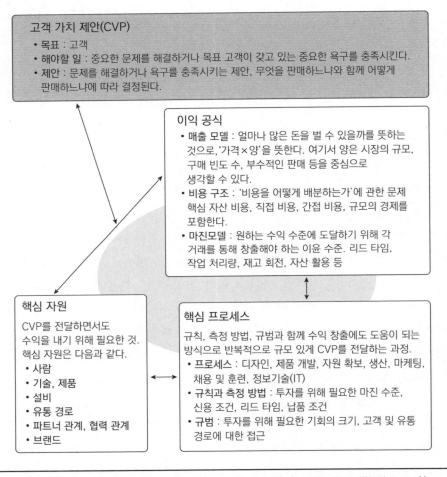

고객 가치 제안(CVP)
- 목표 : 고객
- 해야할 일 : 중요한 문제를 해결하거나 목표 고객이 갖고 있는 중요한 욕구를 충족시킨다.
- 제안 : 문제를 해결하거나 욕구를 충족시키는 제안, 무엇을 판매하느냐와 함께 어떻게 판매하느냐에 따라 결정된다.

이익 공식
- 매출 모델 : 얼마나 많은 돈을 벌 수 있을까를 뜻하는 것으로, '가격×양'을 뜻한다. 여기서 양은 시장의 규모, 구매 빈도 수, 부수적인 판매 등을 중심으로 생각할 수 있다.
- 비용 구조 : '비용을 어떻게 배분하는가'에 관한 문제 핵심 자산 비용, 직접 비용, 간접 비용, 규모의 경제를 포함한다.
- 마진모델 : 원하는 수익 수준에 도달하기 위해 각 거래를 통해 창출해야 하는 이윤 수준. 리드 타임, 작업 처리량, 재고 회전, 자산 활용 등

핵심 자원
CVP를 전달하면서도 수익을 내기 위해 필요한 것. 핵심 자원은 다음과 같다.
- 사람
- 기술, 제품
- 설비
- 유통 경로
- 파트너 관계, 협력 관계
- 브랜드

핵심 프로세스
규칙, 측정 방법, 규범과 함께 수익 창출에도 도움이 되는 방식으로 반복적으로 규모 있게 CVP를 전달하는 과정.
- 프로세스 : 디자인, 제품 개발, 자원 확보, 생산, 마케팅, 채용 및 훈련, 정보기술(IT)
- 규칙과 측정 방법 : 투자를 위해 필요한 마진 수준, 신용 조건, 리드 타임, 납품 조건
- 규범 : 투자를 위해 필요한 기회의 크기, 고객 및 유통 경로에 대한 접근

출처: 존슨/크리스텐슨/카거만(Johnson, Christensen, Kagermann), p.54; DBR 재구성, http://www.hbrkorea.com/magazine/article/view/5_1/article_no/87.

존슨/크리스텐슨/카거만에 의하면, 고객 가치를 창출하고 고객에게 가치를 전달하는 네 가지 구성 요소 중 우선시해야 하는 요소는 고객 가치 제안(Customer value proposition)과 이익 공식(Profit formula)이며, 이를 획득하기 위해 핵심 자원

(Key resources)과 핵심 프로세스들(Key processes)이 고려되어야 한다.

고객은 상품/서비스를 구매할 때 비용과 효용 간을 비교한다. 비용은 고객이 상품/서비스 이용까지 투입되는 시간, 노력, 실제 투입 비용이며, 효용은 비용 대비 상품 및 서비스로부터 획득 가능한 가치(상품/서비스로부터 획득 가능한 효용 수준)이다. 상품/서비스 구매 고객마다 그 편차가 심하고 주관적이어서 고객 가치를 정량화하기 어려우며, 고객 가치 제안은 상품/서비스가 아니라 고객의 문제를 해결하고 니즈를 충족시키는 해결책으로, 핵심 타깃을 설정하되 작지만 의미 있는 성장 가능한 거점 시장의 타깃을 정하는 것이다. 핵심 타깃의 해결과제(Job)에 초점을 두고 고객이 진정으로 원하는 것이 무엇인지 파악해 해결책을 찾아 압도적인 경쟁우위가 되게 하는 것이다. 이는 앞서 논의한 비즈니스 활동의 디커플링에서 질적 고객의 중요성을 언급한 것과 비즈니스 프로세스의 파괴적 혁신에서 비(非) 고객 시장을 언급한 것과 연관된다.

정리하면, 고객가치 제안은 고객 관점에서 고객이 가진 문제를 해결하고 고객 니즈를 충족시킬 수 있는 답을 제공하는 것이다. 또한, 고객이 원하는 가치는 시간 흐름에 따라 변화한다. 신상품 출현 초기에는 기능성 자체에 주목하나 점차 브랜드, 디자인 등 차별화 요소가 중요해지고, 범용화되면 가격 경쟁이 진행된다. 따라서 가격과 품질 등의 이유로 현재 상품/서비스를 사용하지 않고 있는 '잠재고객' 내지 '비(非) 고객' 발굴이 중요하다. 잠재고객 대상의 고객 가치 제안은 다른 비즈니스 모델 요소들에도 변화를 초래해 혁신의 기폭제 역할을 한다. 이는 앞서 언급한 파괴적 혁신과 연관된다. 크리스텐슨은 명확한 고객 가치 제안을 '고객 해결책(Job to be done)'이라 표현했다.

이익 공식은 매출, 비용 구조, 마진, 자원 등을 포함한다. 고객 가치를 제안해도 이를 효과적으로 기업의 이익과 연결시키지 못하는 비즈니스 모델은 성공한 것이 아니다. 예로 2000년대 초 인터넷폰 업체들이 무료 국제전화 서비스 제공 등 고객 가치 제안에 성공했으나 이를 이익으로 연결하지 못해 난관에 봉착하였다. 이는 인터넷폰 기술은 파괴적 기술일 뿐이며 비즈니스의 성공과 동일시하면 안 된다는 것을 의미한다.

정리하면, 단순하게 상품/서비스을 판매하고 대금을 받는 전달 방식에서 벗어나 다양한 방식의 이익 공식을 활용하여야 한다. 창출한 고객 가치의 '전달 방식' 설계가 이익 획득 메커니즘과 밀접하게 연관된다. 단순한 상품에서 서비스 판매로의 전환, 묶음 상품/서비스의 가격 차별화, 기능 및 서비스의 분할 등 다양한 가치 전달방식이 있다. 특히 두 종류 이상의 고객 집단을 대상으로 하는 양면 시장(Two-sided market)에서는 고객 집단과 수익원의 분리가 가능하다. 이를 양면 시장 기반 플랫폼 생태계라 하는데 3부의 7장 '미디어 플랫폼 생태계의 디지털 전환'에서 자세히 다루기로 한다.

핵심 자원은 경쟁 기업의 모방을 차단하는 것과 관련된다. ICT 인프라나 고객 기반, 공급망 등 경쟁 기업이 단기간에 구축하기 어려운 보유 자원이 적극 활용되어야 한다. 앞서 파괴적 혁신 사례로 소개한 폭넓은 출판사 공급망과 ICT 인프라를 겸비한 아마존의 전자책 '킨들(Kindle)'은 전자 기기이지만 기기 제조 역량 자원만을 보유한 전자기기 경쟁업체들이 모방하기 어려운 핵심 자원인 1인 출판사 네트워크를 가진다.

정리하면, 경쟁 기업의 모방을 원천적으로 방지하는 것이 장기적으로 어려운 경우에는 지속적인 비즈니스 모델의 변화를 통해 한 발 앞서가는 전략을 채택해야 한다. 설계 초기부터 경쟁사가 모방하더라도 핵심 구성 요소의 업그레이드를 통해 계속 앞서가는 노력을 해야 한다. 이전 단계에서 구축한 역량을 활용해 다음 단계로 발전하면서 경쟁사의 추격 의지를 차단하는 방식이 필요하다. 대표적인 사례로 처음에 음악이나 동영상 파일 관리 플랫폼 정도였던 '아이튠즈' 기반에서 네트워크 효과로 인해 모방이 어려운 비즈니스 모델로 성공을 거둔 애플은 구축한 역량을 활용해 또 다른 플랫폼인 '앱스토어'를 만들었고, 이를 통해 오랜 기간 동안 전성기를 누리고 있다.

어렵게 구축한 핵심 자원임에도 불구하고 경쟁 기업의 모방을 장기적으로 방지하는 것은 대단히 어렵기 때문에, 고객 가치를 구체적 형태로 창출하기 위해서는 기업 내부의 가치사슬 활동과 외부 기업을 포함하는 가치 네트워크의 효과적 설계가 요구된다. 이에 대해서는 앞서 아마존의 고객-1인 출판사-아마존의 가치 네트워크를 제시한 바 있다. 핵심 프로세스는 규칙, 규범과 함께 이익 창출에 도움이 되는 방식으로 고객가치 제안을 전달하는 과정이다. 규칙은 투자를 위해 필요한 마진 수준이나 신용 및 거래 조건을, 규범은 투자를 위해 필요한 기회의 크기와 고객 및 유통 경로에 대한 접근 방식을 말한다. 상품/서비스의 신속한 공급, 낮은 가격 등 제공하려는 고객 가치에 따라 기업은 공급망을 분리하거나 통합하는 전략을 고민할 수 있다. 분리하는 전략의 예로 델(Dell)은 낮은 원가, 신속성 확보를 위해 중간 유통 과정을 생략했고, 통합하는 전략의 예로 자라(Zara) 같은 패션 업계의 자사상표 의류전문점(Specialty retailer of Private-label Apparel; SPA) 기업은 수시로 변하는 고객 취향을 반영한 상품을 신속하게 출시하기 위해 공급망을 수직 통합하였다.

정리하면, 핵심 프로세스는 선순환 구조 형성을 말한다. 이를 위해 비즈니스 활동들은 상승 작용을 통해 비즈니스 모델의 경쟁력을 강화하도록 설계되어야 한다. 고객 가치 실현을 위해 전략적으로 선택한 행동의 결과가 다시 기존 활동에 힘을 실을 수 있는 선순환 구조가 필요하므로, 기업은 비즈니스 모델의 단계적 혁신을 통해 한 발 앞서가는 전략을 고민해야 한다. 이전 단계의 비즈니스 모델에서 구축한 역량 자원을 활용해 다음 단계의 비즈니스 모델로 진화하면서 경쟁 기업의 추격을 방지하는 것이다.

SECTION 02

미디어 비즈니스 모델의 발전

앞에서 언급한 비즈니스 모델의 네 가지 핵심 구성요소 중심으로 미디어 비즈니스 모델이 어떻게 발전하고 있는지 살펴보자. 첫째는 고객 가치 제안 내지 '고객 해결책(Job to be done)'이다. 국내 사례는 '게임하기'라는 일거리 내지 놀거리를 짬시간에 제공한 카카오톡의 '애니팡'이다. 국민 메신저 서비스이면서 세계적으로도 1억 명에 도달하는 데 3~4년만 걸렸다는 점이 카카오톡이 제공한 서비스의 효용이 해당 서비스를 쓰기까지 투입되는 총비용보다 높은 수준임을 단적으로 보여준다. 효용이 광범위하게 많은 이용자에게 빠른 속도로 전파되었고, 이를 '네트워크 효과(Network effect)'라 한다. 성공하는 상품/서비스에는 이러한 효용이 발생하고, 이를 한 사람만 느끼는 것이 아니라 임계치(Critical Mass)가 동일 수준으로 지각해 네트워크효과가 일어난다. 이에 대해서는 7장에서 한 번 더 언급할 것이다.

둘째는 이익 공식 내지 수익 획득 메커니즘이다. 유럽위원회(EC)의 티머스(Timmers, 1998) 정보통신국장은 거래 주체에 따라 수익 모델을 유형화했다. 광고 모델(Advertising model)은 광고주에게서, 중개 모델(Brokerage model)은 판매자와 구매자를 연결하는 수익배분에서, 정보중개 모델(Informediary model)은 고객 구매 습관 정보를 수집해 패턴 등 유용한 정보를 가공해내는 기업에게서, 상인 모델(Merchant model)은 아마존 등 쇼핑몰에서, 구독 모델(Subscription model)은 넷플릭스 등 OTT에게서 수익을 얻는다. 그 외에, 제조업자가 매개자 없이 소비자에게 도달해 비용절감 및 고객 욕구의 직접적 파악이 가능한 농산물 직거래 등의 제조모델(Manufacturing model), 기업이 자사 웹사이트에 링크 시킬 많은 협업자를 구해 제휴사이트를 통한 방문을 유도하면서 수수료를 제공하고 반대로 제휴 사이트로의 방문을 유도하면서 수수료를 챙기는 협업 모델(Affiliate model)이 제시되었다.

미디어 기업들에게는 광고 모델과 구독 모델이 일반적인데, 구독 모델이 점차적으로 일반화되는 추세이다. 넷플릭스는 국가별 경쟁 상황에 따라 이익공식을 달리한다. 한 예로 국내 출시 2년 후인 2019년에 한국의 구독제 요금 정책을 변경한다. 아래 [표 1]에서 보듯이, 넷플릭스는 글로벌 대비 매우 저렴한 한국 유료방송에 대응하기 위해 모바일 전용 반값, 주 단위 결제 등 파격 요금제를 선보인다. 한국 유료방송의 가입자당 평균 매출이 1만 원 수준이므로 넷플릭스의 기본 요금제인 9,500원이 가격 경쟁력을 갖기가 어려운 구조이기 때문이다.

[표 1] 넷플릭스의 한국 요금제 변경 (2019)

비고	모바일	베이직	스탠더드	프리미엄
월간 요금	6,500원	9,500원	1만 2,000원	1만 4,500원
주간 요금	1,625원	2,375원	3,000원	3,625원
동시 접속 가능	1명	1명	2명	4명
특징	스마트폰 태블릿용	SD(표준 화질)	HD(고화질)	HD(고화질) 및 UHD(초고화질)

출처: 매일경제, 2019 4.15

부분 유료화라고 하는 프리미엄(Free+Premium; Freemium) 모델도 등장한다. 1996년 뉴욕타임스는 신문의 온라인 버전을 도입해 시행착오를 치른 후에 15년이 지난 2011년 부분 유료화로 전환한다. 국내에는 카카오 자회사인 카카오페이지가 2016년에 시작한 '기다리면 무료'가 있다. 이는 이용자가 작품을 구독한 후에 1일, 3일 등 작품별로 설정된 일정 시간이 지나면 1회 차를 무료로 감상할 수 있게 해주는 것이다.

셋째인 핵심 자원의 경우, ICT 인프라 자원을 적극 활용한 사례로 실시간 인터랙션에 주목한 쿼츠(Quartz)가 있다. 이는 '월스트리트저널' 온라인 편집국장을 지낸 케빈 딜레이니가 2012년 설립한 소셜미디어 최적화를 가장 잘 구현한 대화형 뉴스 앱으로, 친구와 이야기하는 것처럼 뉴스를 소비하며, 독자는 2개 정도 선택지 중에서 고를 수 있고 더 알아보기 위한 리액션과 다른 이야기를 보여

달라는 요청 등이 가능하다. 클릭하면 웹을 통해 뉴스를 볼 수 있고, 질문을 하면 로봇이 대답하지 않고 편집자인 에디터가 직접 작성한다. 따라서 핵심 자원은 인공지능과 전문가의 지식이다.

마지막 넷째인 핵심 프로세스는 가치 사슬의 선순환 구조를 형성하는 과정이다. 사례로 아마존은 자사 OTT인 '프라임 비디오'에서 2013년부터 <모차르트 인 더 정글>, <트랜스 패런트> 등 자체 투자한 오리지널 제작을 늘렸고, '비디오 다이렉트'를 통해 콘텐츠 제작사들이 자유롭게 영상을 올려 영상별 구매나 광고 수익 모델을 만들어 1인 미디어 크리에이터들을 끌어들이기 시작했다.

미디어 비즈니스 모델의
단계적 혁신

비즈니스 모델의 각 구성 요소별로 관찰한다면, 이는 전체적인 비즈니스 모델의 단계적 혁신을 관찰하는 개념은 아니다. 비즈니스 모델의 단계적 혁신은 앞 장의 파괴적 혁신 프레임워크에 담긴 세 가지 특성인 기술/상품/서비스 특성, 고객 특성, 그리고 비즈니스 모델에 영향을 미치는 비즈니스 프로세스 특성별 비즈니스 프로세스 혁신과도 비교된다. 아이팟은 기술/상품/서비스 특성에서의 신시장 파괴적 혁신 사례로 꼽힌다. 아이팟이라는 디바이스는 그대로이지만 음원 파일이 음원 서비스 플랫폼으로 탄생되었기 때문에 파괴적 혁신이지만, 비즈니스 모델의 단계적 혁신은 아니다.

실제로 비즈니스 현장에는 다양한 혁신들이 일어난다. 그 유형도 다양해, 상품 혁신, 서비스 혁신, 유통 혁신, 공급망 혁신, 고객 경험 혁신 등 매우 다양한 유형이 존재한다. 이는 모두 5장에서 언급한 비즈니스 프로세스의 디지털 전환 관점에서 관찰된다. 이에 비해, 비즈니스 모델의 단계적 혁신이란 혁신 대상이나 범위로 정의되는 것이 아니라, 그 파급 효과인 결과에 따라 다음 단계의 혁신 여부가 판단되기 때문에 앞의 다양한 혁신들의 결과들을 보고 판단하게 된다. 그렇기 때문에 비즈니스 모델의 단계적 혁신 사례들은 앞서 비즈니스 프로세스의 파괴적 혁신 사례에서 언급된 기술/상품/서비스, 유통 채널, 과정 등 다양한 비즈니스 활동과 프로세스들이 포함된다.

비즈니스 모델의 단계적 혁신이란 단순히 상품이나 시장, 프로세스를 혁신하는 데서 한 발 더 나아가 이익을 창출하기 위해 사업 방식을 바꾸거나 업그레이드하는 것이기 때문에, 경쟁의 틀을 바꾸는 변화와 관련된다. 체스브러(Chesbrough 2006)는 비즈니스 모델의 단계적 혁신에 대한 프레임워크를 제시하였다. 그는 이를 위해 비즈니스 모델의 두 가지 핵심 요소로 가치 창출(Value creation)과 가치 획득(Value capture)을 먼저 제시한다. 전자는 순가치를 창출하는 새로운 상품이나 서비스를 만드는 일련의 비즈니스 활동 및 프로세스이며, 후자는 비즈니스 모델을 실현하는 다양한 비즈니스 활동과 프로세스를 통해 가치를 획득하는 것인 이윤 획득을 말한다. 그에 의하면, 비즈니스 모델의 단계적 혁신이란 가치 창출과 가치 획득 간의 괴리를 극복하면서 단계적으로 균형점을 찾아가는 혁신 과정이다.

좀 더 자세히 설명하면, 첫째 요소인 가치 창출은 경쟁의 틀이 되는 '게임의 법칙'을 바꿀 만큼 고객 가치의 획기적인 변화가 우선 있어야 함을 말하고, 둘째 요소인 가치 획득은 그 단계적 혁신의 변화가 수익 모델에 직접적인 연관성을 가져야 함을 말한다. 한 예로 오랜 기간 동안 영업이익률이 거의 0%에 가까웠던 아마존을 들 수 있다. 아마존은 직접 배송 시스템인 '아마존 풀필먼트(Amazon Fulfilment)'를 구축하였고, 이를 위해 상당한 투자가 이루어진 까닭에 영업이익률이 좋지 못했다. 이는 분명히 고객에게 더 신속한 배송이 되게 하기 위한 '서비스 혁신'임에 틀림없지만, 가치 획득으로 이어지지 않았다면 아직 비즈니스 모델의 단계적 혁신을 이룬 것이 아니다. 하지만, 아마존은 이 배송 시스템을 토대로 하여 점차적으로 마진을 증가시키게 되며, 비즈니스 모델의 단계적 혁신에 성공하게 된다.

체스브러는 비즈니스 모델의 단계적 혁신 프레임워크를 제시하기에 앞서 비즈니스 모델의 6대 기능에 대해서도 설명한다. 첫째 기능인 가치 제안은 고객에게 상품이나 서비스를 제공해 고객을 위해 창출해주는 가치를 분명히 하는 것이고, 둘째 기능인 목표 시장은 유용한 상품이나 서비스를 사용할 대상을 정의하는 것이며, 셋째 기능인 가치 사슬 구조는 가치 사슬 내 기업 포지션을 뒷받침하는데 필요한 보완적 자산을 결정하는 것이며, 넷째 기능인 비용/편익 구조는 가치 제안과 가치 사슬 구조가 형성된 상황에서 기업의 수익 메커니즘을 명시하고 상품이나 서비스를 생산하기 위한 비용 및 편익 관계를 규정하는 것이며, 다섯째 기능인 가치 네트워크(Value network)는 공급자와 소비자를 연결시키고 보완자와 잠재적 경쟁자를 식별할 수 있는 가치 생태계 내에서 기업 포지션을 보여주는 것이며, 마지막 여섯째 기능인 경쟁 전략(Competitive strategy)은 경쟁자 대비 우위를 확보하고 유지하기 위한 전략을 수립하는 것이다.

이상의 2대 요소와 6대 기능을 요약하면, 비즈니스 모델은 기업이 제품을 통해 고객가치를 창출하는 방식과 창출된 가치 중에서 자사 몫을 획득하는 방식을 규정하는 것이다. 체스브러는 비슷한 시기에 《개방형 혁신(Open Innovation)》 (2003)과 《개방형 비즈니스 모델(Open Business Model)》(2006)을 출간했다. 전자는 거버넌스의 디지털 전환에서 다룰 내용이며, 후자가 비즈니스 모델의 단계적 혁신 내용 중의 하나이다. 아래 [표 2]를 보면, 체스브러가 설계한 비즈니스 모델 성숙 단계는 6단계로 이루어지며 R&D 조직 혁신 활동, 지식재산권 (Intellectual property; IP) 관리, 비즈니스 모델의 요소 내지 특성들 간의 연계 정도에 따라 비즈니스 모델 단계가 구분되고, 뒤의 단계가 앞의 단계와 차별되는 점을 파악해 비즈니스 모델의 단계적 혁신이 설명되고 있다.

[표 2] 비즈니스 모델의 단계적 혁신 프레임워크

Type1	Undifferentiated	• NA(혁신 활동 없고, 범용 제품을 저렴한 가격에 판매)
Type2	Differentiated	• 시장 경쟁: 혁신이나 BM을 통해 시장 차별화 확보 • 혁신 활동: 혁신적 기술 개발이 있으나 일시적 • 혁신 조직: CEO가 직접 혁신 활동 주도 • IP 관리: IP가 생산되거나 외부 전문가의 도움으로 관리 • 한계: 혁신이 일회적 놀라움에 그치고 계획적/조직적이지 못함
Type3	Segmented	• 시장 경쟁: 지배적 디자인 경쟁에서 승리, 시장을 분할 • 혁신 활동: 혁신이 계획적인 조직 과정으로 발전. 제품 로드맵에 따라 주기적인 제품 개발 추진 • 혁신 조직: R&D 전담 조직 설치, 다른 부서도 혁신에 일부 참여 • IP관리: 기업 내에 IP 업무를 책임지는 인력을 두고 관리 • 한계: 혁신을 기술/제품에 국한, BM(Business Model)에 무관심

Type4	Externally Aware	• 시장 경쟁: 기존 기술로 인접 시장이나 신시장 진출(TLC: Total Life Cycle 성숙기) • 혁신 활동: 외부 아이디어 도입/활용, 자사 기술의 외부 라이선스 • 혁신 조직: 혁신 과정에 마케팅, 재무도 동등한 비중으로 참여 • IP관리: 재무 목표를 지닌 전담 조직에서 기업 자산으로 관리 • 가치 사슬: 공급자/고객과 제품 로드맵 공유 • 한계: 현재의 BM(Business Model)에만 관심, BM 변화에 대한 대응력 취약
Type5	Integrated(with business model)	• 시장 경쟁: 공급자/고객과의 BM 공유를 통해 시장 지배력 강화 • 혁신 활동: 내부 및 외부 R&D 활동을 기업의 BM을 통해 통합 • 혁신 조직: 고급 관리자가 주도하는 사업 개발 활동, R&D/재무/마케팅의 다기능 팀이 BM 개발 • IP관리: IP 전담 profit center에서 재무 자산으로 관리 • 가치 사슬: 공급자/고객과의 혁신 활동 상호 참여가 제도화
Type6	Adaptive (Platform player shapes markets)	• 시장 경쟁: BM 통합으로 시장 지배, 새로운 BM으로 신시장 개척 • 혁신 활동: BM 자체를 혁신, 다양한 BM의 실험 • 혁신 조직: 혁신 및 IP 관리는 모든 사업 부서에 체화됨 • IP 관리: 전략적 자산, IP를 통해 신사업 진출과 기존 사업 정리 • 가치 사슬: 공급자/고객과 BM을 통합, 신 BM 실험도 함께 추진, 혁신 과정에서 외부 파트너도 기술적/재정적 위험/보상을 공유

출처: Chesbrough, 2006, pp.111-133, 과학기술정책(2008) 재인용

유형 1(Type1)은 비차별화된 비즈니스 모델, 유형 2는 차별화된 비즈니스 모델, 유형 3은 세분화된 비즈니스 모델, 유형 4는 외부 지향적 비즈니스 모델, 유형 5는 혁신 프로세스와 비즈니스 모델의 통합, 유형 6은 시장을 변화시킬 수 비즈니스 모델이다. 좀 더 자세히 살펴보면, 유형 1은 비차별화(Undifferentiated) 단계로, 혁신이 일어나지 않으며, 다른 기업과 차별된 특성이나 전략이 없다. 기업은 어디서나 구할 수 있는 범용 상품을 저렴한 가격에 판매할 뿐이며, 타기업 상품이나 서비스를 쉽게 모방하고 직접 혁신을 주도하지 못하고, 가격 및 접근

용이성 외에 이렇다 할 경쟁 요소가 없다. 저비용 구조라 창업이 매우 쉽지만, 자체 혁신 역량이나 차별화된 경쟁력이 없어서 외부 투자를 받기 어렵고 외연 확대도 힘들 뿐만 아니라, 산업 내 새로운 혁신이 들어올 때 쉽게 도태된다. 중소기업 예로 가족형 음식점, 지역 서점, 카페, 이발소 등 서비스 업종에서 신규 창업되는 점포들이 있고, R&D 기업 예로 범용 상품을 생산 및 판매하는 반도체 회사, 제약산업의 연구용역회사(Contract Research Organization; CRO)와 일반약품 제조회사들이 있으며, 미디어 기업 예로 가수나 배우를 찾는 수많은 엔터테인먼트 기획사들이 있다.

유형 2는 차별화된(Differentiated) 단계로, 상품 및 서비스에서 차별화를 통해 유형 1 기업에 대해 경쟁 우위를 갖게 된다. 지식재산권(IP), 특허 등 혁신을 통해 얻어진 차별성을 토대로 일정기간 높은 수익을 창출하나, 혁신 활동이 일시적이고 임기 응변적일 수 있으며, 조직적이거나 계획적이지 못하고 투자도 충분하지 않으며, IP도 상시적 관리가 필요할 만큼 많지 않아 외부 도움을 받는 정도에 머무를 가능성이 높다. 혁신 활동이 한때 얻어진 차별적 지위를 유지할 만큼 지속적이지 못하면 일회성에 끝나, 한 세대의 기술 사이클을 넘기지 못하고 도태되기 쉽다. 기술 기반 창업 기업과 개인 발명가가 대표적이다. 이들의 공통점은 혁신적 아이디어나 기술로 산업에 진입해 큰 성과를 거두지만, 혁신의 연속성이 없고 '원힛 원더(One-hit wonders)'에 머무는 경우가 많다. 앞서 언급한 하드 디스크 드라이브(hard disk drive) 세대가 바뀔 때마다 수없이 명멸했던 벤처 기업들, 대학에서 스핀오프(spin-off)된 바이오 벤처들, 단일 제품 반도체 기업들이 여기에 속한다.

유형 3은 세분화(Segmented) 단계로, 지역별 상품 개발을 주기적으로 실행해 지속적 성장이 가능하다. 시장 분할과 혁신 활동을 지속하기 위한 자원을 확보하면 안정적 수익을 토대로 보다 조직적인 혁신 활동을 할 수 있으며, R&D 전담 조직을 통해 1년 이상 내다보는 상품 로드맵에 따라 계획적인 투자도 가능하다. R&D 전담 조직 주도로 시작한 혁신 활동은 마케팅 및 구매 부서와의 다기능 협력 활동으로도 발전한다. 하지만 혁신을 현재시각에서 바라보기 때문에 현재 사업 영역과 시장 범위 내 기회들을 벗어나는 영역에 대해서는 무관심해, 새로운 비즈니스 모델에 필요한 신기술에 잘 대응하지 못하는 경향이 있다. 신기술 창업에서 출발해 디자인 경쟁에서 승리한 후 추가적 상품 및 공정 혁신으로 좋은 기술과 상품들을 보유해 비교적 안정적 성장을 구가하는 기업들이 여기에 속하며, 산업화 시대 명성을 쌓은 제조업체들이 대부분이다.

유형 4는 외부 인식(Externally aware) 단계로, 조직화된 혁신 활동에 더해 외부 아이디어와 기술에 관심 가져 개방형 비즈니스 모델이 시작된다. 외부 기술을 도입해 비용을 절감하고 시장 진출 시간을 단축하며 파트너와 위험을 분담한다. 기존 기술로 인접시장에 진출해 신 성장동력을 찾거나, 자사 기술을 타사에 제공해 신시장에 적용하거나, 기존 기술을 신시장에 적용하는 시도들이 있다. 자사 로드맵을 공급자와 공유해 혁신 활동을 조율하고, 기술자문위원회를 통해 대학 등 공공 부문과의 교류를 추진한다. 내부적으로도 마케팅, 재무 부서가 R&D 부서와 동등한 비중으로 혁신 활동에 참여한다. 자산이 된 IP의 관리는 재무 및 조직 목표를 가진 사업 기능으로 발전한다. 혁신에 대한 시각이 제품/공정/기술에서 비즈니스로 이동되는 첫 단계이지만 현 사업 영역과 그 주변부에만 고착되는 경향이 아직 강하다. 기업 내 R&D 기능을 가지고 벤처 기업들과 협력하는 제약회사나 식품회사들, 고객 및 시장과의 소통을 체계화하려는 금융기관들, 온라인 동영상 플랫폼인 OTT를 구축한 미디어 기업들이 여기에 속한다.

유형 5는 통합(Integrated) 단계로, 혁신 활동이 비즈니스 모델과 잘 결합되어 R&D를 비롯해 내부의 부서 기능들을 통합하고, 내부 R&D와 외부 R&D를 통합해 새로운 시스템을 창출해내며, 비즈니스 모델은 연계와 조정의 플랫폼 역할을 수행한다. IP는 재무적 자산이 되고 IP 관리 부서는 이윤을 창출하는 부서로 기능하기 시작한다. 분기별 수익 목표를 세우고 기업의 IP 포트폴리오 관리와 수익 극대화를 위해 IP 구매 및 판매를 적극 추진한다. 외부 협력 네트워크 구축에 중요한 역할을 함으로써, 공급자 기업과의 혁신 과정 교류가 시스템화된다. 직원은 공급자 기업 기술자문위원회 위원으로 참여하거나, 공급자 기업이 미래 니즈를 알려주기 위해 상품 로드맵을 정기적으로 보고하는 등 다양한 수준의 조직적 연계가 이루어진다. 공급자 기업의 비즈니스 모델을 분석해 자사의 것과 일치시키려는 노력을 하는 등의 과정으로 강력한 파트너십을 구축하고, 새로운 시장 기회에 대해 투자와 위험을 분담한다. 외부 기술을 흡수해 비즈니스 모델을 구축하는 기업들이 이에 속한다. ICT 분야에서는 공급자 및 고객 기업에게 솔루션을 제공하는 IBM글로벌서비스(IBM Global Services), 유망한 후보 물질을 지닌 바이오 벤처들과 협력하기 위해 공식 프로그램을 갖고 있는 엘리 릴리(Eli Lilly),

장난감 기업인 빅아이디어그룹(Big Idea Group), 소비재 기업인 P&G, 크라프트(Kraft), 마스터푸드(MasterFoods) 등이 있다.

유형 6은 적응(Adaptive) 단계로, 유형 4, 유형 5에 비해 훨씬 더 개방형의 적응형 모델로, 자사의 비즈니스 모델을 혁신할 수 있는 능력이 필요하다. 이를 위해서는 하나 이상의 변형된 비즈니스 모델 실험을 시도해야 하고, 상당한 투자를 하여야 하며, 혁신을 통한 수익 창출 대안들을 탐색하려는 노력들이 병행되어야 한다. 이렇게 되면 IP는 전략적 자산으로 활용되고, 협력 업체들과는 비즈니스 모델 결합을 통해 더욱 긴밀한 관계를 구축하게 된다. 이의 주요 특징은 혁신 활동이 비즈니스 모델과 잘 통합되고 혁신하는 역량을 가지고 있다는 점이다. 소규모 벤처 기업에서 대안적인 비즈니스 모델을 탐색하는 방식은 기업 벤처캐피털(Corporate venture capital)을 활용하는 것이다. 또는 자사가 보유한 기술을 상업화하기 위한 방식으로 스핀오프(Spin-off)나 합작투자(Joint venture)를 활용한다. 또 다른 방식으로는 아직 일정 규모의 상업화 수준에 이르지 않은 유망 아이디어를 발굴하고 키우는 사내 인큐베이터(Internal incubator) 제도를 도입하는 것이다. 이는 뒤에서 논의할 기업 거버넌스의 디지털 전환에서 관찰되는 체스브러의 개방형 혁신과 연계된다.

이상의 여섯 가지 유형의 단계적인 비즈니스 모델 혁신을 통해 다양한 기술 사업화가 가능하고 신사업 발굴이 가능하며 새로운 성장 엔진을 찾는 여정이 지속될 수 있다. 또한, IP는 더욱 중요해져서 단순한 재무적 자산을 넘어 점차 기업 전략 실행에 있어 중요한 수단이 되는 전략적 자산으로 발전하게 된다. 비즈니스 모델을 혁신하는 기업이 협력 업체의 혁신을 위한 플랫폼 역할을 해 협력 업체들 간 비즈니스 모델을 통합할 수도 있다. 비즈니스 모델의 단계적 혁신으로 성공한 사례로는 개방형 비즈니스 모델에 뛰어난 아이팟(iPod), 특허 무상 기증 등 IP의 전략적 활용에 뛰어난 IBM, 외부 기술을 가지고 자사 브랜드를 만들거나 자사 기술을 타 기업 브랜드를 위해 양도하는 등 유연한 개방형 비즈니스 모델 개발 시스템을 가진 P&G 등이 있다.

비즈니스 모델의 단계적 혁신 프레임워크를 토대로 볼 때, 미디어 기업의 대표 사례로는 넷플릭스가 있다. 송민정(2015)은 여섯 가지 유형별로 넷플릭스의 비즈니스 모델 최적화를 이 프레임워크를 토대로 연구하였다. 이 논문을 현재 시점에서 재정리하면, 유형 1은 혁신이 아직 일어나지 않은 상태로, 어디서나 구할 수 있는 범용 상품을 저렴한 가격에 판매할 뿐인 DVD 우편 배달이 여기에 해당된다. 유형 1은 아직 비차별화 단계이므로, 넷플릭스는 소규모 자영 비디오 대여점에 불과하고 고객들의 DVD 구입 이유는 DVD 반송의 편리성 정도이다.

유형 2는 차별화가 일어나는 상태로, 유형 1에 비해 경쟁 우위를 가지며 스트리밍 기술을 활용한 비디오 서비스가 이에 해당된다. 넷플릭스는 범용 상품의 함정에서 벗어나기 위해 스트리밍 서비스 제공을 DVD 대여와 병행하기 시작했고, 가입자 취향과 서비스 이용 데이터를 분석해 추천 서비스를 제공하기 시작한다. 스트리밍 서비스 가입자들이 영화 선택에 어려움을 겪는다는 점을 착안해 개발된 영화 추천 엔진인 '시네매치(Cinematch)'로 신작에 비해 인기는 덜하지만 고객 취향에 맞는 구작 영화를 추천해줌으로써 신작에 몰리는 관심을 분산시켜 비용 절감이 가능해진다.

유형 3은 시장을 분할하여 여러 시장 영역에서 경쟁하며, 로드맵에 따라 계획적이고 지속적인 투자가 진행되고 IP가 지속 산출되기 시작한다. 넷플릭스의 거침없는 글로벌 시장 확대가 이에 해당된다. 하버드경영대학원의 루이스 브레난(Louis Brennan, 2018)은 넷플릭스의 성공을 결론적으로 '폭발적 글로벌화(Exponential globalization)'라고 표현한다. 넷플릭스는 2017년에 190개국 이상에 진출해 당시 약 1억 3,000만 가입자 중 7,300만이 미국 외 국가에서 넷플릭스를 이용했다. 이어 2018년 2분기에 처음으로 해외 스트리밍 매출이 미국 내 스트리밍 매출을 넘어서게 된다.

넷플릭스의 글로벌 시장 세분화는 모든 시장에 동시 진입하지 않는 원칙에서 출발한다. 이보다는 국가별로 몇 년을 내다보고 지리적, 심리적 거리감이나 문화적 인식 차이를 감안해가면서 인접 시장부터 접근하기 시작한다. 먼저, 미국과 인접한 시장에 우선 집중해 2010년에는 미국과 지리적으로 가장 가깝고 문화적으로 비슷한 점이 많은 캐나다가 선택되고, 이를 통해 국내 시장을 뛰어넘어, 핵심 역량과 사업을 확장하고 키우는 방법을 배워 나간다. 그 과정에서 넷플릭스는 다양한 경험과 교훈을 얻었고, 이를 통해 비교적 단기간인 몇 년 만에 여러 다양한 국가의 시장으로 확장할 수 있는 역량을 가지게 된다. 점차적으로 시장 간 유사성, 부유층 비중 및 초고속인터넷 보급 등의 주요 요건들을 바탕으로 비교적 매력 있는 시장을 택한다.

또한, 넷플릭스는 현지의 이해관계자들과의 갈등관계를 회피하는, 협력하는 전략을 추구했고, 뒤에서 언급할 데이터 분석에 대한 기술적 투자뿐만 아니라 해당 지역 선호도에 맞는 현지 콘텐츠 투자를 병행했다. 이러한 단계를 밟은 넷플릭스는 2017년 190여 개국에 진입한 상태가 되었고, 자막을 포함한 더 많은 언어로 된 콘텐츠를 추가해 현지 콘텐츠 편성에 집중하기 시작한다. 이는 알고리즘을 통해 가입자별로 최적화시켜 제공하는 한편, 콘텐츠 업체뿐 아니라 지불결제 업체를 비롯한 다양한 다른 솔루션 지원 회사들과의 파트너십 체결로 확대하는 것을 포함한다. 데이터 기반에 대해서는 뒤의 4절에서 자세히 언급하겠다.

넷플릭스는 단순히 글로벌 확장을 통한 진입에만 만족하지 않고 각국의 시장에 동화되는 전략을 함께 추진한다. 바로 현지화 전략이다. 넷플릭스는 진입한 새로운 시장과 협력하면서, 그에 맞게 일을 추진하고 조직을 정렬해 나간다. 조직에 대해서는 뒤의 거버넌스의 디지털 전환에서 다시 논의하겠다. 넷플릭스는 현지 주요 회사들과 적극적 파트너십 관계를 맺는데, 특히 주목되는 점은 경쟁사인 현지의 유료방송 및 통신기업들과의 제휴이다. 예로, 글로벌 방송통신기업인 보다폰이 아일랜드에서 제공하는 IPTV 리모콘에 넷플릭스 전용 버튼을 포함했다. 넷플릭스는 특히 현지 콘텐츠에 대한 고객 선호도를 바탕으로 마케팅을 펼치는데 수단과 방법을 가리지 않는다. 이러한 전략에 대해서는 생태계의 디지털 전환에서 자세히 다루기로 한다.

유형 4에는 개방형 비즈니스 모델 혁신으로 이상의 조직화된 혁신 활동에 더해, 외부 아이디어와 기술에 관심 갖는 다양한 디바이스 기업들과의 파트너십이 있다. 넷플릭스는 외부의 유통 상황을 잘 알고 있어서 외부의 혁신 투입 요소를 자사 비즈니스에 선택적으로 적용하는 데 능숙한 스킬을 가지고 있다. 이는 비즈니스 수행 비용을 줄여주며, 새로운 서비스와 프로세스의 위험을 다른 기업과 분담하게 한다. 예로, 넷플릭스는 일체형 스마트 TV 제조업체, 게임 콘솔 업체들에게 인텔 인사이드 개념의 '넷플릭스 인사이드(Netflix inside)'를 허용하고, 이는 넷플릭스에게도 새로운 성장 원천으로 작용한다. 즉, 인접 비즈니스에 자사의 비즈니스 모델을 적용하게 되면서, 혁신 관점이 기술에서 비즈니스 중심으로 바뀌어 가는 계기가 된다.

유형 5에서 넷플릭스는 공급자인 콘텐츠 제작사에게 공식적으로 제도화된 방식으로 자사의 혁신 프로세스에 접근할 수 있게 해준다. 그동안 전통 영화제작사인 할리우드가 데이터 도입에 소극적이었던 가장 큰 이유는 제작업계 문화 자체가 제작자의 직관에 따라 운영되는 방식으로 이루어져 왔기 때문이다. 하지만 제작비가 상승하면서 변화가 일어난다. 넷플릭스의 혁신 프로세스에 접근하게 된 제작사들은 점차적으로 제작비 조달 과정에서 출연진과 그들이 이전 작품에서 거둔 성과 등에 관한 데이터 분석 결과를 자신들의 직관보다 더 선호하기 시작한다. 이에, 넷플릭스의 비즈니스 모델과 핵심 콘텐츠 공급자의 비즈니스 모델 간의 연계가 일어난다. 넷플릭스는 콘텐츠 제작사와의 파트너십과 제휴 관계를 통해 투자와 위험을 파트너와 분담할 수 있게 된다.

또한, 유형 3인 현지화 전략을 추진하는 넷플릭스는 해당 지역뿐만 아니라 전 세계적으로 보급이 가능한 콘텐츠 제작에 주력하기 시작한다. 유형 3에서 넷플릭스는 지역별로 주요 회사들과 별도 콘텐츠 계약을 맺기 시작했다. 하지만, 이 과정에 오랜 시간이 걸리기 때문에 전 세계 모든 시장에 동시에 콘텐츠를 제공할 통합 계약을 점차 늘려 나갈 필요성도 갖게 된다. 넷플릭스가 각국 현지에서 제작한 콘텐츠를 공급받기 시작하면서 현지 제작사들은 의도치 않게 현지 콘텐츠를 전 세계로 배급하게 되어 수혜를 얻게 되고, 보다 원원 관계로 발전된다. 이에, 넷플릭스는 지역별로 고객들에게 얻은 지식과 정보를 글로벌 시장에도 적용하기 시작한다. 전 세계 고객층이 관심 가질 만한 콘텐츠 제작에 나선 것이다. 각국 고객들의 콘텐츠 이용 정보를 통해 어떤 콘텐츠를 어떻게 제공해야 가장 잘 먹히는지 데이터 분석을 통해 알아낸 넷플릭스는 수많은 국가에서 사업을 진행한 경험을 살려, 다양한 시장에 다양한 접근 방식을 시도해볼 수 있다. 전 세계 가입자 수 증가로 예측 알고리즘 성능은 계속 향상된다.

시간이 지날수록 넷플릭스 내부 R&D와 외부 R&D를 통합해 창출해낸 오리지널 콘텐츠 제작은 점점 더 활발해진다. 넷플릭스는 국내 제작사들과도 협업해 오리지널 콘텐츠를 제작하고 있다. 넷플릭스는 국내 제작사와 <킹덤>, <라바 아일랜드>, <범인은 바로 너!> 등을 제작했다. 넷플릭스가 한국 제작사와 콘텐츠 제작을 계약하면서 국내 콘텐츠의 글로벌 수출 환경은 더욱 우호적으로 조성된다. 넷플릭스는 점차적으로 현지보다는 글로벌 스탠더드에 맞게 보다 치밀한 계약을 진행하기 시작하며 세세한 부분까지 짚어내 현지 제작사들과의 계약서 양은 방대해지기 시작한다. 하지만, 국내 제작사들은 넷플릭스와의 제휴를 매우 선호한다. 넷플릭스는 제작사에 전체 제작비의 10% 수준 수익을 보장하고 있으며, 법적으로 부가통신사업에 속하기 때문에 방송심의에서도 자유로워 작가의 창작에 제한을 두지 않아도 된다는 점이 주된 이유이다.

마지막인 유형 6은 IP가 본격적으로 전략적 자산으로 활용되는 시점이다. 협력 업체들과 아예 비즈니스 모델을 통합해 더욱 긴밀한 관계가 구축되는 것이다. 넷플릭스의 경우, 현지 콘텐츠 제작사와의 합작(Joint venture)이 이에 해당된다. 핵심 콘텐츠 제작사들은 기술적 위험과 사업상 위험 모두를 넷플릭스와 분담하는 관계를 형성하는 비즈니스 파트너로 발전한다. 공급자의 비즈니스 모델은 넷플릭스의 계획 프로세스에 통합되고, 넷플릭스는 합작 투자나 지분 투자 등을 활용하게 된다. 한국 기업에 대한 지분 투자 사례로 넷플릭스와 CJ ENM 및 자회사인 스튜디오드래곤 간 체결된 콘텐츠 제작 및 글로벌 유통을 위한 전략적 파트너십이 있다. CJ ENM과 스튜디오드래곤은 2020년부터 3년간 전 세계 넷플릭스 회원이 즐길 수 있는 오리지널 시리즈를 제작하며, 넷플릭스는 스튜디오드래곤이 제작하고 CJ ENM이 유통권을 보유한 한국 콘텐츠 일부를 전 세계에 유통하는 판권을 보유한다. 이의 일환으로, CJ ENM은 스튜디오드래곤 주식의 4.99%를 넷플릭스에 매도하게 된다.

넷플릭스의 단계적 비즈니스 모델 혁신을 사례로 보면, 결국 기업 간, 국경 간 경계 없는 OTT 미디어 산업 경쟁에서 살기 위한 실제 경쟁력은 콘텐츠 기업들과의 협업임을 알게 된다. OTT는 콘텐츠 고품질화를 위해 장르적 다양성과 함께 작품성을 높일 방안을 찾게 되는데, 넷플릭스는 공급자였던 디즈니, NBC가 직접 OTT가 되면서 이들의 콘텐츠 수급이 전면 중단되면서 재무적 IP 확보가 아닌 전략적 IP 확보에 나서게 된다. '오리지널 콘텐츠'라 불리우는 넷플릭스 자체 투자 제작물은 전통 TV방송 채널을 거치지 않고 곧바로 넷플릭스에 방영되는데, 2011년 6개(전체의 2.3%)에 불과하던 넷플릭스 자체 투자 제작물이 2018년 160개(32.3%)로 크게 증가했다.

OTT 간 경쟁 심화로 전통 미디어 기업들이 넷플릭스 같은 독립형 OTT에 제공하던 보유 IP들을 전면 회수하면서 라이선스 가격은 더 상승하고 공급받지 못하는 상황까지 전개되면서, 넷플릭스는 오리지널 콘텐츠 제작 투자를 하되, 라이브러리 수보다는 고품질화에 더 집중한다. 2020년 넷플릭스의 전체 라이브러리 수는 5,838개로 2010년(7,285개) 대비 감소했지만 자체 제작 투자는 크게 증가한다. 좋은 작가와 프로듀서들을 끌어들여 고품질 콘텐츠를 만들기 위한 투자를 아끼지 않는 넷플릭스는 비즈니스 모델 혁신의 두 가지 요건 중 하나인 가치 획득에 있어서 마이너스 현금흐름[(-)FCF]을 관리해야 하는데, 부채 시장에서 자금 조달 후 마진을 개선하는 시스템은 잘 돌아가고 있는 편이다. 또한, TV 방송과 동시 방영 시 넷플릭스는 45~60% 제작비를 보조(Recoup)하는데, 전략적 IP 확보가 많아지면서 작품당 보조율도 55~70% 수준까지 확대되었다. 넷플릭스의 2019년 콘텐츠 투자비는 146억 달러를 기록했고, 2021년 한 해에만 한국 콘텐츠 제작에 약 5,540억 원을 투자하기로 한다.

데이터 기반의 미디어
비즈니스 모델

앞서 논의한 비즈니스 모델의 단계적 혁신 유형인 차별화, 세분화, 외부 지향, 혁신 프로세스와 비즈니스 모델 통합, 그리고 시장 적응을 위해 데이터가 필요하다. 앞서 미디어 기업 사례로 넷플릭스의 비즈니스 모델의 단계적 혁신에 대해 살펴보았기 때문에 넷플릭스의 비즈니스 모델 혁신 행보를 따라 데이터가 어떻게 활용되는지 살펴보자.

데이터 활용은 유형 2에서 시작된다. 가입자에게 영상마다 별점을 매기게 한 뒤 평점 기반으로 그 가입자가 선호하는 영상들 사이의 패턴을 분석해 다음에 볼 영상을 미리 알아맞히는 '시네매치' 추천 알고리즘은 적은 콘텐츠를 효율적으로 사용할 수 있게 해준다. 넷플릭스는 자사 가입자의 약 75%가 이 추천 엔진에 의해 비디오를 시청하고 있음을 알게 되고, 스트리밍 현황을 비롯해 검색 및 평점 데이터를 수집하고 콘텐츠 자체의 메타데이터(장르 및 등장인물, 스토리, 감독, 정보 등)를 확보해 가입자가 선택할 만한 매력적 아이템을 미리 예측해서 추천해 준다. 또한, 이 알고리즘은 수천 개 취향군을 생성해 이용자를 분류한다. 콘텐츠 관련 포스터도 회원 취향에 맞춰 노출된다. 예로 드라마 <풀러 하우스>를 선보일 때 사용자들에게 6개 포스터 이미지가 무작위 노출되고 이 중 어떤 이미지를 선호하는지에 대한 데이터가 수집된다. 만약 배우 이미지가 노출된 포스터를 선호할 것이라고 판단한 것과 반대로 배경인 샌프란시스코 금문교를 내세운 포스터가 사용자들에게 선택받으면 즉시 사용자에게 금문교를 내세운 포스터가 노출되도록 한다.

넷플릭스는 차별화를 위해 데이터 분석만으로 만족하지 않고 인류학자를 고용해 추천 알고리즘의 약점을 전문가의 직관력으로 보완한다. 겉으로는 정교한 알고리즘을 통해 사용자 취향에 맞는 영화를 찾아주는 것 같지만, 진짜 비결은 수많은 인력의 동원이다. 신작이 입고되면 콘텐츠팀이 해당 영화, 드라마, 애니메이션을 일일이 감상한 다음 엑셀 스프레드 시트에 해당 영화와 관련된 모든 태그를 입력한다. 앞에서도 언급했듯이, 넷플릭스 가입자는 초기 가입 시 자신 취향에 맞는 콘텐츠 3개를 고른다. 이 콘텐츠에 붙은 태그를 토대로 알고리즘은 사용자 취향에 맞는 콘텐츠를 찾아주는데, 태그의 일치도가 높은 콘텐츠가 우선 노출된다. 점차 사용자가 넷플릭스의 콘텐츠를 많이 감상하면 감상할수록 더욱 정확한 결과가 나오게 하는 등 머신러닝을 토대로 넷플릭스의 클라우드 컴퓨팅 시스템이 수많은 태그를 일일이 대조한 후 사용자 취향에 맞는 콘텐츠를 찾아준다.

넷플릭스는 유형 3인 시장 세분화에 진입하는데, 초기에는 개발된 추천 알고리즘이 영상 사용 패턴에 맞는 취향 분석 방식이라, 지역, 나이, 인구통계학적 정보가 아닌 순수 콘텐츠 시청 취향을 바탕으로 회원들을 그룹으로 묶기 때문에 현지화에 한계를 갖는다. 이에, 글로벌 진출이 시작되면서 점차 콘텐츠에 붙은 태그가 지역별로 현지화되어 현지 문화와 언어에 맞춰 다양한 언어로 매겨지기 시작한다. 국가별로 국민 취향이 다르기 때문이다. 이 때문에 생긴 첫 번째 변화는 넷플릭스의 메인 화면이 지역별 사용자별로 더 차별화된다는 점이다. 넷플릭스는 개인 데이터뿐만 아니라 지역에서 수집한 사용자 클러스터 데이터도 함께 활용해 어떤 지역에서 어떤 장르의 콘텐츠를 선호하는지 분석해 현지 사용자의 추천 시스템에 반영하기 시작한다. 예로, 애니메이션 선호도가 높은 일본 사용자에게는 신작 애니메이션을 추천하고, 러브 코미디 선호도가 높은 한국 사용자에게는 신작 러브 코미디를 추천한다.

이처럼 넷플릭스의 첫 화면은 개인별뿐만 아니라 국가별로도 차별화 및 현지화되어 제공되며 지속적으로 개선된다. 기본적으로, 넷플릭스는 각 사용자와 가장 연관성이 높은 콘텐츠가 무엇인지를 판단해, 사용자 로그인 시 지역, 시간, 날씨, 기기 음성 인식 데이터를 기반으로 가장 연관성이 높은 콘텐츠를 추천한다. PC나 TV, 폰 화면을 켜면 우선순위가 존재하는데, 맨 위에 보이는 기능은 가장 중요한 기능이고, 그 다음 중요한 순서이다. 화면 상단에 넷플릭스 오리지널 콘텐츠 재생 화면이 나오는데, '딱 하나의 콘텐츠'가 제시된다. 이를 '랜딩

(Landing)'이라 부른다. 보던 것들과 가장 유사성이 높은 콘텐츠가 맨 위에 나타나는데, 이는 시청 가능성이 가장 높은 콘텐츠로 AI가 인식한 것이다. 내려가면 방금 전까지 보고 있던 콘텐츠, 이전에 봤던 콘텐츠들이 순서대로 뜬다. 플레이 버튼을 누르면 보다 말았던 지점부터 재생이 시작된다. 그 아래로 드라마 & 버라이어티가 자리하는데, 현지화된 국가별 맞춤 콘텐츠이다. 지금 뜨는 콘텐츠, 최신 등록 콘텐츠가 등장한다. 더 스크롤을 내리면 신작들을 보여준다. 만약 사용자가 이동하고 있을 때, 2시간 길이 영화를 추천해주면 관심을 갖지 않을 가능성이 높기 때문에 지리적 위치 기반으로 적절한 길이의 콘텐츠를 보여준다. 예로, 사용자가 출근하는데 걸리는 시간이 45분이라면 넷플릭스가 추천해주는 콘텐츠는 40분 정도 길이의 콘텐츠이다. 그다음엔 취향 저격 콘텐츠가 나온다. 가장 관련성이 높은 콘텐츠 아래에 보면 친구들이 가장 많이 시청한 콘텐츠를 보여주는데, 그 기준은 이번 주, 이번 달, 올해가 될 수도 있다.

그 외에도 넷플릭스는 페이스북이나 인스타그램 등 소셜미디어에서 사용자와 관계를 맺고 있는 친구들이 본 것들만을 골라서 보여주기도 한다. 그렇게 되면 사용자는 주변 사람들과 콘텐츠를 공유하며 공통의 화젯거리를 찾는 경험을 하게 된다. 최근에 재미있게 본 드라마와 비슷한 장르의 콘텐츠들을 추천해놓은 다음 카테고리는 예컨대 주도적인 강한 여성이 사용자라면, 주도적인 강한 여성이 등장하는 미국 TV 드라마 대목이 나온다. 이처럼 넷플릭스는 시간, 위치, 요일, 기기 등과 같은 요소들을 기반으로 한 알고리즘으로 사용자가 원하는 콘텐츠를 나열해준다. 자연스럽게 현지의 사회문화, 경제적 이슈와도 연계된다.

넷플릭스는 콘텐츠의 현지화뿐만 아니라 각국 네트워크 품질 면에서도 현지화를 꾀한다. 각국의 네트워크 사정이 천차만별이기 때문이다. 2008년 자체 구축한 데이터센터의 데이터베이스 유실로 DVD 배송 지연 사고를 겪은 넷플릭스는 자체 클라우드 구축을 7년 간 시도했고, 이의 기술적 한계를 통감하고 아마존의 AWS 클라우드를 도입한다. 2016년 모든 인프라를 아마존 클라우드로 옮긴 이후부터 넷플릭스는 수천 개의 가상 서버를 통해 페타바이트급 용량을 손쉽게 증설할 수 있게 되었고, 이를 기반으로 전 세계 AWS 클라우드 서버를 활용해 유연하게 세계 시장에 진출할 수 있게 되었다. 게다가 자체 개발한 CDN(Content Delivery Network) 인프라와 캐시 서버를 진출 대상국의 인터넷 서비스 사업자(ISP)에게 무상으로 제공하는 전략도 함께 취하고 있다. 이에 대해서는 4장의 비즈니스 활동에서 이미 언급하였다.

한편, 넷플릭스가 단순히 AWS 클라우드 서버로 옮긴 것만으로는 광대한 영상 트래픽을 처리하기가 여전히 쉽지 않게 되자, 특정 시간 일시적 트래픽 폭증에 대응하는 어댑티브 스트리밍(Adaptive streaming) 기술이 개발된다. 이는 트래픽이 몰리더라도 영상 송출이 끊기지 않도록 영상 해상도와 비트레이트를 조정하는 알고리즘이다. 이는 사용자가 몰리더라도 일시적으로 화질이 저하될 뿐 끊기지는 않게 하는 기술로, 글로벌 회원이 어디서나 최적의 환경을 누릴 수 있도록 사용자 기기와 통신 환경에 맞춰 화질을 자동으로 조절해준다. 넷플릭스는 애니메이션, 로맨틱 코미디, 액션 등 장르에 따라 데이터양과 전송 속도를 구분하며, 이를 바탕으로 2015년 이후 4년이 지나 같은 데이터 용량 기준 4배 긴 시간의 스트리밍 서비스를 제공하게 된다. 어댑티브 스트리밍 기술 덕분에 글로벌 회원은 어디서나 최적의 엔터테인먼트 환경을 누릴 수 있고, 장르에 따라서도 데이터양과 전송 속도를 구분하는 기술도 구현되어, 정적 화면과 동적 장면에 따라 필요한 데이터양과 전송 속도가 구분된다.

유형 4는 외부 아이디어에 스스로를 개방하는 것인데, 넷플릭스는 자사 알고리즘의 최적화를 위해 외부 개발자들과 소통한다. 100만 달러 상금을 건 추천 알고리즘 공모인 '넷플릭스 프라이즈(Netflix Prize)'가 그 것이다. 실제 데이터 중에서 48만 명 사용자가 1만 8,000여 개 영화에 대해 작성한 1억여 개 평가를 제공하고, 사용자가 좋아할 만한 영화를 추천하는 알고리즘을 일반인 대상으로 제한 없이 공모한 것이다. 기존 알고리즘보다 10% 이상 개선을 이루는 알고리즘에 상금 100만 달러를 주는데, 2007년 시작되어 수많은 추천 알고리즘 연구를 촉발했다.

이러한 알고리즘 공모를 통해 2009년에는 더욱 만족할 만한 알고리즘이 개발된다. 모델 기반 협력 필터링 알고리즘(Model-based collaborative filtering algorithm)은 기존 항목 간 유사성을 단순 비교하는 것에서 벗어나 자료 안에 내재한 패턴을 이용하는 기법으로, 세부적 정보를 유추함으로써 높은 정확도로 항목을 추천한다. 추천의 이유를 직관적으로 사용자에게 전달함으로써 추천의 신뢰성도 높일 수 있는 이 모델을 만들어내는 데는 매우 많은 계산이 필요하고, 이에 따라 즉각적인 추천이 어려울 수도 있다. 따라서 넷플릭스는 자사 알고리즘을 외부와 공유하게 된다.

유형 5는 그동안 이루어놓은 자사의 혁신 프로세스를 비즈니스 모델과 통합하는 것인데, 대표적인 콘텐츠 제작사와의 파트너십에 데이터가 활용된 사례로 넷플릭스가 영국 BBC TV의 동명 드라마를 원작으로 삼아 새롭게 만든 <하우스 오브 카드(House of Cards)>가 대표적이다. 2013년 미국 상반기를 휩쓸었던 이 드라마에는 1억 달러의 제작비가 투입되었고, 최고 드라마 대상으로 시상하는 제65회 에미상에서 최우수 감독상을 비롯한 3관왕을 차지해 작품성을 인정받았다. 넷플릭스는 지상파나 케이블 방송사가 아닌 만큼 따로 방영시간을 정해두지 않았고 온라인상에서 스트리밍으로 이용할 수 있도록 에피소드를 한편씩 차례대로 공개했다. <하우스 오브 카드>는 본래 영상 스트리밍 서비스만 담당하던 넷플릭스가 드라마 제작에 뛰어들어 자체적으로 제작한 '넷플릭스 오리지널(Netflix Original)' 시리즈의 일환으로 기획되었고, 제작 과정에서 데이터마이닝 기법을 통해 유명 감독인 데이빗 핀처(David Fincher)가 제작에 참여하고 케빈 스페이시(Kevin Spacey) 등의 명배우들이 캐스팅됨으로써 큰 성공을 거두었고, 이를 통해 할리우드로부터 데이터 분석이 더 주목받기 시작한다.

2013년부터 선보인 <House of Cards>, <Arrested Development>, <Orange is the New Black> 등 자체 투자 제작 드라마 시리즈 '넷플릭스 오리지널'을 통해 돌풍을 일으킨 넷플릭스는 영화와 드라마 시리즈, 버라이어티 프로그램, 애니메이션, 스탠드업 코미디, 다큐멘터리, 키즈 콘텐츠 등 다양한 장르의 '오리지널 콘텐츠' 제작에 투자하기 시작한다. 넷플릭스가 고민하고 투자해서 만든 드라마, 영화 등 오리지널 콘텐츠는 입소문을 타 필수 시청 콘텐츠로 이용자 유입을 이끌고, 작품들은 몰입감과 작품 완성도가 높아 명망 높은 시상식에서 수상을 한다. 2013년 <하우스 오브 카드>의 에미상 수상에 이어, 2018년 에미상에서는 미국 거대 유료방송 채널인 HBO보다 더 많은 후보를 배출해 충격을 주었으며, 그 해 공개된 넷플릭스 영화 <로마>는 세계 3대 영화제인 제75회 베니스국제영화제에서 황금사자상을 수상했고 '2019년 제91회 아카데미 시상식'에서 10개 부분 최다 노미네이트되어 큰 주목을 받는다.

참고문헌

강한수(2011.6.23). 성공적인 비즈니스모델의 조건, SERI 경영노트, 삼성경제연구소.

김용호/김문태(2017). 4차 산업혁명시대의 인터넷마케팅. 도서출판 청람.

노블레제(Noblesse)(2019.3.5). 한국이 넷플릭스 당하다, 코드 커팅 시대를 개막한 넷플릭스가 한국에 미치는 영향.

미디어SR(2019.2.21). [왜 넷플릭스인가 ①] 정교한 맞춤 콘텐츠, 강력한 오리지널 콘텐츠, [왜 넷플릭스인가 ②] 넷플릭스 보는 이유? "편하니까", [왜 넷플릭스인가 ③] 빅데이터 기술로 국내 시장 파고들다, [왜 넷플릭스인가 ④] 한국 미디어 시장을 흔들다.

삼정KPMG경제연구원(2012.10). 빅 데이터 분석을 통한 기업 미래 가치 창출.

삼정KPMG경제연구원(2014.7). 기업들은 빅데이터를 어디에 활용하는가?

송민정(2012). 빅데이터(Big Data)를 활용한 비즈니스 모델 혁신, 과학기술정책, 제23권 제3호, pp. 86~97.

송민정(2015.9). 동영상스트리밍 기업인 넷플릭스의 비즈니스 모델 최적화 연구: 비즈니스 모델혁신 이론을 토대로, 방송통신연구, 방송학회, 2015년 가을호, 93: 40－74.

Ali, F.(2018. 12.24). Netflix discovery experience － a UX/UI case study, https://uxdesign.cc/netflix－discovery－experience－a－ux－ui－case－study－7bcd12f74db1.

Brennan, L.(2018.10How Netflix Expanded to 190 Countries in 7 Years, *Harvard Business Review*.

Chesbrough, H.(2006). Open business models, 서진영/김병조 옮김(2009). 오픈 비즈니스 모델, 플래닛.

Johnson, M.W., Christensen, C. and H. Kagermann (2008.12). Reinventing your business model. *Harvard Business Review*, 86(12): 50－59.

Timmers, P.(1998), Business Models for Electronic Markets, *Electronic Markets*, 2, pp.3－8.

GigaOM (2013. 7. 25). At Netflix, big data can affect even the littlest things, http://gigaom.com/2013/07/25/at－netflix－big－data－can－affect－even－the－littlest－things/

Osterwalder, A.(2004). The Business Model Ontology － a proposition in a design science approach. Dissertation, University of Lausanne, Switzerland.

Song, M. Z.(Feb. 1, 2020). A Case Study on Partnership Types between Network

Operators & Netflix: Based on Corporate Investment Model, *International Journal of Internet, Broadcasting and Communication*, Vol. 12, No1, pp.14－26.

제 3 부

미디어 생태계의
디지털 전환

미디어 플랫폼 생태계의
디지털 전환

플랫폼 생태계 부상과 플랫폼 조건

이안시티와 레비엔(Iansiti & Levien, 2004)에 의하면, '비즈니스 생태계(Business ecosystem)'는 제품 및 서비스를 생산하는 주요 기업들 외에 공급자와 수요자, 경쟁자 및 보완재를 생산하는 업체들을 포함하는 확장된 네트워크와 정부 기관 및 관련 산업의 모든 이해관계자들을 포함한다. 즉, 생태계는 상호작용하는 조직과 기업을 토대로 한 경제적 공동체이며, 주체는 공급자, 주요 생산자, 경쟁자, 투자자, 수요자로 우선 구성되며, 관련 투자자, 정부기관, 협회, 표준단체 등이 생태계를 함께 구성한다. 이러한 생태계에서 쐐기돌(Keystone) 역할을 하는 기업을 플랫폼이라 부르기 시작했다.

이들의 개념 정의는 현실이 되었다. 국가 간, 기업 간 또는 산업 간의 경계가 급속도로 붕괴되면서 경쟁 구도는 더 이상 국가 간, 기업 간, 산업 간 경쟁이 아니라 생태계 간 경쟁으로 변화하였다. 김영수 외(2012)도 이안시티와 레비엔(Iansiti & Levien, 2004)이 정의한 '비즈니스 생태계' 개념을 '산업 생태계'라는 이름으로 변경하여 같은 의미로 개념화한다. 즉, '산업 생태계'는 특정 제품이나 서비스를 생산하는 핵심 기업뿐만 아니라 소재 및 부품을 공급하는 공급자와 완제품을 제공받는 수요자, 경쟁자 및 보완재를 생산하는 업체들까지 총망라하는 산업 내 이해관계자들이 긴밀하게 연결되어 상호작용하는 경제 공동체이다.

이제 아무리 기술과 품질 면에서 주도권을 가진 개별 기업이라 할지라도 지속적으로 최종 사용자와 공급자의 니즈나 가치에 민감하게 반응하지 않으면 더 이상 생존을 기대하기 어렵게 되었다. 모든 기회 환경에서 다양한 영역과 상호작용을 거치면서 이러한 '산업 생태계'가 조성되고 있기 때문이다. 산업 생태계에 속한 주체들은 기술 혁신을 통한 역량들을 서로 공유하면서 새로운 제품을 지원하고 고객 욕구를 만족시키면서 다음 단계의 혁신을 위해 협조적이면서도 때로는 경쟁적으로 움직이는 경제적 운명 공동체이다. 산업 생태계에서는 아직 충족되지 않은 니즈들(Unmet needs), 아직 발굴되지 이용되지 않은 기술들, 대기 중인 뛰어난 투자자들, 아직 발굴되지 않은 다른 많은 자원들로 특징지을 수 있는 사업 가능성이 열리게 되며, 이의 영향으로 기존 규제도 철폐되게 만드는 정책 환경으로도 이어진다.

삼성경제연구소는 2012년 보고서에서 이안시티와 레비엔(Iansiti & Levien, 2004)이 정의한 '비즈니스 생태계' 개념을 차용해 '기업 생태계'를 정의하였다. 기업 생태계의 존재 목적은 서로 연결되어 가치를 제공하는 제품 및 서비스의 집합인 '가치 복합체(Value complex)'를 생산하는 것이며, 가치 복합체는 다양한 제품, 서비스, 기술 등이 서로 결합되고 연결되어 함께 소비됨으로써 가치를 제공하는 제품 및 서비스의 집합이다. 사례로 윈도우(Windows)가 플랫폼으로 제시된다. 이때 플랫폼은 각자 생산하는 가치를 서로 보완해줄 수 있도록 연결시켜주는 매개체로 정의된다.

그 이후 쐐기돌 역할을 하는 플랫폼에 대한 다양한 개념들이 등장하였다. 아래 [표 1]에서 보듯이, 샌드버그 외(Sandberg et. al)가 1972년부터 2014년까지 연구된 플랫폼 관련 학술 논문들을 수집하여 2016년 논문에서 제품 플랫폼, 시장 플랫폼, 그리고 소프트웨어 플랫폼 생태계로 유형화한다.

[표 1] 플랫폼 유형별로 연구된 플랫폼 관련 학술 논문들 (1972~2014)

유형	합리성	제어	변화	연구 초점	관련 논문
제품 플랫폼	• 모듈 방식이 재사용 및 복잡성 감소를 허용. • 고객 맞춤화 관련 플랫폼 표준화가 규모/범위 경제 허용. • 목표는 효용성/기능성 제고	내부, 아키텍처 결정이 초기 선택이 강하게 각인됨을 의미하는 디자인 과정 통해 영향 받음.	최종 이용자 기능 기반 플랫폼의 재설계(리디자인)	• 합리적 디자인 과정 및 명료한 석판(슬레이트) 디자인 엔지니어링 가정	• 시몬(Simon) 1972 • 마이어와 레너드 (Meyer & Lehnerd) 1997 • 로버트슨과 울리히 (Rovertson & Ulrich) 1998

유형	합리성	제어	변화	연구 초점	관련 논문
시장 플랫폼	• 인프라스트럭처 재사용이 효율적 거래를 허용. • 시장 효율성과 거래 비용에 초점. • 경쟁우위는 전략적 의사결정을 통해 가능한 한 많은 공급자와 고객들을 유인함으로써 성취됨	시장 접근의 제어	양면 시장 형성을 위한 유인력 개발에 기반한 재설계(리디자인)	• 경제학적 접근 • 전략 중심 • 가격 메커니즘 • 매우 합리적인 행위자의 가정이 가격 정책을 통한 제어를 허용	• 쉬프(Schiff) 2003 • 이코노미즈 & 카차마카스(Economides & Katsamakas), 2006 • 아이젠만(Eisenmann) 2007 • 아이젠만, 파커, 반 앨스타인(Eisenmann Parker & Van Alstyne), 2006, 2009 • 발론(Ballon) 2009 • 가워(Gawer) 2009b
소프트웨어 플랫폼	• 코드 기반에서 공유된 기능성이 개발 비용 및 이용자 접근성의 특화와 그 유통을 허용함	아키텍처 규칙(인터페이스)들을 통한 제어	기술 기반에서 최종 이용자/ 모듈 개발자의 변화 니즈에 기반한 재설계	• 소프트웨어 엔지니어링, 정보 시스템, 혁신 전략. • 아키텍처와 상황 다이나믹스, 전략 간 공진화	• 에반스, 하기우 & 쉬말렌제(Evans, Hagiu & Schmalensee) 2005 • 볼드윈 & 클락(Baldwin & Clark) 2006 • 볼드윈 & 우다드(Baldwin & Woodard) 2009 • 웨스트 & 오마호니(West & O'Mahony) 2008 • 타이와나 외(Tiwana et al.) 2010 • 이튼 외(Eaton et al.) 2011

출처: Sandberg, Holmstroem, and Lyytinen, 2014: 5~6; http://www.scdi.se/wp-content/uploads/2014/06/Platform-Change-Theorizing-the-Evolution-of-Hybrid-Product-Platforms-in-Process-Automation.pdf; 송민정(2016) 재인용; Sandberg, Holmstroem, and Lyylinen, 2020

논문들의 시기들을 살펴보면, 먼저, 제품 플랫폼은 인터넷 상용화 이전의 산업화 시대에 논의된다. 거대 제조기업들은 모두 '공급 측 규모의 경제'에 기반해서 생겨났다. 공급 측 규모의 경제는 대량생산을 통해 제품의 단위 생산비용이 낮아지는 현상을 말하며, 선진 대기업들에게 엄청난 비용우위를 제공했고, 후발 경쟁업체들이 따라잡기 어렵도록 만들어 자연 독점을 형성시켰다.

한편, 시장 플랫폼은 인터넷 상용화가 시작된 2000년대 초에서 시작해 모바일 인터넷이 상용화되는 시점까지로 일단 보이지만, 그 이후로도 시장 플랫폼은 지속된다. 앞의 제품 플랫폼과 구분되는 것은 인터넷 시대 거대 기업들은 주로 '수요 측 규모의 경제'를 통해 발전한다는 점이다. 수요 측 규모의 경제란 소비자 집단의 규모가 크면 클수록 소비자 개개인에게 더 많은 가치를 가져다주는 현상을 말한다. '공급 측 규모의 경제'도 여전히 중요하나 차별화 요인의 지위가 상실된다. 인터넷 시장 경쟁에서 '수요 측 규모의 경제'가 더 중요한 차별화 요인인 이유는 이것이 '네트워크 효과'의 원천이자 결과이기 때문이다. '네트워크 효과'는 플랫폼의 역사만큼 오래된 것이다. 하지만 인터넷 시대의 네트워크 효과가 특별한 이유는 ICT 발전에 힘입어 시장 플랫폼들이 폭발적으로 발전하게 하는 주요 요인으로 작용했기 때문이다. 수요 측에서 발생하는 네트워크 효과에 대해서는 뒤의 양면시장 플랫폼에서 자세히 설명하겠다.

마지막으로 이 논문에서 유형화된 소프트웨어 플랫폼은 시장 플랫폼 시기와 일부 겹치면서 생태계 플랫폼으로서 자리를 잡아가게 된다. 이미 ICT에서는 기술 환경이 되는 솔루션으로 운영시스템(OS)을 말하는데, 서비스의 핵심 기반으로 중요해지면서 제품 내지 하드웨어 플랫폼, 시장 내지 서비스 플랫폼, 그리고 소프트웨어 플랫폼 등으로 유형화하게 된다. 소프트웨어에서 이미 플랫폼을 여러 가지 기능들을 제공해주는 공통 실행 환경이며 동시에 다양한 앱들이 작동하는 기반이 되는 OS로 이해하는 것과 별개로, 웹 서비스가 발전하면서 서비스만 제공하던 시장 플랫폼이 점차 트위터의 경우처럼 다른 서비스들이 자사 API를 이용해 트위터 콘텐츠를 자기 것처럼 쓸 수 있게 만들어주는 플랫폼들이 많아지면서, 소프트웨어 플랫폼 개념이 추가되었다. 다시 말해, 시장 플랫폼 중에서 다른 서비스들이 나의 서비스 기능을 쉽게 사용할 수 있게 해주는 인터넷 기반의 기술 환경을 가진 플랫폼을 소프트웨어 플랫폼이라 말한다. 소프트웨어 플랫폼들은 이러한 기술 환경을 개발자들에게 제공함으로써 인프라 구성과 유지 보수의 복잡함 없이 고객을 위한 앱을 쉽게 개발, 실행, 관리할 수 있게 한다. 소프트웨어 플랫폼은 다양한 응용 프로그램 개발 및 타 산업과의 융합을 위한 기반 제공 등으로 그 역할이 더욱 증대되어 왔다. 뒤에서 언급할 개방형 플랫폼은 이러한 소프트웨어 플랫폼 기반에서 시작하게 된다.

이상의 세 가지 유형의 플랫폼을 다룬 논문에 제시되지는 않았으나, 2014년 가우어와 쿠수마노(Gawer & Cusumano)는 '산업 플랫폼(Industry platform)'을 개념화하면서 다른 기업이 함께 참여해 혁신을 창출할 수 있는 제품, 서비스, 기술의 조합을 가리키며 개방성과 비즈니스 생태계 혁신을 강조하였다. 이에 대한 예로 MS의 윈도우, 애플의 iOS, 구글의 안드로이드와 같은 운영시스템(OS), 앱스토어, 구글 검색엔진이나 페이스북, 링크드인 같은 소셜 네트워크 서비스(SNS)가 제시되었다. 여기서 산업 플랫폼은 시장 플랫폼과 소프트웨어 플랫폼을 합친 개념으로 이해된다.

그 후 2년이 지나, 2016년 반 앨스타인(Van Alstyne) 외에 의해 아래 [그림 1]과 같이 플랫폼 개념이 재논의되었고, 파이프라인 기업과 구분된 플랫폼 기업의 3대 조건이 전략 규칙이란 이름으로 제시된다. 먼저 이들이 명명한 '플랫폼 생태계(Platform ecosystem)'는 위의 [표 1]에서 구분된 유형의 플랫폼들을 모두 포함하나, 시장 플랫폼과 소프트웨어 플랫폼에 더 비중이 쏠린다. 모바일 시대가 되면서 소프트웨어 플랫폼이 더 보편화됨을 보게 된다. 앞서 언급한 대로 플랫폼은 다양한 유형으로 존재하며, 플랫폼 생태계는 플랫폼 소유자(Owner), 플랫폼 제공자(Provider), 공급자 내지 창작자(Producer), 소비자 내지 이용자(Consumer)로 구성된다.

[그림 1] 플랫폼 생태계의 구성 요소들

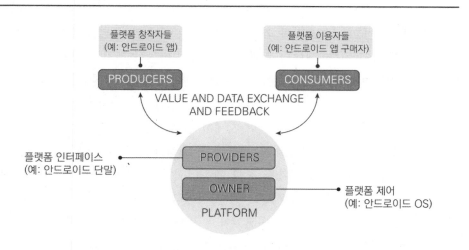

출처: 반 앨스타인 외, 2016; https://hbr.org/2016/04/pipelines-platforms-and-the-new-rules-of-strategy ; Song(2018) 재구성

안드로이드와 같은 OS을 예로 들면, 소비자와의 인터페이스를 제공하는 플랫폼 제공자는 안드로이드 단말이 되고, 공급자와 소비자들을 연결해주는 플랫폼 제어는 플랫폼 소유자인 안드로이드 OS가 해준다. 이제는 모바일 OS를 넘어 빅데이터 기반의 인공지능이 플랫폼 생태계의 플랫폼 소유자 역할을 주도적으로 할 것으로 기대된다. 이에, 4절에서 데이터 기반의 양면시장 플랫폼에 대해 언급하고자 한다.

반 앨스타인 외(2016)는 플랫폼 생태계의 역할을 기존의 산업 가치 사슬과 명확히 구분하고 있다. 이들에 의하면, 상품의 제조에서 판매를 거쳐 소비자까지 가는 선형적 단계를 거치면서 가치를 창출시키는 파이프라인(Pipeline) 역할만을 고수하는 기업들이 주요 역할을 담당하는 선형 가치 사슬(Linear value chain)에서 플랫폼 역할을 하는 기업이 진입하게 되면 십중팔구 플랫폼 기업이 승리한다는 것이다. 왜냐하면 플랫폼 생태계에서는 공급자와 소비자, 플랫폼 간의 복합적 가치 사슬(Complex value chain)에서 가치가 창출되기 때문이다. 즉, 플랫폼이 기존의 게이트키퍼(Gatekeeper) 역할을 시장 피드백으로 대체해 서비스의 신속성과 효율성을 확보하고 결합상품 효과를 제거하여 소비자의 개별적 선택을 가능하게 하며, 개인 참여자들의 확대를 통한 공급자 범위의 확대로 물리적 자산 관리 비용이나 거래 비용을 대폭 줄이면서 가치를 창출할 수 있기 때문이다. 이러한 과정에서 플랫폼 기업은 특히 데이터 기반의 피드백을 적극 활용해 서비스 범위를 확대시키고 파이프라인 기업이 제공하는 수준의 품질을 유지하거나 더 향상시킬 수 있게 된다. 데이터 기반에 대해서는 이들이 제시한 대표 미디어 기업인 유튜브와 아마존의 킨들 출판에 대해 4절에서 다룰 것이다.

파이프라인 기업과 구분되는 플랫폼 기업의 조건을 설명하기 전에 파이프라인 기업과 플랫폼 기업에 대해 좀 더 자세히 살펴보자. 일반적으로 기존의 전통기업은 상품을 기획 및 디자인하고 생산한 후 시장에서 소비자에게 판매하는 구조를 갖는다. 이처럼 기업의 가치 창출 활동이 선형적 내지 단선적으로 흘러간다는 뜻에서 전통적 기업을 파이프라인 기업이라 부르게 된다. 물론 이 개념은 플랫폼 기업이 등장했기 때문에 비교되어 부르게 된 것이다. 파이프라인 구조는 기업 확장에 있어 많은 비용이 들고 효율성도 떨어지기 때문에, 전통 기업들은 다음의 두 가지 방식으로 규모를 확장해왔다. 하나는 파이프라인 길이를 늘여서 확장하는 것으로 위로 공급업체를 인수하고 아래로 유통업체를 인수하는 방식이며 이를 '수직적 통합'이라 한다. 다른 하나는 파이프라인 굵기를 넓혀 확장하는 것이다. 새로운 브랜드와 제품을 추가하여 기업을 확장하는 이런 방식을 '수평적 통합'이라 부른다. 이 두 가지 방식 모두 실제로 많은 비용을 요구하며, 이러한 구조로 가져간 후 확장의 성공 여부를 장담하기는 어렵다.

한편, 인터넷시대가 되면서 시장 및 소프트웨어 플랫폼 기업은 공장도 필요 없고, 사무실도 필요 없으며, 설비도 필요 없고, 원료도 필요 없다. 인력도 소규모이다. 월마트와 비교되는 아마존이 그 예이다. 그런데 아마존만이 가진 자산이 있다. 수백만에 달하는 외부의 공급자 집단을 보유하고 있는 것이다. 이처럼 플랫폼 기업의 핵심자산은 기업 내부가 아닌 외부에 있다는 점이 주목할 점이다. 이는 앞서 비즈니스의 디지털 전환에서도 누차 강조한 것이다. 플랫폼 기업 규모는 기업 외부에 있는 공급자 집단과 소비자 집단의 규모에 따라 결정된다. 전통 기업이 대량생산과 공급 측 규모의 경제를 통해 시장을 확장했다면, 플랫폼 기업은 네트워크 효과와 수요 측 규모의 경제를 통해 전통 기업과 경쟁한다.

이러한 플랫폼 기업은 매트릭스식 조직구조를 갖추고 있다. 마치 한 개의 뇌세포가 여러 개의 뇌세포에 연결되어 있듯이, 플랫폼에는 각 이용자가 저마다 다른 모든 이용자들과 연결되어 있다. 플랫폼 기업의 가장 중요한 과제는 공급자 집단과 소비자 집단을 형성하여 네트워크 효과를 창출하는 것이다. 일단 두 집단이 형성되면 상품을 디자인하고 생산하는 일은 공급자들이 알아서 한다. 또한, 상품을 찾아내는 일은 소비자가 알아서 한다. 거래는 공급자와 소비자 사이에 자율적으로 이루어진다. 그러므로 플랫폼 기업의 가치창출 활동은 파이프라인을 따라 흘러갈 수 없고 매트릭스를 형성하고 있는 복잡한 선을 따라 가치가 창출되고 이동한다. 수많은 공급자와 수많은 소비자 사이에 얽힌 연결선을 활성화시키는 일은 기업 외부의 공급자와 수요자들의 몫이다. 플랫폼 기업이 하는 일은 공급자와 소비자가 서로를 찾아낼 수 있도록 도와주는 일이다.

정리해보면, 인터넷상의 플랫폼 기업들은 대개 상품을 직접 생산하지도, 유통하지도 않으며, 물리적 자산을 직접 보유하지도 않는다. 실제적 자산은 플랫폼 기업 밖에 있는 공급자들과 이용자들이 보유하고, 가치도 이들이 자발적으로 생산하므로 플랫폼 기업은 자산을 운용하고 가치를 생산하기 위한 물리적 통제 시스템을 갖출 필요가 없다. 통제는 소통하는 데 오히려 방해가 될 수도 있다. 플랫폼 기업은 공급자 및 소비자 집단과 함께 생태계를 구축하기에 적합한 수평적 조정 시스템만을 갖추면 된다. 플랫폼 기업은 확장하기도 쉽다. 공급자 집단과 소비자 집단이 커지는 만큼 플랫폼 기업 규모도 확장된다. 확장 비용도 별로 들지 않는다. 네트워크 효과를 작동시켜 공급자들은 소비자들을 끌어들이고, 소비자들은 공급자들을 끌어들이도록 만들면 된다. 한편, 플랫폼 기업도 이윤 추구를 목적으로 하므로, 공급자 집단과 수요자 집단의 행동을 조작하는 일도 때로는 발생한다. 하지만 마이크로소프트의 '끼워 팔기', 페이스북이 미국 대통령 선거에서 여론 조작을 했다는 추측 등은 생태계 형성과는 거리가 있다. 이런 크고작은 불상사에 대한 플랫폼 기업들의 자정노력이 필요한데 이에 대해서는 마지막 장인 플랫폼 거버넌스의 디지털 전환에서 다룰 것이다.

반 앨스타인 외(2016)는 아래 [그림 2]와 같이 파이프라인 기업과 구분되는 플랫폼 기업에게 요구되는 새로운 전략 규칙을 플랫폼 기업의 조건으로 제시한다. 기업의 성장 엔진, 운영 방식, 가치 창출 측면에서 파이프라인 기업과 플랫폼 기업은 확연히 다름을 알 수 있다.

[그림 2] 파이프라인 기업과 플랫폼 기업의 비교

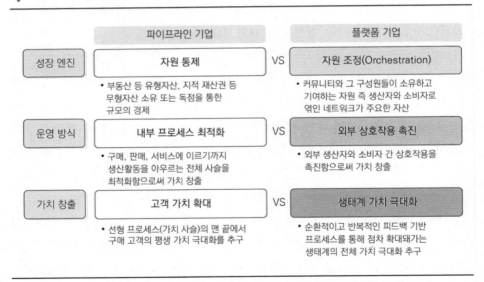

자료: 반 앨스타인(Van Alstyne) 외, 2016; Song(2018); LG경제연구원(2018.12.31) 재구성.

반 앨스타인 외(2016)가 주장하는 플랫폼 기업이 갖는 세 가지 규칙을 소개한다. 첫 번째 규칙은 자원을 통제하지 말고 조정하라는 것이다. 내부의 자원 기반으로 경쟁을 해야 하는 파이프라인 기업들에게는 희귀하고 흉내내기 어려운 자산을 효율적으로 통제함으로써 경쟁우위를 달성하는 데에만 집중한다. 예로, 부동산 같은 유형 자산이나 지식재산권 같은 무형 자산이 있다. 한편, 플랫폼 기업에게 희귀하고 모방하기 어려운 자산은 내부 자산보다는 생태계 참여 구성원들이 만들어내는 자원들이다. 아이디어나 정보가 대표적이다. 다시 말해, 생태계 구성원들로 엮인 네트워크 자원을 조정하는 것이 더 중요하다.

두 번째 규칙은 기업은 내부 최적화에서 벗어나 기업 외부와의 상호작용에 더 힘쓰라는 것이다. 통상적으로 파이프라인 기업은 재료 구매에서 판매 및 서비스에 이르는 일련의 생산 활동을 말하는 공급사슬을 최적화해서 경쟁을 벌이는 가운데 가치를 창출하려고 노력한다. 한편, 플랫폼 기업은 외부 생산자와 소비자 간의 상호작용을 촉진해서 가치를 창출한다. 이러한 외부 파트너 지향 덕분에 플랫폼은 변동이 심한 생산비용 부담을 떨쳐버릴 수 있고 한계비용을 거의 0에 가깝게 효율적으로 낮추면서 프로세스 제어보다는 생태계 내 참여자 설득을 더 중요시한다. 이때 생태계 관리가 필수적인 능력이 된다.

마지막 규칙은 자사의 고객가치 중심에서 벗어나 생태계 가치 중심으로 변화하라는 것이다. 파이프라인 기업은 사실상 단선적 프로세스의 맨 끝단에서 상품이나 서비스를 구매하는 최종 소비자의 평생가치 극대화를 추구하는 경향이 강하다. 즉, 파이프라인 기업은 자사 자원 통제를 선형 프로세스 관리를 통해 달성하며, 프로세스 끝 단에 존재하는 자사 고객의 생애 가치(Life Time Value; LTV)를 높이기 위해 마케팅 전략을 실행하게 된다. 하지만 플랫폼 기업은 순환적이고 반복적인 피드백 기반의 프로세스를 통해 점차 확대해가는 생태계의 전체 가치를 극대화하게 된다. 이는 참여자들의 거래비용을 최소화하여 생태계 가치를 극대화하는 것이며 양면 시장 전략을 필요로 하는데, 한쪽 고객에게 보조금을 지원해 다른 쪽 고객을 유인하게 만드는 것이다. 이에 대해서는 뒤에서 자세히 설명하겠다.

미디어 플랫폼 생태계의 발전

　전통적인 미디어 기업들에게서 플랫폼 기업이 갖는 전략 규칙을 따르는 사례를 찾기는 쉽지 않다. 하지만 신규 미디어 기업들이 플랫폼이 되려는 노력들은 여기저기서 관찰된다. 반 앨스타인 외(2016)가 미디어 산업에서 플랫폼 기업의 규칙을 적용한 미디어 기업들로 유튜브(Youtube), 위키피디아(Wikipedia), 허핑턴 포스트(The Huffington Post), 킨들 출판(Kindle Publishing), 비키(Viki), 미디엄(Medium) 등을 제시하였다. 앞서 언급한 세 가지 규칙을 중심으로 어떻게 미디어 플랫폼 생태계로 발전했는지 그 동향을 살펴보자.

　첫째 규칙인 자원 조정 사례로는 1인 미디어 크리에이터들을 위한 동영상 공유 사이트에서 출발하여 OTT 동영상으로 성공한 유튜브가 있다. 유튜브에 중요한, 모방하기 힘든 자산은 유튜버(Youtuber)와 소비자로 엮인 네트워크이다. 킨슬(Kyncl 2017)에 의하면, '당신의 모습을 방송하세요' 문구로 수백만의 사람들이 카메라 앞에 모습을 드러내 자신의 의견을 말하고 자신이 사는 세상을 공유했다. 그 결과로 초기 유튜브는 다양한 콘텐츠가 한데 모여 괴팍하게까지 느껴지는 플랫폼이 되었고, 메인 화면에 어떤 영상이 올라오게 될지 예측조차 할 수 없으며, 덕분에 우연한 재미를 발견할 기회도 많이 제공하게 된다. 콘텐츠의 범람 속에서 점차 사람들의 시선을 끌기 위한 경쟁이 시작되었고, 플랫폼을 중심으로 하는 생태계 내 치열한 경쟁은 미묘한 긴장감을 조성했고, 사람들은 틈새 시장을 찾아 나섰다.

　구글이 2006년 10월 16억 5,000만 달러에 유튜브를 인수한다는 소식이 전해지자 부정적 비판은 시작되었고, 유튜브가 수익을 내기 시작한 2010년까지 계속되었다. 구글이 유튜브를 지나치게 비싸게 샀다는 비판부터, 문제 많은 콘텐츠들 때문에 구글이 골머리를 썩일 것이란 우려와 치솟는 서버 비용으로 계륵과 같은 존재가 되었다는 등 온통 부정적인 평가뿐이었다. 유튜브에 뚜렷한 수익 모델이 없다는 이유로 '잘못된 인수'라는 평가였던 것이다. 하지만 유튜브가 구글의 가장 성공적인 선택 중 하나란 사실이 증명되기까진 그리 긴 세월이 필요하지 않았다. 불어 닥친 동영상 바람에 힘입어 유튜브는 이젠 구글뿐만 아니라 세계 모바일 시장을 대표하는 플랫폼 중 하나로 자리매김했다. 하지만 불법, 음란 콘텐츠의 온상으로 낙인 찍힌 유튜브에게 플랫폼의 자원 조정이 필요해진다. 조회 수는 많은 사람이 시청한 동영상이라는 인식을 불러일으키고 해당 크리에이터의 다른 영상도 보고, '좋아요' 버튼도 누르고, 의미 있는 댓글도 남기고, 앞으로 업로드될 영상을 놓치지 않기 위해 구독도 선택하게 하고, 관련 캐릭터의 셔츠를 사거나 팬미팅에도 참여하게 하고, 더 나아가 시청자에 머물지 않고 자신만의 영상을 제작하게 하는 프로슈머(Prosumer) 네트워크가 주요 자산이며 자원이 된 것이다.

플랫폼이 되기 위한 두번째 규칙인 기업 외부와의 상호작용 사례로는 OTT 동영상 기업인 비키(Viki)가 있다. 비키는 미국으로 유학 간 한국인 부부가 2007년 미국 실리콘밸리에서 설립한 벤처회사로서 세계 최초로 동영상 콘텐츠에 다국어 자막 번역을 넣어 스트리밍으로 제공하는 플랫폼이 되었다. 비키는 비디오와 위키의 합성어로 플랫폼 전략 규칙인 외부 상호작용에 성공한 기업이다. 비즈니스 모델은 OTT 동영상이며 수익 메커니즘은 영상 콘텐츠 중간에 들어가는 광고 수익이다. 이는 위키 시대에 부합하는 비디오산업 가치 창출을 외부와의 상호작용에서 찾은 성공 사례이다. 비키에 올라온 동영상의 자막 작업은 사용자들의 자발적인 참여로 이루어진다. 비키는 자막 작업에 별도의 비용을 지출할 필요가 없어 비용이 줄어들 뿐 아니라, 이렇게 참여하는 이용자들은 서비스에 대한 충성도가 높아 스스로 자막을 달고 입소문을 내주는 마케터 역할까지 해낸다.

마지막으로 플랫폼의 세번째 규칙인 생태계 가치 사례로는 미디어 산업에 참여하는 행위자들 간 역학 관계 속에서 네트워크 가치의 총합을 상승시킨 킨들 퍼블리싱이 있다. 생태계 가치를 상승하려는 플랫폼 기업이 상품 경쟁력을 먼저 확보한 후 플랫폼 생태계를 구성할 필요가 있음을 보여주는 대표 사례이기도 하다. 단순 상품 생산에서 가치가 발생하는 데서 벗어나, 다양한 생태계 참여자 간 상호작용에서 더 많은 가치가 창출되므로 생태계 내 참여자 수가 늘어나는 선순환 고리를 갖고 있어야 한다. 아마존 킨들은 단순 단말이 아니라 서비스로 이해된다. 아마존은 2007년 킨들을 출시하여 꾸준히 전자책 시장을 공략해, 2011년 5월 종이책보다 전자책이 더 많이 팔리는 상황이 되었다. 이는 킨들 때문이기보다는 2010년 아이패드(iPad) 등 태블릿 PC의 등장이 전자책 시장의 성장을 가속화시켰기 때문이기도 하다. 2013년에 아마존에서는 100만 종 이상 전자책이 판매되었고 종이책의 2배 이상이 판매된 것으로 추정된다. 이는 특히 킨들 단말의 페이퍼화이트(Kindle Paperwhite) 화면이 가독성, 눈의 편안함, 조명 등 책 읽는 데 최적의 기기로 자리잡았기 때문이다.

전자책을 구매하고, 읽고, 생각을 나눌 수 있는 서비스로 자리매김된 킨들은 출시 초기부터 아마존에서 구매한 전자책을 '휘스퍼넷(Whispernet)'이라는 무선 인터넷으로 다운로드하고 관리할 수 있도록 하는 클라우드 서비스를 2007년부터 시작했다. 게다가 대형 출판사들을 설득하여 출시와 동시에 약 9만 권의 전자책을 판매함으로써 독자들에게 읽을거리를 제공하였고, 점차 아이오에스(iOS), 안드로이드(Android), 윈도우(Windows), 맥오에스엑스(Mac OS X) 등 거의 모든 소프트웨어 플랫폼에 앱을 제공함으로써 언제 어디서나 책을 읽을 수 있는 환경을 제공하고 있다.

이렇게 서비스로 포지셔닝한 킨들은 생태계의 전체 가치를 극대화하기 위해 '킨들 디렉트 퍼블리싱(Kindle Direct Publishing; KDP)'을 통해 출판사를 끼지 않고 직접 출판하는 방식도 도입한다. 이에 대해서는 앞에서 언급한 바 있다. 이를 이용해 1인 출판이 가능해지고 네트워크 효과는 극대화된다. 종이책과 전자책이 같이 출판되는 경우에는 시장에서 가격에 큰 차이를 두지 않지만 전자책만 출판되거나 전자책이 성공해서 종이책을 낸 경우에는 훨씬 저렴한 경우가 대부분이다. 이러한 책들은 대부분 1~3달러 정도이고 이를 100만 권 이상 판매한 저자들이 나타나기 시작한다. 공급자 가치를 상승시킨 것이다.

또한, 소비자의 효용인 가치는 편리성이다. 종이책은 여러 권 가지고 다니기가 힘들다. 따라서 읽고 싶은 책이 곁에 없을 때가 대부분이다. 하지만 전자책은 자신만의 도서관을 들고 다닐 수 있다. 특히 책가방이 무거운 학생들이나 참조할 서적이 많은 사람들에게는 더욱 반가운 일이다. 더구나 읽고 싶은 책이 없는 경우 즉시 구매하여 자신만의 도서관에 추가할 수 있다. 특히 킨들을 포함한 대부분의 전자책 서비스들이 클라우드에 기반하고 있기 때문에 전용 단말기뿐 아니라 스마트폰, 태블릿 PC, 노트북 등에서도 언제든지 읽을 수 있다. 나만의 킨들 도서관(Kindle Library)은 클라우드에 존재하므로 어떤 기기에서나 접근이 가능하다. 이런 편리함은 독서의 차원을 높이는 결과를 가져온다.

그 외에도, 전자책에는 단어 찾기, 밑줄 치기, 메모 남기기 등 다양한 부가 기능이 존재하고, 더 이상 책을 혼자 고립되어 읽지 않는다는 점이 장점이 되고 있다. 종이책은 커피 한 잔과 함께 고독을 즐기며 읽는 매체였고 읽다가 마음에 들거나 중요하다고 생각하는 부분을 밑줄 쳐 자신만의 기록으로 남겼다. 하지만 전자책에서는 밑줄이나 메모를 다른 독자들과도 공유할 수 있다. 같은 책을 읽는 독자들과 생각을 나누고 그들이 읽고 있는 다른 책을 추천받기도 하며 저자와도 소통할 수 있다. 책을 중심으로 한 소셜 네트워크가 형성되는 것이다. 더 나아가 책의 형식도 순차적이고(Sequential) 긴(Long) 모양이 아니라 네트워크화되고(Networked) 상호작용적(Interactive)으로 변화한다. 아마존 킨들은 플랫폼 기업의 3대 전략 규칙을 모두 수행한 기업 사례가 된다.

미디어 플랫폼의 양면 시장 전략

위의 1절의 [표 1]에서 제시된 플랫폼을 유형화한 논문의 사례들 중에 시장 플랫폼 유형을 보면 아이젠만, 파커, 반 앨스타인의 2006년 논문인 '양면 시장 전략(Strategies for two sided markets)'이 있다. 이 논문은 플랫폼 성장 전략을 단계적으로 설명하고 있다. 플랫폼 성장 전략 1단계에서는 양면의 이용자 그룹인 보조받는 집단(Subsidy Side)과 보조하는 집단(Money Side)이 존재하며, 이들 간 상호작용을 촉진시키는 매개자가 플랫폼이 된다. 플랫폼이 양면의 필요를 충족시키기 위해 갖추어야 하는 구성 요소로는 하드웨어, 소프트웨어, 서비스, 아키텍처 등이 있고, 규칙으로는 표준, 프로토콜(Protocol), 정책, 계약 등이 있다.

플랫폼 성장 전략 2단계에서는 '네트워크 효과'가 발생해 플랫폼은 고객에게 이익을 제공하는 유일한 통로는 아니지만, 이 네트워크 효과를 증가시켜 자사는 물론이고 양면의 고객집단 모두에게 효용을 제공한다. 양면 시장에서 발생하는 네트워크 효과는 단면 시장의 네트워크 효과와 구분된다. 단면 시장 내 네트워크 효과 사례로는 전화를 가진 사람의 수가 적다면 그것을 구매하더라도 사용할 기회가 별로 없는 데 반해, 전화를 가진 사람 수가 많아지면 많아질수록 전화의 사용 가치가 커지게 된다. 전화의 사용 가치는 전화 가입자 집단의 규모에 따라서 달라지는데, 이처럼 소비자 집단의 규모가 커질수록 사용 가치도 커지는 현상을 '단면 시장 네트워크 효과' 또는 '직접 네트워크 효과(Direct network effect)'라 부른다. 이에 반해, 양면 시장에서는 단면 시장과 같은 직접 네트워크 효과와 함께 '간접 네트워크 효과(Indirect network effect)'가 발생한다. 이 때 '보조받는 집단'과 '보조하는 집단'이 양면에 존재하며, 이들 간 상호작용을 촉진시키는 매개자가 플랫폼이 되는 것이다.

플랫폼 성장 전략 3단계에서는 가격 정책이 중요하다. 플랫폼이 고객에게 이익을 제공하는 유일한 통로는 아니지만 '간접 네트워크 효과'를 더욱 증가시켜 자사 이익은 물론 양쪽 모두에게 효용을 제공할 수 있으며, 플랫폼은 한쪽 집단에게 매우 낮은 대가를 설정하거나 비용을 보조하는 전략을 취할 수 있다. 이것이 가능한 이유는 보조받는 측 이용자 수가 증가하는 만큼 보조하는 측(비용을 지불하는)을 유치하는 것이 용이해지기 때문이다. 플랫폼은 비용과 수요 외에 간접 네트워크 효과를 감안한 가격 정책을 펼 수 있다. 단면 시장에서는 한 그룹에게 보조금, 즉 음(−)의 가격을 매길 경우에 수익이 발생하지 못하지만, 양면 시장에서는 보조받는 측 때문에 플랫폼이 갖게 될 손실을 간접 네트워크 효과로 해결할 수 있다. 즉, 한 그룹을 끌어들이기 때문에 발생하는 이윤 증가가 다른 한 그룹에게 보조금을 지급하기 때문에 발생하는 손해보다 크다면 플랫폼 기업은 음(−)의 가격 내지 보조금을 지급하는 가격을 책정하게 된다.

플랫폼의 양면 시장 전략 대표 사례는 아마존이다. 먼저, 성장 전략 1단계에서 전자상거래 사이트로 시작한 아마존에 입점하는 소매업자들은 땅도, 건물도, 판매원도 필요 없다. 인터넷으로 가입해 매장을 개설하고 상품을 업로드하면 된다. 그러면 전 세계 모든 소비자들이 찾아볼 수 있다. 따로 광고비를 들일 필요도 없다. 물류에 신경쓸 필요도 없다. 택배로 보내기만 하면 된다. 공급자 수가 많아질수록 소비자들은 아마존을 통해 더 값싸고 다양한 상품을 고를 수 있다. 아마존으로 몰려드는 소비자들이 많아질수록 소매업자들은 더 많은 상품을 팔 수 있다. 공급자가 소비자를 끌어들이고, 소비자가 공급자를 끌어들이는, 양면의 이용자 그룹이 생성된 것이다.

플랫폼 성장 전략 2단계에서는 아마존의 공급자 내지 판매자 집단의 규모와 소비자 집단의 규모가 함께 커지면서 플랫폼 이용자들의 사용 가치도 커지게 되는 '간접 네트워크 효과'가 일어난다. 아마존은 출판사들의 책들을 구비함으로써 '닭과 달걀의 문제'를 해결해 나간다. 초기부터는 아니지만 점차 출판사들의 거의 모든 책이 판매 목록에 포함되기 시작한다. 구매자인 소비자의 증가가 더 공정하고 풍부한 상품 리뷰, 평가, 추천을 가능하게 해 더 많은 구매자를 유인하게 하기 때문이다. 초기엔 전문가들에 의한 추천에 의존했으나 점차 구매 데이터에 기반하여 추천 시스템이 개발된다. 이에 대해서는 4절에서 다룰 것이다.

다음은 플랫폼 성장 전략 3단계로 아마존 생태계에서 판매자의 증가가 가져오는 악순환 고리를 제거하고 가격정책의 최적화가 이루어진다. 판매자 증가가 다양한 상품을 저렴한 가격에 구매할 수 있는 가능성을 열지만 너무 많은 상품과 판매자는 구매자의 구매 의사결정을 어렵게 만든다. 이는 부정적인 네트워크 효과이다. 이에, 다른 전자상거래 사이트와 달리, 아마존은 상품당 상세 페이지(Single detail page)가 존재하게 해 상품과 관련한 다양한 정보(리뷰, 평점 등)를 얻기 쉬울 뿐만 아니라 판매자를 선택하기도 매우 쉽게 만든다. 판매자 입장에서는 경쟁자가 많아지는 것이 달갑지 않은데, 경쟁에 이기기 위해서는 저렴한 가격뿐만 아니라 상품 페이지 차별화, 빠른 배송 등이 필요했고, 아마존도 판매자의 어려움을 최소화하려 노력하게 된다. 판매자는 아마존이 제공하는 '아마존 배송 서비스(Fulfilment By Amazon)'를 통해 판매할 상품을 수급하고 상품 가격만 정하면 된다. 아마존은 매우 객관적이고 공정한 방식으로 판매자를 평가해 판매자가 고객 경험에 집중할 수 있도록 하여 정당한 가격 경쟁도 유도한다. 아마존의 데이터 기반 플랫폼에 대해서는 다음 절에서 언급하겠다.

아마존의 사례처럼 플랫폼 기업들은 양면 시장 내 직·간접 네트워크 효과를 통해 생태계의 수익을 창출하고 있다. 예컨대, 애플 앱스토어에서는 앱 개발자들이 공급자 집단, 앱 사용자들이 소비자 집단으로 참가한다. 애플이 2008년 7월에 처음 앱스토어를 열었을 때 거기에 업로드 된 앱의 수는 500개에 불과해 공급자 집단 규모가 작았다. 그러나 간접 네트워크 효과가 작동하면서 10년 만에 앱스토어 규모는 4,400배로 커진다. 2017년 1월 현재 앱스토어 플랫폼에는 220만 앱이 업로드 되고, 누적 다운로드 수는 1,300억 회를 기록했다. 페이스북 플랫폼에는 이용자들이 저마다 공급자인 동시에 소비자로 참여한다. 누구나 콘텐츠를 생산할 수 있고, 다른 사람의 콘텐츠를 읽을 수 있다. 2004년 처음 시작될 당시 이용자 집단은 500명에 불과했다. 그러나 긍정적 네트워크 효과가 부지런히 작동한 결과 2018년 기준, 매일 한 번 이상 페이스북에 접속하는 사람만 세어보더라도, 이용자 집단의 규모는 15억 명이나 된다.

이러한 네트워크 효과 덕분에 플랫폼 기업들은 자연스럽게 승자독식 특성을 갖는다. 여기에 플랫폼 기업의 의도적 전략이 추가되면 이러한 특성은 더욱 강화된다. 예컨대 MS 윈도우는 전 세계 PC OS 시장의 90%를 독점하였고 구글은 전 세계 검색 시장의 80~90%를 차지한다. 네트워크 효과가 승자독식 특성을 강화시킨다. 초독점 기업 하나만 살아남고 나머지는 모두 죽거나 틈새만 유지하게 될 가능성이 크다. 플랫폼 생태계에서 발생하는 간접 네트워크 효과는 수요측 규모의 경제를 작동시키기 때문에, 후발주자가 선발주자를 따라잡거나 넘어서기도 매우 어려운 게 현실이다.

그러나 후발주자에게 기회가 전혀 없는 것은 아니다. 예컨대 구글은 야후보다 늦게 출발했지만 더 나은 검색기술을 개발해 야후를 넘어설 수 있었고, 카카오도 네이버보다 훨씬 늦게 출발하지만 2012년 3월 4,000만 명을 돌파하는 것을 기점으로 메신저 플랫폼의 승자독식을 누리고 있다. 카카오는 국내 모바일 메신저 시장을 단숨에 제패한 뒤 카카오 택시, 카카오 대리운전 등으로 사업 영역을 넓혀 나간다. 한편, 데스크톱 인터넷 시장에 머물러 있던 다음은 시대 흐름을 놓쳐 2014년 카카오에 인수되고 만다. 또한, 네이버는 2011년 메신저 플랫폼 '라인'을 출시하면서 카톡에 맞섰지만, 국내 시장은 이미 카카오가 독점한 뒤였고, 네이버는 국외로 눈을 돌려 라인을 일본과 동남아시아에 출시해 성공한다. 미디어 플랫폼들의 양면시장 전략을 넘은 다양한 시도가 전개되기 시작한다. 이를 크게 중앙집중형 플랫폼 전략과 분산형 플랫폼 전략으로 구분할 수 있는데, 각각 8장과 9장에서 다루기로 한다.

데이터 기반 양면 시장
미디어 플랫폼

데이터가 활용하기 쉽게 가공되고 자유롭게 공유될 수 있다면, 데이터는 양면시장 미디어 플랫폼 발전의 촉매제 역할을 한다. 참여자 증가에 따른 플랫폼 매력도 증가가 다시 참여자 증가로 연결되는 선순환 구조로 가면서 플랫폼의 지배력은 더욱 굳건해져, 이용자들이 이탈하지 못하는 잠금(Lock-in) 현상이 나타난다. 초기 플랫폼에게는 사용자를 임계점(Critical mass)까지 확보하는 것이 사업 성패를 좌우하므로 초기 적자를 감수하면서 무료나 매우 적은 비용으로 서비스를 제공하며 가입자를 유치하는 데 주력한다. 점차 시장이 형성되면 유사 서비스나 플랫폼이 시장에 진입하고 이들 간 경쟁이 치열해지면서 적자를 버티며 시장에서 살아남는 것이 플랫폼의 지상과제가 되곤 한다. 스타트업 플랫폼들은 이 '죽음의 계곡'을 극복하기 위해 자본 투자를 받으면서 경쟁에서 승리하기 위한 실탄을 확보해야 한다. 가장 중요한 실탄이 데이터이다.

아마존은 인터넷 시대에 필요한 플랫폼 기업의 대표주자이며 앞서 언급한 양면시장 전략을 착실히 수행하였다. 양면 시장을 획득하게 되면 간접 네트워크 효과에 의해 최적화된 가격 설정이 가능해지고, 수익 모델을 확보하면서 자연히 승자독식 구조를 달성하게 된다. 인터넷 시대 이전에도 플랫폼이 있었다. 월마트를 플랫폼 유형으로 구분하면 제품 플랫폼에 속한다. 결국, 플랫폼 기업 간 질적 차이는 데이터 기반에서 나오게 된다. ICT는 플랫폼의 범위, 속도, 편의성, 효율성을 주어 전통적 플랫폼과 질적으로 다른 플랫폼으로 변하게 하는 데 기여하는 일등공신이다. 플랫폼들의 실제 경쟁력은 인터넷 시대를 기점으로 시작되었고, 특히 모바일 시대에 폭발적으로 성장했다. 점점 더 많은 생산과 거래가 플랫폼 상에서 진행되고 있음을 현재까지도 경험하게 된다.

플랫폼 기업은 외부의 공급자와 소비자가 서로 연결되어 상호작용을 하면서 가치를 창출할 수 있는 매개자이다. 따라서 이의 역할은 양면 이용자들이 서로 꼭 맞는 상대를 만나서 효율적으로 상품과 서비스를 교환할 수 있도록 판을 깔아주는 데 있다. 이런 교환을 통하여 이용자들은 새로운 가치를 창출한다. 플랫폼 기업이 갖는 간접 네트워크 효과는 ICT가 추동하는 디지털 경제를 대변하더니, 이제 데이터 경제를 대변하게 된다. 플랫폼 생태계를 완성하고 아직도 노력하는 아마존이 어떻게 데이터 경제의 대표주자가 되고 있는지 살펴보자.

아마존은 엄청난 양의 데이터를 처음부터 수집했다. 전 세계 소비자의 모든 클릭스트림(Clickstream, 한 사람이 인터넷을 하며 수행한 모든 행동 정보) 데이터를 수집한 것이다. '아마존'과 '로봇'의 합성어인 '아마봇(Amabot)'이라는 AI는 이렇게 수집한 소비자 행동 데이터를 실시간 학습하고 아마존닷컴 고객 행동 데이터 분석 결과를 바탕으로 각 페이지에 상품을 구성하는 역할을 한다. 이는 해당 페이지를 조회하는 고객 각각이 자신에 맞는 페이지를 볼 수 있도록 구성하는 일로, 초기엔 같은 비율로 상품을 노출하지만, 점차 데이터가 쌓일수록 고객이 좋아할 만한 상품을 알아내 노출한다. 아마봇은 다양한 취향을 가진 고객들이 서로 다른 페이지를 볼 수 있게 구성하는 개인화 작업을 진행해 매출 상승에도 기여했다. 아마봇은 소비자 행동을 분석해 그들이 원하는 제품을 보여줘 탐색 시간을 줄여주어 고객 만족도를 높인다.

2002년 아마존은 이렇게 쌓아올린 자사 데이터와 툴을 외부에 개방했고, 수많은 개발자들이 구매자들을 도울 수 있는 다양한 앱과 웹사이트를 개발하기 시작했다. 이듬 해인 2003년 6월에만 약 2만 7,000명에 달한다. 예로, 아마존 라이트(Amazon Light) 서비스는 아마존에서 판매하는 모든 물건을 소비자가 검색해 살 수 있도록 했다. 크고 작은 혁신적 서비스는 아마존으로 더 많은 구매자가 모이도록 하는 데 촉매 역할을 한다.

더 많은 구매자는 다시 더 많은 개발자들을 불러 모았다. 이번에는 개발자들이 판매자를 도울 수 있는 다양한 앱을 개발한다. 예로, 셀러엔진(SellerEngine) 회사는 판매자들이 경쟁자들의 가격을 파악할 수 있는 앱을 생성해 더 많은 판매자들이 모이도록 했다. 이는 다시 더 많은 개발자들을 모이도록 해서 2005년

9월 12만 명에 이르게 된다. 외부의 개발자들은 아마존 플랫폼 생태계에 수많은 구매자와 판매자들이 있기 때문에 아마존 네트워크에 참여했다. 그리고 다시 구매자와 판매자 증가를 가져오는 선순환 구조가 형성되는데 이는 아마존의 데이터 제공과 API 개방으로 가능했던 것이다. 이러한 시장구조를 양면시장 대신 3면시장이라고 부르기도 한다.

고객 행동 데이터를 분석하던 아마존은 2008년에 이미 웹페이지 로딩 시간과 판매 사이의 상관관계를 찾아냈다. 로딩이 0.1초 지연될 때마다 판매가 1퍼센트 감소된다는 것이다. 2012년에는 로딩이 1초 지연되면 연간 1.6조 달러의 손실이 발생할 것이라는 결과가 조사되었다. 아마존의 모든 팀은 웹페이지가 0.6초 안에 로딩되는 것을 목표로 협력하기 시작한다. 페이지를 구성하는 모든 요소의 로딩 시간을 감시하고, 문제가 생기면 담당 팀에 경보를 울려 해결 방안을 찾는다. 고객은 빠르고 더 편리한 서비스를 누리게 된다. 이처럼 아마존은 양면 시장을 넘어, 데이터 분석 및 앱 개발자가 함께 참여하는 3면 및 다면 시장의 미디어 플랫폼 기업으로 성장 중이다.

아마존은 이미 형성된 구독모델인 '아마존 프라임' 플랫폼 속에 OTT 플랫폼인 '아마존 프라임 비디오'를 빠른 시간 내에 구축한다. 넷플릭스와 달리, 아마존 프라임 비디오에서는 HBO나 STARZ, Showtime 등이 제공하는 경쟁 OTT 서비스를 이용할 수 있게 되어 있고, 별도 가입이며 7일 무료 체험 서비스를 제공한다. 이는 아마존의 양면 시장 기반 플랫폼 전략의 일환으로 경쟁 OTT를 아마존 플랫폼의 양면 시장 고객집단으로 만드는 것이다. 이것이 가능한 이유는 이미 탄탄하게 구축한 양면 시장 고객 기반과 이들을 통해 수집된 아마존 프라임의 데이터 기반이 있기 때문이다. 이에 더해, 아마존은 영화, 드라마 중심의 OTT 경쟁에서 '스포츠 중계'라는 차별화된 콘텐츠를 제공하기 시작한다. 2017년 미식프로축구(NFL) 경기에 대한 중계권을 5,000만 달러에 사들였고, 이어 남자프로테니스(ATP), US Open, NBA, MLB, EPL 등 스포츠 경기 중계권을 본격적으로 확보해왔다. 아마존이 OTT에 진출하는 근본적인 이유는 아마존 프라임 회원을 늘리고, 이를 통해 쇼핑 매출을 증대시키는 데에 있다.

참고문헌

김영주·권경은·양정애(2017.11). 글로벌 미디어 산업 지형 변화: 수익 구조 변화를 중심으로, 한국언론진흥재단.

김영수/박재곤/정은미(2012). 산업융합시대의 지역산업생태계 육성방안, 산업연구원.

박정준(2019). 나는 아마존에서 미래를 다녔다, 한빛비즈.

삼성경제연구소(2012.2). 기업 생태계와 플랫폼 전략.

삼성증권(2020.1.16). 아마존.

서봉원(2016). 콘텐츠 추천 알고리즘의 진화, 방송 트렌드 & 인사이트. 04+05 VOL. 05.

송민정(2016.2). IoT 기반 스마트홈 비즈니스 유형 연구: 플랫폼 유형론을 근간으로, 인터넷방송통신학회지. 16(2): 27-40.

송민정(2013). 망중립성 갈등의 대안인 비즈니스모델 연구: 양면시장 플랫폼 전략의 6가지 전략 요소를 근간으로, 사이버커뮤니케이션학보, 30(1): 191-237.

아이티동아(2016. 3.21). [넷플릭스 랩스데이] 넷플릭스 추천 시스템의 비밀: '노가다'와 '머신러닝.'

엘지(LG)경제연구원(2018.12.31). 탈규모 시대의 제조업, '플랫폼 비즈니스'로 도약한다.

Baraniuk, C.(2017, March 2). Google's troll-hunting AI folled by typos. BBC. Retrieved from http://www.bbc.com/news/technology-39139960

Bold, B.(2017, 9. 18). Google and Facebook dominate over half of digital media market. Campaign, https://www.campaignlive.co.uk/article/google-facebook-dominate-half-digital-mediamarket/1444793/.

eMarketer.(2017, 4. 20). Digital video is UK's rising star, https://www.emarketer.com/Article/Digital-Video-UKs-Rising-Star/1015684

Gawer A. & Cusumano M. A.(2014). Industry platforms and ecosystem innovation, *Journal of product innovation management,* 32(3), 417~433.

GroupM (2017). This year next year: Worldwide media and marketing forecasts, GroupM Publications.

Iansiti, M. and Levien, R.(2004), *The Keystone Advantage: What the New Dynamics of Business Ecosystems Mean for Strategy, Innovation, and Sustainability,* Harvard Business School Press.

Kyncl, R.(2017). *Streampunks : YouTube and the Revolutionaries Remaking Entertainment,* 신솔잎 옮김(2018), 유튜브 레볼루션, 더퀘스트

O'Hare, F.(2017. 9). adoboLIVE! Fergus O'Hare, Director, Facebook Creative Shop, APAC on the speed of people online, https://www.youtube.com/watch?v=NAti-1wm07w.

Ooyala (2017). State of the media industry 2017, http://go.ooyala.com/rs/447-EQK-225/images/Ooyala-State-Of-The-Broadcast-Industry-2017.pdf.

Sandberg, J., Holmstroem, J. and Lyylinen, K. (Mar.2020). Digitization and Phase Transitions in Platform Organizing Logics: Evidence From The Process Automation Industry, *MIS Quarterly*, Vol.44, No.1, pp. 129−153.

Song, M.Z.(2018.3.1). Trust−based business model in trust economy: External interaction, data orchestration and ecosystem recognition, *The International Journal of Advanced Culture Technology (IJACT)*, Vol.6, No.1, 32−41.

Economist (2007.11). The book is dead, http://www.economist.com/node/10164693.

Kincaid, J.(2011.5.19). That Was Fast: Amazon's Kindle Ebook Sales Surpass Print(It Only Took Four Years), TechCrunch, http://techcrunch.com/2011/05/19/that−was−fast−amazons−kindle−ebook−sales−surpass−print−it−only−took−four−years/.

Tsotsis, A.(2012.9.6). Amazon's Writing Is On The Wall For Physical Books, TechCrunch, http://techcrunch.com/2012/09/06/mene−mene/.

Van Alstyne, M., Parker, G., Choudary, S.P.(2016.4), Pipelines, Platforms, and the New Rules of Strategy, *Harvard Business Review*, https://hbr.org/2016/04/ pipelines−platforms−and−the−new−rules−of−strategy.

중앙집중형 미디어 플랫폼의 디지털 전환

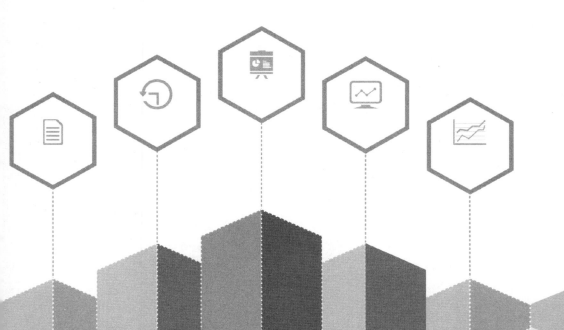

중앙집중형 플랫폼 생태계의 특성

플랫폼 생태계의 리더는 혁신을 주도하고 산업 환경 변화에 따른 비즈니스 기회를 선별해내며 생태계 자원을 조율하는 역량을 발휘할 것으로 기대된다. 이러한 생태계를 추구하는 플랫폼 기업은 양면 시장 전략을 우선적으로 취함을 앞장에서 논의하였다. 다수 생산자와 소비자가 연결되어 상호작용하며 생태계의 총가치를 창출하는 플랫폼 기업은 양면 시장에서 시작해 3면시장 등 다면 시장 (Multi-sided market) 구조로 발전하게 된다. 이에 대해 아마존 사례를 통해 설명하였다.

상기하면, 양면 시장 내지 다면 시장 플랫폼은 2개, 혹은 그 이상의 고객 집단, 또는 참가자 집단 간 상호작용을 통해 가치를 창출하는 제품이나 서비스, 소프트웨어 등의 기술이다. 이러한 플랫폼을 매개로 수요자와 공급자, 그 외 참여자가 연결되어 다양한 상호작용이 일어나는 시장 구조는 직접 및 간접 네트워크 효과를 만들어 내면서 성장한다. 1단계의 양면 시장 플랫폼 성장전략에서 플랫폼 참가자 수가 플랫폼 구조와 수익 모델을 결정하는 매우 중요한 요소로 작용한다. 예로, 소셜미디어 플랫폼인 구인/구직 서비스인 링크드인(LinkedIn)은 채용기업(담당자), 이용자(구직자), 광고주를 연결하는 3면시장 플랫폼이며, 이들에게 각각 채용 솔루션, 프리미엄 구독 서비스, 광고 솔루션을 제공해 매출을 올리는 수익구조를 갖는다. 2단계의 양면 시장 플랫폼 성장전략에서는 네트워크 효과가 중요하다. 공급자와 소비자로 구성되는 다수 참여자가 공통의 플랫폼을 공유하며 참여자 간 상호작용에 의해 가치가 창출되므로 참여자가 많아질수록 1

인당 거래 및 운영 비용이 절감되고, 참여자 간 상호작용이 활성화되어 효용은 더욱 높아지게 된다.

3단계의 플랫폼 성장 전략에서 고려하는 중요 요소는 가격 구조이다. 플랫폼이 1개 이상 참가자 집단에게 무료 서비스나 가격 보조를 제공하는 대신, 다른 집단에게서 수익을 취하는 과정에서 어떤 집단에게 어떤 가격 수준과 수익 구조를 설정할지 결정한다. 플랫폼이 가격 구조를 설계할 때는 가격 민감도가 낮은 집단, 플랫폼으로부터 더 많은 이익을 얻는 집단에 더 높은 가격을 부과하는 전략이 필요하다. 즉, 플랫폼을 통해 발생하는 가치를 누구에게 얼마나 배분할 것인가가 고려 사항이며, 참여 집단은 자신이 취할 수 있는 수익이나 효용성을 극대화하고자 한다.

링겔 외(Ringel et al., 2019)에 의하면, 이렇게 양면 시장 플랫폼 전략을 통해 새로운 역량과 상품, 서비스, 기술을 제공하는 조직들이 모여 성장한 플랫폼 생태계는 두 가지 유형으로 발전한다. 하나는 중앙집중형 조직이고 다른 하나는 분권형 조직이다. 후자에 대해서는 9장의 개방형 플랫폼에서 다루기로 하고, 여기서는 중앙집중형 조직 구조를 갖는 플랫폼 생태계 특성에 대해 살펴보자. 중앙집중형 구조는 언뜻 보면 앞의 7장에서 언급한 파이프라인 기업이 먼저 연상되는데, 실제로 전통 기업의 전통적 조직과 운영 방식에서 진화해서 발전한 플랫폼 생태계가 주를 이룬다. 그렇기 때문에 참여 집단을 지휘하고 통제하려는 중앙집중형 구조에 속한 참여 집단들은 위계 질서와 조직 구조, 엄격한 규율을 갖는 경향이 매우 강하다. 수직적으로 통합된 미디어 플랫폼 생태계가 대표적인 예가 되겠다.

중앙집중형 구조가 특성인 플랫폼 생태계의 리더에게는 이제 참가자를 얼마나 어떻게 통제할 것인가가 주요 고려 요소가 된다. 특히 플랫폼 기업이 승자독식의 수익 구조를 갖게 되면 비즈니스 경계가 파괴되는 현상이 아울러 발생할 수 있다. 승자독식 수익 구조를 유지하려는 플랫폼 기업은 승자독식을 방해하거나 방해할 가능성이 있는 참여자들의 타 플랫폼으로의 멀티호밍(Multi homing)을 최소화하려는 노력을 하게 된다. 겉으로는 플랫폼 생태계를 건강하게 유지한다는 명분이지만, 중앙집중형 조직을 선호하는 플랫폼 기업은 대개 플랫폼 생태계 접근 규칙이나 정책을 통제하려 한다.

점차적으로 얻어진 네트워크 효과는 소수 플랫폼 기업이 대부분 시장 수익을 차지하게 만드는 원인으로 작용하면서 승자독식으로 이어지고, 이때 이를 '눈덩이 효과(Snowball effect)'라 부르게 된다. 이는 참여자 수가 증가해 강해지는 플랫폼의 장점이 또 다른 참여자를 불러들여 플랫폼 규모가 급격하게 팽창하는 것을 비유한 말이다. 참여자 수 증가에 따른 플랫폼 매력도 증가가 다시 참여자 수 증가로 연결되어 플랫폼 지배력이 더욱 강해지면, 기존 참여자들이 이탈하지 못하게 하는 잠금(Lock-in) 현상이 나타나게 된다. 이 잠금 현상이 심화되면 플랫폼 참여자는 플랫폼을 바꿀 때 여러 형태의 전환 비용(Switching cost)을 경험한다. 이는 공급자와 소비자 모두에게 해당되는 비용이다. 소비자의 경우를 예로 들면, 플랫폼을 바꾸려는 사용자는 신규 ID를 만들고 개인정보를 입력하거나 결제 계좌를 변경해야 하는 등의 어려움을 경험한다. 타 플랫폼으로 이동하거나 멀티호밍하려는 공급자도 계약을 변경하거나 플랫폼과 연결된 시스템을 수정해야 하는 경우를 경험한다.

이러한 전환 비용 때문에 사용자와 공급자는 그 플랫폼을 지속적으로 사용하게 된다. 즉, 네트워크 효과로 인해 참여자가 많은 플랫폼에 사용자는 더욱 쏠리고, 임계치를 넘는 이용자 수를 보유하고 적자를 버틸 여력이 있는 소수 플랫폼만이 살아남아 수익화에 나서면 승자독식은 더욱 고착화된다. 플랫폼 생태계를 형성한 플랫폼들은 처음에는 플랫폼 생태계 간 경쟁에만 집중하지만, 생태계가 커지고 발전하면서 생태계 내에서 리더 역할을 하는 핵심 플랫폼과 공급자 역할을 하는 파트너 간의 경쟁으로도 발전하게 된다. 핵심 플랫폼 역할을 한 소니의 PS (Play station), 닌텐도의 위(Wii) 등의 비디오 게임콘솔 생태계와 아이폰, 안드로이드폰의 스마트폰 생태계가 대표적이다.

플랫폼 기업은 어렵게 구축한 플랫폼 생태계를 유지하면서 공급자 사이에서만 경쟁하는 구조를 만들고 가격 정책 등으로 잘 통제하면 되는 양면 시장 전략을 구사하였다. 하지만 시간이 지나면서 동일 생태계 내 플랫폼 위에 올라타 경쟁하는 공급자들도 점차 플랫폼으로 발전할 수 있게 된다. 예로, 게임 앱 개발자가 같은 게임 콘솔을 사용하는 고객을 유치하기 위해 경쟁하다가 플랫폼이 되는 경우이다. 시간이 경과하면서 참여자들의 행동에 따라 생태계의 활동성과 특성이 변화한다. 즉, 플랫폼 생태계가 갖는 네트워크 효과와 이에 따른 참여자들의 용이한 멀티호밍으로 인해, 플랫폼은 파트너인 참여자와 같은 플랫폼 생태계에서 경쟁할 수 있는 상황을 맞게 된다.

티와나(Tiwana, 2018)는 그의 논문에서 단기, 중기, 장기로 나누어 플랫폼 생태계 특성을 제시했다. 단기적으로 생태계 내 장애 발생 시 고장 허용 범위나 복구 가능성 등을 보는 복원력(Resilience), 상품 성능을 유지하게 하는 기술적 잠재력을 보는 확장력(Scalability), 하위 시스템의 안정성과 조화를 보는 구성력(Composability)이며, 중기적으로는 사용자 잠금(Lock-in) 효과를 보는 접착력(Stickiness), 하위 시스템 간 활용 정도를 보는 시너지(Synergy), 기존에 설계되지 않은 신 상품이나 서비스를 다양하게 제공하는 정도를 보는 탄력(Plasticity), 그리고 장기적으로는 참여 집단이 중복되는 인접 시장에서 솔루션 기능을 가진 하위 플랫폼 병합을 보는 흡수력, 시장에서 하위 시스템의 차별성 확보를 보는 지속력, 타 목적의 하위 시스템으로 분리되어 희귀한 파생 시스템을 창출하는 정도를 보는 변이력 등이다.

링겔 외와 티와나의 플랫폼 생태계 특성을 조합해보면, 링겔 외가 구분한 중앙집중형과 분권형 조직의 플랫폼 생태계는 티와나가 언급한 장기적 전략 특성에 속한다고 볼 수 있다. 즉, 중앙집중형 구조의 플랫폼 생태계 특성은 흡수력이고 분권형 구조의 플랫폼 생태계 특성은 지속력 및 변이력이다. 본 장에서는 중앙집중형 플랫폼 기업의 전략에 대해 살펴보고자 한다. 중앙집중형 플랫폼 생태계의 리더는 파트너이다가 플랫폼이 되었거나, 현재 파트너이면서 플랫폼이 될 것 같은 공급자 기업들을 수직, 수평적으로 흡수하는 방식을 고민하게 된다.

중앙집중형 미디어 플랫폼의 발전

중앙집중형 미디어 플랫폼 생태계에서 리더는 신생 기업보다는 전통 기업들일 가능성이 높다. 따라서 미디어 산업 생태계에서 가장 대표적인 제휴 방식은 미디어 기업 간 수평, 수직적 인수합병이다. 인수합병을 통해 몸집을 불리는 주된 이유는 네트워크 효과 때문이다. 미디어 기업들은 새로운 서비스와의 경쟁에 대응하기 전에 기존 시장에서 이용자 수를 경쟁사보다 늘려 광고 및 콘텐츠 계약에서 유리한 협상력을 발휘하려고 한다.

통상적으로 미디어 플랫폼 기업 간 인수합병의 주요 목적은 신규 사업자나 잠재적 경쟁자를 제거하거나, 규모의 경제와 범위의 경제를 통한 비즈니스 시너지의 제고와 원자재 공급 협상력을 강화하기 위함이다. 이는 수평적 인수합병과 수직적 통합으로 나뉘는데, 전자는 기업 규모를 늘려 시장지배력을 강화하기 위한 목적인 경우가 대부분이다. 유료방송 시장이 대표적이다.

2010년 유료방송 시장 포화를 경험하고 OTT 같은 새로운 잠재적 경쟁에 직면한 미국 유료 방송사업자들은 새로운 이용자를 확보하기 어려운 상황에서 인수합병 방식으로 이용자 수를 늘리기 시작한다. 한국에서도 2018년부터 이러한 시도가 더욱 본격화된다. 이는 이용자 수가 콘텐츠 거래에서 유리한 협상력으로 작용하기 때문이다. 플랫폼이 성장하고 정체되면서 유료방송 경쟁력 핵심은 독창적 콘텐츠로 이동 중이다. 미디어 플랫폼들은 가입자 수가 많다면 좋은 콘텐츠를 유치하기에 더 유리하다는 판단하에 우선은 수평적인 세 불리기에 힘쓰게 된다.

네트워크 효과와 규모의 경제 덕에 자연 독점을 누리는 전통적 유료방송 기업들이 추진하는 수평적 인수합병 전략은 매체 간 경계가 허물어지면서 하나의 대안이 된다. 이는 티와나가 제시한 중기적 전략 특성에 해당되어 접착력(Stickiness) 내지 잠금 효과를 유지하기 위한 것으로 이해된다. 미국의 수평적 인수합병 사례를 보면, 이미 2010년부터 본격화되는데 유료방송 사업을 영위하고 있는 1위의 통신기업인 버라이즌(Verizon)이 AOL과 야후(Yahoo)를 인수·합병하였고, 2015년에는 유료방송 사업을 영위하고 있는 2위 통신기업인 AT&T가 위성방송인 디렉TV를 인수하였다. 2015년에는 법무부와의 반독점 소송 중에 컴캐스트(Comcast)의 타임워너케이블(Time Warner Cable; TWC) 인수합병은 무산되고, 미국 FCC의 권고로 2016년 4위 케이블기업인 차터(Charter)와 2위 케이블기업인 TWC의 인수합병이 조건부 승인된다. 그 이후 2020년에 3, 4위 통신기업인 티모바일(t−mobile)과 스프린트(Sprint) 간 합병이 조건부 승인된다.

국내 유료방송 시장에서 추진되는 인수합병도 우선은 가입자 확대를 위한 유료방송 플랫폼 기업들 간의 수평적 통합에서 시작된다. 엘지유플러스(LGU+)와 SK브로드밴드의 케이블기업 인수합병 신청이 허용되면서 국내 유료방송 시장은 IPTV를 소유한 통신기업 3강 체제로 공고해진다. 특히 IPTV 3사 중 가장 열위 사업자인 LGU+가 가장 앞장서서 인수합병을 추진하는데, 그 이유는 규모의 경제를 실현해 영업이익을 극대화하기 위함이다. 이들은 수익 개념보다는 양적 확장, 즉 가입자 수를 늘려 세 불리기를 하는 것이다. 이것이 매월 내는 수신료 수익 상승으로 이어질지는 미지수이다. 왜냐하면 콘텐츠 제작사의 협상력이 높아지면서 수급 비용이 상승하고 있기 때문이다.

이처럼 국내·외 통신기업의 케이블TV 기업 인수 목적은 새로운 OTT 미디어에 대응하는 콘텐츠 경쟁력 및 디지털 유통 경쟁력 강화보다는 기존 시장에서의 시너지 수준으로 판단된다. 비유하자면, 인수 후 시너지 효과는 스마트폰 성격에 가까운 OTT 시장보다는 피처폰 성격에 가까운 유료방송 시장 내에서만 발현될 것으로 보인다. 중단기적으로 볼 때, 매출 측면에서는 홈쇼핑 송출 수수료를 확대하고 유료방송 내 VOD 및 광고 매출 상승이 다소 기대되고, 비용 측면에서는 콘텐츠 수급, 마케팅, 네트워크 등 운영 비용 절감이 어느 정도 기대될 뿐이다. 무엇보다도 통신기업의 실제적인 인수 목적은 방송과 통신의 결합상품 해지율을 낮추려는 것으로 이해된다. 실제로 유료방송 전체 가입자의 연간 해지율은

7% 수준이지만, 방송통신 결합상품 가입자 해지율은 이의 절반 수준에 불과하다. 또한, 직접적이지는 않지만 이들이 제공 중인 직접 사업하는 종속형 OTT 미디어의 이용률을 높이는 데도 간접적으로는 어느 정도 기여할 것이다.

앞서 티와나가 제시한 중기 전략 특성인 시너지 차원에서 보면, 수평적 통합 외에 수직적 인수합병도 고려해야 하는 중요한 플랫폼 생태계 특성 중 하나이다. 미국의 경우를 보면, 이미 이러한 특성이 전략으로 진행되고 있음을 보게 된다. 케이블TV 사업자인 타임워너케이블 인수를 차터에게 빼앗긴 미국의 1위 케이블 기업인 컴캐스트는 2011년 일부 지분 인수를 시작으로 이미 자사 플랫폼의 보완 재 역할을 하는 콘텐츠 기업인 NBC유니버셜(Universal)과 드림웍스(Dream Works)를 차례로 인수하였다. 이는 플랫폼 생태계 리더들이 협상력이 높아지고 있는 콘텐츠 사업을 내부화해 경쟁력을 강화하기 위한 목적에서 추진되는 것이다.

반대의 경우도 일어난다. 2019년에는 콘텐츠 기업인 디즈니가 콘텐츠 기업인 21세기폭스를 인수하여 수평적 합병을 한 것으로 여겨진다. 하지만 사실은 디즈니가 OTT 미디어 플랫폼인 훌루(Hulu)의 경영권을 가져간 것이다. 이보다 앞서, 1위 케이블기업인 컴캐스트와 1위 통신기업인 버라이즌도 디즈니와 마찬가지로 21세기폭스 인수에 관심을 표한 바 있다. 이들도 콘텐츠가 아닌 잠재적 경쟁자인 훌루에 관심을 가졌기 때문이다. 이에 앞서, 2016년에는 이미 2위 통신기업인 AT&T가 콘텐츠기업인 타임워너(Time Warner)를 854억 달러에 수직적으로 합병하는 계약을 체결하였고 미국 연방정부의 소송 등 어려움 끝에 2018년 실제적 합병에 성공한다. 타임워너는 CNN, TNT, HBO, 워너브러더스 등의 자회사를 거느리고 있고 AT&T는 타임워너 인수합병을 통해 콘텐츠 제작과 편성에 있어서 영향력을 강화할 수 있게 된다.

한편, 신문 내지 뉴스미디어 산업도 위기를 맞이하기는 마찬가지이나, 플랫폼에 대한 개념조차 없는 상태가 오랫동안 지속되면서 신생 플랫폼인 포털이나 소셜 미디어와의 제휴를 통해 플랫폼 생태계의 공급자인 참여자로만 존재하게 된다. 한 세대 동안 가장 극적인 변화를 겪은 미디어 기업이 신문 내지 뉴스 미디어 기업이다. 아직도 종이신문과 디지털뉴스로 구분되어 관찰되는데, 포털이나 소셜 미디어 등이 디지털뉴스 중개자가 되면서 종이신문 시장은 추락하고 신문 광고 매출도 줄어든다. 게다가 신문 기업이 직접 시도한 디지털뉴스 유통 비즈니스도 성장을 못하면서 아직도 포털이나 소셜 미디어 플랫폼에 대한 의존도가 매우 강한 상황이다.

앞서, 7장에서 생태계의 디지털 전환을 위해 먼저 양면 시장 기반 플랫폼의 성장 전략에 대해 논의하였다. 상기해보면, 파이프라인 기업과 플랫폼 기업이 경쟁하면 승리는 반드시 플랫폼의 것이며, 파이프라인 기업은 대기업이라 해도 플랫폼 생태계 핵심 기업의 공급업체로 전락할 수 있음을 알게 되었다. 미디어 산업에서는 뉴스 미디어가 여기에 해당될 수 있음을 보게 된다. 이미 포털의 공급업체로 전락한 많은 뉴스 미디어 기업들은 솔루션 창출과 이에 필요한 핵심 ICT를 확보하고 단독으로 뉴스 미디어 산업 생태계를 주도하는 플랫폼으로 일시에 나아가기 어려운 게 사실이다. 하지만 발 빠른 몇몇 뉴스 미디어 기업들은 스타트업 뉴스업체를 인수하거나 지분을 투자하는 등의 병합을 시도한다. 예로 뉴스를 핵심 콘텐츠로 가진 미국 지상파방송인 NBC가 뉴스 스타트업 업체인 버즈피드(Buzzfeed)에 지분을 투자하였고, 일간 신문인 '뉴욕타임스'와 잡지인 '뉴욕'이 제휴사 상품을 추천하는 쇼핑사이트 인수를 통해 일종의 간접광고 형태인 브랜디드 콘텐츠(Branded content)를 제공하며, 그 대가로 수수료를 받는다. 브랜디드 콘텐츠는 광고주가 SNS상의 인플루언서가 된 1인 미디어 크리에이터에게 대가를 주고 제작하는 간접광고 형태의 제작물로서, 제작된 콘텐츠가 단순 광고에 그치는 것이 아니라 소비자에게 콘텐츠 상품으로서의 '가치'를 제공한다.

미디어 플랫폼의 플랫폼 흡수 전략

　앞서 비즈니스 프로세스의 파괴적 혁신과 비즈니스 모델의 단계적 혁신, 그리고 양면 시장 플랫폼의 대표 주자로 아마존과 넷플릭스가 사례로 여러 번 언급되었다. 소비재 부문에서는 '아마존드(Amazonned; 아마존에 의해 몰락됐다)'라는 신조어가 만들어져, 아마존으로 인해 월마트, 페덱스 등 전통 소매유통 및 배송업체의 몰락에 대해 우려감이 제기되고 있으며, 미디어 부문에서는 넷플릭스가 아마존의 역할을 이어가 《넷플릭스드(Netflixed; 넷플릭스당하다)》라는 책이 발간되기도 했다. 이처럼 승자독식 구조를 연상케 하는 유행어가 나올 정도로 이들의 영향력은 대단하다.

　여기서는 미디어 기업들이 비즈니스 프로세스의 최적화와 비즈니스 모델의 단계적 혁신 등을 꾀해 플랫폼 생태계를 조성한 후 고민해야 하는 점에 초점을 맞추어 보고자 한다. 전통적인 경영 전략 이론 중 하나인 자원 기반 이론에서 강조하는 모방 불가능한 자원은 플랫폼 생태계에서도 가장 중요한 경쟁력으로 작용한다. 중앙집중형 조직 구조를 가져가려는 미디어 플랫폼은 특히 핵심 자원인 콘텐츠에 배타적 접근하는 것에 관심을 보인다. 즉, 벤처업체를 인수하거나 외부 R&D를 끌어들이거나, 공급업체를 인수하는 등의 방식을 통해 미디어 플랫폼 생태계 내 콘텐츠 제작사들의 멀티호밍 가능성을 차단하거나 최소화시키기를 원한다. 그 이유는 멀티호밍이 사용자가 좋아하는 플랫폼으로 전환하기 위해 현재 이용하는 플랫폼을 떠나는 것을 용이하게 하기 때문이다. 이는 티와나가 언급한 생태계 플랫폼의 장기 특성인 흡수력에 해당된다.

　양면 시장에서는 네트워크 효과 때문에 시장 지배력이 강한 미디어 플랫폼 기업으로 집중되는 쏠림 현상이 발생하고 승자독식이 가능해지지만, 이를 유지하는 데 있어서 걸림돌이 되는 콘텐츠 제작사의 멀티호밍 용이성 때문에 대응 전략이 필요해진다. 멀티호밍은 사용자 그룹이 경쟁 플랫폼에도 동시 참여하는 것을 의미한다. 예컨대, 게임 소프트웨어 개발자 기업이 소니 플레이스테이션과 MS Xbox에 동시 사용 가능한 게임을 제공하는 것이다. 양면 시장에서 변동성(Variability)이 크다고 말하는 데, 그 이유는 더 이상 단면(One-sided)의 고객만을 다루는 시장이 아니기 때문이며, 멀티호밍하는 양면의 사용자 그룹에 영향을 주는 변화가 생길 때마다 이들 사용자 그룹의 증폭적 변화를 야기하게 되기 때문이다.

[그림 1] 멀티호밍 개념(B: 구매자(Buyer), S: 판매자(Supplier))

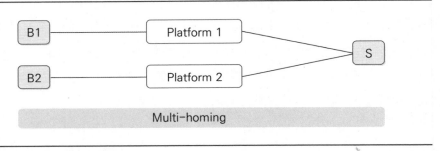

출처: Rochet & Tirole. 2004

실제로 양면 시장에서 플랫폼 기업이 이러한 멀티호밍을 억제하기 위해 취해진 규칙이나 프로토콜 정책이 사용자 그룹의 대거 이탈을 초래하기도 한다. 대표적 사례로, 야후는 2000년 미국 이베이 다음으로 큰 업체로서 처음에는 사용자 그룹인 판매자에게 플랫폼 등록 수수료를 받지 않고 시작했으나, 2001년부터 등록 수수료를 다시 받기 시작하는 정책 변경을 가함으로써 사용자 그룹이 대거 탈퇴하는 어려움을 겪는다. 그 당시 야후에 등록된 판매자 상품의 약 90%가 이베이로 옮겨갔고, 구매할 상품이 충분하지 않은 상태가 되어 구매자도 이베이로 옮겨가면서 야후는 시장 지배력을 잃게 되고, 그 틈을 타서 이베이는 지속적인 인수합병을 추진해나간다.

'플랫폼 흡수(Platform envelopment)'는 기업 간 인수합병이나 제휴 등을 의미

[그림 2] 이베이의 국내외 인수 연혁: 1998~2011

인수/합병 · 해외	• 1998년 Up4Sale.com 인수-오하이오주 경매 사이트 • 2001년 메르카도 리브레 인수-남아메리카 전자상거래 시스템 • 2002년 페이팔 인수 • 2002년 아이바자 인수-유럽 옥션 사이트 • 2004년 Baazee.com 인수-인도 • 2005년 컴트리 인수-영국의 부동산 중개 사이트 • 2005년 스카이프 인수-인터넷 전화 • 2011년 GSI커머스 인수
인수/합병 · 국내	• 2001년 옥션 인수 • 2009년 G마켓 인수

한다. 2006년 양면 시장 플랫폼을 이론화한 아이젠만, 파커, 반 앨스타인은 이듬 해인 2007년 '플랫폼 흡수' 논문 초고를 발표했고, 2010년까지 지속적인 수정 작업을 거쳐(Eisenmann, Parker & Van Alstyne, 2007, 2008, 2009, 2010) 2011년에 논문지에서 발간한다. 이들은 양면 시장 플랫폼 성장 경로 상 플랫폼 생태계 리더십의 옵션 중 하나로 플랫폼 흡수 모델을 제시한 것이다. 승자독식에 성공한 플랫폼은 생태계를 중앙집중적 구조로 가져가기 위해 보완재나 대체재를 인수 합병하거나 이들과의 배타적 제휴를 선호한다. 다시 말해, 플랫폼 흡수는 한쪽의 플랫폼이 다른 쪽 플랫폼의 기능을 흡수하여 내부화해서 번들링(Bundling)하는 것을 뜻한다. 이는 플랫폼 생태계 리더십 유지를 위해 승자독식 이후 고려하는 주요 전략적 옵션이며, 플랫폼 간 관계 유형은 아래 [그림 3]과 같이 보완재, 약한 대체재, 비(非)관련 기능으로 구분된다.

플랫폼 흡수를 통해 한 플랫폼이 다른 플랫폼을 흡수하거나 자체적으로 내부화하여 생태계를 유지할 수 있으며, 플랫폼 흡수자의 전략 옵션은 배타적 제휴, 인수합병, 그리고 유사 비즈니스의 직접 운영으로 나뉜다. 국내·외적으로 많은 거대 플랫폼 기업들에게서 나타나는 전략이다. 플랫폼 흡수 전략을 추진하는 이유는 플랫폼 생태계 리더십을 영속적으로 유지하기 위함이다. 양면 시장 네트워크 효과를 확보한 플랫폼 기업은 대체재나 경쟁재 플랫폼의 등장이나 성장으로 인해 양면시장 네트워크 효과가 휘발되는 것을 미연에 방지하고 수요자 측 또는

[그림 3] 플랫폼 피흡수자 유형과 흡수자의 전략 옵션

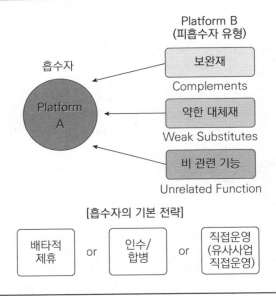

출처: Eisenmann et.al(2007, 2010: 5), 송민정(2010) 재구성

공급자 측 고객집단 간 간접 네트워크 효과를 지속해서 증대시킬 목적으로 보완재 (Complements), 약한 대체재(Weak Substitutes), 비(非)관련 기능(Unrelated Functions; Functionally unrelated) 관계의 플랫폼 기업들을 흡수 통합하게 되는 것이다. 이 세 가지 중 어느 하나를 선택해 기존 플랫폼 기업이 가진 기존의 네트워크 효과를 강화하려는 전략이 추진될 수 있다. 아래 [표 1]은 2009년 아이젠만, 파커, 반 앨스타인의 논문에서 제시된 것이다.

플랫폼 흡수의 세 가지 유형인 보완재, 약한 대체재, 비관련 기능으로 본 매출, 비용, 전략적 측면의 장점을 비교한 것이다. 매출 측면의 주요 장점은 가격 차별화, 이중 마진, 가입자 유지, 상품의 질 제고, 네트워크 효과이며, 비용 측면의 주요 장점은 규모의 경제와 범위의 경제이다. 또한, 전략적 측면의 주요 장점은 공격적 봉쇄와 수성적 봉쇄이다. 보완재의 인수 내지 번들링 효과가 가장 큰 것을 볼 수 있다. 그 이후 2010년 수정 중인 논문에서 아이젠만 외는 플랫폼의 기능적 관련성으로 본 번들링 효과라는 제목으로 아래 [표 2]와 같이 제시하였다. 플랫폼 흡수의 세 가지 주요 장점인 높은 가입자기반 중첩(User base overlap)에 따른 가격 경쟁

[표 1] 플랫폼 흡수의 세 가지 유형별 매출, 비용, 전략적 측면의 장점 비교

장점	주체 플랫폼 관점에 본 플랫폼 간 기능적 관계 유형		
	보완재	약한 대체재	비(非)관련 기능
매출 측면			
가격 차별화(Price Discrimination)	○	○	●
이중 마진(Double margin)	●	○	○
가입자 유지(Retention)	●	○	●
상품의 질(Product Quality)	●	●	○
네트워크효과(Network Effects)	●	○	●
비용 측면			
규모의 경제(Economies of Scale)	●	○	●
범위의 경제(Economies of Scope)	●	●	●
전략적 측면			
공격적 봉쇄(Offensive Foreclosure)	●	○	○
수성적 봉쇄(Defensive Foreclosure)	●	●	○

● 잠재적으로 강한 ○ 일반적으로 제한된

출처: Eisenmann et.al (2009:17), 송민정(2010: 67) 재구성

[표 2] 플랫폼의 기능적 관련성으로 본 번들링(흡수)의 효과

	Complements	Weak Substitutes	Functionally Unrelated
Opportunity for tying at an attractive price, due to high user base overlap	High for reciprocally-specific complements	Typically minimal; opportunity greatest when many users multi-home	High for mature platforms widely adopted by a common set of users
Price discrimination benefits	Minimal	Minimal	High
Economies of scope	Minimal	Moderate	Typically minimal, but high in some cases

출처: Eisenmann et. al (2010: 16)

우위, 가격 차별화, 그리고 범위의 경제 측면에서 세 가지 유형별 전략적 효과에 대해 고, 중, 저로 언급되었다. 보완재 흡수의 가격 경쟁우위 효과와 비(非)관련 기능 흡수의 가격 경쟁우위 및 가격 차별화 효과가 높이 평가되었다.

플랫폼 흡수 이론을 토대로 송민정(2010)은 성장 정체를 극복하기 위한 미디어 플랫폼들의 전략 옵션으로 플랫폼 흡수 전략을 제시한다. 양면 시장 전략을 취한 기존 미디어 플랫폼들의 전략상 한계점은 주요 판매자와의 종속적 관계 유지 전략의 한계, 전환 비용 제고 전략의 한계, 단품 중심 자연 독점 유지 전략의 한계 등 세 가지이다. 플랫폼 흡수 유형별 전략 시나리오 및 사례와 대표 기업들의 성과에 대해 분석한 결과가 제시되고, 국내 미디어 플랫폼 전략 방향이 결론으로 제안된다. 세 가지 플랫폼 흡수 유형별로 어떤 전략적 시나리오가 가능한지에 대해 8개 옵션별 사례들을 제시하였고, 유형별 대표 기업들의 매출, 비용, 전략상의 성과를 심층 분석하였다. 2010년 당시 기준으로 플랫폼 흡수 유형 시나리오와 장점, 사례를 정리하면 아래 [표 3]과 같다.

플랫폼 흡수를 진행하는 흡수자의 피흡수자 흡수 방법은 배타적 제휴, 인수합병, 직접 운영 등 세 가지 시나리오 중 하나이다. 실제로 구글, 애플, 아마존, 페이스북 등 거대 플랫폼 기업들의 플랫폼 흡수 방법은 이 세 가지를 전방위적으로 수행하는 것을 볼 수 있다. M&A를 통한 인접 사업 내지 플랫폼으로의 영역 확장은 놀라운 속도로 빠르게 전개된다. 예로, 구글은 스마트폰 OS에서 인터넷 브라우저, 동영상 유통업, 단말 제조업까지 확장했다. 구글의 M&A 일지를 보면, 전방위적으로 플랫폼 리더십 유지를 위한 다양한 흡수 전략을 시행함을 볼 수 있다. 아래 [표 4]에서 보면 초기에는 주로 보완재 중심으로 인수를 시도하다가 점차 잠재적 경쟁이 예상되는 약한 대체재로 인수 대상을 확대하고 있음을 보게 된다.

구글은 세 가지 플랫폼 흡수 유형을 모두 소화하되, 보완재 흡수 후에 주요 자산이라 여겨지는 비즈니스는 직접 운영하기 시작한다. 양면 시장에서 플랫폼의 핵심 구성 요소인 운영이 매우 중요하기 때문이다. 운영 노하우(Know-how)가 플랫폼 기업의 중요한 자산이므로, 구글은 운영 노하우를 핵심 자원으로 여기고 외부에 공개하지 않는다. 구글의 대표적 운영 노하우로 검색 알고리즘, 시스템 운영방법, 네트워킹, 부하분산 방법 등이 있으며, 구글은 이 부문에서는 자체적으로 사업을 운영하는 방식을 택한다.

[표 3] 2010년 플랫폼 흡수 유형 시나리오와 장점, 사례

유형	시나리오	장점	사례
보완재	독점 제휴	• 매출 -이중 마진 -가입자 유지 -품질 제고 -네트워크 효과 • 비용 -규모의 경제 -범위의 경제 • 전략 -공격적 봉쇄 -수성적 봉쇄	게티이미지와 아휴플리커! 간 독점 제휴(2008) PCCW와 스포츠채널 간 독점 제휴(2005, 2007)
	인수		이베이의 페이팔 인수(2002) 타임워너의 터너브로드캐스팅 인수(1995) 비방디의 유니버셜스튜디오 인수(2000) 디즈니의 ABC 인수(2005) 소프트뱅크의 야후재팬 인수(2006) 컴캐스트의 NBC유니버셜 인수(2009)
	유사 사업 직접 운영		MS의 리얼플레이어 대응 미디어플레이어 운영(2000) 컴캐스트의 티!엔터테인먼트 등 직접 운영(2006) FT의 오랑주스포츠, 시네마채널 운영(2007, 2008) NTT도코모의 모바일방송국 BeeTV 운영(2009)
약한 대체재	독점 제휴	• 매출 -품질 제고 • 비용 -범위의 경제 • 전략 -수성적 봉쇄	버라이즌 FiosTV의 OTT 독점 제휴(2009) AT&T의 아이폰 독점 제휴(2007) 소프트뱅크의 아이폰 독점 제휴(2008)
	인수		이베이의 옥션 인수(2001) 구글의 유튜브 인수(2006)
	자체 운영		NBC, 폭스의 홀루닷컴 자체 운영(2008) 컴캐스트의 팬캐스트(Fancast) 운영(2008) 버라이즌 파이오스TV의 '위젯바자' 운영(2009)
비(非) 관련 기능	보유 자원 기반	• 매출 -가격 차별화 -가입자 유지 -네트워크 효과 • 비용 -규모의 경제 -범위의 경제	케이블 기업(컴캐스트 등)의 TPS*, QPS** 제공 통신 기업(버라이즌 등)의 TPS, QPS 제공
	보유 고객 기반		애플이 아이튠즈/아이팟 가입자를 활용해 음악+영화+음성+애플리케이션 등을 제공(2001년부터 시작하여 아이폰(iPhone), 아이패드(ipad)로 확산되며 iTV 출시 등

출처: 송민정, 2010: 67
*TPS: Triple Play Service **QPS: Quadruple Paly Service

[표 4] 구글의 M&A 일지(2003~2014)

연도	기업명	사업 분야	인수 금액(US$M)
2003년	Applied Semantics	광고	102
2006년	dMarc	라디오 광고 플랫폼	102
2007년	Feed Bumer	RSS피드 관리툴	100
2007년	Postini	이메일 보안 기술	625
2007년	ITA Software	비행정보 서비스	700
2007년	Double Click	디스플레이 광고 기술	3,100
2009년	Youtube	동영상 공유 서비스	1,650
2009년	Admob	모바일 광고	750
2010년	Like.com	비주얼 검색	100
2010년	Slide.com	소셜 게임	228
2011년	Motorola Mobility	휴대폰	12,000
2014년	NestLabs	사물인터넷	3,200

플랫폼 기업이 직접 운영하는 것에 대해 강력한 대체재가 나타나는 경우도 있다. 이는 아이젠만 외의 수정된 2010년 플랫폼 흡수 논문에서 강조되고 있는데, 여기서는 흡수자를 공격자(Attacker), 피 흡수자를 타깃(Target)이라 표현한다. 대표적 사례가 구글이 직접 운영하는 구글맵 공격자에 대응하는 타깃으로 맵퀘스트(Mapquest)가 언급된다.

2013년 구글은 또 다른 타깃인 웨이즈(Wase)를 발견한다. 웨이즈는 2008년 이스라엘에서 시작한 스타트업이다. 3명의 공동 창업자가 교통 정체에 시달리는 운전자들이 어떻게 하면 빠르고 정확하게 목적지에 갈 수 있을지를 고민하면서 웨이즈가 탄생한다. 이들은 사용자들이 직접 제공한 GPS(위성항법장치) 데이터·건의사항을 반영해 웨이즈를 창업 5년 만에 5,500만 명이 쓰는 세계 최대 내비게이션 앱으로 발전시킨다. 구글은 2013년 당시 107명 직원의 웨이즈를 11억 달러에 인수한다. 이유는 구글맵스보다 사용량과 편의성이 단연 뛰어났기 때문이다. 웨이즈는 지도, 교통 정보 등 데이터를 크라우드 소싱(Crowd sourcing)으로 확보한 것이다. 2013년 당시 구글은 10일 만에 인수 계약을 끝냈고, 인수 후에도 상품이나 운영 방식을 그대로 유지해, 생태계 가치 창출을 위해 노력하였다.

국내에서도 플랫폼 흡수는 활발히 일어난다. 인터넷 기업인 카카오가 플랫폼 흡수 전략 사례의 대표 주자이다. 2010년 3월 첫 공짜 인스턴트 메시징(Instant messaging) 서비스로 시작할 때는 단면 시장의 무료 메신저 앱이었다. 하지만 2012년 7월 카카오톡 내의 게임이 모바일 게임업체와 메신저 사용자를 연결하는 양면 시장 플랫폼으로 성장한다. 이때부터 카카오는 플랫폼 흡수 전략에 관심 갖는다. 특히 비(非)관련 기능 흡수에 관심을 보인 카카오는 2015년 카카오택시와 카카오블랙으로 국내 전통 택시 중개시장을 재편하고, 카카오드라이버를 출시해 대리운전 시장 등 택시－대리운전 시장을 카카오 안으로 흡수하는 전략을 구사한다.

카카오의 약한 대체재 인수 예로는 국내 스포티파이라 불리는 멜론(Melon)을 운영하는 로엔엔터테인먼트(로엔) 인수가 있다. 카카오는 한국 1위 음원 사업자인 로엔을 2016년 1조 8,700억 원에 인수한다. 로엔은 2005년 SK텔레콤 자회사로 편입됐다가 2011년 SK플래닛 자회사로 이관된 후 2013년 사모펀드 어피니티에서 다시 2016년 카카오에 인수되었다. O2O(온라인과 오프라인 연계) 서비스와 게임업체 M&A에 이어 로엔 인수로 콘텐츠 사업에 주력하기 시작한 카카오는 모바일 플랫폼 경쟁력과 로엔의 음악 콘텐츠 강점을 살려 새로운 OTT 플랫폼으로 부상하게 된다.

콘텐츠를 핵심 자원으로 인식한 카카오는 점차 제작 부문 후방 단계의 수직 계열화를 모색한다. 원천 IP와 배우, 콘텐츠 기획 및 제작의 수직 계열화로 콘텐츠 경쟁력을 곤고히 하려는 카카오는 자회사인 카카오페이지를 통해 웹툰, 웹소설 기업들에 투자해 웹콘텐츠 고급화를 꾀하며, 멜론 인수 후 개칭된 카카오M을 통해 연예기획사, 영화제작사, 음악제작사 등을 인수해 수직 계열화를 완성한다. 2020년 1분기, 카카오는 93개 국내 계열사, 28개 해외 계열사를 보유 중이며, 카카오 종속기업 105개가 이에 연결되어 있다. 카카오는 이제 영화제작사인 영화사월광, 사나이픽쳐스 지분을 보유하고 음악 및 공연제작사인 플레이엠엔터 등 4개사, 연예기획 14개사 등 카카오M을 통한 콘텐츠 제작 및 유통 역량을 갖추게 된다. 또한, 2021년 초 카카오페이지와 카카오M이 합병해 '카카오 엔터테인먼트'로 출범한다.

네이버도 수코믹스, 제이큐코믹스 등 웹툰 제작사뿐만 아니라 YG엔터테인먼트 투자와 SM엔터테인먼트 지분을 인수하는 방식을 통해 콘텐츠 제작 및 유통

역량을 강화한다. 네이버는 웹툰 사업 구조 개편을 위해 미국 법인인 웹툰엔터테인먼트를 본사로 두어 라인디지털프론티어 지분을 모두 인수하고 웹툰엔터테인먼트가 웹툰 엔터코리아의 지분 77%를 가진 모회사가 되게 함으로써 네이버 웹툰 합병으로 이어지는 수직 계열화를 진행하여 제작과 글로벌 유통 역량을 동시에 강화하는 전략을 추진한다. 또한 빅히트의 K-POP 플랫폼인 '위버스'와 네이버의 OTT 플랫폼인 브이라이브(VLive)의 통합이 진행된다.

한편, 앞서 언급했듯이, 전통 미디어 기업들 간에는 이미 다양한 수직 및 수평적 통합이 진행되고 있다. 그 주된 배경은 콘텐츠 경쟁력 확보 및 유통망 확보, 가입자 수의 확대 등이다. 수직 통합 경우에는 제작과 유통 간 수직 계열화 외에 제작의 후방 단계 수직 계열화도 함께 진행된다. 지상파 방송사들은 자회사인 프로그램 제공 사업자(Program Provider; PP)를 설립해 유료방송 플랫폼으로 유통하고 있다. 이러한 전통 미디어 기업들의 수직, 수평적 제휴 움직임은 플랫폼 흡수 전략 관점에서 재해석될 수 있다. 최근에는 유료방송 기업들에게 약한 대체재로만 인식되었던 OTT와의 배타적 제휴가 LG유플러스와 2016년 한국에 진입한 넷플릭스 간에 진행된다. 콘텐츠 경쟁력 확보 차원에서 자회사로 운영하는 플랫폼 흡수 사례로는 2017년 CJENM의 제작 분사가 있다. 분사된 후 콘텐츠 경쟁력 강화에만 집중하는 스튜디오드래곤은 보다 고품질의 완성도 높은 콘텐츠 제작을 통해 넷플릭스의 눈에 들게 되었고, 글로벌 OTT 플랫폼들과의 계약을 진행하며 판권 매출 성장을 누리고 있다.

CJENM의 플랫폼 흡수 전략은 핵심 사업을 분사화해 자체 운영하는 전형적인 중앙집중형 구조의 플랫폼 흡수 전략의 모습을 보인다. 이는 CJENM의 핵심 사업과 자원이 유료방송이나 홈쇼핑 부문에서 벗어나, 콘텐츠 제작 부문으로 옮겨가고 있음을 보여준다. 자회사가 된 스튜디오드래곤의 4.99%를 넷플릭스에 매각하는 방식을 통해 CJENM은 대체재가 된 OTT와의 배타적 제휴 관계를 맺고, 이와 동시에 자사 OTT인 티빙(Tving)을 분사해 OTT유통 플랫폼을 강화시킨다. 이를 벤치마킹한 제이콘텐트리는 먼저 콘텐츠의 지식재산권(IP) 투자 사업을 담당하는 제이콘텐트리 스튜디오(100% 지분), JTBC스튜디오(60% 지분)의 제작 사업으로 구분하는데, 그 이유는 JTBC스튜디오의 캡티브(Captive) 마켓 한계에서 벗어나 다른 경쟁 OTT와의 콘텐츠 거래를 원활하게 하기 위함이다. 그 이후 제이콘텐트리는 OTT들의 치열한 콘텐츠 수급 경쟁을 감안하여

자회사의 시장지배력 강화를 위해 다시 JTBC 스튜디오가 제이콘텐트리 스튜디오를 흡수·합병하는 의사결정을 내린다.

또 다른 플랫폼 흡수 전략 사례는 SK텔레콤의 OTT '옥수수'와 지상파방송사 간 합작사 '지상파연합플랫폼'의 OTT '푹(Pooq)' 간 통합으로 웨이브(Wavve)가 탄생한 경우이다. 이는 약한 대체재 유형에서의 규모의 경제 활용에 속한다. 즉, 종속형 OTT 가입자 수 증대 목적이 아니라 OTT미디어로 본격 이동하기 위해 가입자 수 기반을 확보하는 경우로, SK텔레콤은 900억 원 유상증자에 참여해 통합 법인의 지분 30%를 확보하고 지상파 방송 3사가 나머지를 나누면서 OTT 가입자 수 1,300만이 가능해지는데, 실제 활성 이용자 수로는 약 400만 명 규모이다.

뉴스 미디어도 포털 플랫폼으로부터 벗어나기 위해서는 플랫폼 흡수 전략을 필요로 한다. 세계신문협회가 발간한 《2017 신문의 혁신》에서 플랫폼 흡수 전략과 유사한 길을 제시한다. 첫째는 기존 시장 지위와 브랜드 가치를 활용해 위험을 최소화하고 장기적 협력을 모색할 수 있게 하는 스타트업과의 배타적 제휴, 둘째는 초기 단계 벤처기업을 선발해 소액을 투자하여 육성하는 스타트업 엑셀러레이터, 셋째는 우수 인재를 갖추고 성장성 있는 기업에 자금을 투자하고 기술, 서비스 개발을 지켜보며 수익성을 기대하게 하는 스타트업에의 투자, 그리고 마지막은 직접 스타트업을 구축해 자금, 인력, 브랜드 등 기존의 자원을 총동원하여 전략적 서비스 개발에 나서고 직접적이고 전면적인 통제권을 확보하는 것 등이다.

독일의 뉴스 중심 미디어 기업인 악셀 스프링어(Axel Springer)는 독립형 뉴스 OTT인 스타트업 브렌들(Blendle) 인수 이후 레들리(Readly)라는 스타트업과도 제휴해 월 구독료로 전 세계 수백 개 언론사 기사 수천 개를 볼 수 있는 서비스에도 참여하는 등 인터넷 세상이 된 이후 2000~2013년 동안 인수 합병 82건, 합작 투자 10건을 달성하여 플랫폼 흡수를 조기에 실현한다. 2013년 이후부터는 비관련 기능 비즈니스에도 투자하기 시작해 2016년 상반기까지 90여 건에 이른다. 대부분 인터넷 및 모바일 스타트업들이다. 2015년에는 경쟁사인 영국의 파이낸셜타임스(FT) 인수에 실패한 대신에 약한 대체재인 미국 온라인 뉴스 사이트 비즈니스 인사이더를 인수했고, 이어 보완재인 유럽 여성 포털 사이트, 온라인 가격 비교 사이트, 할인 쿠폰 사이트, 구인·구직 포털 사이트, 온라인 비디오

게임 플랫폼, 온라인 축구 커뮤니티를 인수했으며, 2011년에는 비관련 기능인 에어비앤비에도 지분투자하였다.

데이터 기반 미디어 플랫폼 흡수

앞서 중앙집중형 구조를 유지하려는 미디어 플랫폼 기업의 플랫폼 흡수 사례로 구글에 대해 설명하였다. 여기서는 이러한 구글이 데이터 기반을 핵심역량으로 유지하기 위해 어떤 플랫폼 흡수 전략을 추진했는지 살펴보자. 플랫폼 기업인 구글은 특히 운영 노하우를 대표 자원으로 여기기 때문에 이를 외부에 공개하지 않으려는 유인을 강하게 가진 기업이다. 검색 알고리즘, 시스템 관리, 네트워킹, 부하 분산방법(Load balancing techniques) 등이 대표적이다. 구글은 핵심 운영 노하우 중심으로 볼 때 분명히 중앙집중형 구조의 플랫폼으로 우선은 자리매김하고 있다. 따라서 인수 대상은 ICT 관련 기업이 대부분이다.

앞서 2014년까지의 구글 M&A 일지를 제시했는데, 여기서는 핵심 운영 노하우 관련의 M&A 중심으로 1, 2, 3기로 나누어 살펴보자. 1기는 유선 인터넷 시대(2001~2005)로 구글이 검색엔진의 본분에만 충실한 시기이다. 따라서 구글의 주요 플랫폼 흡수 전략은 보완재 인수이다. 구글은 검색 역량 강화를 위해 유즈넷(Usenet)과 데자(Deja)를, 광고 수익모델 역량 강화를 위해 어플라이드 세맨틱스(Applied Sementics)를, 그리고 이용 패턴 분석 강화를 위해 어친 소프트웨어(Urchin Software)를 인수한다.

2기는 무선 인터넷 시대(2005~2011년)로, 구글이 안드로이드 OS 생태계 플랫폼에 충실한 시기이다. 구글의 주요 플랫폼 흡수 전략은 약한 대체재와 보완재 인수이다. 약한 대체재 인수로는 안드로이드 인수와 유튜브 인수가 있고, 보완재 인수로는 세이나우(SayNow), 핏팻(Pittpatt) 등 음성 및 안면인식 기술업체 인수가 있다.

마지막으로, 3기는 초연결 시대(2011년 이후)로, 현재 IoT 등 차세대 먹거리 발굴에 충실한 시기이며 현재 진행형이다. 구글의 주요 플랫폼 흡수 전략은 비(非) 관련 기능의 흡수인데, 특히 네트워크 종속의 한계를 극복하려는 움직임이 역력하게 나타난다. 즉, 구글은 세이지TV(SageTV) 인수를 통해 '구글 파이버(Google fiber)'라는 자체망을 구축하고, 초연결성을 강화하기 위해 신경망연구업체인 디엔엔리서치(DNNresearch)를 인수하고, 인공지능을 활용하기 위해 딥마인드(Deep Mind Technologies)와 로봇기술업체인 샤프트(SCHAFT)를 인수한다. 그리고 보안 강화를 위해 시피드리오(sipidr.io)를 인수한다.

한편, 구글은 그동안 개방한 크롬에 내재된 제3자(Third party) 기업에 대한 쿠키 지원을 향후 2년간 점진적으로 중단할 계획을 2020년 2월에 발표하는데, 이는 구글의 데이터 기반 전략 변화를 단적으로 보여준다. 끝으로는 이를 통해 구글은 이용자의 프라이버시를 보호하고 인터넷을 더욱 안전한 공간으로 만들 수 있을 것이라고 강조한다. 쿠키(Cookie)란 어떤 웹사이트를 방문하였을 때 해당 사이트에 대한 방문 및 이용 기록(검색어 등) 등 정보가 기록된 파일로, 퍼스트 파티 쿠키와 서드 파티 쿠키로 구분된다. 퍼스트 파티 쿠키는 사용자가 방문한 웹사이트에서 직접 발행한 쿠키 파일이고, 서드파티 쿠키는 방문한 웹사이트가 아닌 타웹사이트에서 발행한 쿠키 파일이다. 일반적으로 광고 서버에서 발행하는 서드파티 쿠키는 여러 사이트에 자사 스크립트를 심어놓아 해당 사이트 방문자들에 대한 쿠키를 발행하고 이 쿠키 데이터 기반으로 타깃 광고가 가능하다.

크롬 브라우저에서 제3자 기업에 쿠키 지원을 중단하겠다는 구글의 계획은 소비자들에게 프라이버시 보호 차원에서 좋아보여, 뒤에 이어서 9장에서 언급할 개방형 플랫폼 전략상의 변화로도 이해될 수 있다. 문제는 미디어 업계에 상당한 타격이 된다는 점이다. 이는 곧 구글 광고 통제에 해당하기 때문이다. 제3자 쿠키 데이터는 더 나은 타깃 광고를 위해 인터넷 사용자의 브라우징 습관을 수집하는 광고 업계에서는 필수적인 데이터이다. 이 데이터는 구글의 플랫폼 지배력을 높여주는데, 쿠키 제한은 다른 플랫폼이 광고를 추적하여 표적화하기가 더어려워지게 만든다. 이러한 정책의 변화로 인해 미디어 기업들은 광고 매출을 대체할 구독모델을 추구할 것으로 예상되기도 한다.

이미 차단되어 있는 애플 사파리처럼 구글 크롬에서도 서드파티 쿠키가 사라지면 싱글사인온(Single Sign On; SSO)이 더 이상 지원되지 않아 SNS 계정으로 타 사이트에 로그인할 수 없게 될 수 있으며, 중소규모의 웹사이트에 광고를 주는 광고주들에게는 ROI를 추적할 수 없어서 광고에 들인 돈의 상당 부분이 낭비될 수도 있다. 구글 측에서 말하는 프라이버시 보호 명분도 중요하지만, 인터넷 업계에서는 인터넷 사용자가 랜덤 식별자로 구분되므로 개인 식별정보는 해시나 암호화되어 광고 파트너들은 불특정 사용자들의 관심사와 행동 정보에만 접근할 수 있다고 말한다. 결국, 이러한 변화 후에 독립 사이트들의 수익이 감소하는 것 이외에도 광고주들의 광고 투자 수익이 급격하게 감소하면서 구글 같은 대형 플랫폼들에 대한 광고 의존성은 더욱 늘어날 것이다.

전통 미디어 기업인 EMI는 양면 시장 플랫폼 생태계를 구축한 스포티파이 (Spotify)를 인수했다. 여기서도 데이터가 핵심 자원이다. 스포티파이는 스팟 (spot)과 아이덴티파이(identify)를 합친 말로 2008년 스웨덴에서 처음 서비스를 시작했고, 소니 뮤직, EMI, 워너 뮤직 그룹, 유니버설 음악 라이선스를 통해 정식 제공되는 스포티파이 앱은 스트리밍 형식이라 앱에 광고가 표시되거나 곡과 곡 사이 광고가 삽입되어 나오는 광고 수익 모델이다. 간단한 절차로 회원 가입 후 누구나 인터넷으로 음악을 들을 수 있다. 그 이전으로 거슬러올라가면 레코딩 방식에서 디지털 음원 판매 방식으로의 변화가 시작되었으나, 불법 다운로드 관련한 저작권법 강화로 2007년 아이팟, 아이튠즈 다운로드 서비스로 변화한다. 하지만, 디지털 세대는 공유를 통해 소통하길 원했고 구독 모델이 더 매력적이 되면서 이미 앱을 제공 중인 스포티파이가 미국 음반 레이블 회사인 EMI의 흡수 타깃이 된다. EMI도 MP3 온라인 음악을 제공했지만 성과를 이루지 못하는데 불법의 P2P 성행으로 저작권법이 작동하지 않았기 때문이다. 이에, EMI는 디지털화로는 수익을 내지 못했고 데이터 기반의 탄탄한 스포티파이 인수를 선택한다.

스포티파이는 고객 데이터를 분석해 고객별로 맞춤형 음악 서비스를 제공하는데 프리미엄 서비스를 이용하는 고객에게만 요금을 부과하며, 이를 통해 시스템을 도입한 지 3년 만에 2억 4,500만 달러 수익을 달성했고, 음악 제공으로 그치지 않고 소비자들의 음악 사용패턴을 분석해 다시 피드백하고, 음악과 관련된 이미지와 비디오, 뉴스, 리뷰, 블로그 포스팅까지 함께 검색해 제공한다. EMI는 2009년부터 인수한 스포티파이로 수집되는 고객 데이터를 이용한다. EMI는 스포티파이 이용 고객들이 자신의 뮤직 블로그, 페이스북, 트위터로 전송하는 데이터 50억 건을 분석해 고객에게 음악을 추천하는 서비스를 시작해 고객 취향을 알기 시작한다.

한편, 스포티파이는 과거 EMI의 존립을 위협했던 MP3 기기 시장에 다시 들어가는데, 그 배경은 데이터 분석을 통해 얻은 결정 때문이다. 스마트폰의 등장으로 MP3 기기는 웨어러블 디바이스로 변신한다. 매일 조깅 등의 운동을 하는 사람들은 스마트폰을 몸에 지니고 운동하기가 어렵고, 파손 시 비용 부담도 크기 때문에, 세컨드(Second) 디바이스를 원한다. 이 같은 고객들의 불편함을 눈여겨본 스포티파이는 데이터 기반의 의사결정을 하여 2015년 실리콘밸리의 신생 제조기업인 마이티오디오(Mighty Audio)를 인수한다. 그 이후 마이티오디오는 인터넷 접속 없이도 스포티파이로부터 음악을 재생할 수 있는 클립 고정형 소형 장치로 진화했다. 이 기기를 이용하려는 이용자는 스포티파이에 프리미엄 결제를 해야 하고, 그 대신 기기 값은 매우 저렴하다. 운동할 때 듣기에 적합한 음악 목록을 갖춘 스포티파이 앱이 피트니스 애호가들에게 적합한 앱이긴 하지만, 실제로 음악을 들으려면 스마트폰을 부착해야 해서 운동하는 사람과는 그다지 잘 맞지 않았는데, 이 문제를 해결하게 되었고 마이티오디오는 인터넷 접속 없이도 스포티파이 음악을 재생할 수 있는 디바이스로 진화하게 된다.

2017년에는 스포티파이가 스마트폰 이용자들에게 TV 프로그램과 영화 등 동영상을 추천해주는 앱인 '마이티TV(MightyTV)'를 인수했다. 이 인수는 2016년 오디오 식별업체인 소나리틱(Sonalytic) 등을 인수한 것을 포함해 스포티파이의 여섯 번째 기업 인수이다. 스포티파이는 데이터 분석에 강점이 있는 마이티TV 인수를 통해 광고주들의 상품이나 서비스에 특화된 맞춤형 광고를 제안할 수 있게 된다.

참고문헌

교보증권(2021.2.1). 인터넷: 카카오 & 네이버 엔터 진출 행보 가속화.

김영주·권경은·양정애(2017.11). 글로벌 미디어 산업 지형 변화: 수익 구조 변화를 중심으로, 한국언론진흥재단.

대한경제(2016. 3.3). 이젠 '스마트 건설'이다 ② 침몰하던 '공룡' EMI, 전통에서 혁신 찾다.

미셀.V.(Mitchell, V.) (2020.1.17). '구글, 제3자 쿠키 지원 중단 '고민에 빠진 미디어·광고업계, https://www.ciokorea.com/news/141970.

삼정KPMG경제연구원(2019). 플랫폼 비즈니스의 성공 전략, Vol.67.

서봉원(2016). 콘텐츠 추천 알고리즘의 진화, 방송트렌드 & 인사이트. 04+05 VOL. 05.

송민정(2010.6). 플랫폼 흡수 사례로 본 미디어 플랫폼 전략 연구: 플랫폼흡수 이론을 토대로, 사이버커뮤니케이션학보, 2010년 6월, 27(2): 46−89.

신영증권(2021.2.10). 카카오.

아이뉴스(2017.3.28). 스포티파이, 마이티TV 인수로 광고시장 본격 진출.

유진투자증권(2020.12.6). 진격의 JTBC 스튜디오.

위클리비즈(2020.2.7). 신문이 주력인 독일 미디어 기업, 이젠 수익의 84%를 디지털로.

이코노미스트(2017. 12. 18.). [디즈니의 21세기폭스 인수 의미는] 미디어산업 헤게모니 움켜쥔 절대강자 탄생, http://jmagazine.joins.com/economist/view/319230.

한국무역신문(2016.4.22). 스마트폰 없이 스포티파이를 즐길 수 있는 '마이티'.

홍기영 (2020). 플랫폼 승자의 법칙, 매일경제신문사.

Eisenmann, T., Parker, G., Van Alstyne, M.(2007, 2008, 2009, 2010). Platform Envelopment, Harvard Business School, Working paper 07−104.

Eisenmann, T., Parker, G., Van Alstyne, M.(2011.12). Platform Envelopment, *Strategic Management*, Vol 32, Issue12: 1270−1285.

GroupM (2017). This year next year: Worldwide media and marketing forecasts, GroupM Publications.

Hagiu, A.(2014). Strategic decisions for multisided platforms, *MIT Sloan Management Review*.

Pricewaterhouse Coopers (2017). Global media and entertainment outlook newspaper.

Reuters Institute for the Study of Journalism (2017). Journalism, media and technology trends and predictions 2017, https://reutersinstitute.politics.ox.ac.uk/our−research/journalism−media−and−technology−trends−and−predictions−2017/

Ringel, M.F., Glassel, R., Baesa, D., Kennedy, M. Spira, and J. Manly (2019.3). How platforms and ecosystems are changing innovation, in: *The Rise of AI, Platforms, and Ecosystems*, BCG, pp.13~17.

Rochet J.−C. & Tirole, J.(2004. 3.12). Two−Sided Markets: An Overview.

Tiwana, A.(2018). Platform Synergy: Architectural Origins and Competitive Consequences, *Information Systems Research*, Vol. 29, Issue 4, 829−848.

Song,M.Z.(2019). A Study on Artificial Intelligence Based Business Models of Media Firms, *International Journal of Advanced Smart Convergence,* Vol.8 No.2: 56−67.

분권형 미디어 플랫폼의 디지털 전환

분권형 플랫폼 생태계의 특성

인터넷 시대가 되면서 많은 학자들이 기존의 플랫폼 개념을 확장하였고, 모바일 시대와 초연결 시대를 거치면서 아직도 현재 진행 중이다. 앞에서 언급했듯이, 가우어와 쿠수마노(Gawer & Cusumano 2014)는 "산업 플랫폼과 생태계 혁신"이라는 논문에서 특히 생태계 내 여러 기업들이 함께 참여해 혁신을 창출할 수 있는 상품, 서비스, 기술의 조합을 산업 플랫폼이라 정의하면서, 개방형의 산업 생태계 혁신을 강조하였다.

같은 맥락에서 해지우(Hagiu 2014)도 "다면 시장 플랫폼의 전략적 의사결정"이라는 논문에서 생태계 내 통제 수준에 대해 논의하였다. 그에 의하면, 양면 시장에서 시작한 플랫폼은 점차 다면 시장 구조로 가며, 다면 시장 플랫폼을 매개로 수요자와 공급자, 그 외 참여자가 연결되어 다양한 상호작용이 일어난다. 이에, 그는 다면 시장 플랫폼의 전략적 의사결정 고려 사항을 네 가지로 구분한다. 먼저, 양면 시장 플랫폼 전략의 고려 사항인 참여자 집단 수와 가격 구조, 플랫폼 흡수 전략의 고려 사항인 플랫폼 참여자 통제, 그리고 마지막으로 플랫폼을 통한 가치 배분이 언급되었다. 여기서는 해지우가 말한 플랫폼을 통한 가치 배분에 주목하고자 한다. 플랫폼을 통해 발생하는 가치를 어떻게 배분할 것인가가 분권형 조직구조를 지향하는 플랫폼 생태계에서 고려해야 하는 사항이라 판단된다.

플랫폼을 통해 발생하는 가치를 누구에게 얼마나 배분할 것인가가 고려되어야 한다면, 다면 시장 플랫폼에 참여하는 집단이 서로 자신이 취할 수 있는 수익이나 효용성을 극대화하고자 하는 욕망을 지니게 된다는 사실에 초점을 두어야 한다. 예를 들어, 광고 기반 플랫폼(SNS, 포털, 검색엔진)에는 더 많은 광고를 눈에 잘 띄는 공간에 배치하고 싶어하는 광고주의 욕망이 숨어 있게 된다. 거추장스러운 광고 없이 서비스를 쾌적하게 이용하고 싶은 사용자의 욕망도 있다. 광고주 이익을 우선시하는, 즉 화면에 노출되는 광고 수와 이용자의 클릭을 유도하는 장치를 늘린 서비스는 단기적으로 수익 상승 효과를 볼 수 있다. 하지만 서비스에 불편함을 느낀 이용자가 이탈하게 되는 부작용이 장기적으로 나타날 수 있다는 점도 함께 고려되어야 한다.

따라서 다면 시장 플랫폼 생태계 총가치의 균형을 유지하기 위해서는 각 집단 간의 수익과 효용성을 적절하게 분배하고, 어느 한쪽 가치가 극단적으로 늘어나거나 줄어들지 않도록 관리해야 한다. 이는 티와나(2018)가 언급한 단기, 중기, 장기의 플랫폼 생태계 전략 특성 중에서 장기의 전략 특성인 지속력(Durability)에 해당된다. 8장에서 언급한 대로, 링겔 외(2019)가 구분한 중앙집중형 조직 구조를 가지려는 플랫폼은 참여자를 얼마나 어떻게 통제할 것인가를 고려하기 때문에 플랫폼에의 접근 수준, 정책 등을 통제하거나, 보완재나 약한 대체재를 인수함으로써 생태계를 유지하려고 한다. 이에 반해, 분권형 조직 구조를 가져가려는 플랫폼은 보다 역동적이고 탈중앙적인 특성을 보이는 참여자들 사이에 다면적인 상호작용이 활발히 일어나는 개방형의 플랫폼 생태계를 만들어 나가야 한다. 기반이 되는 기술의 개발 강도가 강할수록, 강력한 중앙집중형 통제보다는 다양한 참여자 집단을 연결하는 재원과 지식, 데이터, 인력, 계약 등 특유의 윤활유가 필요하므로 개방형 플랫폼이 더 선호된다. 개방의 정도가 강할수록 그만큼 성장 기회가 넓어진다고 보는 것이다.

삼정KPMG(2019)도 다면 시장 플랫폼 생태계의 특징에 네트워크 효과 등의 양면 시장 플랫폼, 비즈니스 경계 파괴와 승자독식 구조 등의 플랫폼 흡수 특징 외에 개방형의 플랫폼 생태계 특징이 아울러 강조되고 있다. 플랫폼 생태계의 참여 기업들은 공급자와 수요자, 개발자 등 다면 시장의 구성원들이다. ICT의 발달로 소프트웨어 기반은 이전보다 더 중요해지고 있으며, 하드웨어 업체 외에 응용 프로그램 인터페이스(Application Programming Interface: API) 등 플랫폼 제공 공통 기술로 다양한 애플리케이션(앱)을 공급하는 소프트웨어 개발사의 역할은 더욱 중요해진다. 주요 구성원 간 활발한 상호작용과 여기서 창출되는 가치가 플랫폼 생태계의 활성화를 좌우하며, 생태계 참여자들은 새로운 하드웨어, 소프트웨어, 솔루션 등을 만들어 플랫폼 생태계 혁신을 불러일으키는 원동력이며 주역이 된다.

분권형 미디어 플랫폼의 발전

미디어 산업을 보면, 전통적인 단선적 가치 사슬을 유지하는 전통 미디어 기업들이 파이프라인 기업으로 아직 존재한다. 하지만 신생 기업들의 파괴적 혁신을 통해 플랫폼의 복합적 가치 매트릭스로의 변화도 진행되고 있다. 미디어 플랫폼 기업들도 일단 승자독식 구조를 가진 후에는 자신의 이익을 최대화하기 위해 다양한 전략적 선택을 하게 된다. 이는 생태계 참여자들의 생태계 접근 규칙이나 정책 등을 통제하는 수준을 달리하면서 발전하게 된다.

네트워크 효과의 확대를 위해 약한 대체재나 보완재를 인수하는 플랫폼 흡수 전략은 중앙집중형 조직 구조를 선호하는 플랫폼 기업들의 전략적 선택이다. 여기서는 또 다른 전략 옵션인 분권형 조직 구조를 가져가려는 미디어 플랫폼의 플랫폼 전략을 논의하기 전에 현재의 플랫폼 기업들의 발전 현황을 사례 제시를 통해 먼저 살펴보고자 한다. 이용자 상호작용의 통제 수준에서 분권형 구조를 가져가는 미디어 플랫폼을 보면, 미국 데이트 사이트인 매치닷컴(Match.com)과 이하모니(eHarmony) 사례 비교가 적절하다. 매치닷컴은 등록 자격과 회원 간 상호작용을 가급적 제한하지 않는 반면, 이하모니는 250개 설문을 통한 엄격한 자격 심사와 함께 회원들이 직접 다른 회원들에게 데이트 신청이나 접촉을 할 수 없도록 제한하고, 매칭 알고리즘에 의해 회원들을 연결하는 상반된 미디어 플랫폼 전략을 실행한다.

이처럼 통제 수준이 다른 두 사이트 중 과연 어느 것이 더 가치를 창출하고 있다고 말할 수 있을지가 주요 관심이다. 결론부터 말하면 누가 더 나은 전략이라 말하기는 어렵고, 이들은 최종 이용자에 대한 상호작용의 수준을 달리 하고 있을 뿐이다. 매치닷컴은 많은 회원들을 일거에 유치할 수는 있지만 회원의 신원 보증이 확실하지 않고 회원들 간 데이트 신청이 혼란스럽게 전개된다. 이에 반해, 이하모니는 회원 수 확보에 있어서는 매치닷컴에 비해 확실히 불리하지만, 회원 신원을 보증하고 더 적합한 데이트 매칭을 통해 장기적인 만남을 원하는 회원들에게 만족도 높은 서비스를 제공할 수 있다는 장점을 가진다. 장기적으로는 이하모니의 전략이 나은 듯하다.

다른 사례는 개발자 상호작용의 통제 수준이다. 거대 미디어 플랫폼인 iOS 생태계의 애플과 안드로이드 OS 생태계의 구글은 상반되다가 다소 유사해지는 개발자 상호작용 구조를 가지고 있다. iOS에서는 애플이 제공한 개발 도구만을 사용해야 하며, 앱스토어에 앱을 승인할 때도 애플이 직접 통제하므로, iOS를 기반으로 하는 앱 이용자는 신뢰도가 높고 검증된 앱을 사용할 수 있다. 이에 반해, 구글은 초기에는 안드로이드 OS를 스마트폰 제조사가 커스터마이징할 수 있도록 허용하다가, 안드로이드 기기들이 난립하는 상황이 전개되면서 통제하기 시작한다. 구글의 앱 마켓 통제는 애플 앱스토어보다는 유연하게 해서 사용자들은 더 많은 스마트폰과 더 많은 앱들을 사용할 수 있다는 장점을 갖지만, 각 스마트폰 모델 및 앱의 서비스 품질이 높은 수준을 유지하지 못하거나 들쑥날쑥하게 될 수 있다는 문제가 발생하게 된다.

이처럼 다면 시장의 플랫폼들이 생태계를 유지하기 위해 취하는 생태계 참여자 상호작용 통제는 보다 폐쇄적이냐 아니면 보다 개방적이냐 여부로 결정되며, 이는 시기별로 변화하는 플랫폼의 전략적 선택에 달려 있다. 이용자나 개발자에게 엄격한 상호작용을 하는 생태계 플랫폼의 전략적 선택이 부정적이라고 할 수도 없고, 보다 유연한 상호작용을 하는 생태계 플랫폼의 전략적 선택이 꼭 바람직하다고 보기도 어렵다. 이는 각각 장점과 단점을 보유하고 있기 때문이다. 다만, 플랫폼의 성패는 참여자에게 얼마나 많은 효용과 가치, 수익을 제공하느냐 여부에 달려 있다고 봐야 한다.

미디어 플랫폼의 개방형 플랫폼 전략

플랫폼 생태계 간의 경쟁이 더욱 심화되면서 생태계의 디지털 전환은 양면 시장 및 플랫폼 흡수 전략 외의 또 다른, 보다 균형 잡힌 전략을 필요로 한다. 특히 대체재 플랫폼의 위협이 높은 수준으로 진행될 경우에는 플랫폼을 개방형으로 가져가는 것이 중요한 전략적 옵션이 된다. 이는 플랫폼이 배타적 제휴나 인수합병 등의 중앙집중형 플랫폼 생태계 전략을 완전히 포기하라는 의미는 결코 아니다. 이는 이미 8장에서 언급한 구글의 운영노하우 플랫폼 흡수 전략에서 확인된다.

한편, 시간이 지나면서 플랫폼들은 다양한 기술 혁신의 개방적 경향이 점차 커지기 시작함을 스스로 경험하게 된다. 플랫폼 생태계를 이끄는 중개자의 입장에서는 참여자들을 최대한 끌어들여 산업 및 비즈니스 생태계를 만들어가는 것이 장기적으로 생태계를 지속할 수 있는 방법이 된다. 보완재나 약한 대체재, 비(非)관련 기능의 플랫폼 흡수 전략이 추후 개방형 플랫폼 전략을 추진하는 밑거름이 될 수도 있다. 8장에서 언급한 구글과 카카오의 경우가 대표적이다.

양면 시장에서는 비교적 통제가 용이하지만, 보다 다양한 참여자 그룹이 존재하는 다면 시장으로 발전하면서 생태계를 이끄는 핵심 플랫폼들은 자신의 R&D 성과를 외부에 공개하고 이를 토대로 다양한 개발자들의 참여를 적극 권장해 공개적으로 기술 개발을 완성해가는 것이 바람직함을 점점 더 깨닫기 시작한다. 2006년 양면 시장 플랫폼 전략과 2007~2011년 기간 동안 플랫폼 흡수 전략을 연구하고 제시했던 아이젠만, 파커, 반 앨스타인(Eisenmann, Parker & Van

Alstyne, 2008)은 동시에 플랫폼을 개방형으로 가져갈 경우의 혁신이 경쟁 (Competition)과 과잉(Spillovers)에 어떤 관련이 있는지에 관심 갖게 되었고, 보완 재(Complements)에게 양면 내지 다면 시장을 개방해주는 것이 혁신 프로세스에 매우 유용한 '다양성(Diversity)'을 도모해준다고 인식하면서, 개방형 플랫폼(Open platform)도 유형화하기에 이른다.

개방형 플랫폼과 유사하게 논의한 논문을 뒤로 거슬러 올라가보면, 첫 번째 시도는 카츠와 샤피로(Katz and Shapiro 1992)로 돌아간다. 이들은 "네트워크 외 부성을 가진 상품 도입"이라는 논문을 통해 시스템 구축을 위해 외부 후원을 받 는 경우(Sponsored)와 후원을 받지 않는 경우(Unsponsored)의 플랫폼으로 나누어 설명하였다. 후원은 '적절한 시스템 지대(Appropriate system rents)'와도 같아서 장기적 성공을 위해 시스템 혁신에 투자를 하게 만드는 유인이 된다. 만약 플랫 폼이 외부의 어떤 기술적인 후원을 받지 않고 직접 스폰서가 되면, 즉 기술을 직접 제어하면 폐쇄형 플랫폼이 된다. 이때 폐쇄형 플랫폼은 고객 그룹인 판매 자들의 혁신을 저해할 수도 있다.

패럴과 와이저(Farrell & Weiser 2003)도 플랫폼을 개방형 여부와 시장 구조 변 화 간 관계를 관찰해 '분화 경제(Economies of specialization)'를 촉진시킨다는 측 면에서 다양한 판매자들을 플랫폼에 끌어들이는 개방형에 대해 논의하였다. 판 매자에게 개방형을 부여할 때 가장 큰 장점은 '다양성'이다. 패럴과 와이저의 우 려는 개방형이 허용된 시장 내 혁신이 혁신적 판매자 간 상호작용에 복잡한 형 태로 영향을 미친다는 점이다. 즉, 개방형 규모가 커질수록 판매자 간 경쟁이 심 화될 것이며, 이는 남들보다 더 혁신적인 판매자에의 투자 인센티브를 저해할 수도 있다는 우려를 자아내게 한다. 예로 소프트웨어 애플리케이션 경우 플랫폼 의 개방형 허용으로 판매자들이 대거 진입하면 시장 규모는 커지지만 중장기적 으로 부정적 경쟁 효과를 가져올 수도 있다는 우려이다. 또한, 혁신적 판매자들 의 수적 증가가 이들의 플랫폼과의 협상력 여부에도 영향을 미칠 수 있다는 우 려도 함께 제기된다.

개방형 플랫폼의 유형화는 앞서 언급한 2018년 티와나(2018)가 주장한 플랫 폼 생태계의 아홉 가지 진화 특성 중에서 장기적 진화 특성인 지속력(Durability) 및 변이력(Mutation)과도 맥을 같이 하며, 2019년 링겔 외(2019)가 언급한 중앙집 중형과 구분되는 분권형 플랫폼 생태계 전략을 의미한다. 이들은 보다 역동적이고 탈중심적 성향을 선호하는 참여자들 간에 다면적인 상호작용이 왕성하게 만드는 플랫폼 생태계를 개방형 내지 분권형의 플랫폼 생태계라고 명명하였다.

다시 아이젠만 외(2008)의 개방형 플랫폼으로 돌아와보자. 개방형 플랫폼이 고려할 점은 7장에서 자세히 언급한 '간접 네트워크 효과'이다. 이들의 핵심 주장은 보다 확대된 판매자 시장 접근을 통해 혁신적 판매자 간에 지나칠 정도의 부정적 관계로만 가지 않는다면 개방형 플랫폼 접근을 통해 긍정적인 네트워크 효과(Positive network effect)가 기대된다는 점이다. 패럴과 와이저(2003)처럼 양면 시장의 한쪽 고객 그룹인 판매자들에게 그들의 시장을 개방형으로 만들어주는 것이 혁신 프로세스에 매우 유용한 '다양성(diversity)'을 도모해줄 것으로 본 것이다.

반 앨스타인 외의 《플랫폼 레볼루션》(2016)에서 제시되듯이, 플랫폼이 개방형이 되려면 수요 측 참여자의 이용 자율성 차원이든, 공급 측 참여자의 개발 자율성 차원이든, 단말을 포함한 고객 접점이 되는 이종 플랫폼의 상용화 차원이든, 해당 참여에 어떤 제약이 존재하지 않아야 하며 기술 표준이나 특허료 지불 기준 등의 제약도 합리적이고 비(非)차별적이어야 한다는 근본 원칙을 필요로 한다. 이러한 원칙하에 플랫폼이 개방형이 되면 활발한 간접 네트워크 효과가 발휘될 수 있다. 보완재가 되는 공급 측 이용자 수가 확대되면 될수록 그만큼 네트워크 활용도가 커져 개방형 플랫폼은 공급 측 이용자뿐만 아니라 수요 측 이용자에게도 개방형 플랫폼을 채택하도록 자연히 유인할 수 있게 된다. 또한, 이러한 자연적 유인으로 인해 수요 측 이용자 잠금(Lock-in) 등에 소요되는 마케팅 비용 등을 줄일 수 있고 이용자 세그먼트별 니즈(Needs)와 부합된 차별화된 상품이나 서비스 생산을 자극할 수도 있다.

한편, 분권형 플랫폼 전략에서는 개방 수준을 어느 정도까지 줄 것인지는 플랫폼 기업들의 전략적 옵션에 전적으로 달려 있다. 플랫폼 생태계를 지속적으로 건강하게 유지하려는 플랫폼 기업에게는 개방 수준을 어떻게 최적화할 것인가가 장기적으로 매우 중요한 의사결정 사항이다. 이는 또한 생태계 내 구성원 모두에게도 매우 중요한 문제이다. 플랫폼 단에서의 질 좋은 개방형 플랫폼 구성도 중요하나, 공급측 및 수요측의 적극적 참여도 중요하기 때문이다. 아래 [그림 1]은 아이젠만 외(2008)가 제시한 플랫폼 요소별(수요 측 이용자, 공급 측 이용자, 플랫폼 제공자, 플랫폼 스폰서)로 본 플랫폼 개방형 수준을 모델화한 것이다.

	리눅스	윈도우	매킨토시	아이폰
수요 측 User (End User)	Open	Open	Open	Open
공급 측 User (Application Developer)	Open	Open	Open	Closed
Platform Provider (Hardware, etc.)	Open	Open	Closed	Closed
Platform Sponsor (Design&IPRightOwner)	Open	Closed	Closed	Closed

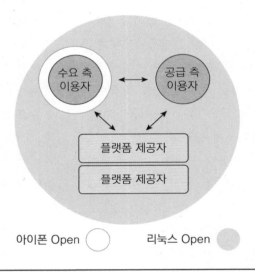

자료: Eisenmann, Parker, Van Alstyne, 2008: 2~4; 송민정(2010: 4) 재구성

아이젠만 외(2008)는 4개 기업을 대표 사례로 제시한다. 아이폰(iPhone)의 개
방 수준은 수요 측 이용자에게만 개방형이고, 나머지는 모두 폐쇄형이다. 공급
측 이용자에게 폐쇄형인 이유는 아이폰용 애플리케이션(앱)들이 애플이 제공하
는 아이튠즈 스토어에서만 사용 가능하며 애플의 전략 및 품질 관리라는 명목으
로 앱 거절 권리가 행사되기 때문이다. 한편, 애플은 개발자들이 아이폰에서 다

양한 앱들을 구동할 수 있도록 소프트웨어 개발 킷(Software Development Kit: SDK)을 제공하며 '아이펀드(iFund)'라는 펀드도 운영하는 등 개발자 인센티브제를 제공한다. 한편, 애플은 단말을 직접 제조하고 유통하는 구조를 가져 플랫폼 제공자 역할을 하며, 아이폰 기술에 대해서 책임을 지므로 플랫폼 스폰서 역할도 하는 등 폐쇄형을 유지한다.

매킨토시는 플랫폼 제공자와 플랫폼 스폰서에서 폐쇄형이고 나머지는 개방형이다. 윈도우는 플랫폼 기술 스폰서 역할만 폐쇄형이고 나머지는 개방형이다. 리눅스는 모든 역할에서 개방형이다. 수요 측 이용자는 모두 리눅스를 이용할 수 있고, 공급 측 이용자도 리눅스와 호환되는 애플리케이션을 맘대로 제공할 수 있으며, 플랫폼 제공자들은 리눅스 OS와 서버 및 PC 하드웨어를 이용 가능하고, 플랫폼 스폰서들은 OS 코어를 유지하는 오픈소스 커뮤니티 규정에 따라 리눅스 OS 개발 및 향상에 기여한다.

이처럼 플랫폼의 역할은 플랫폼 스폰서와 플랫폼 제공자 역할로 구분된다. 이 둘은 한 개 기업에 의해 수행될 수도, 다양한 기업들에 의해 분담될 수도 있다. 플랫폼 내부가 두 개로 나눠진다고 보면 이해하기 쉽다. 예로 설명하면, 안드로이드 OS 생태계에서 플랫폼 제공자는 최종 사용자와 직접 접촉하는 갤럭시폰 같은 디바이스들이 되고, 플랫폼 스폰서인 구글 OS는 플랫폼을 지원하고 플랫폼 기술에 대해 정책 등의 통제권을 가진다. 이를 한 기업에 의해 수행하는 경우도 있다. 앞서 언급한 애플의 경우에 디바이스와 OS 생태계가 애플에 의해 모두 주도되고 있지만, 개발자들에게 엄격한 가이드라인이 제시되는 등 통제하면서도 SDK을 제공한다. 이처럼 폐쇄형 내지 부분 개방형 플랫폼을 채택하려면 기술 표준에 대한 자신이 있어야 한다.

아이젠만 외(2008)가 플랫폼 제공자 및 플랫폼 스폰서의 개방 수준을 구분하는 플랫폼 조직화 모델을 제시한 후에, 다시 2016년 반 앨스타인 외에 의해 업데이트되어 제시된다. 이를 정리하면 아래 [표 1]과 같다. 두 가지 모두를 한 기업이 독점하는 독점 모델로는 매킨토시와 플레이스테이션 외에 몬스터닷컴, 패더럴 익스프레스(Fedex), 비자(2007년 이후) 등을, 두 가지 모두를 다수 기업들이 공유하는 공유 모델로는 리눅스, DVD, UPC바코드 외에 안드로이드 오픈소스, RFID 재고 관리 표준 등을, 플랫폼 제공자는 다수이나 플랫폼 스폰서는 한 개 기업이 독점하는 라이선싱 모델로는 윈도와 팜(Palm) OS 외에 구글 안드로이드,

아멕스의 MBNA카드, 사이언티픽 애틀란타 셋톱박스, 퀄컴 무선 전송 표준 등을, 그리고 플랫폼 제공자는 1개이지만 플랫폼 스폰서는 다수인 합작투자 모델로는 3개 신문사들이 합작 투자한 구인광고 플랫폼인 커리어빌더(CareerBuilder)와 주요 항공사들이 합작 투자한 여행예약 플랫폼인 오비츠(Orbitz) 외에 2007년 이전의 비자 등을 논의하였다.

[표 1] 플랫폼 조직화 모델(굵은 글씨는 2008년 논문에서 먼저 언급한 사례)

기업 수		플랫폼 제공자	
		단일 기업	다수 기업
플랫폼 스폰서	단일 기업	독점 모델: **매킨토시**, **플레이스테이션**, 몬스터닷컴, 패더럴 익스프레스(Fedex), 비자(2007년 이후)	라이선싱 모델: **윈도우**, **팜OS**, 구글 안드로이드, 아멕스의 MBNA카드, 사이언티픽 애틀란타 셋톱박스, 퀄컴 무선 전송 표준
	다수 기업	합작투자 모델: **커리어빌더**, **오비츠**, 비자(2007년 이전)	공유 모델: **리눅스**, **DVD**, **UPC바코드**, 안드로이드 오픈소스, RFID 재고 관리 표준

자료: Eisenmann, et. al, 2008: 5; Van Alstyne et.al 2016 (이현경 옮김 2017: 235)

각 모델을 설명하면, 먼저 독점 모델에서는 경쟁하는 플랫폼들이 상호호환되지 않는 기술을 채택한다. 예로 플레이스테이션과 닌텐도 위(WII) 간의 경쟁이 있다. 공유 모델은 플랫폼 스폰서 간 상호호환을 가능케 하므로, 경쟁하는 플랫폼 제공자들은 상호호환이 되는 기술을 적용할 수 있게 된다. 예로, 우분투(Ubunto) 리눅스와 레드헷(Red Hat) 리눅스의 이용자들은 양쪽 플랫폼 제공자들의 판매자들(예로 리눅스와 호환되는 판매자 애플리케이션들)을 공유할 수 있어서, 이용 중인 플랫폼에서 경쟁사 플랫폼으로 전환해도 이전에 이용한 플랫폼이 투자한 판매자 때문에 손해를 입거나 플랫폼 규칙을 학습하는 데 들이는 시간을 낭비하는 등의 손실이 발생하지 않는다.

한편, 라이선싱 모델에서는 1개 플랫폼 스폰서가 플랫폼 기술을 후원하며, 다양한 플랫폼 제공자들이 라이선스를 스폰서로부터 받는 형태라서, 라이선스를 받은 플랫폼 제공자들은 이용자들의 다양한 니즈를 충족시키는 고유 기능들을 가질 수 있고, 플랫폼 스폰서가 플랫폼 제공자의 마케팅 영향력을 활용해 플랫폼 채택을 더 광범위하게 확산시킬 수 있으며, 까다로운 플랫폼 제공자들이 우려하는 기기 공급 등의 리스크에 대비해 이차적 기기 공급원을 제공해주는 등의 장점을 가진다. 마지막으로 합작투자 모델에서는 다수의 플랫폼 스폰서들이 합작하여 플랫폼을 기술적으로 후원하지만, 플랫폼 제공은 각자 독점적으로 하는 형태이다.

아이젠만 외(2008)는 이 플랫폼 조직화 모델을 토대로 개방형을 추구하는 전략적 시나리오에 대해 분석하였다. 이들은 플랫폼 제공자와 플랫폼 스폰서를 개방형으로 가져가는 것을 플랫폼 간 수평적 관계이므로 수평적 전략 시나리오로, 공급측 이용자를 개방형으로 가져가는 것에 대해서는 플랫폼과 판매자 간 수직적 관계이므로 수직적 전략 시나리오로 나누어 관련 시나리오 유형별 이슈들을 논의하였다. 수평적 개방형에는 기존의 경쟁 플랫폼과 잠재적 경쟁 플랫폼 모두 해당되며, 수평적 개방형 플랫폼 전략 시나리오는 세 가지이다. 첫째, 기존 경쟁 플랫폼 이용자들에게 자사 플랫폼 이용자들과 상호작용하도록 허용하는 시나리오, 둘째, 잠재적 경쟁 플랫폼에게 자사 플랫폼 상용화에 직접 참여하도록 허용하는 시나리오, 그리고 셋째, 잠재적 경쟁 플랫폼에게 자사 플랫폼의 기술 개발에 직접 참여하도록 허용하는 시나리오이다.

이러한 세 가지 수평적 개방형 플랫폼 시나리오에는 장단점들이 있다. 먼저, 경쟁 플랫폼에게 상호호환성을 허용하는 경우에 컨버터(Converter) 재산권 문제가 발생할 수 있는데, 그 이유는 상호호환이 컨버터를 통해서만 가능하게 하기 때문이다. 보통 컨버터 개발 비용은 후발 플랫폼에 의해 부담되거나 양쪽에서 공동 부담되기도 한다. 한쪽에서 개발된 컨버터가 초기엔 양쪽 플랫폼 매출 상승에 도움이 되나, 점차 상호호환 기술 협상과 기능 중복의 문제로 기술적 거래가 질적 저하를 가져올 수도 있다는 우려도 제기되고, 지배적 사업자가 상호호환을 기피하는 문제도 발생하게 된다.

잠재적 경쟁 플랫폼에게 라이선싱을 허용하는 경우는 초기 시장에서 점차 무임승차(Free-riding)가 가능한 잠재적 사업자가 등장해 이윤을 빼앗기 전에 보조전략(Subsidization strategy) 차원에서 이용자 규모 확대에 필요한 시나리오이다. 성숙된 시장에서도 지배적 사업자가 플랫폼 기술을 보유하고 있다면 후발사업자에게 라이선스를 줄 수도 있다. 라이선싱이 신규 플랫폼 제공자에게 혁신적 상품을 제공할 수만 있다면 가장 매력적인 시장 진입 방법 중 하나이다. 일례로

팜OS 라이선스를 받은 소니는 사진과 비디오, 오디오 플레이백을 자사의 끌리에(CLIÉ) PDA 기기 플랫폼에 탑재하여 혁신적 상품을 제공했다.

스폰서십 확대 시에는 플랫폼 스폰서가 핵심기술 개발을 함께하려는 다른 플랫폼 스폰서들을 끌어들이는 것으로서, 장점은 플랫폼 핵심기술 개발 및 유지 비용이 고정적이고 참여 기업 수와 무관하다면 R&D 비용이 절감된다는 점이다. 결국, 시장에서는 필요로 하는 최적의 표준(De facto standard)만이 살아남으므로, 기술 협력을 위한 개방은 보다 양질의 상품을 받아들이게 하는 지속적 피드백을 가능하게 한다는 점에서 장점이 된다.

한편, 수직적 개방형은 공급측 이용자 측과 관련된 유형이다. 수직적 개방형 플랫폼 전략 시나리오도 세 가지이다. 첫째, 플랫폼을 업그레이드할 때 기존 플랫폼 버전에 의해 개발된 구성 요소들에 후방호환성(Backward compatibility)을 부여하는 시나리오, 둘째, 선택된 특정 판매자들에게만 배타적인 플랫폼 및 카테고리 접근권(Platform and category exclusivity)을 허용하는 시나리오, 그리고 셋째, 선택된 특정 판매자들을 자사 플랫폼으로 통합(Absorbing complements)하는 시나리오이다. 둘째와 셋째는 플랫폼 흡수와 맥을 같이한다.

이 세 가지 수직적 개방형 플랫폼 시나리오도 장단점을 가진다. 첫 번째인 후방호환성 부여의 경우에는 플랫폼이 가격 차별화를 할 수 없다면 기존 이용자의 차세대 플랫폼 채택 과정에서 네트워크 효과를 무시할 수 있다는 위험이 상존하게 된다. 두 번째인 특정 판매자에게 플랫폼에의 배타적 접근권을 허용하는 경우에는 시장 초기에 이용자 증대 불확실성이 크다고 판단되면 특정 판매자에게 경제적 양보(Economic concessions)를 할 수 있으며 시장 성숙 시 플랫폼이 판매자에게 자사 플랫폼에의 배타적 접근(Platform exclusivity)을 요구할 수 있다.

한편, 특정 판매자를 자사 플랫폼으로 통합하는 경우는 시장 성숙 시 두드러지며, 8장에서 언급된 아이젠만 외(Eisenmann et al. 2007, 2008, 2009, 2010, 2011)의 플랫폼 흡수 전략에서 보완재 내지 약한 대체재를 흡수하는 것이다. 보완재인 판매자 흡수는 이용자 편의성이나 범위의 경제, 가격차별화, 상품 및 서비스의 질적 제고 차원의 장점들을 가지며 중앙집중형 플랫폼 전략과 목적 측면에서 차별된다.

이상에서 아이젠만 외가 제시한 개방형 플랫폼 전략에 대해 살펴보았다. 플랫폼 구축은 생태계 내 구성원들 간의 핵심 상호작용 시나리오에서 시작되며 개방형 수준 및 조직화 모델로 본 유형은 어떤 플랫폼 참여가 제한 받느냐에 따라 다양한 수준에서 가능하다. 요약하면, 수요 측 및 공급 측 이용자, 플랫폼 제공자 및 플랫폼 스폰서 등 네 가지 수준에서의 제한이 모두 가능하며, 이러한 구분이 다양한 유형의 개방형을 가능하게 한다. 수평적 개방형 플랫폼 전략 시나리오는 라이선싱, 표준화 협력, 경쟁사와의 기술적 상호호환 등이며, 수직적 개방형 플랫폼 전략 시나리오는 후방호환성, 플랫폼에의 배타적 접근권, 핵심 판매자 흡수 등이다.

수평적이든 수직적이든 간에, 각 시나리오는 플랫폼 구성 요소들 중 일부에 개방형을 허용하거나 제한하는 방식을 띠는데, 시장이 성숙하면서 승자독식했던 플랫폼들은 잠재적 경쟁자인 신규 플랫폼에게 개방형을 허용하는 경향이 점점 더해지며, 간접 네트워크 효과를 아직 발휘하고 있지 않는 잠재적 경쟁자의 무임승차가 가시화되기 전에 다양한 서비스를 제공할 수 있는 잠재적 경쟁자에게 라이선스를 주게 된다.

아이젠만 외의 이론을 근거로 미디어 플랫폼들의 개방형 플랫폼 전략에 대해 살펴보자. 초기부터 리눅스 같은 완전 개방형을 채택한 위키피디아(Wikipedia)는 2017년 커처(M. Kercher) 살인사건과 관련하여 사용자가 잘못된 정보를 제공함으로 인해 성명서를 발표하는 어려움을 겪는다. 이의 결과로 위키피디아는 같은 해에 반달프루프(Vandal Proof)라는 큐레이션 방법을 채택하는 전략 수정을 한다. 이는 출처가 불확실한 내용을 반복적으로 작성하는 사용자들이 편집하는 항목들을 표시하고 위키피디아 커뮤니티에서 폭넓은 합의를 통해 특별한 권한을 얻은 사용자들만이 쓸 수 있게 하는 차단 및 보호장치 솔루션이다. 한편, 아이폰 같은 폐쇄형을 선택한 마이스페이스(Myspace)는 시장에서 사라지기도 한다. 기술이 뛰어난 소니가 VCR 표준인 베타맥스(Betamax)로 독점모델을 택해 시장에서 참패한 사례도 있다. 라이선싱 모델을 택한 경쟁사인 JVC의 VHS에 밀려 소니는 시장에서 폐하고, VHS는 플랫폼 제공자들인 다수 제조기업들의 참여로 승리하게 된 것이다.

따라서 다시 강조하면, 플랫폼 기업들이 각자의 상황에 따라 택하는 다양한 수준의 개방형 유형 그 자체만으로 승자, 패자 개념을 논할 수는 없으며, 이 모두가 개방형 플랫폼 전략의 일환으로 이해되어야 한다. 생태계의 디지털 전환을 끊임없이 시도하는 많은 플랫폼 기업들은 경쟁 플랫폼 간의 개방형 수준만을 정하는 수평적 개방형 플랫폼 전략 외에, 고객 집단인 새로운 개발자들을 끌어들이는 유형의 의사결정도 적극적으로 하게 된다. 개방형 수준을 조정하는 것은 생태계의 디지털 전환을 하는 플랫폼 기업의 중요한 의사결정 사항이다. 미디어 기업에게도 점차 수직적 개방형 플랫폼 전략이 더 중요해지기 시작하는데, 이는 새로운 가치를 플랫폼과 이를 구성하는 개발자들이 함께 만들기 때문이며, 콘텐츠의 질적 차별화가 중요한 핵심역량이 되기 때문이다.

2008년 아이젠만 외의 논문을 토대로 송민정(2010)은 국내 IPTV의 개방형 플랫폼 전략 방향성에 대해 연구하였다. 전략 시나리오별로 소개하면 아래 [표 2]와 같다.

[표 2] 개방형 플랫폼 전략 시나리오별 IPTV 선두 사례가 국내에 주는 전략적 의미

전략시나리오		주요 이슈	해외 IPTV 선두 사례	국내 IPTV에 주는 전략적 의미
수평적 전략 시나리오	공유형	컨버터 재산권	TV 에브리웨어 프로젝트에 참여한 버라이즌	3스크린 전략에서 출발, N스크린 전략으로 완성
	라이선싱형	혁신적 상품 제공	FT의 위젯TV 제공	범위의 경제를 확대 실현
	조인트벤처형	R&D 비용 절감	BT와 BBC의 'Project Canvas'	R&D 비용 절감에 기여
수직적 전략 시나리오	개발자에게 SDK 제공을 통한 제한적 개방형	개발자에 대한 가이드라인 제시와 인센티브제 운영	FT(현재의 오렌지텔레콤), 버라이즌의 TV 앱스토어 제공	• 콘텐츠 총량의 확대 • 잠재적 경쟁자에의 대응 • 기존 경쟁자애에의 대응

자료: 송민정, 2010.

2010년 당시 수평적 전략 시나리오로는 당시 경쟁하는 플랫폼에게 상호호환성을 허용한 공유형 사례로 미국 컴캐스트의 'TV 에브리웨어' 프로젝트에 통신기업 버라이즌의 IPTV 파이오스TV가 참여한 것, 잠재적 경쟁 플랫폼에게 라이선싱을 허용한 사례로 프랑스 통신기업 FT의 IPTV 오랑주TV가 스마트TV 제조사 LG전자에 위젯TV로 제공된 것, 그리고 스폰서십 확대인 조인트벤처형 사례

로 개방형 IPTV 기술 표준화를 목표로 영국 통신기업 BT와 지상파 공영방송 BBC 간 합작인 '프로젝트 캔버스(Project Canvas)'가 있다.

2010년 당시 수직적 전략 시나리오로는 IPTV에 진입하려는 콘텐츠 기업 등 개발자들에게 SDK를 제한적으로 제공한 FT(현재의 오렌지 텔레콤), 버라이즌 등의 TV 앱스토어가 있다. 이를 현재 시점에서 보면, 국내 IPTV 플랫폼인 LGU＋와 KT의 스마트 셋톱박스를 통한 넷플릭스 입점이 있다.

한편, 아마존은 2011년 '아마존 프라임 비디오'를 출시해 넷플릭스보다 더욱 많은 콘텐츠로 승부하기 시작하면서, 수평적, 수직적 개방형 플랫폼 전략을 보이기 시작한다. 먼저 이커머스의 압도적 이용자 수를 활용해 아마존닷컴의 프리미엄 서비스인 '아마존 프라임' 가입자에게 쇼핑 혜택과 비디오, 그리고 2014년 인수한 게임 장르의 OTT인 트위치 등 서비스를 제공하면서 '프라임' 생태계가 완성되기 시작한다. 이 생태계에 올라탄 OTT 동영상인 '아마존 프라임 비디오'는 사실상 무료이다. '프라임' 가입자가 이에 지불하는 비용이 거의 없기 때문이다. 즉, 넷플릭스와 디즈니플러스 구독료가 1년으로 환산해 108달러, 84달러인 반면, 아마존의 '프라임' 연회비 119달러에는 OTT 동영상뿐만 아니라 무료 배송, 음악, 쇼핑 등 광범위한 혜택이 모두 포함되고, 연회비는 무료 배송만으로도 충당 가능한 구조이다.

여기에 아마존은 TV 디바이스 부문에 진출하면서 '파이어TV(Fire TV)라는 이름으로 제공되는 서비스를 통해 수평적 개방형 플랫폼 전략 중 라이선스 모델을 실행에 옮긴다. 파이어TV의 매월 활성유저(Monthly active user; MAU)는 2019년 4,000만 명을 돌파했는데, 그 주된 배경은 프라임 비디오 외에, 넷플릭스, 유튜브, 애플TV＋, 디즈니＋ 등의 잠재적 경쟁 플랫폼들을 모두 TV에 위젯 형태로 제공되도록 하여 범위의 경제를 실현시켰기 때문이다. 이는 앞서 언급한 LG전자 스마트 TV에 오랑주 TV가 위젯 TV로 제공된 것과 같은 라이선싱형을 말한다.

이렇게 개방형 플랫폼 전략을 추진 중인 아마존은 점차 수직적 개방형 플랫폼 전략에도 집중하기 시작한다. 후방 호환성을 부여해 가격을 차별화하는 전략으로 시작된 '아마존 프라임 채널(Amazon Prime Channels)'은 MLB, HBO 등 유료 채널들의 새로운 플랫폼으로 부각된다. 이는 앞서 언급한 FT, 버라이즌의 TV 앱스토어 제공과 같은 개념으로 콘텐츠 총량의 확대에 기여한다. 이러한 OTT 동영상 생태계 구축을 통해 하드웨어 매출 외에, 수수료 수익, 광고 매출 성장이 기대되며, 제한된 특정 판매자에게 플랫폼 또는 특정 카테고리에의 배타적 접근권을 허용하려는 아마존은 이를 스포츠 장르에까지 적용한다. 스포츠 장르는 경쟁 플랫폼인 넷플릭스에서는 아직 제공되지 않는 장르로서, 실시간 스포츠 중계권 확보가 아마존의 또 다른 콘텐츠 경쟁력으로 이어질 것으로 보인다.

데이터 기반의 개방형 미디어 플랫폼

2008년 개방형 플랫폼 이론이 나온 후 수 년이 지난 2016년, 아이젠만과 공저자인 반 앨스타인 외(2016; 이현경 옮김2017)는 그들의 저서에서 개발자들을 대상으로 하는 개방형 플랫폼 유형을 크게 핵심 개발자, 확장 개발자, 그리고 데이터 수집자로 구분하여 설명하고 있다. 먼저, 핵심 개발자는 플랫폼의 가장 기본적인 기능을 책임지며, 플랫폼이 핵심 개발자를 직접 고용한다. 이들의 저서에서는 사례로 에어비앤비의 '참여자 신원 검증 및 평판 시스템 측정' 개발자가 제시된다.

확장 개발자는 플랫폼에 의해 직접 고용되지는 않으나 자발적 개발자로서 플랫폼에 세부적인 기능과 가치를 더해가며 플랫폼 전체의 기능을 향상시키는 주요 역할을 한다. 확장 개발자는 자신이 창출한 가치의 일부를 가져갈 방법을 찾아 이윤을 창출하는데, 2016년 저서에서는 사례로 에어비앤비의 고품질 '에어비앤비 사진 서비스' 개발자가 제시되었다.

마지막으로, 데이터 수집자는 플랫폼 제공자로부터 허가를 얻어 플랫폼 사용자와 상호작용한 데이터를 수집하는 개발자이다. 다양한 정보원으로부터 얻은 데이터로 플랫폼의 매칭 기능을 향상시키는 데이터 수집자는 크롤링 방식을 통한 수집 등을 활용해 데이터를 수집하고 분석한다.

반 앨스타인 외가 2016년 제시한 이러한 유형화는 생태계 내 플랫폼들의 수직적 개방형 플랫폼 전략이 중요해짐을 의미한다. 후방 호환성이나 플랫폼에의 배타적 접근, 그리고 특정 판매자의 흡수 등 다양한 시나리오를 유지하려는 플랫폼은 생태계 내에서 이를 지원해주는 기능을 갖출 필요가 있으며, 언제든 기술을 전환할 수 있는 역량도 갖추어야 한다. 또한, 이를 위해 플랫폼은 보유하고 있는 데이터를 신중한 방식으로 다루어야 한다. 즉, 플랫폼은 데이터 수집 방식, 기계학습 등 인공지능 기법을 잘 활용해 자신이 속한 생태계에서 틈새 산업을 공략하는 접근을 개발자들과 함께 고민해야 한다. 미디어 데이터의 가치와 기준에 대해서는 3장에서 이미 논의하였다.

확장 개발자에 대해 개방형을 허용하려는 플랫폼들은 대개 애플리케이션 프로그래밍 인터페이스(API)를 제공한다. 그런데 플랫폼들의 전략들이 상이해서 PC에서 MS는 거의 무료로, 스마트폰에서 애플은 상대적으로 높은 금액을 받고 API인 SDK를 배포한다. 여하튼, API는 플랫폼 제공자가 시스템의 접근을 관리하는 데 사용하는 소프트웨어로서 개발자들에게는 자신의 앱을 개발하게 하기 위한 표준화된 절차와 방법이다. 이는 생태계 참여자인 개발자들이 플랫폼이 갖춘 시스템에 연결하는 프로그램을 코딩(Coding) 작업하기 쉽게 만든다. 마이스페이스는 콘텐츠 품질을 보호하려는 의지는 좋았으나 이러한 API에 지나친 장벽을 만들어 수익을 통제하려는 시도를 하여 결국 실패한 사례가 되었다고 앞에서 언급하였다.

개방 수준은 다를 수 있으나, 개방형 플랫폼들의 API 제공으로 확장 개발자들을 생태계 내로 끌어들이게 되면 그만큼 창출한 가치가 커지게 된다. 반 앨스타인 외(2016)에 따르면, 이들이 저서를 쓸 당시 아마존은 33개의 개방형 API를 제공할 뿐 아니라 2개 이상의 API를 조합한 API 매시업(Mesh-up)을 보유하고 있었다고 한다. 이들은 이러한 이유로 아마존의 모든 비즈니스 영역에서 그 진가가 발휘되어 2015년 6월 처음으로 월마트의 시가총액을 추월하기에 이르렀다고 설명하고 있다.

데이터를 원하는 확장 개발자들에게 수직적 개방형 미디어 플랫폼이 된 사례로는 영국의 일간지인 <가디언(The Guardian)>이 있다. 이 신문사는 인터넷 사이트를 개시할 당시에는 확장 개발자들에게 폐쇄적이었다. 하지만 가디언 경영진은 웹사이트를 개방형 플랫폼으로 전환 시에 얻게 될 잠재적 이익에 눈을 뜨기 시작한다. 개방형 플랫폼의 장단점을 여러 달 동안 검토한 후 개방형의 장점이 더 많다고 판단한 가디언 경영진은 '오픈 인(In)' '오픈 아웃(Out)' 전략을 동시에 구사하기로 결정하고 '오픈 아웃'을 위해 API를 개발해 외부 제휴사인 확장 개발자들이 쉽게 자사 콘텐츠를 사용할 수 있게 허용하게 된다.

가디언 API는 가디언 API와 데이터스토어(Data Store)로 구성되며 후자를 활용해 개발자들은 데이터 수집자가 된다. 데이터스토어는 가디언에 의해 가공되며 호스팅은 구글독스(Google Docs)에 의해 지원된다. 각 API에는 '정치 API' 등의 라벨이 붙어 수백만 건 기사 접근성을 쉽게 만들어준다. API 개방 후 1년 사이에 가입한 확장 개발자 수만 2,000명에 달하게 된다. 개방되는 콘텐츠에는 가디언의 광고가 삽입되어 콘텐츠 기반의 광고 노출, 뉴스 신디케이션 비즈니스 모델이 가능해진다. 즉, 무료로 제공되는 콘텐츠에 광고 삽입을 통해 수익을 발생시키고 이에 따른 참여자 확대를 통해 고품질 기사는 뉴스 신디케이션 비즈니스라는 이름으로 유료 판매하는 것이다.

가디언이 제공하는 API 수준은 세 가지인 무열쇠(Keyless), 승인(Approved), 맞춤(Bespoke)으로 구분된다. 무열쇠는 가장 낮은 수준의 접근으로 가디언 헤드라인, 메타데이터, 정보 아키텍처를 승인 요청 없이 사용 가능하고 데이터를 이용해 얻은 수익을 배분하지 않고도 사용할 수 있게 한다. 승인은 등록된 개발자들이 특정 시간과 사용 제한 범위 안에서 가디언 전체 기사를 재발행할 수 있으며, 광고 수익은 개발자와 가디언이 나눠 갖는다. 마지막으로, 맞춤은 가장 높은 수준의 접근으로 가디언의 콘텐츠가 무제한으로 사용될 수 있는 맞춤형 지원 패키지인데, 수수료가 있다.

뉴욕타임스도 가디언과 비슷한 시기에 개방형 플랫폼 전략을 실행한다. 가디언의 시스템화된 데이터 기반 방식과 비교하면 개방 수준이나 기술 완성도, 효과 측면에서 뒤처진 상태에서 뉴욕타임스는 무료 API를 제공해 외부 개발자나 웹사이트에서 약 300만 개 기사를 손쉽게 사용할 수 있게 지원한다. 하지만, 광고 프로그램과의 연계는 가디언처럼 확실치 않아 수익과 연계되지는 못하고 있다. 이 외에, 뉴욕타임스는 뉴욕의 브루클린 등 특정 지역 대상으로 '지역 블로그 네트워크'를 운영하기 시작한다. 이는 일종의 지역 저널리즘인데, 지역 공동체 행사, 사건 사고 소식과 지역 주민들의 생활상을 담아낸다. 다른 뉴스 미디어 기업들도 블로그를 제공 중이나, 차별점은 지역 주민들이 직접 블로거가 되어 지역 이야기를 기사화할 수 있게 지원한다는 점이다. 또한, 뉴욕타임스는 뉴욕시립대학 저널리즘학과 학생들을 도우미로 활용하여 블로그 기반 뉴스를 제공하고, 뉴욕 거주민 한 명 한 명을 소개한다는 '800만 중 1인(One in 8 Million)' 프로젝트를 통해 뉴욕 시민 생활상을 흑백 사진의 슬라이드쇼 형태로 제공한다. 시민 목소리와 삶을 담아 예술적으로 흑백 처리하여 표현해 과거 《라이프(Life)》 잡지가 시도한 그래픽 저널리즘을 실현한 것이다.

로이터도 '칼레이(Calais)'라는 서비스 개발을 통해 미래 뉴스 제작 및 디지털 유통 시스템 확보를 시작했다. 칼레이는 로이터의 뉴스 데이터베이스를 시스템 화하고 정확하게 분류하여 연관 기사와 자료들을 자동으로 검색하고 활용할 수 있게 하는 개방형 뉴스 미디어 플랫폼이다.

국내의 대표 사례로는 카카오가 있다. 2010년 카카오톡이라는 메신저 앱을 출시한 이후 지속적으로 개방형 플랫폼 전략을 추진한 카카오는 API를 제공해 채팅에서 시작해 카카오스토리, 카카오그룹 등으로 SNS 비즈니스를 확장하다가, 점차 미디어 서비스인 게임 중계, 음원 등으로 넓혀나간다. 한 예로 게임 개발자 는 카카오톡이 제공하는 개방형 API를 사용해 '친구 추가'라는 메시지를 카카오 톡으로부터 보낼 것을 요청할 수 있다.

참고문헌

송민정(2010). IPTV의 오픈형 플랫폼 전략에 대한 연구: 플랫폼 유형화 이론을 기반으로. 방송문화연구, 22(1): 173−203.

홍기영 (2020). 플랫폼 승자의 법칙, 매일경제신문사.

Bold, B.(2017.9.18). Google and Facebook dominate over half of digital media market. Campaign, https://www.campaignlive.co.uk/article/google−facebook−dominate−half−digital−mediamarket/1444793/.

Farrell, J. & P. Weiser (2003). Modularity, vertical integration, and open−access policies: Towards a convergence of antitrust and regulation in the Internet age, *Harvard Journal of Law & Technology*, 17, pp. 86−118.

Gawer, A. & Cusumano, M.A.(2014.5). Industry Platforms and Ecosystem Innovation, *Journal of Product Innovation Management*, Vol.31, Issue 3: 417−433

Hagiu, A.(2014). Strategic decisions for multisided platforms. *MIT Sloan Management Review*.

Katz, M. & Shapiro, C.(1992). Product introduction with network externalities, *Journal of Industrial Economics*, 40, pp. 55−83.

Ringel, M.F., Glassel, R., Baesa, D., Kennedy, M. S. & Manly, J.(2019.3). How platforms and ecosystems are changing innovation, in: *The Rise of AI, Platforms, and Ecosystems*, BCG, pp.13~17.

Rochet J.−C. & Tirole, J.(2004. 3.12). Two−Sided Markets: An Overview, Working paper.

Tiwana, A.(2018). Platform Synergy: Architectural Origins and Competitive Consequences, *Information Systems Research,* Vol. 29, Issue 4, pp. 829−848.

Song, M.Z.(2019.6). A Study on Artificial Intelligence Based Business Models of Media Firms, *International Journal of Advanced Smart Convergence,* Vol.8 No.2: 56−67.

Van Alstyne, M., Parker, G., Choudary, S.P.(2016.4). Pipelines, Platforms, and the New Rules of Strategy, *Harvard Business Review*, https://hbr.org/2016/04/pipelines−platforms−and−the−new−rules−of−strategy.

Van Alstyne, M., Parker, G., Choudary, S.P.(2016). Platform revolution, 이현경 옮김 (2017). 플랫폼 레볼루션, 부키출판사.

제4부

미디어 거버넌스의 디지털 전환

미디어 기업 거버넌스의
디지털 전환

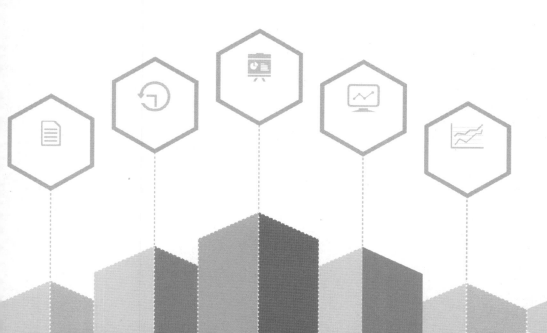

기업 거버넌스의 개념 및 특성

　기업들은 경쟁사보다 더 빨리 대응하기 위해 디지털 전환을 필요로 한다. 앞서 비즈니스와 생태계의 디지털 전환에 대해 살펴보았는데, 거버넌스의 디지털 전환을 통해 디지털 전환이 완성될 수 있겠다. 거버넌스(Governance)는 한국어로 번역하면 지배구조라 불리는데, 광의로 보면 한 조직이 특정 목적을 달성하기 위해 주요한 의사결정을 내리는 구조나 틀을 말한다. 조직은 기업뿐만 아니라 국가나 기관, 비영리단체 등을 모두 포함한다. 한 국가에는 대통령, 입법부, 행정부, 사법부가 있고 이들이 국가 운영을 위한 의사결정을 내리는데, 이러한 구조를 거버넌스라 부른다.

　거버넌스는 주로 행정 상의 혁신 과정에서 공통의 문제를 해결하기 위한 사회적 조정 방식을 의미하는 것으로 이해된다. 기업 관점에서는 그동안 경영진 중심으로만 문제 해결 방법을 공유했다면, 생태계 내 참여자들의 역할이 더욱 중요해지는 디지털 전환 시대에는 모든 참여자들의 타협과 상호작용, 조정이 더욱 중요하다. 따라서 거버넌스의 디지털 전환을 기업을 다스리는 구조와 조직원을 다스리는 구조, 데이터를 다스리는 구조, 그리고 생태계 플랫폼을 다스리는 구조로 나누어 각각 기업 거버넌스, 조직 거버넌스, 데이터 거버넌스, 그리고 플랫폼 거버넌스로 구분하여 살펴볼 것이며, 여기서는 기업 거버넌스(Corporate governance)에 대해 논의하고자 한다.

　기업 거버넌스를 논의할 때 가장 보편적인 기업 형태는 주식회사이다. 최고 경영진과 이사회, 주주총회 등의 기관들이 설치되어 있고, 이 기관들이 경영수익 및 기업가치 극대화와 같은 기업 목적을 달성할 수 있도록 전략적 의사결정을 내린다. 기업이 거대해질수록 소유와 경영이 분리되어 있는 경우가 많아져서 기업 거버넌스의 설계가 매우 중요하다. 예로, 주식회사에서는 주주들이 회사의 소유자인 주인이지만 회사가 커지면 주주들이 직접 경영을 할 수 없으므로 전문 경영인이 고용되어 회사 경영을 대신하게 된다.

실제 주인인 주주들의 이익을 극대화하는 방향으로 경영해주어야 함에도 불구하고, 전문 경영인은 주주 이익이 아니라 소유주나 자신의 이익을 우선적으로 추구하는 방향으로 경영 의사결정을 내릴 수 있다. 이를 '대리인 문제(Agency problem)'라 하는데, 도덕적 해이(Moral hazard) 등과 관련된다. 경영진이 특수관계에 있는 자신의 친척이나 지인이 운영하는 공급업자와 보통의 경우보다 훨씬 좋은 조건으로 거래하는 경우가 발생할 수도 있다. 여기에는 기업 내에서의 부당 내부거래도 해당된다. 이렇게 기업 거버넌스가 지속되면 시장에서 요구하는 품질 수준을 따라가지 못하는 등의 문제가 기업 역량을 저하시키는 방향으로 갈 수 있기 때문에, 기업 거버넌스는 이를 최소화하여 경영진이 주주들의 이익을 중심으로 기업 경영을 보다 효율적으로 작동하도록 도와주어야 한다.

기업 거버넌스는 경영진, 주주, 이사회가 사적이익을 취하는 경영자들로부터 모든 투자자를 보호할 수 있도록 보장하는 것을 말한다. 뒤에서 언급할 개방형 혁신(Open innovation) 대표 기업인 P&G 경우, 기업 거버넌스는 P&G의 복지를 보호하는 법률, 정책, 절차, 관행으로 구성되어 있다고 홈페이지에 명기되어 있다. P&G는 임직원을 '장기 투자자'로 여긴다. 1887년 P&G가 상장되기 전, 윌리엄 쿠퍼 프록터(William Cooper Procter)는 임직원을 위한 수익 공유 프로그램을 도입했다. 프록터는 직원 동기부여를 위해 임직원에게 회사의 수익을 배분해야 한다고 주장했고, 1903년 수익 공유 프로그램을 개정해 직원들에게 P&G 주식을 공유하기 시작했다. 프록터는 직원이 주주가 되면 개인의 경제적 이익과 회사의 수익이 더욱 밀접하게 연계될 것으로 보았기 때문이다.

P&G의 이러한 수익 공유 프로그램은 현재까지 이어져 오는데, P&G 미국 직원의 퇴직금은 대부분 P&G 주식으로 구성되어 있고, 거의 모든 직원이 다양한 투자 프로그램을 통해 P&G 주식이나 신주 인수권을 보유하고 있다. 이 프로그램은 임직원 개인의 경제적 이해관계와 회사의 이해관계를 일치시키는 효과가 있다. 임원 주식 보유 프로그램을 보면, 고위 임원은 CEO 기본 급여의 8배, 그 외 임원은 CEO 기본 급여의 5배에 해당하는 회사 주식 또는 제한부 주식을 보유하도록 규정되어 있으며, 사외 이사는 연간 현금 수령액의 6배에 해당하는 회

사 주식 또는 제한부 주식을 보유해야 한다. 청렴성을 기업 거버넌스 철학으로 여기는 P&G 임직원은 P&G의 목적, 가치 및 원칙에 의해 행동하며, 모든 결정은 원칙을 바탕으로 이루어지고, 원칙의 명확성은 회사 성장을 주도해온 다른 모든 요인에 우선한다.

P&G에는 독립 기준을 충족하는 능동적이고 유능하고 근면한 이사회가 존재하며, 감사위원회는 전문적 재무 지식과 경험을 갖춘 사외이사로만 구성되어 있다. P&G 시스템은 거래 승인 후 시행되고 기록되며, 자산 보호라는 합리적 확신을 줄 수 있도록 마련되어 있고, 미국 회계 원칙에 부합하는 재무제표를 작성하고, 내외부 감사 프로그램을 통해 모니터링된다. 공개된 정보가 시의적절하고 정확하게 기록, 처리, 요약 및 보고되는 것을 보장하기 위해 공개 절차를 유지하며, 정보공개위원회는 비즈니스 활동 공개에 따른 결과의 평가를 담당한다. 그 외에도 P&G는 임직원들에게 주주에 대한 수탁 책임을 이해시키는 일부 프로그램과 활동을 진행하는 재무 책임제도를 시행한다.

뒤에서 논의할 개방형 혁신 대표인 P&G의 기업 거버넌스 특성을 소개한 이유는 이 기업에게도 비즈니스의 파괴적 혁신과 플랫폼의 생태계적 혁신이 중요하나, 이를 위해 기업의 조직 및 문화적 혁신이 우선시 돼야 함을 보여주기 때문이다. P&G의 전 CTO인 브루스 브라운과 스콧 D. 앤소니(Brown & Anthony, 2011)는 <하버드비즈니스리뷰>에서 P&G가 혁신에 성공하게 된 주된 배경으로 기업 거버넌스를 설명한다. CEO인 밥 맥도널드(Bob McDonald)는 혁신에 감정적 요소, 즉 사람들에게 동기를 부여하는 영감의 근원이 포함되어야 한다고 강조했고, P&G 기업 거버넌스에는 상부에서 하부로 전해져 내려오는 목적의식 하에 모든 혁신에 오로지 사람들의 삶을 개선해야 하는 메시지가 담겨져 있으며, 이를 전 조직 전체가 공유하고 있다. 이러한 기업 거버넌스하에서 P&G는 현재까지도 잘 알려져 있는 '제휴와 개발(Connect + Develop; C+D)' 프로그램을 2000년대 초에 도입해 외부의 혁신을 내부로 들여왔고 기획 단계에서 제품 출시 단계에 이르는 전 과정에서 아이디어를 관리하기 위한 '스테이지-게이트(Stage-gate)'프로세스를 구축했다. 이에 대해서는 뒤의 개방형 혁신에서 다시 언급하겠다.

정리하면, 기업 거버넌스는 기업 경영진의 명확한 목적의식과 함께 전체 구성원들 간의 목적의식 공유가 동반됨을 말한다. 이러한 기업 거버넌스 없이 단순히 비즈니스 모델을 개발하기 위해 디지털 전담 부서를 신설하고 플랫폼 비즈니스 모델을 발전시키려 시도한다면, 성공 가능성이 낮을 뿐만 아니라 불완전한 혁신이 될 수 있다. 따라서 기업은 우선 정확한 목적의식을 가지고 조직문화의 혁신을 진행한 후에 비즈니스 전략 추진을 위한 데이터, 클라우드, 인공지능, IoT 등의 디지털 기술 혁신을 검토해야 한다. 빠른 시간 내에 디지털 기술 역량 확보가 어렵다면 기술 보유 업체에 대한 투자와 M&A도 필요할 것이다. 이는 개방형 혁신 철학을 필요로 한다. 최근에 데이터 확보가 디지털 경쟁의 주요 승패 요인이 된 이후로 실제로 많은 기업들이 이를 위한 M&A에 적극적으로 나서고 있으며 글로벌 ICT 기업의 경우 M&A에 수조 원을 투자하고 있다. 데이터 거버넌스에 대해서는 11장에서 다루기로 한다.

미디어 기업 거버넌스의 변화

미디어 시장이 방송과 통신의 융합, 유선과 무선의 통합, 모바일 인터넷 융합 환경을 차례로 겪으면서 동일한 서비스가 상이한 네트워크와 단말기를 통해 제공되기 시작한다. 과거에는 경쟁 관계에 있지 않았던 방송 또는 통신 및 신문 분야 사업자들 간에 새로운 경쟁이 거듭되고 있으며, 이는 경계가 희미해진 미디어 융합 환경에서 더욱 심화된다. 부가가치의 창출을 주도하는 사업자들을 중심으로 외부의 관련 업체들과 소비자들이 생태계를 함께 형성하면서 생태계 간 경쟁으로 발전했으며, 그 중심에는 생태계를 이끄는 핵심 플랫폼 기업들이 자리 잡고 있다.

이러한 플랫폼 생태계 간 시장 경쟁을 통해 미디어 플랫폼 기업들이 발전하기 위해서는 이를 뒷받침해줄 바람직한 기업 거버넌스 환경이 조성되어야 한다. 다양한 새로운 플랫폼들의 출범으로 인해, 이질적인 플랫폼들 간 경쟁 양상은 매우 복잡해지고 있으며, 미디어 기업 거버넌스도 아울러 변화 과정을 겪게 된다. 미디어 기업 거버넌스가 어떻게 변화하고 있는지를 관찰하려면, 먼저 미디어 규제정책 거버넌스의 변화를 주목해야 한다. 미디어 시장이 방송과 통신의 융합 현상을 겪으면서 미디어 소유(Media ownership) 규제는 점차적으로 완화되는 추세이다. 방송과 통신뿐만 아니라, 방송과 신문 등 매체 간 융합이 세계적인 추세라서, 미디어 산업에 대한 그동안의 엄격한 교차 소유 및 겸영 규제를 풀어 신규 투자를 늘림으로써 미디어 산업의 발전을 이룩할 수 있다.

특히, 사전적인 진입규제는 폐지되는 추세이다. 유럽의 주요국들은 소유규제를 시청점유율 규제로 전환하려 노력하고, 대신에 미디어의 여론 지배력을 계량적으로 평가할 수 있는 방안을 마련하는 등 사후규제를 철저히 하는 데 주안점을 둔다. 영국은 가장 먼저 2003년 '커뮤니케이션법'을 제정하여 공영방송인 BBC를 제외한 모든 방송통신 분야의 진입규제를 철폐했고, 시장점유율이 20% 이상인 전국 일간지는 채널3의 지분을 20%까지 소유할 수 있도록 신문과 방송의 교차소유를 일부 허용하였다. 미국도 1996년 제정된 '커뮤니케이션법'에 따라 다른 지역 간 신문사가 방송사를 소유하거나 겸영하는 것을 일부 허용하고 있다. 예를 들어, 시카고에서 영업하는 신문사가 뉴욕이나 로스앤젤레스의 방송사를 소유하거나 겸영하는 것은 문제가 되지 않는다. 다만, 여론의 다양성을 보장하기 위해 과도한 미디어 집중을 제한하는 차원에서 주요 방송사 네트워크들이 다른 방송사 네트워크를 소유할 수 없도록 하는 복수 네트워크 규칙(Dual Network Rule)을 1946년 이후 현재까지 유지하고 있다. 즉, 4대 지상파 방송 네트워크인 ABC, CBS, NBC, Fox 간의 합병을 금지하나, 이들 4대 방송사 네트워크들이 신생 네트워크인 WB나 UPN을 소유하는 것은 허용된다.

이러한 미디어 소유권 규제 완화 추세에 힘입어 미국에서는 2013년에 아마존 CEO인 제프 베조스가 워싱턴포스트(Washington Post)와 6개의 워싱턴 지역 뉴스 제휴사를 2억 5,000만 달러에 인수하게 된다. 아마존에 대해서는 앞에서도 여러 번 언급하였는데, 가장 직접적인 인수 이유는 플랫폼 흡수 및 개방형 플랫폼 전략에서 찾아진다. 즉, 인수를 통해 워싱턴포스트와 다양한 지역 뉴스 콘텐츠와 크라우드 소싱 정보를 자사의 킨들(Kindle) 태블릿과, 킨들 콘텐츠를 사용할 수 있는 다양한 플랫폼에 넣는 것이 주요 목적이다. 또한 인수된 뉴스 콘텐츠는 구독자들에게 무료로 제공되거나 뉴욕타임스보다 더 저렴하게 공급될 것으로 기대된다. 워싱턴포스트 콘텐츠는 경쟁사들보다 낮은 가격으로 공급되거나 구독서비스인 아마존 프라임을 통해 무료로 제공될 가능성이 크다.

아마존 CEO의 워싱턴포스트 인수 계약에는 지역 신문도 포함되었다. 워싱턴포스트 외에 베조스는 익스프레스(Express), 가제트(Gazette), 사우스 메릴랜드(South Maryland Newspapers), 페어팩스 카운티 타임즈(Fairfax County Times), 엘티엠포 라티노(El Tiempo Latino), 그레이터 워싱턴 퍼블리싱(Greater Washington Publishing) 등을 함께 인수했다. 2008년 구글이 '모든 뉴스의 지역화'를 화두로 내걸고 인공지능 스피커인 구글나우(Google Now)를 통해 지역 뉴스를 제공하기 시작했는데, 세계 최초로 인공지능 스피커인 에코(Echo)를 만들어 낸 아마존도 지역 뉴스 콘텐츠를 필요로 하게 된 것이다. 물론, 지역 뉴스를 통해 수익을 얻기는 어려운 상황이다. AOL이 이미 지역 온라인 뉴스 서비스인 패치(Patch)를 시작했지만 적자를 면하지 못하고 있는 상황이다.

미디어 기업 거버넌스의 또 다른 변화는 전통 미디어 플랫폼에서 신규 미디어 플랫폼으로의 핵심 인력 이동이다. OTT 동영상의 최강자는 현재 넷플릭스이며, 넷플릭스 콘텐츠의 대다수를 차지하는 장르는 영화와 시네마틱 드라마 내지 TV 시리즈이다. 미국 할리우드는 과거부터 현재까지 영화뿐만 아니라 TV 시리즈에도 영향을 미치고 있는데, 이는 TV 수익이 창출되기 때문이다. 영화의 경우에는 제작 기간이 오래 걸리며 흥행 또한 보장받지 못하지만, TV 시리즈 경우에는 첫 시즌이 성공하면 다음 시즌까지 꾸준한 제작을 보장받는다. 이에 할리우드 감독들은 TV가 영화의 미래라고 여기기 시작한다. 실제로 할리우드의 유명 감독 겸 제작자인 제리 브룩하이머는 <CSI: 과학 수사대> TV 시리즈 등 많은 드라마를 제작했고 J.J.에이브럼스가 그 뒤를 잇고 있다.

이처럼 할리우드는 영화뿐만 아니라 TV 시리즈에도 지대한 영향력을 행사하는 중인데, 영화관 시장이 시들해진 것도 이유가 되지만, 특히 미국 TV 채널을 통해 방송되는 시리즈물이 첫 시즌을 성공적으로 마치고 나면 다음 시즌까지 꾸준한 제작을 보장받을 수 있게 해주기 때문이다. TV 시리즈는 예행 연습으로 만든 파일럿 프로그램이 TV 채널에 통과되고 방영된 후 시청률이 어느 정도 오르면 무조건 다음 시즌 제작을 확정한다. TV 시리즈는 한 편만 잘 만들어도 지속적 수익이 보장되는 안정적 상품이다. 예로 에이브럼스 감독이 제작한, 한국 여배우 김윤진이 캐스팅된 <로스트>는 2004년부터 시작되어 6년간 제작되었다. 이런 연유로 할리우드의 명감독 및 명제작자들은 TV 시리즈를 만들어내기 위해 열정을 다하며, 그 와중에 플랫폼의 다양화를 경험한다.

이제 '영화의 미래가 TV'가 아닌, 'TV의 미래가 OTT'로 변화하고 있다. OTT는 초기엔 인터넷을 통해 서비스되는 영화 및 TV 프로그램이라 일컬어졌으며 넷플릭스가 연 새로운 미디어 시장이 되었다. 유료방송 시청료가 꽤 비싼 미국에서는 매월 7.99달러로 영화는 물론, 모든 영상 프로그램을 시청할 수 있는 OTT가 굉장한 신드롬을 불러일으켰고, 기존에 만들어진 프로그램을 보는데 끝나지 않고 공격적 투자를 전제로 한 오리지널 영화 또는 TV 시리즈가 제공되기 시작한다. 이 때문에 미국은 물론 전 세계적으로 넷플릭스가 반향을 불러일으킨다. 국내의 경우, 봉준호 감독의 <옥자>가 넷플릭스 오리지널 영화로 전 세계

팬들을 만났다. 봉준호 감독은 이미 <설국열차>에서 제작자가 편집 권한을 좌지우지하는 할리우드의 전통적 관습에 학을 뗀 상황에서 많은 권한을 창작자와 감독에게 부여하는 넷플릭스의 투자 및 제작 시스템을 선택했고, 이는 기업 및 조직 거버넌스의 중요성을 보여주는 한 단면이 된다. 넷플릭스, 아마존 프라임 비디오 같은 글로벌 OTT 플랫폼들의 투자 방식은 가이드라인만 정해지고 나면 많은 부분을 외부의 창작자에게 일임하는 자유로운 계약 방식이다.

국내에서도 2009년 미디어 소유규제 완화로 유료방송 채널에 지상파 방송사와 경쟁 가능한 신규 종합편성 채널들이 신문사에 의해 탄생하면서 미디어 시장의 지형이 변화하고 인력 이동이 일어난다. JTBC 등 종합편성 채널과 기존의 경쟁력 있는 TvN 등 전문편성 채널이 성장하면서 보다 자유로운 제작 환경을 선호하는 창작 및 기획 인력들이 지상파방송사에서 나와 이들로 이동한다. 아래 [표 1]은 일부 종합편성 및 전문편성 채널의 발전으로 지상파방송사의 매출 감소가 가시화되기 시작한 2011년부터 2016년까지의 핵심 인력의 이동 동향을 보여준다. 지상파의 경직된 조직문화도 이유가 되겠지만, 이는 무엇보다도 시대에

[표 1] 한국의 주요 제작 관련 인력 이동: 전 지상파 방송 인력의 CJ ENM 이동

합류 시기	제작 인력	직전 소속	대표 콘텐츠
2011년 04월	이명한 PD	KBS	1박2일, 응답하라 1997&1994, SNL코리아, 꽃보다 할배, 미생
2011년 03월	김석현 PD	KBS	개그콘서트, 코미디빅리그
2012년 12월	나영석 PD	KBS	1박2일, 꽃보다 시리즈, 삼시세끼
2011년 05월	신원호 PD	KBS	남자의 자격, 응답하라 1997&1994
N/A	고민구 PD	KBS	불후의 명곡2, 오늘부터 출근
2014년 01월	신효정 PD	SBS	강심장, 화신, 꽃보다 청춘, 신서유기
2011년 03월	권익준 CP	MBC	우리 결혼했어요
2016년 01월	김은숙 작가	화앤담픽쳐스	상속자들, 시크릿가든, 파리의 연인, 도깨비, 태양의 후예
2016년 01월	박지은 작가	문화창고	별에서 온 그대, 프로듀사, 넝쿨째 굴러온 당신, 푸른 바다의 전설
2016년 09월	김영현 작가	KPJ	대장금, 육룡이 나르샤, 뿌리깊은 나무

자료: CJ EnM, 미래에셋대우 2017. 9.5

뒤진 경영 의사결정 시스템으로 창의성 발휘에 제한을 주는 기업 거버넌스에서 탈출한다는 의미를 가진다.

또 다른 미디어 기업 거버넌스의 변화로는 콘텐츠 제작 비용과 관련 기술 비용의 증가로 투자 비용 회수가 점점 더 어려워지는 국면이 미디어 시장에 전개된다는 점이다. 국내도 예외가 아니다. 콘텐츠가 더욱 다양해지면서 점점 더 콘텐츠 수명은 짧아지고 있다. 그동안 전통 미디어 기업들은 일종의 OEM 형식을 띠는 외주 제작사와 계열사 내에서 모든 제작 과정을 해결하였다. 하지만, 콘텐츠 사이클은 줄고 있고 제작 비용은 더욱 증가하게 되어 전통 미디어 기업들의 투자 여력은 떨어지게 된다. 한편, 2018년부터 본격화된 글로벌 미디어 플랫폼 간의 경쟁 심화로 보다 적극적인 글로벌 콘텐츠 확보에 나설 수밖에 없는 상황이 이와 동시에 전개된다. 글로벌 OTT 플랫폼 기업들의 콘텐츠 투자비가 상승하고 시장을 확대하면서 아시아 시장으로의 해외 자본 유입도 시작되는데, 오리지널 제작 경쟁이 본격화되면서 지역 콘텐츠 중 한국 콘텐츠 제작비의 가성비가 비교적 좋고 이미 수출 경쟁력을 입증한 드라마 영역으로의 해외 투자가 본격화된다.

드라마 콘텐츠에 대한 해외 투자가 가능해지면서 국내의 주요 미디어 기업 거버넌스의 변화가 시작된다. 예로 CJENM은 2018년 드라마사업본부를 물적분할해 드라마 제작사인 스튜디오드래곤을 신설한다. 이에 대해서는 생태계의 디지털 전환에서도 언급한 바 있다. 스튜디오드래곤은 드라마 기획 및 제작 등 방송영상물 제작 비즈니스를 주요 사업으로 하는 CJENM의 자회사가 된다. 그 이후 CJENM은 화앤담픽쳐스와 문화창고 등 외주제작사를 속속 인수하였고, 2019년 스튜디오드래곤 지분 5%를 넷플릭스에 매각하는 의사결정까지 내리게 된다. CJENM이 일부 주식을 넷플릭스에 매각하는 주된 이유는 재무 건전성의 확보와 함께 강력한 글로벌 유통 플랫폼과의 파트너십, 그리고 콘텐츠 제작을 위한 미래 자금을 마련하기 위함이다. 이에 대해서는 미디어 생태계의 디지털 전환에서도 이미 언급하였다.

미디어 기업의 개방형 혁신 전략

'개방형 혁신(Open innovation)'이라는 용어는 체스브러(Chesbrough)가 2003년 그의 저서를 발간하면서 주목받게 되었다. 이는 외부 자원 활용의 중요성을 강조하게 된 계기가 되었으며, 그 이후 2006년에는 비즈니스 모델에 접목하여 개방형 비즈니스 모델도 집필된다. 이에 대해서는 비즈니스 모델의 디지털 전환에서 이미 살펴보았다. 2003년 당시 체스브러가 주장하는 개방형 혁신을 해야 하는 이유는 크게 세 가지로 제시되었다. 전통적 대기업의 지식 독점이 종언한 것, 인력 유동성 증가 및 벤처 캐피탈이 급속도로 발달한 것, 그리고 기술 개발 비용 증가 및 제품 사이클이 축소된 점 등이다. 지난 십여 년 간 미디어 산업에서도 이러한 변화가 똑같이 일어나는데, 이에 대해서는 앞 절에서 설명하였다.

체스브러에 의하면, 개방형 혁신은 연구, 개발, 상업화에 이르는 기술 혁신의 모든 과정에서 대학이나 타 기업, 연구소 등 외부의 기술이나 지식, 아이디어를 활용함으로써 혁신 비용을 줄이되 성공 가능성을 높여 효율성과 가치 창출을 극대화하는 기업 거버넌스 방법론이다. 이는 그동안 기업 내부에서만 혁신을 추구하고 내부 거래나 특수관계자 거래만 해오던 기업 거버넌스에 시사하는 바가 매우 크다. 즉, 기업 내부 혁신을 촉진하기 위해서는 의도적이고 적극적으로 내부와 외부 기술이나 아이디어 등의 자원 유·출입을 활용하여 기업 내에서 창출한 기술 혁신으로 시장 기회를 늘리는 것이 필요하다.

체스브러는 그의 저서 명 부제에서 나타나듯이, '기술로부터 가치를 창출하고 수익을 창출하기 위한 새로운 과제(The New Imperative for Creating and Profiting from Technology)'를 개방형 혁신으로 보았다. 기업 거버넌스에서 취해졌던 기존의 전통적인 R&D 투자는 외부와의 협력보다는 기업 내부의 R&D 역량을 높이고 그 결과물에 대해서는 철저하게 비밀을 유지하는 방식의 매우 외부 배타적인 형태를 지향하였다. 하지만 개방형 혁신은 각 R&D 단계마다 기업 내부와 외부 사이의 지식과 기술의 교류를 활발히 하여 지식과 기술이 양방향으로 원활하게 이동하게 되는 형태인 것이다.

디지털 전환 시대의 기업 거버넌스 지침서라 할 수 있는 체스브러의 개방형 혁신은 1990년대 이후 인터넷이나 관련 ICT의 비약적 발전으로 2003년 저술되었다. 하지만 현재 벌어지고 있는 경쟁의 글로벌화나 변화무쌍한 산업구조의 변화로 시장의 불확실성이 더욱 증가하면서 기업 거버넌스의 새로운 방향성을 제시하는 지침서로 이는 여전히 유효하다. 게다가 그의 이론은 비즈니스의 디지털 전환인 디커플링, 파괴적 혁신, 그리고 자신이 주창한 개방형 비즈니스 모델을 이루게 하는 기업 거버넌스 철학으로 작용한다. 또한, 이는 생태계의 디지털 전환의 핵심이 되는 플랫폼 전략과도 연계된다. 만약 플랫폼 기업들이 기존의 연구개발이나 기존의 비즈니스 등 자사 자원에만 의존한 수직 통합적 모델로만 생태계를 이끌려 했다면 단기간에 시장 니즈를 만족시키는 제품이나 기술을 개발하여 정기적 수익을 올리기 힘든 상황에 직면했을 것이다. 게다가 인력 유동성까지 높아져 사내의 우수한 인재나 아이디어의 외부 유출도 생기면서 외부 자원에 의존하지 않았다면 갈라파고스 신드롬에 처했을 것이다.

기업들은 이미 과거 방식으로는 점차 R&D 투자 규모만 커지게 되고 이의 성공 확률을 담보할 수 없어서 부담해야하는 리스크가 더 커진다는 문제를 안고 있으며 ICT의 발전으로 외부와의 링크가 더 큰 가치를 창출하는 네트워크 시대가 열림에 따라 개방형 혁신의 필요성을 가지게 된다. 체스브러가 2003년 그의 저서에서 제시한 대표적인 개방형 혁신 사례는 P&G이다. 앞서 1절에서 P&G의 기업 거버넌스 철학에 대해서 설명하였다.

개방형 혁신 프로그램 'C&D(Connect and Development)' 운영을 통해 P&G CEO는 외부로부터 혁신의 50%를 획득하는 것을 회사 목표로 설정하였다. 2000년부터 P&G는 내부 7,500명 R&D 인력에 더해 외부 150만 명 R&D 연구자들을 R&D 인력으로 인식하여 상호 접근 가능하도록 내·외부 간 경계를 허물었다. 그 결과, 운세를 새겨넣은 프링글스 감자칩, 주름 개선제인 올레 리제너리스트 등

20여 개 이상의 상품을 개발하였으며, R&D 생산성은 60% 가까이 증가하였고, 매출 대비 R&D 투자 비중도 2000년 4.8%에서 2006년 3.4%로 낮아지게 되었다.

미국 실리콘밸리에 있는 많은 벤처기업들에게는 자신들의 기술을 개발하고 이를 인정받기만 하면 대기업이 인수하는 과정이 뒤따라준다는 믿음이 있다. 이들 중에는 대기업에서 일하면서 자신들의 기술이 그 기업 내에서 상업화되지 못했을 때 회사를 나가 독자적으로 사업을 시도해 만든 기업도 있다. 체스브러는 '똑똑한 인력이 우리 기업에만 있는 게 아니라는 것'을 직시해야 한다고 말한다. 개방형 혁신에 관심 갖는 기업은 자신에게 고유한 역량을 외부로 이전하거나, 외부 역량을 조직적으로 내재화해 혁신 기회를 창출하는 전략을 세운다. 체스브러는 개방형 혁신 전략 유형을 크게 내향형(Outside in)과 외향형(Inside out)으로 구분한다. 전자는 기업 내부 역량으로 확보 불가능한 인재, 기술, 상품이나 서비스, 지식, 아이디어 등 외부 자원을 기업 내부로 끌어들여 혁신을 창출하는 것이고, 후자는 기업이 가진 지식이나 아이디어를 외부로 내보내어 전혀 다른 비즈니스 모델을 통해 상업화해 나가는 것이다.

내향형의 개방형 혁신은 기술 획득단계에서부터 기술 상용화 단계에 이르기까지 혁신을 위한 자원을 외부로부터 도입한다. 기술을 매입하거나, 라이선스를 구입하거나, R&D를 M&A해 A&D하는 등 외부 아이디어, 핵심 기술, 지식재산권(IP) 등을 일정한 대가를 주고 도입해 내부 역량 강화에 활용한다. 공동연구나 외부위탁 등 형태로 혁신 역량을 서로 공유하고 R&D 간 협력도 가능하다.

한편, 외향형의 개방형 혁신은 자사의 혁신 역량을 외부로 이전해 가치를 창출한다. 예로, 라이선스를 판매하거나, 기술을 양도, 또는 분사(Spin-off)하는 방법이 대표적이다. 이에 대해서는 9장의 플랫폼의 개방형 유형에서 자세히 설명하였다. 이는 기업 내부의 부족한 기술, 지식, 역량, 자산 등을 보완하는 중요한 수단일 뿐만 아니라 생태계 내에서 기술과 지식을 신속하게 전파하여 혁신 성과를 보다 효율적으로 획득하고 확산시키는 원동력이 된다. ICT가 고도화되어 기술 분화 및 융합 현상이 가속화되면서 전자, 기구, 기계, 화학 등 제조 영역 기술과 ICT 간 융합뿐만 아니라 유통, 금융, 미디어 시장에서도 새로운 소비 채널과 콘텐츠에 기반한 다양한 ICT 기반의 융합 서비스가 가능하다.

ICT 기반의 융합 현상이 기술 및 산업 영역에서 광범위하게 확산되는 가운데 국가의 차세대 성장동력으로 여겨진다. 하지만 아이러니하게도 정작 기업 거버넌스 차원에서 보면 ICT 융합 활성화를 위한 효율적 기업 거버넌스 혁신을 하려는 움직임은 매우 더딘 편이다. 따라서, ICT 융합 기술을 도입하여 비즈니스 모델로 만들기 위해 기술과 지식의 내재화가 가능한 기업 거버넌스 변화가 요구된다. ICT 융합 혁신을 가속화하기 위해 비즈니스 차원의 개방형 비즈니스 모델, 생태계 차원의 개방형 플랫폼 전략으로만 끝나서는 화룡점정하기 어려우며 기업 거버넌스 차원에서도 ICT 융합 흡수력을 제고하는 개방형 혁신 노력이 동시에 요구된다.

기업의 기술 및 지식 도입은 주요 연구기관인 대학 및 공공연구소뿐만 아니라 기술 및 상품과 직접 관련된 수요자 및 공급자와의 협업에 기반한다. 기술 발전 속도가 상대적으로 더 빠르고 시장 수요 변화도 빠른 산업의 경우에는 기술 및 상품 가치 사슬상의 상·하류 기업과의 지식 및 기술 공유가 기업의 ICT 융합 활동에 효과적이다. 한편, 디지털 전환을 이끄는 ICT는 범용 기술로서 그 파급력이 매우 크고 기술 변화가 타 기술에 비해 상대적으로 빠르므로 기술과 지식으로 떠미는 것(Technology push)도 매우 중요하지만, 시장에서 당김으로써(Market pull) 확대해가는 전방위적이고 유기적인 기술 협력을 강화할 때 기업의 ICT 융합 혁신이 보다 활성화될 수 있다.

아래 [그림 1]을 통해 체스브러는 개방형 혁신이 피할 수 없는 대세임을 기술 혁신 관점에서 먼저 설명한다. 기존에 조직 내부의 연구개발 시스템이 큰 문제없이 작동했던 이유는 개발된 1개 장비가 한 곳에서만 사용 가능했고 개발 비용을 상회하는 영업이익 창출이 가능했기 때문이며, 제품 수명주기도 길었고, 연구개발비용도 상대적으로 크지 않았다. 그러나 기업 간 신제품 개발 경쟁의 가속화로 시장에서 성공한 상품의 수명은 더욱 짧아지고 개발 비용도 증가해 기술혁신의 경제적 타당성이 위협받기 시작한다. 내부에서 개발하지 않아도 동일 가치의 다른 재화로 대체 가능한 A&D(Acquisition & Development)가 고려된다. 자체 연구개발 비용 절감을 위한 외부 기술 검토가 반드시 필요하며, 개방형 혁신을 추진하면 비용 절감 외에 시간도 절약하고 품질도 일정 수준 이상으로 보상받게 되고, 수익 측면에서도 긍정적 효과가 나타난다.

[그림 1] 개방형 혁신 도입 필요성의 근거

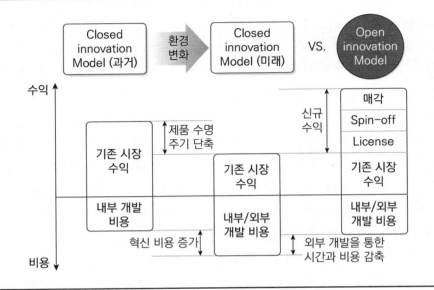

출처: Chesbrough(2003); 이철원(2008) 재구성

  체스브러가 주창한 개방형 혁신은 빠르게 변화하는 시장 환경에 대응하기 위
해 기업 외부에 문호를 여는 기업 거버넌스 혁신이다. 이는 폐쇄된 혁신 시스템
(Closed Innovation System)에서 과감히 탈피해 개방된 혁신 시스템으로 전환하는
것이다. 이는 기업 내부로의 지식 흐름(Inflow)과 외부로의 지식 흐름(Outflow)을
적절히 활용해 내부 혁신을 가속화하고 혁신의 외부 활용 시장을 확대하는 것이
다. 개방형 혁신은 내부 아이디어 외에 외부 아이디어도 활용할 수 있고, 자사
기술을 사업화해 시장 진출 시에 내부 외에 외부 경로도 사용할 수 있음을 의미
하며, 그 과정은 내부와 외부 아이디어를 결합해 아키텍처와 시스템을 구현하는
과정이다. 아키텍처와 시스템 요구 사항은 비즈니스 모델을 통해 정의되고, 비
즈니스 모델은 내부와 외부 아이디어를 활용해 가치를 창출하고 가치 일부를 자
사 몫으로 가져가는 수익 메커니즘을 뜻한다.
  미디어 시장에서도 인터넷 발달로 ICT 융합이 더욱 본격화되었고 이로 인한
새로운 미디어 서비스의 탄생 속도는 더욱 빨라지고 있다. 자체 R&D만으로는
시장의 변화 속도를 따라가기 힘들며, M&A나 다양한 형태의 제휴를 통해 활로
를 모색해야 하는데, 디지털 전환 시대에 맞는 기술 니즈를 가진 미디어 기업의

개방형 혁신은 피할 수 없는 흐름이다. 미디어 시장 수요가 증가하고 있어서 미디어 산업 확장과 시장 성장에 대응할 수 있도록 기업과 기업 간 협업을 통한 기술 R&D 협력이 필요한 상황이 전개되고 있는데, 전통 미디어 기업보다는 신생 미디어 기업에서 개방형 혁신이 더 활발하다.

내향형 개방형 혁신의 대표적 미디어 기업 사례는 단연 넷플릭스이다. 앞서 비즈니스 모델의 단계적 혁신에서도 언급했듯이, 2006년 '넷플릭스 100만 달러 챌린지' 공모전에 전 세계 통계학자, 수학자, 경영과학자들이 참여했다. 넷플릭스는 자사 고객의 영화 소비 행태 데이터 기반 알고리즘은 인터넷상에 개방했고 고객이 보고 싶어하는 영화를 추천하는 알고리즘을 더 잘 만드는 우승자에게 상금을 지급했다. 3년 간 전 세계 150개국에서 전문가 2만여 개 팀이 몰려와 넷플릭스 자체 개발 알고리즘보다 향상된 추천 시스템 개발이 진행되었다. 넷플릭스의 콘텐츠 큐레이션 방식이 주목받게 된 배경에는 이러한 개방형 비즈니스 모델이 있었기 때문인데, 기업 거버넌스 차원에서 보면 이는 내향형 개방형 혁신에 해당된다.

외향형 개방형 혁신의 대표적인 국내 미디어 기업 사례는 카카오이다. 2017년 임지훈 CEO로 바뀐 이후 분사(Spinoff) 전략을 지속적으로 추진했고 그 목적은 시장 확장을 위해 각 자회사들의 강점을 살려 수익을 확대하는 것이다. 앞서 플랫폼 흡수 전략에서 설명했듯이, 카카오는 음원 기업을 인수한 후 사명을 카카오M(Kakao M)으로 변경해 분사하고, 지속적으로 계열사를 늘려나간다. 인공지능 연구회사인 카카오브레인, 카카오 주문생산 플랫폼인 카카오메이커스, 간편결제 서비스인 카카오페이, 택시·대리운전·내비게이션 등 교통사업을 담당하는 카카오T를 줄줄이 설립했다. 미디어 플랫폼인 포도트리 분사 이후에 웹툰 서비스로 자리잡은 '카카오페이지' 이용자 수는 지속적으로 늘어나고 있다. 분사 전략의 장점은 독립경영제라 의사결정이 빠르고 책임 있게 수행할 수 있으며 사업이 부실해졌을 때 리스크를 분리할 수 있다는 점과 인수합병(M&A)을 통해 매각하기 용이하다는 점 등이다.

2021년 들어 카카오페이지는 카카오M 흡수합병과 함께 '카카오엔터테인먼트'로 상호 변경된다. 합병 후 카카오의 카카오엔터테인먼트 지분율은 68.7%가 된다. 카카오엔터테인먼트를 통해 카카오는 검증된 인기 웹툰·웹소설의 지식재산권(IP)을 자체 제작을 통해 가져가게 하고, 이를 기반으로 카카오톡 사용자 특성을 타기팅해 맞춤 콘텐츠를 추천할 수 있는 역량을 갖추게 된다.

데이터 기반의 미디어 기업 거버넌스

디지털 전환의 성패를 가르는 주요 요소는 데이터에 대한 강력한 아키텍처이다. 따라서 미디어 기업 거버넌스의 디지털 전환은 곧 기술 주도적 기업 거버넌스로 변화시키는 것을 의미하는 것이기도 하다. 앞서, 비즈니스 프로세스를 최적화하고 고객 서비스를 개선하며 플랫폼 생태계를 지속적으로 유지시키기 위해 핵심 요소이며 자원이 데이터임을 각 장에서 설명하였다. 미디어 고객은 대량의 미디어 데이터를 생성하는 존재이다. 또한, 디지털 전환 시대의 미디어 고객은 데이터 주도적인 활동도 요구한다. 이에, 미디어 기업 거버넌스는 고객에게 데이터 기반 서비스를 제공하는 것을 목표로 데이터 거버넌스를 현대화하는 것을 포함해야 한다.

기술적 관점에서만 보는 데이터 거버넌스에 대해서는 12장에서 자세히 다룰 것이며, 여기서는 미디어 기업 거버넌스 관점에서만 데이터를 바라보자. 미디어 기업의 경영진은 데이터 기반의 미디어 경영 개념을 가지고 있어야 하며, 이미 데이터는 미디어 기업의 핵심 자산으로 여겨지고 있다. 중요한 것은 핵심 자산인 데이터를 잘 활용하기 위해 개방형 혁신 전략에 기반한 데이터 개방 마인드셋이 필요하다는 점이다. 개방형 API에 대해서는 생태계의 디지털 전환에서 언급하였다. 기업 거버넌스 차원에서는 과연 경영진이 디지털 전환 의지를 얼마나 가지고 있느냐가 데이터 개방 마인드셋의 중요한 관건이 된다. 최고 경영진들의 적극적 참여 속에서 업무 프로세스의 변화, 기술의 도입, 고객과 거래하는 새로운 방식이 보장될 수 있어야 하기 때문이다.

미디어 데이터를 기업 내·외에 있는 사람들에게 제공해 행동을 유도하는 것이 데이터 기반 미디어 기업 거버넌스의 핵심이다. 모든 현업으로 하여금 해당 업무를 개선하는 데 데이터와 기술을 이용하도록 하는 것이 물론 쉬운 일은 아니다. 기업의 경영진은 관련 인프라가 구축된 이후에도 데이터를 소유하고, 수집하고, 정제하고, 구조화하고 연결하는 데 따르는 새로운 데이터 거버넌스를 적극 지원해야 한다. 과거에 할 수 없었던 방식으로 데이터를 연결하게 하는 구조를 적극 지원해야 한다. 예컨대, 미디어 산업에서는 이용자 행동 데이터와 콘텐츠 데이터 외에도 댓글 등의 의견, 날씨, 인구 등 다양한 차원의 데이터가 있으며, 데이터의 다양성은 매우 중요하다.

미디어 기업이 이러한 데이터 다양성을 가져가기 위해서는 수많은 데이터 엔지니어링 및 과학자들이 관여해야 하는데, 단순히 분석 기술만으로는 안 되며, 미디어 비즈니스를 잘 알고 시각화하여 경영진을 이해시키고 설득시킬 수 있는 도메인 지식을 가진 사람이 동시에 필요하다. 즉, 미디어 산업에 전문 지식이 있는 사람들과 데이터 기술 인력 간에 조합하는 것이다. 예컨대, 데이터 기반의 미디어 비즈니스 현황 대시보드를 가진 이사회를 생각해볼 수 있는데, 그렇게 된다면 데이터 관리는 자연히 지속적으로 이루어질 것이다. 이러한 기업 거버넌스가 확립되면 이사회와 모든 조직 구성원들이 데이터를 이용할 수 있을 뿐 아니라 데이터로부터 통찰(Insight)을 도출할 수 있을 것이다.

데이터 기반의 미디어 기업 거버넌스의 예를 든다면 앞서 누차 언급한 넷플릭스가 이에 해당된다. 넷플릭스가 데이터를 활용하는 사업 초기 시절에는 '모델 기반 협력 필터링(Model−based Collaborative Filtering)'과 '잠재 모델(Latent model)' 알고리즘 기반에 의존한다. 전자는 기존 항목 간 유사성을 단순하게 비교하는 것에서 벗어나 자료 안에 내재한 패턴을 이용하는 기법이고, 후자는 사용자가 특정 항목을 선호하는 이유를 알고리즘 기반으로 찾아내는 방식으로 사람의 개입이 필요 없다. 하지만 넷플릭스는 데이터에만 의존하지 않고 전문 지식이 있는 사람들과 기술 인력 간의 조합을 꾀한다. 초기 큐레이션은 자체 개발한 시네매치를 사용해 트래픽을 높이다가, '넷플릭스 프라이즈'를 통해 진보된 알고리즘을 외부에서 개발하도록 하더니, 현재 큐레이션 엔진은 데이터와 알고리즘, 그리고 해당 콘텐츠를 설명하는 태그(Tag)로 구성된다.

앞에서도 언급하였는데, 넷플릭스를 시청하며 콘텐츠에 짧은 문구를 다는 작업이 '태거(Tagger)'들의 일이다. 이는 사용자 혁신이면서 동시에 집단지성 활용이다. 태거들이 영화나 드라마를 시청하고 다는 태그의 종류가 워낙 다양해 넷플릭스도 태그의 개수를 따로 집계하지 않을 정도이다. 태그는 추천 시스템 알고리즘을 구축하는 기반 데이터로 활용하기 때문에 '사람 기반 데이터(People powered data)'라 불리운다. 넷플릭스는 추천 시스템 알고리즘을 통해 콘텐츠를 5만 종으로 나눠 정리하며, 나눈 콘텐츠를 개별 이용자의 넷플릭스 이용 이력에 따라 맞춤형으로 추천한다. 이러한 콘텐츠 추천 시스템은 넷플릭스가 전 세계 최강자인 OTT 플랫폼이 되게 한 비결 중의 하나이다.

이처럼 넷플릭스가 제공하는 추천 시스템과 세분화된 장르를 이용해 길들여진 OTT 이용자들이 전통 유료방송 기업들이 제공하는 영상 콘텐츠 분류와 편성에 만족하기를 바랄 수는 없을 것이다. 국내의 경우를 예로 들면 아직도 유료방송은 '호러' '로맨틱 코미디' '액션' 등 몇 안 되는 장르를 기반으로 나누는 구조에 의존한다. 이에 반해, 넷플릭스는 태거들의 태그에 따라 이 분류를 더 자세하게 만든 것이다. 예로 '주도적이고 강한 여성이 등장하는 TV 프로그램' '실화 바탕 영화' '베스트셀러 소설 기반' 등 기존의 콘텐츠 분류 방식보다 더 세밀하게 나눈 것이다.

태거는 마치 도서관의 사서처럼 넷플릭스 영상을 분류한다. 이를 위해 태거는 콘텐츠를 처음부터 끝까지 봐야 하고, 보기만 하는 게 아니라 분석해야 한다. 줄거리, 분위기, 등장 인물의 특성 등을 꼼꼼하게 기록하기 때문에 하나의 콘텐츠를 볼 때마다 그 콘텐츠 러닝타임의 두 배 이상의 시간이 소요된다. 비디오대여점에서 일했던 사람부터 영화 마니아, 매일 TV만 보는 TV 중독자 등 다양한 사람이 넷플릭스에서 태거로 일하고 있는데, 이는 다양한 회원의 취향을 반영한 태그를 달 수 있도록 하기 위해서이다. 2017년 기준, 넷플릭스에 근무하는 태거는 30명이었고 이 중 한국인이 3명이었으며, 2019년 총 50명으로 증가해 2년 간 두 배 증가했다. 넷플릭스의 다른 직원과 마찬가지로 태거도 회사로 출근하며, 전부 정규직이다.

넷플릭스에 수집된 고객 데이터는 콘텐츠 담당자의 태그와 매칭되며 처음 가입 시에 조사된 선호도와 매칭되어 첫 화면부터 가동되기 시작한다. 이용이 거듭되면 취향 커뮤니티(Taste community)를 통해 구분된 사용자들에게 보다 정확도 높은 추천이 가능해진다. 하나의 장르를 전문 태거들이 입력한 레이블별로

세분화해 약 8만 개 장르가 존재한다고 한다. 넷플릭스의 문법 구조는 지역, 수식어, 장르, 원작(Based on), 배경(Set in), 시대(From the), 주제(About), 나이(For Age X to Y) 등이며, 요소가 추가될 때마다 그 수는 폭발적으로 증가하게 된다.

넷플릭스의 태거가 될 수 있는 조건은 '영상 콘텐츠를 사랑하는 사람' 또는 '다양한 배경을 가진 사람들' 정도로 알려진다. 이처럼 넷플릭스 경영진은 태거의 존재를 다른 OTT와 자사 서비스를 차별화하게 하는 핵심으로 여기고 있기 때문에, 채용에 있어서 더 유연함을 보여준다. 이들은 출근해서 종일 넷플릭스 콘텐츠를 보고 해당 콘텐츠를 설명하는 짧은 문구를 형성하는 일을 한다. 이는 데이터 분석을 위해 반드시 필요한 '데이터 전 처리(Data preprocessing)'를 의미하며, 라벨링 작업이라고도 부른다. 이는 쓰레기 더미 속에서 고객의 니즈를 발견하는 작업이기 때문에, 넷플릭스 내부에서 태그를 '사람 기반 데이터'라 부르게 된 것이다. 넷플릭스는 아이디어를 데이터로 검증하는 기업이며, 이는 창업자의 기업 거버넌스 철학에서 비롯된다.

넷플릭스의 공동 창업자인 마크 랜돌프(Marc Randolph)는 넷플릭스의 탄생과 성장 과정을 담은 《절대 성공하지 못할거야(That Will Never Work)》(2019)의 저자인데, 이 책에서 데이터 분석 기반의 의사결정 프로세스를 강조하였으며, 데이터가 넷플릭스 성공에 얼마나 큰 역할을 했는지 이야기했다.

랜돌프에 의하면, 창의력은 아이디어를 떠올리는 것이지만, 어떤 것이 통할지 평가하기 위한 열쇠는 데이터이다. 데이터 분석을 기반으로 한 의사결정 프로세스를 강조하는 그는 데이터가 넷플릭스 성공에 큰 역할을 했다고 회고한다. 넷플릭스에서 경영진들의 논의 핵심은 어떤 것이 좋은 아이디어였는지가 아니라, 그것이 좋은 아이디어인지를 찾아내는 방법에 대한 것이었다. 이러한 데이터 기반 사고방식 덕분에 넷플릭스는 초기에 비즈니스와 관련된 관심 있는 거의 모든 것을 시도해볼 수 있었다. 데이터로 통하는지 아닌지 확인할 수 있었기 때문이다. 자연스럽게 데이터 중심 기업 거버넌스가 형성되었고, 데이터로 아이디어를 평가할 수 있는 만큼, 모든 아이디어를 평등하게 다루고 접근할 수 있었다. 즉, 데이터는 누구도 좋은 아이디어에 갇히지 않게 해주었고, 진실의 중재자인 데이터가 일을 훨씬 더 간단하게 만들었으며, 그것이 조직문화가 되었다. 데이터를 기반으로 일할 때는 일상적이지 않는 것을 찾는 것이 중요한데, 랜돌프는 이 프로세스를 "직관에 기반한 현실의 발견"이라고 표현했다. 아이디어와 데이터는 서로 불가분하게 연결되어 있다는 것이다. 랜돌프는 아이디어와 데이터를 결합하기 위해서는 시스템과 문화, 그리고 수많은 나쁜 아이디어를 테스트하는 프로세스가 있어야 한다고 강조했다.

참고문헌

교보증권(2020.2.1). 카카오 & 네이버 엔터 진출 행보 가속화

김시정/손주연/김주영(2017). 디지털 거버넌스 구축 및 활성화 방안 연구, 서울디지털재단.

딜로이트(2015. 9). 기업거버넌스(Corporate Governance), No.5.

모보증권(2020.2.1). 카카오&네이버 엔터진출 행본 가속화

매일경제(2017.12.21). 카카오, 社內 독립기업체제로 카카오T·카카오M…다음은?

베일리 기포드 앤 코(Baillie Gifford & Co.)(2020). 기업 거버넌스와 지속가능성의 정의 투자운용역 원칙과 가이드라인.

비즈조선닷컴(2013.3.15). 기업 지배구조란 무엇이고 왜 중요한가요?, https://biz.chosun.com/site/data/html_dir/2013/03/14/2013031402781.html.

아이티월드(2020.10.13) "아이디어를 데이터로 검증" 넷플릭스의 데이터 중심 혁신

조선비즈(2019.5.12). 넷플릭스 콘텐츠 추천의 비결 '태거(Tagger).'

칠링워스(Chillingworth, M.)(2020.12.4). 디지털 트랜스포메이션 동력, '데이터'로부터 얻는다, IDG Connect, https://www.ciokorea.com/news/174734.

함블렌(Hamblen, M.)(2013.8.8). '아마존 창업자' 제프 베조스가 워싱턴포스트를 인수한 5가지 이유, Computerworld, https://www.itworld.co.kr/news/83232.

Brown, Bruce & Anthony, S.D. (June 2011). How P&G Tripled Its Innovation Success Rate, *Harvard Business Review*.

Chesbrough, H.(2003). *Open Innovation: The New Imperative for Creating and Profiting from Technology*, Harvard Business School Press.

Chesbrough, H.(2006). Open Business Models: How to Thrive in the New Innovation Landscape. HBS Press, ISBN 978-1422104279.

Chesbrough, H.(2010). *Open Service Innovation: Rethinking Your Business to Grow and Compete in a New Era*, Jossey-Bass, ISBN 978-0470905746.

Randolph, M. (Sep. 2019). *That Will Never Work: The Birth of Netflix and the Amazing Life of an Idea*, Little, Brown and Company

미디어 조직 거버넌스의 디지털 전환

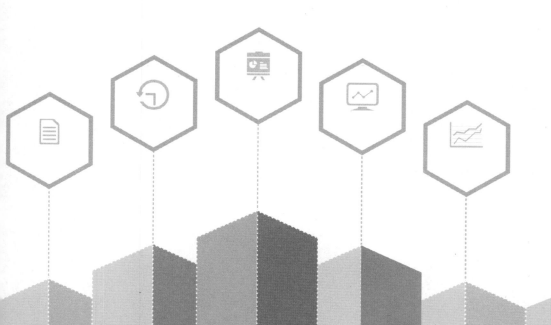

조직 거버넌스의 개념 및 특성

　일반적으로 생각하는 기업의 구성원들이 공유하는 가치는 먼저 기업에 이윤을 가져오는 비즈니스의 목적과 계획이며, 이를 위해 자원을 배분하는 전략이 공유된다. 이에 대해서는 비즈니스와 생태계의 디지털 전환에서 다루었다. 그 다음 공유되는 가치는 조직 설계이다. 조직 설계는 다시 조직체의 인력 구조와 관리 시스템, 그리고 리더십 스타일로 구분된다. 리더십 스타일은 조직 문화를 정착시키는 핵심이 되며, 조직 문화는 조직 구성원들이 공유하는 가치관과 신념, 관습, 지식, 기술 등을 총칭해 다소 추상적이지만 조직원들의 기업 활동에 영향을 미치는 매우 중요한 요소이다. 너무 강하고 경직된 조직문화는 환경 변화에 대한 신속한 적응력과 행동을 방해할 수 있는데, 오랫동안 형성된 조직 문화가 하루아침에 바뀌기를 기대하기는 어렵다.

　국내의 대기업들은 대개 매우 경직된 조직 거버넌스를 가지고 있다. 고비용을 들여 외부 컨설팅 회사의 도움을 받아 직급 체계를 평준화하고, 복장을 자율화하는 등의 노력들이 있지만, 정작 '무엇이 회사에 이익이며 중요한가'라는 본질적인 것에 보다 집중하게 하는 조직 문화가 정착되지는 못하고 있는 게 현실이다. 하지만 갑작스럽게 감시에서 자율로, 완벽주의에서 시행착오로 변화해도 실패하는 것이 조직 문화이다. 리더십이 없는 조직 거버넌스를 주창한 자포스(Jappos)가 대표적인 실패 사례이다.

　한때 조직의 구성원이 주도적으로 문제를 해결하는 창의적이고 유연한 경영체제, 자율경영 시스템이 새로운 대안으로 떠오르면서 온라인 소매기업인 자포스를 비롯해 전 세계 1,000여 개의 영리, 비영리 조직이 선택한 홀라크라시(Holacracy)라는 자율경영 시스템이 있다. 이는 '스스로 진화하는 조직'이란 뜻으로, 브라이언 J. 로버트슨(Brian J. Robertson)의 저서인 《홀라크라시》에서 나온 말이다. 이러한 조직 거버넌스는 보스(Boss)를 없애는 대신 모든 구성원에게 명확한 권한과 책임을 주고 자율적으로 회사를 경영하는 것을 말한다. 그렇게만 되면 소수의 손에 권한과 책임이 집중되지 않고 사내 정치를 피할 수 있으며, 조직의 피라미드 아래로 내려갈수록 동기부여가 결여되는 전통적 계층 구조를 근본적으로 혁신할 수 있다는 것이다.

홀라크라시의 첫 번째 특성은 수평적 조직구조이다. 이는 서클(Circles)과 역할(Roles)이라고 하는 조직 구성원 스스로 의사결정을 하는 조직구조를 근간으로 한다. 서클은 프로젝트 단위나 업무 기능 단위로 묶인 단위 조직으로 서클의 기능을 잘 수행할 수 있는 조직 구성원들이 자발적으로 모여 구성되며 TFT와 달리 상시 조직이다. 역할은 서클 구성원 개개인이 권한과 책임을 가진 기능이며, 구성원 한 사람이 다수의 역할을 가질 수 있다. 역할 구성은 구성원 간 합의를 통해 그 권한과 책임을 수시로 조정한다. 역할의 목적은 서클의 목적을 실현하기 위한 것이고, 서클의 목적은 더 넓은 서클 또는 조직 전체의 목적을 실현하기 위한 것이다.

홀라크라시의 두 번째 특성은 거버넌스 미팅(Governance Meeting)과 택티컬 미팅(Tactical Meeting)이라는 독특한 회의체이다. 전자는 조직 구성원이 일하면서 발견하거나 느끼는 문제, 개선해야 할 부분을 수평적 토론을 통해 해결해나가는 회의체이며, 후자는 팀 주간업무회의를 조금 더 참여적이고 효율적 방식으로 진행하는 것으로서, 서클의 업무 현황을 공유하고 진행되는 과제를 리뷰한다. 기존의 팀 리더 역할이었던 많은 부분이 조직 구성원들에 의해 조정되고 조율되며, 자신이 스스로 일에 대한 의사결정을 하게 됨으로써 개개인은 일에 대한 높은 수준의 주도성을 가지게 된다.

홀라크라시의 세 번째 특성은 효율성을 극대화한 조직 구조이다. 홀라크라시는 빠르게 변화하는 경영환경에 효과적으로 대처할 수 있으며 조직의 효율성도 높이는 조직 구조로, 각각의 서클과 역할을 담당하는 조직 구성원들이 자신의 권한과 책임에 맞게 신속하게 의사결정을 하고, 동시에 이러한 권한과 책임도 수시로 조정될 수 있기에 더 유연하고 창의적인 조직이 만들어질 수 있다는 것이다. 역할에 따른 권한과 책임이 명확하고 업무의 모든 요소가 투명하게 운영되며, 모든 조직 구성원들에게 자유롭게 의견이 공유되므로 비효율성이 근본적으로 제거된다는 것이다.

홀라크라시의 마지막 네 번째 특성은 자발적이고 주도적인 리더십의 유도이다.

홀라크라시의 모든 서클에는 링크(Link)라는 역할이 있는데, 이것이 일종의 리더십 역할을 하게끔 되어 있다. 서클 내 자원 분배와 조직 구성원들의 역할 지정 등이 링크의 책임 업무이며, 자발적이고 주도적으로 운영되는 조직임에도 불구하고 조직 구성원들에게 끊임없이 일의 가치와 의미를 일깨워주는 역할을 한다. 또한, 링크는 팀의 응집력과 역량을 제고하여 미래 방향을 제시하는 역할을 한다.

2016년 자포스가 홀라크라시를 실행하는 것이 알려지면서 많은 언론들이 '보스 없는 조직'이라는 것을 강조하며 이상적 조직 문화의 모습으로 홀라크라시를 기사화해왔다. 홀라크라시는 조직으로 하여금 완벽하게 자기조직화되어 자기경영을 통해 움직이고 구성원이 자기주도적으로 일할 수 있도록 하는 새로운 조직 문화를 가능하게 한다는 점에서 주목을 받는다. 하지만 2020년 자포스는 홀라크라시 도입 실패를 공식 선언한다. 자포스는 홀라크라시를 새로운 경영방식으로 정착시키려 했지만, 부여받은 역할을 자유롭게 쓰면서도 회의 프로세스를 통해 논쟁 끝에 의사결정을 내리는 방식이 조직 구성원들에게 매우 생소했고, 그 결과로 3년 간의 홀라크라시 정착 시도 끝에 자포스는 이 도입의 실패를 공식 인정하였다. 공교롭게도 당시의 자포스 기업 매출이 홀라크라시 도입 시기와 겹쳐 하락한 것도 이의 정착을 쉽지 않게 한 원인이 되었다.

같은 시기에 MIT 경영대학원의 케인 외(Kane, G. et al. 2016)는 아래 [그림 1]

[그림 1] 조직 설계의 기본 요소

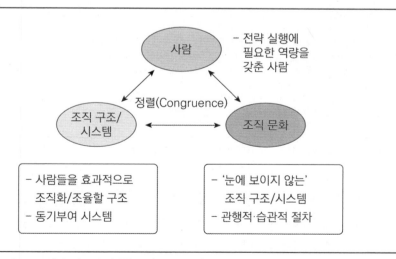

출처: Kane, G. et al.(2016); LG경제연구소(2017.2.17) 재구성

에서와 같이 조직 설계의 기본 요소를 사람(인력), 조직 구조, 조직 문화로 제시하고 있다.

케인 외에 의하면, 조직 문화는 '눈에 보이지 않는' 조직 구조 및 시스템으로, 관행적이고 습관적인 절차를 말한다. 이들에 따르면, 디지털 전환에 적극적인 기업들은 조직 문화에 디지털 문화를 배양하기 위해 많은 노력을 기울이고 있으며, 디지털 문화는 경직된 문화와 아래 [그림 2]에서와 같이 비교되고 있다.

[그림 2] 기업들의 디지털화 수준별 조직 문화 양상

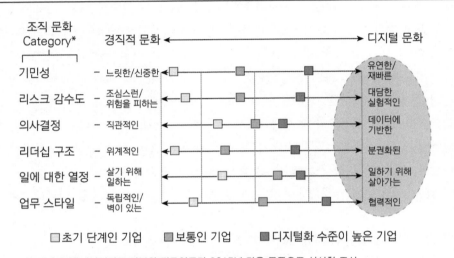

* MIT 슬로안 매니지먼트 리뷰와 딜로이트가 2015년 가을 공동으로 실시한 조사.
131개국, 27개 산업, 다양한 규모의 기업들로부터 3,700명의 임원, 관리자, 애널리스트 대상으로 서베이. 응답자들에게 "이상적인 디지털 기업에 대해 생각해 보고, 그 기준에 비추어 자신의 조직을 1~10점 척도로 평가하라"고 요구.
(Imagine an ideal organization by digital technologies···
Rate your company against that ideal).
1~3점은 디지털화 수준이 초기 단계인 기업(Early), 4~6점은 보통(Developing), 7~10점은 높은 기업(Maturing)으로 분류

출처: Kane, G. et al.(2016); LG경제연구소(2017.2.17) 재구성

경직된 문화는 느릿하면서도 신중하고, 조심스럽고 위험을 피하는 경향이 있고, 직관적 의사결정과 위계적 리더십 구조, 살기 위해 일하고 독립적이며 벽이 높은 업무 구조를 갖는 데 비해, 디지털 문화는 유연하고 재빠르며, 대담하고 실

험적이며, 데이터에 기반하고 분권화된 리더십 구조하에서 일하기 위해 살아가며, 협력적 업무 구조를 가지고 있다. 조직 문화에 영향을 주는 핵심 동인은 리더십임을 알 수 있는데, 이 조사의 설문에 응한 기업들이 리더십을 바꾸는 방법은 두 가지이다. 하나는 사람을 바꾸는 인적 쇄신이고 다른 하나는 교육이다. 설문 결과, 많은 전문가들이 교육보다는 인적 쇄신의 방법이 더 효과적이라고 말한다.

미디어 조직 문화의 변화

조직 문화에 초점을 맞추어 인터넷 시대가 본격화된 2000년 국내 사례를 보면, 미디어사업을 주 사업으로 갖고 있는 CJ그룹의 조직 문화 변화의 움직임이 눈에 띈다. 앞서 국내 대표적 미디어 기업으로 CJENM을 많이 언급하였는데, CJ 그룹은 CJENM의 모회사로서 설탕을 주 상품으로 판매하는 제조 기업에서 미디어 기업으로 발전하게 된다. 이러한 CJ그룹의 조직 구성원들은 수많은 회의와 워크샵 등으로 피로에 쌓이기 시작하면서, 조직 내 불만이 증가하고 리더들의 부담과 스트레스가 가중된다. 이러한 갈등 구조에 대응하기 위한 조직 문화 개선 차원에서 CJ그룹 경영진은 직급 호칭을 폐지하고 '님' 호칭을 대신 사용하기 시작했으며 복장 자율화, 온라인 자율 토론방, CEO 대화방 개설, 근무시간 플렉서블 타임제 등을 내놓았고, 이를 통해 기존의 보수적이고 권위주의적 관행을 극복하고 지속적 변화에 대응하고자 노력하기 시작했다. 그 이후, 많은 대기업들이 이러한 수평적 호칭 사용을 벤치마킹하였다.

이처럼 CJ그룹은 인터넷 시대 초기인 2000년 1월부터 '님' 호칭 제도를 도입하였고, 그 이후 그룹 전체의 임직원들은 사내에서 부장, 과장, 대리 등의 직급 호칭을 버리고 상하급자 호칭을 할 때 이름에 '님'자를 붙여 부르고 있다. 심지어 공식석상에서도 CEO인 이재현 회장을 호칭할 때도 '이재현 님'으로 부르고 있다. 이 회장은 '님' 문화가 빠르게 정착될 수 있도록 회의 시간 및 사내 방송에 출연해 자신을 '이재현 님'으로 호칭하도록 했다. 또한, 사내 인트라넷에 '이재현 님 대화방'이라는 코너를 마련해 조직 구성원들이 이 회장에게 자유롭게 의견 개진을 할 수 있도록 했다.

이러한 CJ그룹의 연혁을 다시 설명하면, 1953년부터 국내 최초의 설탕을 생산한 이후 반세기 동안이나 식품 사업을 이어온 CJ는 1996년 5월 삼성그룹으로부터 계열 분리를 선언하고 1997년 제일제당그룹으로 공식 출범하면서 사업다각화에 나서기 시작한다. 설탕, 밀가루 생산 중심의 식품회사에서 출발한 CJ그룹은 2000년 식품&식품 서비스, 바이오, 물류&신유통, 그리고 엔터테인먼트&미디어(E&M)라는 4대 사업 영역을 제시한다. 특히 기존의 사업영역의 인접 사업 영역이 아닌, 전혀 별개인 새로운 미디어사업 진출로 창의적 사고로 소통하는 조직문화가 시급해진 CJ그룹은 그 당시 매우 파격적인 '님 문화'를 도입한 것이다. 이의 실시와 동시에 CJ는 2003년 E&M(Entertainment&Media) 사업에 본격 진입하게 되고, 현재의 CJENM으로 발전하게 된다.

한편, ICT 및 신생 미디어 기업의 국내 사례로는 카카오가 수평적 시스템을 가지고 있는 대표가 된다. 카카오에서는 임직원 서로를 '크루(Krew)'라고 부른다. 'C'가 아닌 'K'를 이용해 크루라고 말하면서 카카오(Kakao)라는 한배를 탄 사람들이라는 결속력을 강조한다. 정규직, 계약직, 어시스턴트까지 모든 조직 구성원이 서로를 '크루'라고 부르며 동등한 팀원, 크루로 존중한다는 것이다.

또한, 카카오에서는 영어 이름을 사용하며 수평적 커뮤니케이션을 지향하는데, 직급에 대한 존칭이 없는 영어 이름을 사용하면서 자유로운 분위기에서 회의가 진행된다. 타부서에 협조 요청을 하기도 굉장히 용이하다는 장점이 있다. 영어 이름은 창업 초창기부터 시작된 카카오만의 회의 문화인, 'T500'에서 서로 간의 의견을 가감 없이 교환하기 위해 시작된 것이다. 카카오가 이제 대기업 대열에 올랐지만, 여전히 이슈가 있는 경우에는 가장 빠른 목요일에 'T500'을 진행한다.

'T500'에 녹여 있는 카카오의 조직문화 '신·충·헌'은 신뢰, 충돌, 헌신의 약자로 카카오만의 의사결정 방식이다. 신뢰는 크루가 느끼기에 회사가 잘 되었으면 좋겠다는 마음, 이용자에게 좋은 영향력을 미치려고 하는 마음이라는 것이다. 그리고 내가 어떤 의견을 이야기하더라도 불이익을 받지 않을 거라는 믿음을 가지는 것이다. 이러한 신뢰를 바탕으로 불편하지만 솔직하게 의견을 나누는 과정이 충돌이며, 충돌한 사람들끼리 소통이 완료되면 결정된 사항에 따르는 것이 헌신이다.

카카오 내 보고 시스템도 간단하다. 큰 사업의 경우에도 사업부에서 회의를 한 후 바로 대표, 의장과 회의가 진행되고, 회의의 결정사항을 바로 실행에 옮긴다. 덕분에 웬만한 작업의 경우 2주 안에 마무리할 수 있다고 한다. 또한, 카카오는 일에 몰입할 수 있는 환경을 만들기 위해 '공개 공유' 시스템을 가지고 있다. 아지트는 카카오 크루들이 필요로 하는 정보들이 모여 있는 곳으로 직급별 차별 없이 전 크루에게 모든 정보를 공개한다. 자기주도적인 크루에게 정보를 빨리 주면 관련 일을 빠르게 실행하고, 고민, 검토, 충돌을 거쳐 새로운 서비스를 만들어낼 것이라는 믿음이 있기 때문이다. 이러한 과정을 통해 카카오에서는 보다 다양하고 새로운 일들을 많이 경험할 수 있다.

미디어 조직의 레질리언스 전략

앞서 생태계의 디지털 전환에서 파이프라인 기업이 아닌, 플랫폼 기업의 조건으로 자원 조정과 외부와의 소통, 그리고 생태계 가치 제고에 대해 언급되었다. 이러한 플랫폼 기업이 되기 위해서는 조직의 디지털 전환이 뒤따라주어야 한다. 디지털 전환에 적응하는 조직에 대해 2014년 출간된 《리딩 디지털(Leading digital)》에서 500개 미국 비(非)ICT기업의 디지털 전환 수준을 논한 바 있다. 아래 [그림 3]에서 보듯이, 기업이 조직 거버넌스의 디지털 전환에 성공하려면 리더십 역량과 디지털 역량이라는 두 가지 축을 모두 가지고 있어야 한다.

[그림 3] 조직의 역량 유형화: 디지털 전환 역량은 디지털마스터 역량

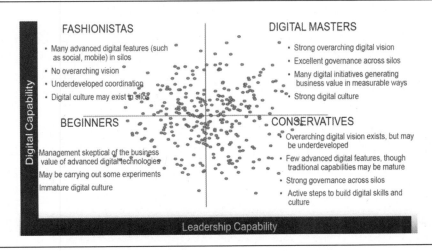

출처: Westerman et al.(2011.11); Westerman et al.(2014; 25쪽) 재인용

리더십 역량의 고려 요소는 리더의 강력한 비전 수립 역량을 토대로 참여 유도 역량, 디지털 거버넌스 구축 역량, 기술 리더십 역량 등이며, 디지털 역량은 고객 경험 창출 역량, 핵심 운영 역량, 비즈니스 모델의 재창조 역량 등이다. 핵심 운영 역량은 위에서 언급한 파이프라인과 비교되는 플랫폼의 조건을 의미하며 플랫폼 거버넌스를 필요로 하는데 이에 대해서는 마지막인 13장에서 다루기로 한다. 또한, 디지털 역량 전반에 대해서는 12장의 데이터 거버넌스에서 자세히 다루고자 한다.

조직의 디지털 전환 적응 전략을 조직 레질리언스(Organization resilience)라고 부른다. 이는 조직의 회복 탄력성을 말하는데, 2017년 영국왕립표준협회(British Standard Institution; BSI)가 이코노미스트 인텔리전스 유닛(EIU)과 협력해 "조직 레질리언스: 지속 가능한 기업 설립에 대한 보고서"를 펴냈다. 내용은 400명 이상 전 세계 비즈니스 리더들의 의견을 수렴한 세계 최초의 '조직 레질리언스 인덱스'이다.

BSI 보고서에 따르면, 조직 레질리언스는 "조직이 생존하고 번영하기 위하여 갑작스러운 중단 상황을 예측, 대비하고, 적응하는 능력"으로 단순한 리스크 관리를 넘어 건강한 기업을 유지하고 성공하기 위한 거시적 관점의 적응력이다. 레질리언스가 강한 조직은 시간이 지남에 따라 생존하는 데에만 급급하기보다는 더욱 성장하는 조직으로 존재한다. BSI는 2014년 영국 이코노미스트 인텔리전스 유닛(EIU)과 협력해 비즈니스 리더들의 의견을 수렴하여 리더십, 사람, 프로세스, 상품으로 구성된 네 가지 영역별로 요소들을 제시한다.

첫째는 모든 조직의 리더들을 위한 핵심 역할과 책임을 식별하는 리더십 영역으로 다섯 가지 요소로 구성되어 있다. 경영진의 조직 문화와 가시성, 성과를 나타내는 리더십(Leadership), 목적의 규정 및 소통 방법, 그리고 전략적 자원 배분에 대한 목적과의 관련성을 나타내는 비전과 목적(Vision & Purpose), 평판 리스크를 관리하고 제한하기 위한 기업의 접근 방식을 나타내는 평판 리스크(Reputational risk), 비즈니스의 재무 관련 관리에 대한 품질을 나타내는 재무 측면(Financial aspects), 사람과 기술 등의 자원을 필요한 곳에 배치하기 위하여 이를 효율적으로 관리하는 수준인 자원 관리(Resource management) 요소 등이다.

둘째는 사람(People) 영역으로 네가지 요소로 구성되어 있다. 가치와 행동을 공유하는 수준으로 신뢰 구축 및 직원의 참여 정도를 나타내는 조직 문화

(Organizational culture), 기업의 지역 사회와의 관계, 관리 자격 증명, 사회적 책임을 나타내는 지역 사회 참여(Community engagement), 조직 레질리언스 수준을 나타내는 인식, 교육 및 테스트(Awareness, Training and Testing), 품질, 보건과 안전, 정보 보안 등의 분야를 포함해 조직의 모든 측면이 전략의 실현과 일관된 수준을 나타내는 일관성(Alignment) 등이다.

셋째는 프로세스(Process) 영역으로 네 가지 요소로 구성되어 있다. 거버넌스 정책이 명확하게 정의되고 경영진이 모든 이해관계자에 대해 책무를 갖는 수준을 나타내는 기업 지배구조와 책임(Governance and Accountability), 비즈니스 상의 지속성, 정책, 절차 품질을 보여주는 비즈니스 연속성(Business continuity), 공급망 지배구조, 보안, 관리의 품질을 나타내는 공급망(Supply chain), 정보 및 지식 공유의 품질을 나타내는 정보 및 지식 관리(Information and Knowledge management) 등이다.

마지막으로 상품(Product) 영역은 세 가지 요소로 구성되어 있다. 변화, 위협, 리스크, 기회를 식별하기 위한 기업 정보의 체계적 검토 수준을 나타내는 이슈 탐지(Horizon scanning), 기업 내 조직문화의 혁신 장려 및 촉진 수준을 나타내는 혁신(Innovation), 변화와 불확실성을 파악하고 신속하고 효과적인 조치를 취할 수 있는 능력을 나타내는 적응 능력(Adaptive capacity) 등이다.

이 네 가지 영역 중에서 리더십 영역과 사람 영역의 요소들이 거버넌스의 디지털 전환과 직접 관련되며, 완전히 선을 그을 수는 없지만 리더십 영역은 기업 거버넌스에, 사람 영역은 조직 거버넌스에 해당된다고 볼 수 있다. BSI 보고서에서는 조직 레질리언스의 성공 사례로 디지털 전환을 추구하며 조직 운용 전략을 실행한 GE(General Electric)가 제시되었다.

100년 전 전구회사로 출발한 GE는 2008년 금융위기를 기점으로 60달러에 이르던 주가가 6달러 수준까지 떨어지는 위기를 맞게 되었고, 당시 CEO인 제프리 이멜트는 그 이유를 GE캐피털 때문이라고 판단한다. 이에, CEO는 리더십을 발휘해 전통적 본업인 제조업에 집중하기 위해 캐피털 비즈니스 대부분을 매각하고, 하드웨어와 데이터 분석을 통합하는 디지털화를 위해 하드웨어와 소프트웨어 인력 간 융합을 추진한다. GE는 이러한 인력 간 융합 과정에서 새로운 디지털 기술 인력들과 기존 사업부서 인력들 간의 협업을 강조한다. 각 산업 분야의 전문 지식과 소프트웨어 지식을 융합함으로써 의미 있는 상품 개발을 도모하기 위해 패스트웍스팀을 새로 도입한다.

패스트웍스팀에는 상품/서비스나 사업 개발 등 개별 이슈 중심으로 다양한 경험이나 배경을 가진 조직 구성원들이 일을 하며, 일이 마무리되면 해산되어 다른 팀으로 배치된다. 이와 함께 GE는 평가·보상 시스템에 대한 파일럿 테스트를 진행한다. 일부 고성과자만 추려내어 보상을 하는 방법인데, 금전적 보상보다는 승진이나 육성 기회를 제시하는 방법 등 여러 가지 옵션들을 놓고 테스트를 진행한다. 그 외에도, GE는 조직 문화 변화를 위한 리더십 교육을 실행하는데, 패스트웍스팀 조직 운영 방식을 가르치는 것과 팀원들의 협업과 팀워크를 이끌어내기 위한 소프트웨어 스킬 교육 등이다.

미디어 기업으로서 이러한 조직 레질리언스를 리더십, 사람, 상품, 프로세스에서 두루 실천한 대표 사례는 넷플릭스이다. 프로세스에 대해서는 비즈니스 프로세스의 디지털 전환에서, 상품에 대해서는 비즈니스 모델의 디지털 전환에서 각각 파괴적 혁신과 비즈니스 모델의 단계적 혁신 전략 중심으로 이미 설명하였다. 금융 위기 직후 2009년, 넷플릭스 CEO인 리드 헤이스팅스(Hastings)는 인터넷에 회사 내부 문서 한 건을 올린다. 텍스트와 몇 개의 그래픽으로 이뤄진 124장짜리 슬라이드 문서 제목은 '넷플릭스 문화: 자유와 책임(Netflix Culture: Freedom and Responsibility)'으로 넷플릭스의 인재 경영 철학을 구체적으로 설명한 문서이다. 이 문서는 실리콘밸리 경영자들 사이에서 폭발적 인기를 얻으며 퍼져나갔고, 넷플릭스에 입사하는 모든 임직원들은 이 문서를 공부해야 한다. 넷플릭스 조직 문화를 나타내는 문서이기 때문이다. 이 문서는 슬라이드 공유 웹사이트인 슬라이드셰어(Slideshare)에 공개된 이후 지속적으로 조회되고 있으며, 버진 그룹, 링크드인, IBM, GE 등이 넷플릭스의 조직 문화를 도입했다. 이 문서에 나타난 핵심은 자유와 책임이다. '자유와 책임' 원칙은 우수한 직원들에게 최대한 자유를 주고 규율은 최소화하면서 동시에 뛰어난 성과를 낸다고 보는 시각에서 나온 것이다.

넷플릭스의 몇 가지 원칙들은 시간이 지나면서 조직 문화로 자리잡는다. 첫째는 '자유를 누림과 동시에 책임을 지는 조직 문화'이다. 넷플릭스는 기업 규모가 커져 실수와 손실이 발생하기 때문에 사칙과 절차를 통해 조직원을 통제한다는 논리보다는 조직 구성원들의 창의성에 더 방점을 둔다. 따라서 최소한의 규칙과 절차만 존재하며, 직원들이 필요한 회의에만 나타나면 근태도 상관없으며,

휴가도 자유롭다. 업무를 끝냈다면 무제한 휴가도 허용되며, 관심 있는 콘퍼런스가 있으면 회사 비용으로 다녀올 수도 있다. 신생아 출산 시 1년 유급 휴가도 주어진다. 업무에 필요한 지출, 출장비, 선물 관련 규율도 없다. 또한 사내 교육도 없는데, 자기 계발은 자신만의 방법으로 자유롭게 하라는 것이다. 이 모두가 소프트웨어, 디자인, 마케팅 등 창의성을 요구하는 일은 투입하는 노동력과 시간이 아니라고 믿는 CEO의 경험에서 나온다. 모든 것이 자기 의지에 따라 결정하라는 것인데, 나쁘게 남용되지 않는 이유는 자유를 보장받는 이면에 책임이 따라오기 때문이다. 책임은 성과와 연결된다.

둘째는 '수평적 상호작용이 강한 조직 문화'이다. 상사 수도 최대한 줄이고 규칙도 단순화한 수평적 조직 구조가 형성되어, 공식 명령 시스템이나 특정 인물에 의존하는 체인 네트워크가 아니라 완전 연결 네트워크 시스템이 유지된다. 직무에 있어서 효율적이고 상호작용이 증진되는 360도 다면평가를 통한 피드백 구조하에서 자기 부서가 아닌, 같이 일한 모든 사람(상사-동료-부하직원)에게서 실명으로 피드백을 받는다. 또한 자신의 동료들과 상사에게 자신이 하는 일에 대해 알려 자신의 약점과 현재 업무에서의 잘못된 점을 빠르게 수정한다. 모든 작업에는 기록을 남겨 서로의 업무에 대해 잘 파악하게 함으로써 이직으로 인한 인수인계 문제가 없게 한다. 채용, 해고, 승진에 있어 조직원 간 상호작용과 팀워 능력이 높게 평가되며, 성과와 직결된다.

넷플릭스는 이처럼 전통적인 방식의 시간관리형의 인사정책과 공식적 성과평가를 포기하고 언제 어디서든 업무만 잘 해내면 된다는 조직 구성원의 자율성을 바탕으로 상시적 360도 피드백, 도전적이지만 개인에 가장 적합한 업무 기회를 제공하여 직원들의 성장을 최우선으로 고려한다. 이를 통해 독특한 조직 문화를 형성한 넷플릭스에는 최고의 인재들이 최고의 성과를 보이며 성장해가고 있다. 능력과 인성, 잠재적 가능성을 갖춘 A급 인재가 자유로운 환경에서 최고의 성과를 내도록 하고 최고의 연봉으로 보답하는 것이 넷플릭스 조직 문화의 핵심인 것이다. 이를 넷플릭스 경영진이 직접 소개하는 서적으로 《파워풀(Fowerfull)》과 《규칙 없음(No Rules Rules)》이 발간되었다. 《파워풀》은 넷플릭스 초기 멤버로서 조직 문화를 구축하는 데 공헌한 전 넷플릭스 최고인재책임자(Chief Talent Officer)인 패티 맥코드 (Patty McCord)가 2018년 저술한 것으로 뒤에서 다룰 데이터 기반 조직 레질리언스에서 언급하겠다.

에린마이어(Erin Meyer) 교수와 함께 넷플릭스 조직 문화를 CEO가 직접 소개하는 《규칙 없음》(2020)에서 CEO는 직접 사례들을 들며 규칙 없는 게 규칙인 기업임을 스스로 증명하고 있다. 이상에서 언급한 '자유와 책임 원칙'의 조직 문화가 단계별로 제시되고 있는데, 첫 번째가 '인재 밀도(Talent density)'를 높이는 일, 두 번째가 솔직한 문화를 만드는 일, 세 번째가 통제를 제거하는 문화를 만들어 나가는 일이다.

인재 밀도를 높이는 이유와 방법에 대해 살펴보면, 인재 밀도를 높이는 이유는 '비범한 동료가 곧 훌륭한 직장'이기 때문이다. 생산성이 그다지 높지 못하지만 평범한 생산성을 유지하는 직원들이 조직에 남아 있을 때 만들 평균적 가치보다, 이들의 존재로 인해 비범한 동료들의 분위기가 해쳐질 우려가 있음이 전제가 된다. 다양한 배경과 견해를 가지고 있는 비범한 동료들은 재능이 뛰어나고 창의력이 남다르며 중요한 업무를 능숙하게 처리하는 동시에, 다른 사람들과 긴밀히 협력한다고 보는 관점이다. 예를 들어, 10명 팀원 중 1명의 평범한 생산성을 유지하는 팀원이 있다면 나머지의 비범한 동료들이 만들어낼 생산성의 3~40%를 떨어뜨리고, 2명이 있다면 나머지 8명의 비범한 동료들이 만들 우월한 생산성을 모두 떨어뜨린다는 것이다.

넷플릭스의 인재 밀도를 높이는 방법은 '업계 최고 수준의 대우'이다. 창의적 업무와 운영 업무를 구분하고 창의적 업무를 하는 직원에게 업계 최고 대우를 하며, 현 업적에 평범한 생산성을 보이는 10명 고용보다 10명보다 더 많을 것을 해낼 1명 인재를 찾는다. 이는 한 에피소드에서 출발한다. 초창기에 유능한 개발자 4명 중 1명이 실리콘밸리의 다른 ICT 기업으로 높은 연봉을 받고 이직하는 상황이 발생한다. 인사담당 책임자와 CEO는 일반 개발자 10명이 슈퍼 개발자 1명을 대체할 수 없을 것이라는 결론을 내린다. 비용보다는 업적에 중점을 두는 것이다. 타 기업으로 이동하려는 해당 개발자에게 타 기업에서 받을 연봉에 더 얹어서 다시 연봉 계약을 한 CEO는 여러 사례들을 통해 적당한 보수로 보통 수준 능력을 갖춘 엔지니어를 10~25명 고용하는 방법과 거액을 주고 1명 '록스타'를 영입하는 방법 중 후자를 선택한 것이다. 베스트 프로그래머의 가치는 보통 수준 능력을 갖춘 프로그래머의 10배 정도가 아니라 100배 이상의 가치가 있다고 본 것이다.

넷플릭스는 밀도 높은 인재 구축 후에 지속적으로 대우에 맞는 성과를 내고 있는지 관리하며, 6개월에 한 번 '키퍼테스트(Keeper test)'를 진행한다. '부하 직원이 타 회사로 가서 유사한 일을 하겠다 하면 붙잡겠는가'라는 질문을 관리자가 하는 것이다. 붙잡지 않을 사람이라면 최대한 빨리 내보내야 한다. 이는 최고 선수로 팀을 꾸려야 하는 스포츠팀을 연상케 한다. 보통 기업은 이직 준비를 할 수 있도록 일정 급여도 제공하는 등 퇴사자 프로그램을 갖지만, 넷플릭스는 이에 상응하는 비용을 한 번 지급해 바로 내보낸다. 개인은 치욕스러운 시간을 보내지 않고 바로 보상받고 새로운 시작을 하고, 넷플릭스도 지연되는 퇴사 일정 속에서 조직 분위기를 해치지 않을 수 있다.

또한, 넷플릭스는 회사를 떠나야 하는 퇴사자로 하여금 함께 일했던 조직 구성원들에게 '부검 메일(Autopsy mail)'이라는 것을 보내게 하여 퇴사자가 왜 지금 떠나고 그동안 배운 것은 무엇이고 일하면서 아쉬운 점은 무엇이었는지, 향후 계획은 무엇인지를 쓰고 떠나게 하며, 메일 말미에 넷플릭스의 입장이 채워지게 한다. 퇴사는 자칫하면 회사 조직의 분위기를 해칠 수도 있는 신호가 될 수도 있기 때문에, 넷플릭스를 왜 떠나는지를 명확히 밝혀 다른 동료 직원들이 이해할 수 있도록 한다는 취지이다. 명칭을 '부검 메일'이라고 칭한 이유는 넷플릭스가 왜 조직 구성원을 내보낼 수밖에 없었는지에 대해, 해당 직원의 퇴사를 계기로 넷플릭스라는 조직을 부검할 기회를 제공한다는 차원에서 비롯된 것이다.

전통 미디어 기업으로서 디지털 조직 문화를 회복한 대표 사례로는 뉴욕타임스가 있다. 2012년 11월부터 뉴욕타임스의 디지털 전환 작업을 총괄 지휘한 마크 톰슨(Mark Thompson) CEO의 지휘하에 조직 거버넌스의 디지털 전환도 시작된다. 이러한 조직 레질리언스의 결과는 성과로 보여주는데, 2009년 1분기(1~3월) 4달러였던 뉴욕타임스의 주가는 2020년 2분기에 43~47달러를 기록했고, 한때 10억 달러까지 추락했던 시가 총액은 73억 달러로 증가했다. 또한, CEO가 취임한 2012년 말, 50여만 명이던 뉴욕타임스 온라인 유료 가입자 수는 2020년 2분기 570만 명으로 급증하였고, 종이신문 유료구독자(80여만 명)를 포함한 뉴욕타임스의 유료 구독자 수(650만 명)는 세계 언론사 가운데 압도적 1위에 위치한다. 2013년 15억 7,723만 달러이던 매출액은 2019년 18억 1,218만 달러로 마감했고 2020년 2분기 디지털 구독 매출이 1억 8,550만 달러로 종이신문 구독 매출을 추월했다. 이에 뉴욕타임스는 세계 미디어 업계에서 디지털 전환에 성공한 유일한 회사로 평가된다.

뉴욕타임스 CEO인 마크 톰슨은 영국의 공영방송 BBC 사장 출신으로 2012년 뉴욕타임스로 옮기면서 디지털과 국제 부문 성장을 주도해왔다. 조직 리더로서 그가 직접 밝힌 뉴욕타임스의 파괴적 혁신 성공 비결은 네 가지로 압축된다. 종이신문에서 문화상품으로의 발상 전환, 1년여 끝장 토론 등을 통한 비전과 공감대 구축, 젊고 유연한 조직으로의 전환, 사주(社主) 가문의 전폭 지원과 솔선수범 등이다. 2012년부터 이러한 성과를 차근차근 일궈낸 톰슨 CEO는 2020년 퇴임을 앞두고 '고별 인터뷰'를 했고, 이상의 네 가지 성공 비결이 제시된 것이다.

이 핵심 성공 비결은 곧 2012년 당시에 CEO가 내세운 조직 레질리언스 전략이다. 뉴욕타임스의 첫 번째 조직 레질리언스 전략은 종이신문에서 탈피하여 디지털 '문화상품'으로 전환한 파괴적 혁신 전략에서 비롯된다. 이는 파괴적 혁신에서 말하는 자기파괴(Self cannibalization)에 해당된다. 톰슨 취임 당시 이미 뉴욕타임스 편집국은 종이신문을 웹사이트에 2차 유통하는 구조를 가지고 있었고 디지털은 부수적 활동이었다. CEO는 역발상을 제안한다. 훌륭한 스마트폰 뉴스 상품을 먼저 만들고, 거기에서 웹사이트를 만들고, 다시 이를 큐레이션해서 종이신문을 만드는 방식으로 회사 업무를 역으로 재정의한 것이다. 또한, 뉴스는 헤드라인이나 딱딱한 스토리 유형만으로 구성되는 것이 아니라 정교한 문화상품(Sophisticated cultural object)이라는 관점이 제시된다. 동영상과 음원 서비스 제공업체인 넷플릭스나 스포티파이를 벤치마킹해 식별할 줄 아는 이용자들이 뉴욕타임스의 프리미엄 콘텐츠에 비용을 기꺼이 지불하는 습관을 갖도록 하는 방법을 짜내도록 했다. 뉴욕타임스는 문화, 엔터테인먼트, 음식, 부동산 같은 라이프스타일 섹션에 주목하였고, 자사를 통해 이용자들이 아파트 정보, 브로드웨이 뮤지컬 정보를 얻게 한다. 이러한 파괴적 발상으로 탄생한 것이 2016년, 2017년 각각 디지털 유료 구독 서비스로 전환한 십자말 퀴즈(Crossword Puzzle)와 쿠킹(Cooking) 등의 저널리즘 상품이다. 두 서비스의 2019년 매출액은 1,000만 달러에 달하며, 2020년 2분기 110만여 명의 두 서비스 유료 구독자들은 뉴욕타임스의 열렬한 소비자들이기도 하다.

뉴욕타임스의 두 번째 조직 레질리언스 전략은 1년여 끝장 토론을 통해 비전과 공감대를 구축한 것이다. 뉴욕타임스는 진정으로 공유하는 비전을 갖기 위해 밀도 높은 대화를 정례화한다. 예컨대, 2015년 4월 초부터 11월까지 최고 경영진 5~6명이 매주 금요일 낮12시부터 회의를 시작해 매번 저녁 6시 또는 7시까지 6~7시간

동안 토론을 했으며, 1년 가까이 계속됐다고 한다. 이는 최고경영진이 수직적으로 무조건 디지털 전환을 몰고가지 않고, 최고 경영진이 설정한 명확한 비전에 대한 전사적인 공감대 확보에 주력하는 수평적 상호작용을 하기 위함이다. 이러한 공감대 형성을 위해 2014년 3월 발간된 《혁신 보고서(Innovation Report)》는 인터넷에 업로드되어 다른 미디어 기업들에게 회자되고 벤치마킹하는 자료로 활용되고 있다.

뉴욕타임스의 세 번째 조직 레질리언스 전략은 유연한 젊은 조직으로의 전환이다. 성공했을 때만이 아니라 실패했을 때에도 축하해야 한다며 조직 구성원들이 늘 새로운 시도를 하고 혁신의 실마리를 찾아낼 수 있도록 소통 공간을 마련하고 다양한 아이디어를 결합해 디지털화에 빠르게 안착할 수 있도록 적극 지원한다. 특히 새로운 젊은 인력을 계속해서 충원함으로써 회사의 젊은 감각을 유지하도록 조직의 구성원 중 약 49%에 해당하는 '밀레니얼 세대'를 포진함으로써 다소 보수적이었던 조직을 단시간에 젊고 유연하게 만든다.

이러한 CEO와 조직 구성원들의 노력을 배경으로 하여, 2020년 뉴욕타임스 168년 역사 중 가장 젊은 여성 CEO로 기자 출신이 아닌 디지털 전문가인 메리디스 코빗 레비엔(Meredith Kopit Levien)이 초빙된다. 디지털 전환 시대의 새로운 리더십은 기사를 '상품' 관점에서 접근해야 한다는 전(前) CEO의 비전이 그대로 이어지고 있으며, 텍스트를 넘어 다른 형식으로도 이야기할 줄 알아야 한다는 관점이다.

데이터 기반의 미디어 조직 거버넌스

    비즈니스, 생태계의 디지털 전환 과정을 뒷받침할 조직 거버넌스는 데이터에 기반한 조직 리더십과 조직 문화이다. 데이터 기반 조직으로의 변화는 단순한 기술 도입이 아니라, 조직 구성원의 사고 방식과 상호작용, 업무 방식 등 조직 문화의 변화도 동반한다. 여기서는 앞서 언급한 넷플릭스와 뉴욕타임스의 데이터 기반 조직문화에 대해 살펴보자.

    미디어 기업이 된 넷플릭스는 기술 기업에서 시작했기 때문에 처음부터 데이터 기반에서 프로그래머 위주의 조직을 가진 ICT 기업이다. 넷플릭스는 데이터 기반으로 서비스의 개인화를 실천했고, 기업 외부의 R&D를 활용했으며, 조직 내에서도 인간의 비범성, 개인성, 다양성에 주목한 기업임을 앞에서 수차례 설명하였다. 강력한 기술 기반의 넷플릭스는 조직 문화에 있어서는 기술이 아닌 인문학적인 프레임으로 접근하여 '자유와 책임 원칙'을 내세우고 있는 점이 특이점이다.

    앞에서 소개만 한 2018년 출간된 《파워풀(Powerful)》은 넷플릭스 초기 멤버로서 조직 문화를 구축하는 데 공헌한 전 넷플릭스 최고인재책임자(CTO)가 넷플릭스 조직 문화를 솔직히 기술한 것이다. 넷플릭스의 조직 문화는 CEO와 에린마이어(Erin Meyer)교수의 공저인 《규칙 없음》이 말해주듯이 인재 관리를 위한 정교하고도 새로운 시스템을 개발하면서 만들어진 것이 결코 아니다. 오히려 지속적으로 불필요한 인사 관련 정책들을 줄이고 절차를 제거해 나가면서 인사 조직 문화가 자리잡아갔다. 팀을 만들고 사람을 관리하는 일 등 일반적 접근 방법은 상품 혁신만큼이나 빨리 구식이 된다는 것을 알았던 넷플릭스는 파괴적 혁신의 대표주자 답게 파괴의 속도가 빨라질수록 민첩하고도 기민한, 고객 중심의 거버넌스 방법이 필요하다고 보았고, 조직 관리에 있어서도 그렇게 실천하고 있다.

조직 문화에서도 파괴적 혁신한 넷플릭스는 '데이터 기반'에 대해서도 역발상적임을 《파워풀》(2018: 108~115)에서 알 수 있다. 이 책에 따르면, '데이터 기반'인 것은 맞지만, 주의할 점은 '사실 중심'이지 '데이터 중심'이 아니라는 점이다. 즉, 데이터 자체가 절대 진리이고 해답인 것처럼 신격화하는 것은 매우 위험한 오류라는 시각이다. 데이터가 꼭 필요하긴 하지만, 이보다는 질적인 통찰력과 잘 정립된 조직 구성원의 의견이 더 중요하고 필요하다는 것이다. 조직 구성원들이 그런 통찰력과 견해를 가지고 공개적으로, 열정적으로 토론하도록 하는 게 더 중요하다는 것이다. 이는 앞서 언급한 랜돌프의 회고록과 맥을 같이한다.

전(前) 넷플릭스 CTO인 멕코드는 자신의 경험을 통해 "데이터는 위대(Powerful)하고 힘이 있다"고 말하면서 동시에, 데이터에만 지나치게 집착하거나 광범위한 비즈니스 환경을 무시하고 편협하게 데이터만을 바라보면 안 된다고 주장한다. 이것이 넷플릭스의 데이터 기반 조직 거버넌스의 핵심이다. 데이터만 바라보는 조직은 데이터를 좋은 질문의 근거로 삼는 게 아니라 하나의 해답으로 여기는 실수를 범한다. 즉, 데이터 분석에서 얻은 통찰력이 팀의 의사결정을 보완하지만, 데이터 자체가 결정을 지시한 것은 아니다. 데이터가 책임에 대한 방패로 이용되어서도 안 된다. 이는 데이터만 이용하면 데이터에만 책임을 전가해 개인의 판단에 따라 결정을 내릴 책임을 비껴간다는 의미이기도 하다. 사람들은 확고한 데이터에 근거해 의사결정을 내리는 것을 좀 더 편안해하기 때문이며, 혹시 그 의사결정이 틀렸다고 판명 나더라도 데이터에 조금은 책임을 떠넘길 수 있기 때문이다.

전(前) 넷플릭스 CTO는 사람들이 데이터를 배치할 때 편견을 가질 수 있다는 점에 주목한다. 사람들은 다른 사람들의 데이터보다 자신의 데이터를 특별하다고 여기는 경향이 있다. 마케팅 팀이 어떤 데이터를 끌어내면 영업팀은 또 다른 데이터를 쓰는 식이다. 데이터는 문제 해결을 위한 하나의 구성 요소일 뿐이어야 하며, 직원들은 엑셀 파일이 알려주지 못하는 비즈니스 차원의 통찰력을 가져야 한다. 계량적 데이터를 다룰 때 하는 실수는 데이터가 고정되어 있다고 생각하는 것이다. 계량된 숫자는 유동적이기 때문에 끊임없이 다시 질문해야 하며, 대단해 보이지만 중요하지 않은 데이터에 주의해야 한다. 고객 만족에 실패하게 하는 최악의 방법 중 하나가 데이터가 정말로 무엇을 의미하는지 충분히 조사하지 않는 점이다. 사실의 가면을 쓴 데이터를 조심해야 한다. 즉, 자신의 생각을 뒷받침하는 데이터에 더 끌리게 되기 때문에 더 데이터를 엄격한 과학적 기준에 맞춰 이용해야 한다는 것이다. 이는 앞의 기업 거버넌스에서 언급한 태거(Tagger)들의 역할과 연결된다.

한편, 뉴욕타임스는 기술 기업이 아닌 순수 종이신문사에서 출발한 전통 미디어 기업으로서 기술직을 기능직이라고 보는 시각이 강한 조직이었다. 하지만, 디지털 조직으로 바꾸는 과정에서 뉴욕타임스는 그동안 핵심 인재라기보다는 한직이라 여겨졌던 디지털 개발자와 멀티미디어 PD들에게 상당한 자율권을 주기 시작한다. 인공지능(AI), 가상현실, 인포그래픽 등 디지털 기술을 뉴스 콘텐츠에 담는 시도들이 전개되면서 기존에 한직이라 여겼던 디지털 인력은 점점 더 중요해진다. 그 주된 배경은 앞서 언급한 뉴욕타임스의 변화된 저널리즘 원칙 때문이다.

저널리즘이 위기라고 말하는 시대가 된 주된 이유는 디지털화로 정보량은 폭증하고 미디어는 다양해진 반면에 그동안 사회의 등불 역할을 해왔던 언론은 갈수록 신뢰를 잃어가고 있기 때문이다. 신문뿐만 아니라 방송 미디어의 존재감도 함께 추락하기 시작한다. 사람들은 점점 더 신문이나 방송 뉴스를 신뢰하지 않는다. 대안 미디어인 페이스북이나 트위터 등 소셜미디어 플랫폼에서 각자의 의견을 진실이라고 주장하는 데 더 익숙해진다. 필터 버블(Filter bubble)은 더욱 심각해지고 뉴스는 각자의 주장을 위해 동원하는 수단으로 활용되면서 뉴스는 더 이상 모두를 밝히는 등불이 아니다.

앞서, 뉴욕타임스는 신문이 아닌 '문화 상품'을 파는 기업으로 변화하여 조직문화도 이러한 방향으로 가고 있다고 언급하였다. 이런 맥락에서 뉴욕타임스가 선택한 저널리즘은 문화 상품 관점에서 보는 '고품질 저널리즘(Quality Journalism)'이다. 이를 정의하면, 디지털 환경에서 보도의 투명성과 검증성을 강화하고, 독자에게 질 높은 정보를 설득력 있게 제공해 사실을 파악하게 하는 방식을 말한다. 저널리즘의 객관적 방식이 도움이 되지 못하는 필터 버블 상황에서 뉴욕타임스는 정보 제공의 투명성, 검증성을 높여 독자 신뢰를 회복하는 방법을 택한 것이다. 기자의 주관성이 배제되지 않으면서 사실 관계를 과학적 방법을 통해 투명하게 제공하는 것이다.

　1851년 창간해 2008년 미국 경제위기 때 뉴욕 맨해튼 본사 건물을 일부 매각하고 매출 급감에 적자가 쌓이는 악순환을 경험했던 뉴욕타임스는 10년 만에 대역전극을 이뤄냈고, 데이터 기반의 고품질 저널리즘이 곧 성공의 요인이 된다. 먼저, 고품질 저널리즘으로의 전환을 통해 사람들이 돈을 내고 싶은 저널리즘, 사람들이 필요로 하는 저널리즘으로 전환한 뉴욕타임스는 완성도 높고 정제된 뉴스를 제공하며, 보도자료를 피상적으로 베끼지 않는다. 취재원이 알려주고 싶은 내용만을 담은 기사는 없으며, 독자들이 궁금해하는 기사에 더 초점을 둔다. 중요한 기사는 속보가 아니어도 종일 앱 상단에 배치되고 뉴스 데이터는 최대한 시각화된다. 인터랙티브, 멀티미디어 접근법 등 다양한 형식과 스토리를 통해 고객 만족도를 높인다.

　이처럼 탄탄한 기사를 쏟아내는 뉴욕타임스는 고품질 저널리즘을 제공하는 동시에 디지털 유료화와 '충성 독자' 확보 전략을 구사한다. 충성 독자에게 최적의 컨텍스트를 제공하기 위해 뉴스팀과 마케팅팀이 상시 협력한다. 데이터를 기반으로 디지털 독자의 최근 방문 시기(Recency)와 방문 빈도(Frequency), 콘텐츠 이용량(Volume) 등을 첫 글자만 따서 'RFV 데이터'라 칭했고, 이를 통해 뉴스 콘텐츠가 독자의 온라인 이용 습관을 형성하는 데 어떻게 도움이 되는지 연구하고, 이를 수익 모델로 연결시켰다. 유료화로 성공한 뉴욕타임스는 뉴스 제작 인력에도 과감한 투자를 한다. 넷플릭스처럼 최고의 기자에게 최고의 대우를 하며, 스카우트에 애쓴 결과, 좋은 기사를 쓰는 사람들을 발굴하게 된다. 한때 경영 악화로 2014년 직원 수가 1,100명까지 감소했었으나, 이후 고품질 저널리즘과 디지털 유료 모델이 성공하면서 2019년 1,500명으로 증가했고, 최고의 기자 인력들을 새로이 확보하게 된다.

참고문헌

거북이미디어전략연구소(2020.11.20). 뉴욕타임스 성공 비결 - 2020년, https://gobooki.net.

김진영/김영택/이승준(2017). 디지털 트랜스포메이션 어떻게 할 것인가, e비즈북스.

동아비즈니스리뷰(2020.10). '홀라크라시' 도입 실패에서 배운다, 306호 이슈 1.

매일경제일보(2014.3.25). 지시대로 일하기만 하면 해고되는 회사.

서울신문(2019.5.27). [기업 특집] CJ그룹, 직급 뗀 수평적 문화… 아이디어 '팡팡.'

영국왕립표준협회(British Standard Institution; BSI)(2017). 조직 레질리언스 인덱스 보고
    서 2017.

비즈니스포스트(2015). 넷플릭스, 세계방송시장을 어떻게 장악했나?

송민정(2018.10.). 한류의 비즈니스 확장에 관한 연구: 창의성 유형 모델 기반으로, 인터넷
    방송통신학회 학회지(JIIBC), Vol. 18, No.5.

엘지(LG)경제연구원(2017.2.17). 디지털트랜스포메이션 시대 인사조직 운영전략.

올라브스러드(Olavsrud T.)(2015.4.8). 데이터 기반 조직으로 진화하기 '핵심은 문화다,'
    https://www.ciokorea.com/news/24763.

유준희(조직문화공작소)(2015.11.30). 새로운 리더십 '홀라크라시,' 조직구조로 풀어내는 조
    직문화, 조직문화공작소, https://blog.naver.com/summerxmas/220554140897

위클리비즈(2016.2.19).'열심히'해라,   보다   '잘'해라,   자유를   누리되   책임을   져라,
    http://weeklybiz.chosun.com/site/data/html_dir/2016/02/19/2016021901782.html.

조선일보(2020.8.21).   10년새   주가   10배…뉴욕타임스   '나홀로   질주'의 4가지 비결,
    https://www.chosun.com/site/data/html_dir/2020/08/21/2020082101785.html?utm_s
    ource=daum&utm_medium=original&utm_campaign=news.

중앙일보(2019.10.24). [손영준의 퍼스펙티브] 디지털 기업 변신한 NYT, 고품질 저널리즘
    으로 승부, https://news.joins.com/article/23613425.

Gina Keating (2015.02.27). Netflixed: The Epic Battle for America's Eyeballs. Portfolio.

Jobs Netflix homepage.(2016). Work at Neflix, Netflix official homepage https://jobs.
    netflix.com/jobs.

Hastings, R. & Meyer, E.(2020). No rules rules, 이경남 옮김(2020). 규칙 없음, 알에이치
    코리아.

McCord, P.(2018). Powerful, 허란, 추가영 옮김(2018). 파워풀, 넷플릭스 성장의 비결, 한
    국경제신문사(한경비피).

Meffert, J. & Swaminathan, A.(2017). Digital@Scale, McKinsey&Company, 고영태 옮김

(2018). 격차를 넘어 초격차를 만드는 디지털대전환의 조건, 청림출판.

Netflix official homepage (2009). Neflix Culture: Freedom & Responsibility, http://www.slideshare.net/watchncompass/freedom−responsibility−culture

Kane, G. et al.(2016). Aligning the Organization for its digital future, *MIT Sloan Management Review*.

Robertson, B. J.(2015). Holacracy: The New Management System for a Rapidly Changing World, 홍승현 옮김(2017.5). 홀라크라시.

Song, M.Z.(2017.8.). A Case Study on Kakao's Resilience: Based on Five Levers of Resilience Theory, *International Journal of Internet, Broadcasting & Communication* Vol.9 No.3, pp. 44−58

Song, M.Z.(2019.6.). A Study on Artificial Intelligence Based Business Models of Media Firms, *International Journal of Advanced Smart Convergence*, Vol.8 No.2, pp. 56−67.

Westerman, G., Calmejane, C., Bonnet, D., Ferraris, P., and McAfee, A.(2011.11). Digital Transformation: A Roadmap for Billion−Dollar Organizations, Capgemini Consulting and MIT Center.

Westerman, G., Bonnet, D., and McAfee, A.(2014). Leading digital, Harvard Business Review Press.

미디어 데이터 거버넌스의 디지털 전환

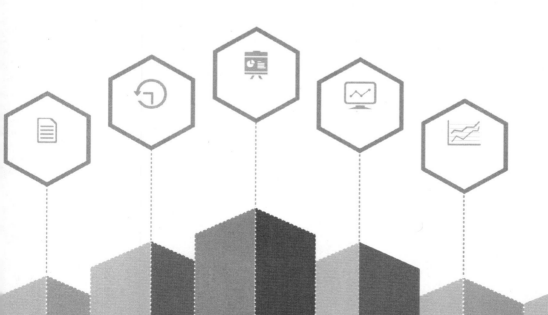

데이터 거버넌스의 개념 및 특성

　데이터를 잘 생산하고 축적 및 활용하는 것이 디지털 전환 시대 기업 경쟁력을 평가하는 주요 지표가 된다. 스마트폰, 개방형 API, SNS 등 데이터를 생성하는 주요 수단이 확대되면서 데이터 수집과 생성, 유통이 활성화되었고, 기업도 수많은 데이터를 발생시킴과 동시에 생산된 데이터를 활용하는 주체가 된다. 데이터가 혁신적 지식과 상품, 서비스 창출을 위한 투입 요소가 되면서 질 좋은 데이터가 확보될 수 있다면 정보, 지식, 상품, 서비스로 전환되어 더욱 편리하고 효과적인 의사결정을 지원하게 된다. 이용자 중심 부가가치를 창출할 수 있는 데이터 거버넌스가 기업들에게 요구된다.

　가트너(Gartner 2011)에 의하면, 데이터가 상호 연계되고 참여 주체 간 협력을 통해 새로운 부가 가치를 창출시킬 수 있는 데이터 경제(Data economy) 시대가 도래하면서 참여 주체들은 서서히 연계와 협력을 통해 데이터 활용 영역을 확장해 나간다. 아래 [그림 1]에서 보면, 데이터 경제는 상호작용 유형과 신뢰 정도에 따라 4단계로 진화할 것으로 전망된다. 먼저 수평 축에서는 데이터를 주고받는 유형은 데이터의 외향형(Inside–out)에서 내향형(Outside–in)으로 진화하며, 수직 축에서는 데이터를 주고받을 때의 신뢰가 낮은(Low) 수준에서 높은(High) 수준으로 진화한다. 양 끝으로 향하는 대각선은 정보 공유 정도(Degree of information shareability)이다.

[그림 1] 데이터경제의 진화 단계

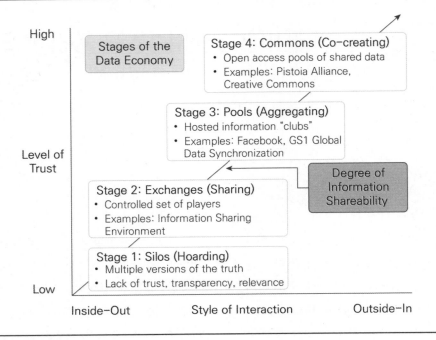

출처: 가트너(2011)

　데이터 경제 1단계인 칸막이식(Silos)의 쟁여두는 저장(Hoarding) 단계에서 기업은 단독으로 사재기에 가깝게 데이터를 생성하고 저장한다. 이때 외부 데이터는 인터넷을 통한 수집 및 검색만 가능한 단계라서 데이터 품질이 낮고 데이터의 투명성이나 질적 적합성을 기대하기 어렵다. 2단계인 데이터를 상호 교환(Exchanges)하는 공유(Sharing) 단계에서는 제한적이긴 하나 외부 기업 및 기관들과 데이터 소스를 공유한다. 3단계인 풀(Pools)을 형성해 집적하는(Aggregating) 단계에서는 표준화된 데이터 풀 간 연계로 국경을 넘나드는 데이터 교환이 가능한데, 집적된 콘텐츠의 데이터 풀(Data pools of aggregated content)이 페이스북 등 호스트 커뮤니티에 의해 개방되고 공유되기 때문이다. 마지막 4단계인 함께하는(Commons) 공동창출(Co-creating) 단계에서는 데이터가 공동 창출되고 인사이트와 경험 등도 공유되며, 공동 자원이 상호 협력과 참여를 통해 창출된다.
　가트너가 데이터 경제를 정의한 시기에 러돈 외(Laudon et al., 2011)는 데이터 거버넌스(Data governance)를 정의한다. 그에 의하면, 기업에서 사용하는 데이터의 가용성, 유용성, 통합성, 보안성을 관리하기 위한 정책과 프로세스를 다루며 프라이버시, 보안성, 데이터 품질, 관리 규정 준수를 강조하는 것이 데이터 거버넌스이다. 이어서 정의한 래들리(Ladley, 2012)에 의하면, 데이터 거버넌스는 기업의 데이터 자산 관리에 대한 권한, 통제 및 공유된 의사결정 행사이다. 결국 이들이 정의한 데이터 거버넌스는 기업 차원에서 공공과 민간 데이터를 포괄한 기업 내·외에 있는 가용 데이터 자산 관리에 대한 권한, 통제, 의사결정 과정을 말한다.

수년이 지나, 유럽위원회(European Commission, 2017)가 정의한 데이터 경제는 데이터에 접근하고 활용할 수 있도록 협업하는 과정에서부터 데이터의 생산, 인프라의 제공, 관련 연구 조사 등 서로 다른 역할을 담당하는 구성원으로 이루어진 데이터 생태계로서, 2011년 가트너의 데이터 경제 개념이 더욱 확장된다. 데이터 거버넌스는 이러한 데이터 경제의 진화와 확장을 토대로 많은 기업에서 제도화되기 시작해, 데이터 표준을 정립하고 정책이나 규제에 대응한다는 차원에서 성과를 보이기 시작한다.

하지만 시기적으로 구분된 데이터 거버넌스의 특성이 달라, 진화에 따른 특성을 살펴볼 필요가 있다. 먼저, 컴퓨터가 도입되기 시작했을 때는 프로세스 자동화가 주를 이루었기 때문에, 데이터의 특성은 거래 등 프로세스 실행 결과를 기록하는 것이다. 모든 데이터는 다시 프로세스 실행에 투입되는데, 클라우드 컴퓨팅(Cloud computing) 전이라서 중앙 서버에서 처리되었기 때문에, IT 직원들만 다루는 정도였고 데이터 거버넌스의 필요성이 특별히 인지되지 않았다. 실무자들은 데이터 거버넌스에 대한 지식이 없어서 실행 가능한 솔루션을 만들 수 없었다.

2000년대부터 개인용 PC 확산으로 직원들이 개인 PC에 데이터를 저장해 사용하면서 점차 데이터 웨어하우스(Data warehouse)가 도입되고 전사적 데이터 거버넌스에 책임을 지는 IT 전문가가 근무하는 중앙집중식 시스템이 마련된다. 쿼리(Query) 기능이 제공되면서 데이터를 활용하는 사용자가 원하면 데이터에 접근하는 부분적 지원을 하기 시작하지만, 하향식 프로세스에 머물러 있다. 비즈니스를 위해 비즈니스 인텔리전스(Business intelligence; BI) 및 실무자의 분석 환경이 제공되지만, 여전히 데이터의 출처, 신뢰성 등 품질 면에서 문제가 존재한다. 데이터 활용이 점차 확산되면서 데이터 품질을 통제하기 위해 메타 데이터 관리가 도입되고, 데이터 생산자, 처리자, 사용자가 다르기 때문에 데이터 거버넌스는 더욱 중요해진다. 이러한 배경에서 탄생한 기업 자원 관리(Enterprise Resource Planning: ERP)는 프로세스를 자동화하지만 데이터 품질을 확보해주지는 않는다. ERP를 적용한다 해도 데이터 기준을 맞추지 않으면 생산, 재고, 판매 등의 중요 데이터 수치는 부서마다 다르게 계산될 수 있다.

가트너가 2011년에 데이터경제를 개념화했듯이, 실제적인 데이터 거버넌스는 모바일 데이터가 축적되기 시작한 2010년대부터이다. 칸막이식 데이터 관리로 인해 부서마다 데이터 분석 결과가 다르게 산출되는 문제, 데이터 분석에 사용하기 위해 수집되고 처리된 데이터가 정당한가의 문제, 데이터 품질을 신뢰할수 있는가의 문제 등이 발생하면서 기업은 동일 기준으로 데이터를 관리해야 할 필요성을 인식한다.

기업 내 데이터의 일관성 확보와 데이터 공유를 위해 전사적 데이터 포맷을 하나로 정의하고 관리하는 매스터 데이터 관리(Master Data Management; MDM)가 일반화된다. 데이터 활용을 잘 하는 것이 점차 매출 증대와 비용 절감에 직결됨을 실감하면서 데이터 기준 및 역할과 책임이 더 이상 IT 부서의 몫이 아니라 기획 부서에서 총괄될 필요성을 갖게 되고, 데이터 거버넌스가 주목을 받기 시작한다. 데이터는 폭발적으로 증가하고, 데이터 원천(Source)도 확대된다. 3장에서 언급했듯이, 내부 데이터 외에 소셜데이터 등이 이용되면서 데이터 수집 프로세스도 스크래핑, 크롤링, 개방형 API 등 추출에 이어 데이터 스크러빙(Data scrubbing) 등으로 확대된다. 모바일 플랫폼을 통해 다양한 거래가 이루어지고, IoT, 챗봇과 AI 스피커를 활용한 고객 서비스가 가능해지면서 고객 접점에서 발생하는 데이터의 양과 범위가 기하급수적으로 확대된다.

데이터 활용이 증가하면서 개인정보에 대한 이슈도 커진다. 기업들이 데이터를 어떻게 처리하고 기록하고 이용하며, 보호할 것인가를 까다롭게 요구하는 규정들이 확대된다. 유럽연합의 개인정보보호규정(General Data Protection Regulation; GDPR)이 2018년 5월 25일 발효되면서 유럽에서는 이 규정을 위반하면 최고 2,000만 유로 또는 매출액의 4%의 벌금이 부과된다. 데이터의 주체가 GDPR하에서 확대된 권리를 행사하기에 적절한지에 대한 기업들의 확인이 필요해진다. 여기에는 통보받을 권리, 접근할 권리, 수정할 권리, 처리를 제한할 권리, 데이터를 옮길 권리, 이의 신청할 권리, 자동화된 의사결정의 대상이 되지 않을 권리, 삭제될 권리 등이 포함된다. 이러한 규정은 데이터 공개 및 활용의 취지를 한순간에 물거품화할 수도 있어서 기업들의 데이터 활용에 위기감이 조성된다. 데이터 활용 및 개인정보 보호정책에 대해서는 1장, 2장에서 이미 언급하였다.

미디어 데이터 거버넌스의 변화

앞서 데이터 거버넌스의 개념과 특성에 대해 시기별로 살펴보았다. 기업은 점점 더 책임 있게 데이터를 수집하고 활용하는 데 관심을 가져야 하며, 데이터로부터 가치를 얻는 비율을 높이기 위해 데이터를 어떻게 모으고 정제하며 관리해야 할지에 대한 고민이 필요하다. 이러한 데이터 거버넌스는 미디어 기업에게도 전략 목표 달성을 지원하기 위한 과정이면서 동시에 핵심 자산이 된다. 미디어 비즈니스에 대한 통찰력을 제공할 수 있도록 수많은 데이터를 한 곳에 모아 분석하는 것이 디지털 전환하려는 미디어 기업들에게는 대단한 경쟁력이며, 데이터 아키텍처 규모와 복잡성이 증가하면서 데이터 간 연관성을 파악하고 보안을 보장하는 노력은 더 요구되고 있다.

3장에서 언급했듯이, 미디어 비즈니스에도 구조화된 정형 데이터뿐만 아니라 반정형, 비정형 등 다양한 유형의 데이터가 생성되고 수집되고 있으며, 데이터의 4대 특성별로 구분된다. 유럽의 GDPR 같은 강화된 개인정보 규정이 생겨나고, 클라우드 컴퓨팅 등 데이터 처리 및 분석 환경이 진화하면서 데이터 거버넌스의 기능 확장이 요구되고 있지만, 현실적으로 아직 많은 미디어 기업들에게는 사내·외에 존재하는 다양한 데이터를 체계적으로 수집, 관리하고, 제3자 개발자 등 다양한 이해관계자 요구에 맞게 분석, 활용될 수 있도록 제공하기 위한 실질적 역량이 매우 부족하다.

가트너가 2011년 제시한 데이터경제 진화 단계 기반으로 국내 미디어 데이터 거버넌스의 변화를 보면, 1단계인 사일로(Silos) 시스템 단계는 외부 데이터 활용까지 고려하지는 못하지만 자사 데이터에 관심 가지고 축적하는 시기이다. 2000년대 초중반의 방송통신기업들의 ERP 구축이 대표적이다. 지상파 방송 KBS는 2001년에 ERP를 도입했고, 통신 기업 KT는 2002년 민영화 이후에 ERP를 도입해 그동안 개별 시스템으로 운용되어왔거나 수작업으로 수행해왔던 재무, 부동산, 구매, 물류 및 공사 시설 분야의 업무를 혁신하고 통합해 처리할 수 있는 경영 혁신 툴로 활용하기 시작한다.

모바일 시대가 본격화하면서 2012년 지상파 방송사들의 콘텐츠 연합 플랫폼이 설립되고, 푹(Pooq)이라는 OTT 출시로 지상파 방송사들의 가입자 데이터 활용 가능성이 열리기 시작한다. 가입자의 연령대와 기기별로 보는 푹 앱의 구동 시간, 지상파 방송사별로 보는 트래픽 최고점의 방송 프로그램 분석 등 원시적 형태의 분석이 진행되기 시작한다.

가트너가 2011년 제시한 데이터경제 진화 2단계인 교환 단계 사례로는 앞에서도 언급했듯이 CJENM이 2012년 3월에 시청률 조사기관인 닐슨코리아와 제휴해 만든 소비자의 콘텐츠 소비 행동(Consumer's Contents Consuming Behavior; CoB)이 있다. CoB는 콘텐츠 파워지수(Contents Power Index; CPI)와 콘텐츠 가치지수(Contents Value Index; CVI)로 구성된다. CJENM은 지상파 방송 3사 채널과 CJENM 채널 시청, 검색, 뉴스 구독량, 홈페이지 방문량, 소셜 미디어를 더해 매월 단위로 CVI를, 매주 단위로 CPI를 산출해 10여 개 광고대행사와 공유한다.

가트너가 2011년 제시한 데이터경제 진화 3단계부터는 데이터의 상호 공유와 교환이 가능해야 한다. 국내에서는 공공기관 중심으로 데이터 공유가 시작되었고, 점차 통신 기업(KT, SKT)과 인터넷 기업(네이버와 카카오) 데이터를 제3자 개발자들이 이용할 수 있는 개방형 플랫폼의 필요성이 제기된다. 2017년 OTT인 푹(Pooq)이 연간 4억 시간 시청 정보 데이터를 공유하게 하는 '푹 오픈 데이터 시스템(Pooq Open Data System)'을 구축하고 심사 과정을 거쳐 함께 비즈니스할 파트너를 선정한다.

미디어 기업의 데이터
거버넌스 전략

　미디어 기업의 데이터 거버넌스는 자사가 가진 데이터 자산의 구조화된 통합 및 관리를 가능하게 하는 프레임워크를 제공하고 무결성이 높고 법적 표준을 준수하는, 쉽고 효과적인 전사적인 데이터 접근을 가능하게 하는 것이다. 이는 미디어 경영의 한 부분이며, 데이터 품질 관리 외에도 메타데이터, 데이터 인벤토리, 데이터 수명주기, 데이터 액세스 및 권한 부여, 데이터 통합 등의 관리 및 통제 기능들을 모두 포함한다.

　글로벌 리서치기관인 오범(OVUM)의 오켈레케(Okeleke) 연구원은 2017년에 데이터 거버넌스의 필요성을 강조하면서 데이터를 많이 가진 기업군 중 하나인 통신 기업들에게 데이터 거버넌스 시스템을 갖추어나갈 것을 제안한다. 그에 의하면, 기업들은 부서 간 협력을 촉진해 기존의 칸막이식 시스템을 타파하는 데이터 거버넌스 전략을 수립해야 하며, 개별 부서의 목표가 잘 표현되도록 보장하기 위해 여러 부서에서 참여해야 한다. 그가 언급한 데이터 거버넌스의 네 가지 주요 기능은 아래 [그림 2]와 같다.

　데이터 거버넌스의 4대 기능은 데이터 품질 관리, 메타데이터 관리, 데이터 생명주기 관리, 데이터 보안 및 프라이버시 관리이다. 데이터 융합 환경에서 데이터 품질 관리는 데이터 프로파일링 및 데이터 정제 작업 등 데이터 거버넌스 정책(사용 방법)에 따라 실행하게 하는 것이다. 이는 원칙과 표준, 프로세스와 절차를 포함한다. 두 번째인 메타데이터 관리는 데이터 카탈로그 관리라고도 부르며 앞서 여러 번 언급한 넷플릭스 태거들의 태깅 작업이 여기에 속한다. 또한,

[그림 2] 데이터 거버넌스의 주요 기능

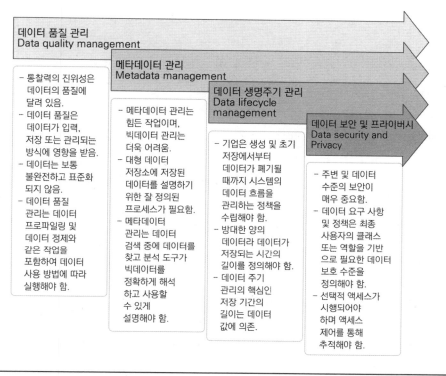

데이터 품질 관리
Data quality management

- 통찰력의 진위성은 데이터의 품질에 달려 있음.
- 데이터 품질은 데이터가 입력, 저장 또는 관리되는 방식에 영향을 받음.
- 데이터는 보통 불완전하고 표준화 되지 않음.
- 데이터 품질 관리는 데이터 프로파일링 및 데이터 정제와 같은 작업을 포함하여 데이터 사용 방법에 따라 실행해야 함.

메타데이터 관리
Metadata management

- 메타데이터 관리는 힘든 작업이며, 빅데이터 관리는 더욱 어려움.
- 대형 데이터 저장소에 저장된 데이터를 설명하기 위한 잘 정의된 프로세스가 필요함.
- 메타데이터 관리는 데이터 검색 중에 데이터를 찾고 분석 도구가 빅데이터를 정확하게 해석 하고 사용할 수 있게 설명해야 함.

데이터 생명주기 관리
Data lifecycle management

- 기업은 생성 및 초기 저장에서부터 데이터가 폐기될 때까지 시스템의 데이터 흐름을 관리하는 정책을 수립해야 함.
- 방대한 양의 데이터라 데이터가 저장되는 시간의 길이를 정의해야 함.
- 데이터 주기 관리의 핵심인 저장 기간의 길이는 데이터 값에 의존.

데이터 보안 및 프라이버시
Data security and Privacy

- 주변 및 데이터 수준의 보안이 매우 중요함.
- 데이터 요구 사항 및 정책은 최종 사용자의 클래스 또는 역할을 기반 으로 필요한 데이터 보호 수준을 정의해야 함.
- 선택적 액세스가 시행되어야 하며 액세스 제어를 통해 추적해야 함.

자료: Okeleke (2017.9.8), 송민정(2018.6) 재인용

수작업 관리만으로는 한계가 있으며, 메타데이터 생성, 검색, 수집, 해석 등에 인공지능, 머신러닝 등을 이용해 자동화할 필요가 있다. 세 번째인 데이터 생명 주기 관리는 생성부터 폐기까지의 과정을 관리하는 것이고, 네 번째인 데이터 보안 관리에서는 동일 데이터의 복사본이 다른 위치에 저장되는 분산 환경에서 데이터 보안을 달리 관리하는 것이 매우 중요하다.

각 비즈니스 니즈에 맞춰 이에 대한 책임자들이 참여해 전사적 데이터 거버 넌스 전략을 수립하고 실천에 옮기면, 사용자는 데이터를 더 신뢰하고, 기업은 비즈니스 인사이트를 경영 의사결정에 활용할 수 있다. 지금까지 기업은 물리적 자산을 관리하는 시스템에 많은 투자를 해왔지만 디지털 자산인 데이터에 대해 서는 IT 부서 업무 중 하나로만 인식해오고 자산이란 개념을 가지지 않았다.

미디어 기업이 데이터를 자산으로 인식한다면, 이에 필요한 3대 요소는 데이

터의 원천과 기술과 인력이다. 원천은 활용할 수 있는 데이터의 발견부터 주어진 데이터를 저장, 처리하고, 활용할 수 있는 외부 데이터 소스를 발견하고 확보하는 것이며, 기술은 데이터 프로세스와 신기술을 이해하는 것과 기업의 혁신 전략에 적용할 수 있도록 데이터 분석 기술 및 기법에 대해 이해하는 것이며, 인력은 데이터 전문가 역량 키우기와 인재 확보를 위해 내부 역량을 강화하고 외부와 협력 전략을 추진하는 것이다.

이상에서 살펴본 데이터 거버넌스의 4대 기능과 데이터 자산의 3대 요소를 기반으로 미디어 기업의 데이터 거버넌스 전략에 대해 사례 중심으로 살펴보자. 시겔(Siegel, 2010)은 데이터 분석 이유로 경쟁(Competition), 성장(Growth), 강화(Enforcement), 개선(Improvement), 만족(Satisfaction), 학습(Learning), 행동(Action)을 나열했다. 경쟁의 핵심은 경쟁력 확보, 성장의 핵심은 매출 증대, 강화의 핵심은 사기 예방, 개선의 핵심은 생산성 증대, 만족의 핵심은 고객 만족, 학습의 핵심은 심층 분석, 행동의 핵심은 예방 분석이다. 커니(Kearney, 2013)는 기업의 데이터 분석 동인(Driver)으로 더 빠른 의사결정(Faster decision), 더 나은 의사결정(Better decision), 예방적 의사결정(Proactive decision), 역량 개선(Improve capabilities), 자동화 향상(Increase automation), 불필요한 툴 제거(Eliminate redundant tools), 유연한 프로세스(Streamline processes)를 든다. 또한, 헤스와 매트(Hess & Matt 2013)는 인터넷 시대 미디어 산업 가치 사슬 변화 트렌드로 가치 창출에의 소비자 통합, 새로운 유형의 인터넷 게이트키퍼의 출현, 중개자들의 역할 다변화를 아래 [그림 3]과 같이 제시한다.

시겔(2010)과 커니(2013)의 예측 분석 이유 및 동인과 헤스와 매트(2013)의 미디어 산업 가치 사슬 변화 트렌드를 연계해 미디어 기업의 데이터 거버넌스 전략 영역들을 도출하면 아래 [그림 4]와 같다. 핵심 역량 개선을 위해서는 콘텐츠 창작, 번들링, 배포 영역에서, 고객 만족을 위해서는 소비자 접점, 플랫폼, 내비게이션 허브 영역에서, 그리고 신규 비즈니스 발굴을 위해서는 시장 기반 가치화, 기능적 가치화, 소비자 중심 가치화 영역에서의 데이터 거버넌스 전략이 요구되며, 데이터 분석 기업들의 활동이 주를 이룬다.

첫 번째 예측 분석 이유 '개선'은 동인으로 '핵심 역량 개선'을 말한다. 이의 데이터 거버넌스 영역은 콘텐츠의 창작, 번들링, 배포 영역이다. 먼저, 창작 영역에서는 콘텐츠 기획 및 제작 단계의 데이터 분석을 통해 소비자가 선호하는 콘텐츠를

[그림 3] 인터넷 시대의 미디어 산업 가치 사슬 변화 트렌드

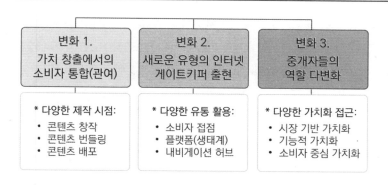

변화 1. 가치 창출에서의 소비자 통합(관여)	변화 2. 새로운 유형의 인터넷 게이트키퍼 출현	변화 3. 중개자들의 역할 다변화
* 다양한 제작 시점: • 콘텐츠 창작 • 콘텐츠 번들링 • 콘텐츠 배포	* 다양한 유통 활용: • 소비자 접점 • 플랫폼(생태계) • 내비게이션 허브	* 다양한 가치화 접근: • 시장 기반 가치화 • 기능적 가치화 • 소비자 중심 가치화

자료: Hess, T. & Matt, C.(2013)

[그림 4] 미디어 기업의 데이터 거버넌스 전략 영역

예측적 분석 이유(동인)	미디어 산업의 변화	미디어 데이터 거버넌스 영역
개선(Improvement) (핵심 역량 개선)	변화 1. 가치 창출에서의 소비자 통합(관여)	• 콘텐츠 창작 영역 • 콘텐츠 번들링 영역 • 콘텐츠 배포 영역
만족(Satisfaction) (더 빠른, 나은 결정)	변화 2. 새로운 유형의 인터넷 게이트키퍼 출현	• 소비자 접점 영역 • 플랫폼 (생태계) 영역 • 내비게이션 허브 영역
학습(Learning) (신규 비즈니스 발굴)	변화 3. 중개자들의 역할 다변화	• 시장 기반 가치화 영역 • 기능 기반 가치화 영역 • 소비자 중심 가치화 영역

자료: Siegel(2010), Kearney(2013), Hess, T. & Matt, C.(2013) 내용 재구성

예측해 더욱 재미있고 성공 가능성 높은 콘텐츠 창작이 가능하다. 이러한 데이터는 창작 외에 투자자 유치, 출연진 캐스팅 등 선(先) 제작(Pre-production) 영역에도 활용된다. 데이터 마이닝 기법이 활용된 사례로 넷플릭스의 2013년 <하우스 오브 카드(House of Cards)>가 있다. 유명 감독을 창작에 참여시키고 케빈 스페이시(Kevin Spacey) 등 유명 배우를 캐스팅해 할리우드로부터 주목받았다. 넷플릭스는

기술 기업으로서 직접 데이터 거버넌스를 수행한다.

콘텐츠 번들링 영역은 편성(Programming)을 말한다. 코멘트, 게시물, 좋아요, 싫어요, 구독 정보 등을 AI가 분류, 처리하고 우연의 일치성을 필터링해 가장 가치 있는 결과물을 만든다. 일요일 아침 편성 사례로 2012년 인도 TV다큐멘터리 <사띠아메브 자야테(Satyamev Jayate)>는 카스트, 아동 학대 등 민감한 주제들을 다루어 높은 시청률과 피드백을 받는다. 13개 에피소드에 대한 시청자 수는 인도 방송과 유튜브를 포함해 4억 명이었고, 800만 명 시청자가 페이스북, 홈페이지, 문자 메시지, 전화로 1,400만 건 피드백을 남긴다. 기술 제휴한 퍼시스턴트 시스템즈(Persistent Systems; PS)가 방영 36시간 전 다룰 이슈를 미리 받아 용어를 정리하고, 에피소드 방영 후 PS가 설계한 데이터 분석을 통해 흥미 수준 및 감성 기준 피드백이 분류된다. 긴 피드백은 높은 점수를, 짧은 메시지는 낮은 점수를 받게 해, 높은 점수를 받은 피드백은 내용의 진실성 및 사생활 침해 여부 등 전문가 검증을 거쳐 '사띠아메브' 사이트에 게재되고 향후 편성 전략에 참고한다.

콘텐츠 배포 영역에는 영화관 배포 사례가 대표적이다. 할리우드 제작사들은 소셜 데이터를 분석해 신작 영화에 대한 잠재적 영화 관람객 반응을 추적, 영화관 실적을 예측하기 시작한다. 소셜 미디어 여론 분석업체인 피지올로지(Fizziology)는 소셜 데이터를 이용한 각종 영화 흥행 예측 서비스를 2009년 시작해 500여 개 이상 영화관 실적을 추적해왔고, 개봉 4주 전~개봉 후 3주 기간 소셜 데이터를 수집한다. 소셜 미디어에 나타난 소비자 반응과 영화 관련 포스트(댓글)를 분석해 산출된 '이프스코어(Eff-Score)'를 바탕으로 분석한 내용과 예측을 담은 '무비트래커(Movie Tracker)' 서비스를 주별로 제공하는 피지올로지는 트위터, 페이스북, 블로그 검색 엔진 등 API로 데이터를 분석해 정확도 95% 예측을 제공한다. 소셜 데이터에 기반한 영화관 실적 예측 효과를 체감하기 시작한 할리우드 영화 제작사들은 분석업체 예측을 활용해 마케팅 예산을 보다 효율적으로 집행하게 된다. 엔터테인먼트 시장 조사업체인 월드와이드모션픽쳐그룹(Worldwide Motion Picture Group)도 2014년 영화관 실적 예측을 위한 소셜 미디어 모니터링을 개시해 신작 영화가 개봉 24주 전부터 SNS 데이터를 수집하고 설문조사와 포커스그룹 인터뷰도 강화해 정확한 영화 티켓 판매 실적을 예측해준다.

두 번째 데이터 예측 분석 이유인 '만족'은 동인으로 '더 빠른, 나은 결정'을 말한다. 이의 데이터 거버넌스 영역은 소비자 접점, 플랫폼, 내비게이션 허브이다. 소비자 접점에서의 실시간 데이터 분석은 매우 짧은 시간 내에 데이터를 처리해 결과를 제공하는 분석이다. 비정형 및 대량 데이터의 실시간 처리에 대한 데이터 품질 평가와 데이터 문제를 해결할 수 있는 피드백 제공 기능이 요구되는 영역이다. 미디어 기업은 고객이 콘텐츠를 클릭할 때마다 수집되는 엄청난 양의 데이터를 보유하고 있기 때문에, 데이터 분석 속도가 매우 중요하다. 실시간 분석 알고리즘은 분석 결과를 매우 빠르게 제공해주기 때문에 콘텐츠에 대한 중요한 결정이나 개선이 즉시 이루어질 수 있고, 이를 통해 다른 업체들과의 경쟁에서 우위를 점할 수 있다.

소비자 접점 영역에서는 넷플릭스의 첫 화면 이용자 인터페이스(UI)가 대표적이다. 사용자가 로그인할 때마다 넷플릭스는 지역, 시간, 날씨, 기기 음성인식 등 데이터 기반으로 가장 연관성 높은 콘텐츠를 추천하기 때문에 사용자들에게 보다 좋은 소비자 접점을 제공할 수 있다. PC나 TV, 폰 할 것 없이 화면을 켜면 우선순위가 존재해 맨 위 보이는 기능이 가장 중요하다. 앱을 켬과 동시에 상단에 넷플릭스 오리지널 재생으로 바로 들어갈 수 있는 화면이 나오며, 보던 것들과 가장 유사성이 높아 시청 가능성이 가장 높다. 화면을 내려가면 방금 전 보던 콘텐츠, 이전에 봤던 콘텐츠들이 나오고 플레이 버튼을 누르면 이전에 시청하다 중단한 지점부터 재생된다. 그 아래로 국가별 맞춤 콘텐츠들이 나온다. 더 내려가면 신작들이 나온다. 넷플릭스는 시간, 위치, 요일, 기기 등 요소 기반 알고리즘으로 사용자가 원하는 콘텐츠를 나열해준다. 앞에서도 언급했듯이, 데이터 기반이지만, 사람이 직접 UI 디자인을 보완한다.

플랫폼 영역에서 고객맞춤 알고리즘은 고객 관심을 파악하고 대응하는 데 도움을 준다. 신규 및 기존 고객을 인식해 실시간으로 정보를 모으며 기존 고객과 신규 고객 간 교차 채널 추적을 통해 얻은 개인 데이터와 행동 추적 결과를 토대로 맞춤 추천을 한다. 분석 결과는 가장 반응이 빠르고 영향을 많이 받을 고객층에 사용된다. 방문자가 어떻게 느끼는지를 파악해야 방문자 취향에 맞는 콘텐츠를 조정하기 때문에, 감성 분석 알고리즘은 긍정, 부정을 내포한 언어를 통해 고객 감성을 측정한다. 자연어 처리가 텍스트를 분석하고 글, 메시지, 대화 내용의 문맥 뒤에 숨겨진 감성을 기준에 따라 분류한다. 추천 서비스는 이용자

욕구와 감성을 정확히 겨냥할 수 있도록 도와준다.

2013년 넷플릭스의 전(前) 데이터 담당자가 거론한 한 기사에 의하면, 당시 데이터에는 2,500만 명 이용자들의 일시 정지, 되감기 등 이용 행태를 포함한 하루 평균 3,000만 건 동영상 재생 기록, 최근 3개월 간 20억 시간 이상의 동영상 이용 기간 동안의 모든 기록이 포함되며, 하루 평균 400만 건의 이용자 평가 및 300만 건의 검색 정보, 위치 정보, 단말 정보, 주중 및 주말의 시청 행태, 글로벌 시청률 조사업체인 닐슨(Nielsen)을 비롯한 시장조사 업체가 제공하는 메타데이터, SNS 플랫폼인 페이스북과 트위터로부터 수집한 소셜 데이터 등을 추적해 분석하는 것으로 알려졌다.

내비게이션 허브 영역은 포털이다. 인터넷은 많은 양의 정보를 포함하고 있으며 그 양은 지속적으로 증가한다. 인터넷상에는 링크와 게시물, 비디오 및 오디오 파일, 영화, 게임, 응용 프로그램을 포함한 수천 개의 미디어, 엔터테인먼트 전용 웹사이트 및 앱이 운영되고 있기 때문에 원하는 검색 결과를 얻는 것이 어려워진다. 객체 탐지 및 분류 알고리즘은 데이터의 필터링, 매칭, 분류, 이미지 인식, 연결망 구축에 도움을 주며, 그 덕분에 불필요한 검색 결과를 피할 수 있다. 불편함과 착오가 크게 줄면 고객은 좋은 검색 결과를 보장받아 서비스 인식이 좋아지게 되는데, 이를 위해서는 데이터 현황을 직관적으로 인지 가능한 시각화 기능이 강화되어야 한다. 구글, 네이버, 그리고 다음을 인수한 카카오 등이 검색 엔진 역할을 하고 있다.

마지막 데이터 예측 분석 이유인 '학습'은 동인으로 '신규 비즈니스 발굴'이다. 데이터 거버넌스 영역은 시장 기반, 기능 기반, 소비자 중심 가치화인데, 소비자 중심 가치화가 점점 더 중요해진다. 기능 기반은 비즈니스 발굴 관련 담당자가 어떤 데이터 문제를 해결할지를 결정한 후 실무 작업 그룹에 할당하는 것이며, 시장 기반은 시장 리스크 완화에 초점을 두는 방어적 데이터 거버넌스라면, 소비자 중심 가치화는 비즈니스 발굴을 위한 분석에 중점을 두되 보다 능동적으로 데이터가 사용되는 시점에 훨씬 유용한 지원을 제공하는 민첩한 상향식(Bottom-up) 데이터 거버넌스를 의미한다.

넷플릭스는 데이터 분석을 하되, 이것만으로 소비자를 만족시킬 수 없음을 깨닫고 인류학자를 고용해 추천 알고리즘의 약점을 보완하고, 비즈니스 발굴에 대한 통찰력도 갖는다. 앞에서도 언급했듯이, 추천 알고리즘은 사용자 개인 정보가 아닌 영상 사용 패턴에 맞는 취향을 분석하는 방식이라, 지역, 나이, 인구통계학적 정보가 아닌 순수 콘텐츠 시청 취향을 바탕으로 회원들을 그룹으로 묶기 때문에 한계가 있다. 초기에는 수천 개 취향군을 생성해 이용자를 분류해 콘텐츠의 얼굴인 포스터까지도 회원 취향에 맞춰 노출되게 하는 고객 접점에 활용되나, 지역별 상황에 대한 대처가 점점 더 중요해지면서 국가마다 다른 수익모델이 적용된다. 예컨대, 저개발국가 시장에서는 다양한 서비스에 대해 상이한 가격을 설정하고 저소득 내지 젊은 고객이 감당할 수 있는 패키지 상품 등 고객 소비 능력을 고려해 가격을 책정한다.

데이터 기반 인공지능 미디어

기업은 데이터 수집 이상의 데이터 가치를 인식하기 시작했고, 데이터 거버 넌스 차원에서 기업 내 이질적 그룹들이 동일한 데이터 셋을 활용해 기업 성장 에 도움이 됨이 확실해지면서 협업이 보다 중요해진다. 누가 어떤 데이터에 접 근할 수 있는지 사람이 판단하지 않아도 자동으로 제어할 수 있는 환경이 가능 해지고, 인공지능(AI) 및 머신러닝 등 심층분석 기술을 데이터 거버넌스에 적용 해 혁신을 주도하고 고객 경험을 향상시키며 새로운 기회를 발견할 수 있다. AI 미디어는 AI 알고리즘을 활용해 데이터를 분석해 이용자에게 최적의 형태로 제 공하는 미디어를 말한다. 이는 생성 및 소비의 주체가 기계(AI)로 확장된 개념이 다. 2017년, 잭슨(Jackson 2017)은 AI를 활용하는 디지털 미디어의 기회와 사례 들을 [표 1]과 같이 제시한다. 기회는 댁내 개인화 및 추천, 서비스 개인화 및 추천, 콘텐츠 커미셔닝(Content commissioning), 콘텐츠 제작, 권리 협상, 사진 및 비디오 자동 태깅, 자동 자막과 동시 통역, 저작권 침해 조사, 홍보 마케팅, 비디 오 게이밍 등이다.

콘텐츠 커미셔닝은 미디어 기업이 제작사 프로젝트에 대해 투자와 편성 결정 을 하는 것이며, 커미셔닝 편집자가 프로젝트의 스토리라인과 캐릭터, 소재의 설 득력, 완성도를 담보할 수 있는 제작 경력 등을 판단해 프로젝트의 효과를 예측 하여 투자 여부를 결정한다.

2018년 한국전자통신연구원도 방송의 AI 적용 사례를 제작, 유통, 소비 별로 제시하였다. 송민정(2019)은 AI 활용 미디어 업무 분석 틀을 제시하면서 이들 보 고서에 나타난 사례들을 설명한다. 아래 [그림 5]를 보면, 송민정(2019)은 액센추 어(Accenture 2016)의 AI 업무 가치화 모델을 AI 미디어 거버넌스에 적용한다.

[표 1] AI를 활용하는 디지털 미디어의 기회와 사례들

Media opportunity	Aim	Key adopter	End result
CPE* personalization and recommendations	Better consumer experience	Device manufactures, cloud-based OTT services	Reduce chum, sell new devices
Service personalization and recommendations	Better consumer experience, more ad impressions	OTT TV services, broadcasters, digital content retail	Keep users on service, mask lack of deep catalog, increase advertising revenue
Content commissioning	More successful shows/films, more of the time	Broadcasters, Film studios	Raise hit-to-miss ratio, save money
Content creation	Spot new trends, speed up creation	Production houses	More revenue from fast production of hits
Rights negotiation	Spot new trends, match audience to media	Broadcasters, OTT TV providers	Reduce content spend and/or keep consumers happy
Photo and video autotagging	Better consumer experience	Social networks, cloud services	Increase engagement/time on site
Auto subtitling, text descriptions, and simultaneous translation	Increase accessibility, much more content avaliable	Social networks, content owners, live media	Increase engagement/time on site, add to CSR** goals, reduce costs
Copyright infringement	Reduce piracy, fight ad fraud	Ad networks, brand enforcers	Police brand usage, reduce ad fraud
Promotion and marketing	Reduce lead time for campaigns	Film studios, distributors	Increase PR value, reduce time to market
Video gaming	Better consumer experience	Game developers, multiplayer services, e-sport organization	More engagement, potential to drive future spending

출처: Jackson, P.(2017.3.20)

*CPE: Customer-provided equipment or customer-premises equipment

**CSR: Corporate social responsibility

[그림 5] AI 활용 미디어 업무 분석 프레임워크

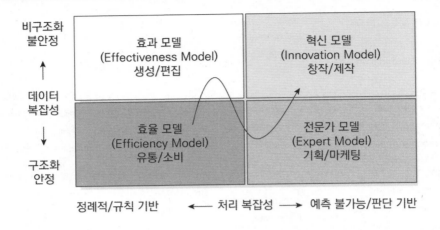

자료: 송민정(2019)

　　데이터 복잡성과 업무 처리 복잡성을 축으로 효율 모델(Efficiency model)은 데이터를 구조화하기 쉽고 예측 가능한 업무로 유통/소비 영역에, 효과 모델(Effectiveness model)은 데이터를 구조화하기 힘들고 예측 가능한 업무로 생성/편집 영역에, 전문가 모델(Expert model)은 데이터를 구조화하기 쉽고 예측 불가능한 직관적 업무로 기획/마케팅 영역에, 혁신 모델(Innovation model)은 데이터를 구조화하기도 힘들고 예측 불가능한 직관적 업무로 창작/제작 영역에 대입하였다.

　　먼저 효율 모델의 유통 영역을 보면, AI는 메타데이터 내지 데이터 카탈로그의 생성 및 관리에 원활한 스트리밍 품질을 제공하며, 콘텐츠 불법 유통을 방지하는 역할을 한다. 스스로 학습하는 AI가 영상의 시각, 청각, 텍스트, 주인공의 표정 등을 식별하고 이를 통해 자동으로 메타데이터를 구축하는 서비스가 등장하고 있다. 앞에서도 언급한 바 있는 넷플릭스의 '다이내믹 옵티마이저(Dynamic Optimizer)'는 시청자의 네트워크 속도와 영상 내 이미지 데이터 등을 자동 분석해, AI가 자동으로 제공되는 콘텐츠의 품질을 조절하는 방식으로 원활한 스트리밍 품질을 제공한다. 또한, AI는 원본 영상에 자막 삽입, 인위적 렌더링 등 변형 여부를 조사해 불법 콘텐츠를 판별한다. 동영상 대량 업로드로 광고주와 미디어 기업들은 그들의 브랜드나 콘텐츠가 오용 위험에 노출되어 있고 해적판 콘텐츠와 함께 광고도 위험에 처했다고 여기는데, 이러한 위험을 인식한 유튜브는 콘텐츠 ID(Content ID)를 가동해 불법 콘텐츠를 판별하는 데 쓰고 있다.

효율 모델의 소비 영역을 보면, AI는 콘텐츠 큐레이션을 하거나 시청자의 실시간 반응을 분석한다. 아마존은 '캐더브라(Cadabra)' 기반으로 구매 추천을, 넷플릭스는 소비자 행동에 대한 광범위한 데이터를 사용한 '시네매치' 기반으로 큐레이션한다. 방송 채널로는 존티비(ZoneTV)가 시청자의 VOD 시청 행태를 AI로 분석해 6,000시간 콘텐츠 중 시청자가 선호할 만한 영상을 일반 TV채널처럼 제공해 마치 선형 방송을 보는 것 같으면서도 자신만의 시청 환경에 따라 제공되는 콘텐츠를 경험할 수 있게 해준다. 그 외에, 사람이 직접 시청자의 응답 내용을 정리하는 것과 비교해 AI 챗봇(Chat Bot)이 보다 신속하게 유형별로 응답 내용을 분류해 고객 응대 서비스를 제공하고, 시청자 반응을 AI로 실시간 분석해 이용자의 콘텐츠 기호를 정확히 살펴볼 수도 있다. 디즈니리서치(Disney Research)의 '페이브(FAVE)'에서 AI가 영화 관객 반응을 측정해 웃고 찡그리고 공포에 질린 얼굴을 분석해 관객 반응을 측정한다.

효과 모델의 생성 영역은 변환과 합성으로 나뉜다. 변환에는 먼저 사진 및 비디오 자동 태깅이 있다. 페이스북은 하루 약 3억여 건 사진 업로드를, 유튜브는 2019년 기준 매분 400시간 이상 분량의 동영상을 업로드하는데, 콘텐츠 일부에 메타데이터 정보가 태깅된다. 사진 안 랜드마크나 사람, 지역에 태그를 붙이려는 기업들에 의해 여러 솔루션들이 출시된다. 자동 자막 및 동시 통역은 자동 태깅 수준을 넘어 콘텐츠에 자막 및 주제 설명을 추가한다. 유튜브는 2012년부터 동영상의 음성을 문자로 변환 후 자동 번역한 자막을 제공하고, 페이스북의 '자동 대안 텍스트(Automatic Alternative Text)'는 시각장애 사용자가 설명된 이미지를 가질 수 있게 해준다. 또한 구글의 '딥마인드(DeepMind)'는 인간의 입술 판독기보다 훨씬 높은 정확도로 입술을 읽을 수 있게 한다.

한편, 문서나 학술지 등 자동 번역은 AI가 대체하고 있으나, 영상 번역은 아직 어렵다. 구글 번역에 적용된 인공신경망 기계 번역에는 딥러닝이 적용되어 문장을 통째로 번역해, 사람은 번역을 위한 구조만 짜고 AI 스스로 좋은 번역을 할 수 있는 방법을 찾아주지만, 영화나 드라마 등 콘텐츠에는 인간 고유 감성이 담겨 있어 상황에 맞는 단어와 문장으로 풀어내야 하므로 AI가 감성까지 이해할 수 있는 알고리즘이 개발되기 전까지는 인간의 능력이 필요하다. 이에, 넷플릭스는 번역 전문 판매사를 선정하고, 판매사가 프리랜서 번역가를 수소문해 업무를 배분한다. 60~90분짜리 콘텐츠를 기준으로 번역가 1명이 작업하는 기간은 3일 안팎이며, 작가 보수는 작품 1편이 아닌 분(分) 단위로 책정되며, 월 평균 수입이 200만 원 안팎이다.

합성의 하나인 딥페이크(Deepfake)는 '딥(Deep)'러닝과 '가짜'를 의미하는 단어인 '페이크(Fake)'의 합성어로, 진위 여부를 구별하기 어려운 가짜 이미지나 영상물을 말한다. 2017년 미국 온라인커뮤니티인 레딧(Reddit)의 한 회원이 기존 영상에 유명인 얼굴을 입혀 가짜 콘텐츠를 게재한 데서 시작된 후 SNS 중심으로 급속히 확산된다. 딥페이크 콘텐츠는 딥페이스랩(DeepFaceLab), 페이스스왑(Faceswap) 등 오픈소스 영상 합성 제작 프로그램이 배포되면서 더욱 성행한다. 2014년 등장한 알고리즘 기법인 적대관계생성신경망(Generative Adversarial Networks: GAN)에서 딥페이크가 가능하다. 생성 모델과 분류 모델로 구분해 각 모델의 학습을 반복하는 과정을 거쳐 원본 영상과의 구별이 거의 불가능할 정도로 정교한 합성 영상이 만들어진다. 영상 제작 업계에서는 딥페이크 기술로 특수효과 편집이 가능하다. 과거를 재현하거나 더 이상 실존하지 않는 인물을 그리고자 할 때 유용하며, 예로 2016년 영화 <로그 원(Rogue One)>에 1977년 작품인 <스타워즈: 새로운 희망(Star Wars: A New Hope)> 출현 배우가 당시 모습 그대로 등장한다. 제작진은 배우와 외형적으로 유사한 대역 배우를 섭외한 후 모션 캡처 기법과 딥페이크 기술을 활용해 대역 배우 얼굴에 과거 배우 얼굴을 합성하는 방식으로 영화를 촬영한다. 2019년 넷플릭스도 딥페이크를 활용해 주연 배우의 현재와 과거 모습을 동시 재현해 낸 <아이리시맨(The Irishman)>을 출시했다.

한편, 딥페이크에는 가짜 뉴스, 유명인 얼굴 무단 도용 성인물 제작, 음성, 문서의 위조 등 위험성이 존재한다. 할리우드 배우들이 위조된 성인물 영상으로 피해를 보았고, 국내 온라인 커뮤니티와 SNS 중심으로 유명인뿐 아니라 일반인까지 딥페이크의 악용 피해를 보고 있어서, 딥페이크를 이용한 음성, 문서 위조 사건 등 불안감이 고조된다. 이에, 페이스북, 아마존, 구글 등은 딥페이크의 악용을 막기 위해 노력한다. 페이스북은 2019년 9월 MS, MIT, 옥스퍼드대학, 코넬공과대학 등 대학 인공지능 전문가들과 함께 딥페이크 감지기술 경연대회 '딥페이크탐지도전(Deepfake Detection Challenge: DFDC)'을 개최했고, 딥페이크 동영상 데이터 셋을 이용해 영상 해독 알고리즘을 개발하고 연구비·상금 수여 등에

1,000만 달러를 투자하겠다고 발표한다. 2019년 10월 DFDC에 합류한 아마존은 영상 해독 알고리즘 개발을 위해 2년간 개발자에게 100만 달러에 달하는 AWS 이용권을 제공한다고 발표했다. 구글도 3,000개의 딥페이크 영상을 촬영한 후 딥페이크 감지 기술 연구에 제공하며, 트위터는 조작된 콘텐츠를 공유하지 못하게 하거나 조작된 콘텐츠가 허위임을 나타내는 링크를 삽입한다.

편집의 경우에는 아마존 클라우드인 AWS 기반의 '레코그니션(Rekognition)'이 대표적이다. 레코그니션은 사진 및 동영상을 'Rekognition API' 기반으로 객체, 사람, 텍스트, 장면, 동작을 식별하고 부적절한 콘텐츠를 탐지하며, 이미지와 비디오에서 정확한 얼굴 분석 및 얼굴 인식을 제공한다. 사용자 확인, 인원 계산 및 공공 안전 등 다양한 사용 사례에서 얼굴을 탐지, 분석하고 비교 가능하다.

전문가 모델은 기획과 홍보 마케팅으로 나뉜다. 기획 단계의 콘텐츠 커미셔닝은 전통 지상파 방송사의 외주제작 의사결정이 그 시작인데, 딥러닝 알고리즘이 콘텐츠 커미셔너로 하여금 프로그램을 선정하는 데 도움을 준다. 풍부한 데이터와 추세를 분석해 히트작이 될 확률을 높이는 것이다. 기획 단계에서 흥행 예측이 가능하다. AI 기반 시나리오 분석 서비스 '스크립트북'은 시나리오의 흥행 성공 여부를 예측하는 서비스를 제공한다. 사용자가 PDF 버전의 영화 시나리오를 시스템에 올리면 약 5분 후 스크립트북은 미국영화협회 영상물 등급을 예측하거나 주인공, 주인공과 갈등을 빚는 인물을 분석하고, 각 캐릭터의 감성을 평가하고, 성별과 인종을 포함한 예상 고객을 예측해 시나리오의 흥행 여부를 예측한다. 소니픽처스가 2015년부터 2017년부터 제작한 영화 62편의 각본을 분석한 결과 흥행에 실패한 영화 32편 중 22편을 예측하는 데 성공했다. 반면에 실패 사례도 있다. 영화 <라라랜드>의 흥행 수입을 5,900만 달러로 예측했으나 실제 흥행 수입은 그 2배인 1억 달러를 초과했다.

혁신 모델의 창작에서는 먼저, 훈련된 AI가 음악을 창작한다. 구글이 2016년 6월 공개한 '마젠타(Magenta)'는 피아노 작품을, 소니의 '플로머신(Flow Machines)'은 팝송을, '딥바하(DeepBach)'는 바하(Bach)스타일의 곡을 창작한다.

마지막으로 혁신 모델의 제작을 보면, 대본 작성(Script writing)이 대표적이다. 영화감독인 오스카 샤프(Oscar Sharp)와 인공지능 연구자인 로스 굿윈(Ross Goodwin)이 협업해 영화 시나리오 AI '벤자민(Benjamin)'으로 2016년 6월 단편영화 <선스프링(SunSpring)>을 제작한다. 9분짜리 SF 단편 영화로 3명 배우가 출현하며, 이야기 및 제목은 벤자민에 의해 작성된다. 롱앤숏텀메모리(Long and short Term Memory; LSTM) 기반으로 설계된 '순환신경망(Recurrent Neural Networks; RNN)' 모델에서 문장을 생성하도록 학습된다. 학습 데이터는 <스페이스 오딧세이(Space Odyssey)>, <브라질(Brazil)>, <매드맥스(Mad Max)>, <스타워즈(Star Wars)> 등 잘 알려진 영화 스크립트와 3만 곡 이상의 팝송 가사들로 스토리 시퀀스의 일관성을 LSTM-RNN 모델 기반으로 유지한 벤자민이 연속성을 가지는 문장들을 생성해, 이를 토대로 영화를 제작한다. 벤자민이 대본 작성에 이 모델을 활용하지만, <스프링> 제작에서는 딥페이크 합성 기술도 활용되어 시나리오 창작부터 촬영 및 후편집 과정에 AI가 두루 활용되어, <선스프링>이 세계 최초의 AI 상업 영화로 자리하게 된다.

참고문헌

경향비즈(2017.7.16). AI 스피커, 큰소리 칠 만하네.

김인현(2020.2.26). 데이터거버넌스, 어떻게 발전해 왔는가? 투이컨설팅, http://www.2e.co.kr/news/articleView.html?idxno=300307.

남충현(2016.12.21). 오픈소스 AI: 인공지능 생태계와 오픈 이노베이션, 정보통신정책연구원.

미디어SR(2019.2.21). [왜 넷플릭스인가 ③] 빅데이터 기술로 국내 시장 파고들다.

삼정KPMG경제연구원(2014.7). 기업들은 빅데이터를 어디에 활용하는가?

송민정(2017.8). ICT산업 생태계 내 AI 부상과 미디어산업의 활용: 미디어산업에서 AI 변화가 예상되는 10개 영역 '주목', 자동인식 비전.

송민정(2018.6). AI와 블록체인 시대의 데이터 거버넌스(Data governance), 데이터 거버넌스의 첫 단추 '데이터 수집', 자동인식 비전.

스포츠서울(2017.2.28). 푹, 맞춤형 콘텐츠 공급 위한 시청 빅데이터 정보 공유 지원, http://www.sportsseoul.com/news/read/487358#csidx55394cf41d71340aa6c8fabc5fc9895

아시아경제(2019.12.15). 넷플릭스 덕에 웃는 번역가들…AI 시대 괜찮을까?, https://www.asiae.co.kr/article/2019121511092580396.

아이티월드CIO(2013), 분석역량을 내부 비즈니스에 활용한 IBM 혁신사례, IDG Summary, Analytics in IBM, sponsored by IBM.

유재복(2014). 빅 데이터 분석을 통한 방송분야 활용에 대한 전망 및 제안, 특집 빅데이터와 미래방송, 방송공학회지 19권 4호, pp. 366~378.

장원열(2017.6.19). AI(인공지능) 특집, 신영증권.

정용찬(2018). 4차 산업혁명 시대의 데이터 거버넌스 개선 방향, 정보통신정책연구원.

조대근(2020.9). 데이터 경제 시대 미디어 비즈니스 전략, 방송통신전파진흥원(Korea Communication Agency), Media Issue & Trend, Vol.36.

투이컨설팅(2020.6.10). 데이터거버넌스 변화와 대응 전략 1편 – 디지털 시대의 데이터거버넌스, https://www.2e.co.kr/news/articleView.html?idxno=300578.

한국방송통신전파진흥원(2019.12). 딥페이크 기술의 빛과 그림자.

한국전자통신연구원(2016). 데이터 캐피탈리즘: 데이터 자본화 이슈, ETRI Insight.

한국정보화진흥원(2018.12). 데이터 경제 기반 정책 연구, 4차산업혁명위원회.

한국콘텐츠진흥원(2014.2). 콘텐츠 분야에서의 빅데이터 활용사례, CT이슈분석 II, 통권 34호.

한국전자통신연구원(2018.7). 세상을 바꾸는 AI 미디어: AI 미디어의 개념정립과 효과를 중심으로, ETRI Insight.

Accenture (2016). Turning Artificial Intelligence into business value.

Amazon Web Service (2017.8). AI for Media & Entertainment, August 15, 2017.

Ali, F.(2018. 12.24). Netflix discovery experience — a UX/UI case study, https://uxdesign. cc/netflix−discovery−experience−a−ux−ui−case−study−7bcd12f74db1.

Apple Insider (2017.3). Netflix encoding tool aims to retain video quality on slow 100kbps iPhone mobile data connections, March 1, 2017.

Curry, E.(2016), The Big Data Value Chain: Definitions, Concepts, and Theoretical Approaches, in: Cavanillas, J. M. et al.(eds.), *New Horizons for a Data−Driven Economy*, Springer, pp. 29−37.

European Commission (2017). Building a European Data Economy.

Gartner (2011), Overcoming Silos: Evolving from Stand−Alone Information Architectures to Shared−Information Architectures for the Emerging Data Economy, G00213344.

GigaOM (2012. 8. 11). How India's favorite TV show uses data to change the world, http://gigaom.com/cloud/how−indias−favorite−tv−showuses−data−to−change −theworld/?utm_source=feedburner&utm_medium=feed&utm_campaign=Feed% 3A+pcorg+%28paidContent%29.

GigaOM (2013. 7. 25). At Netflix, big data can affect even the littlest things, http://gigaom.com/2013/07/25/at−netflix−big−data−can−affect−even−the−litt lest−things/.

Goldman, J.(2016.11). Google's DeepMind AI binges on TV to master lipreading, https://www.cnet.com/news/google−deepmind−looks−at−a−lot−of−tv−beco mes−better−lipreader−than−expert/, November 23, 2016.

Jackson, P.(2017.3.20). AI in Digital Media, OVUM.

Hess, T. & Matt, C.(2013). The Internet and the Value chains of the Media industry, in: Diehl, S. & Karmasin, H.(eds.), *Media and Convergence Management*, Springer, pp.37−55.

IBC (2017.4). Netflix and IBM are leading the charge on artificial intelligence in media, April 18, 2017.

Irdeto (2017.9). The role of AI in content protection, September 17, 2017.

Kearney, A.T.(2013), Big Data and the Creative Destruction of Today's Business Models, http://www.atkearney.com/strategic−it/ideas−insights/article/−/asset_publisher

/LCcgOeS4t85g/content/big−data−and−the−creative−destruction−of−today−s
−business−models/10192#sthash.wNrYGAeD.dpuf/.

Laudon, K. C. and Laudon, J. P.(2011). *Management Information Systems* (12th
Edition), Pearson Education Asia.

Ladley, J.(2012). Data Governance, Morgan Kaufmann.

Lippell, H.(2016). Big Data in the Media and Entertainment Sectors, *New Horizons for
a Data−Driven Economy*, pp. 245−259, Springer Verlag.

Marshall, A.(2017.1). From Jingles to Pop Hits, AI. Is Music to Some Ears, The New
York Times, https://www.nytimes.com/2017/01/22/arts/music/jukedeck−artificial−
intelligence−songwriting.html?_r=0, Jan. 22, 2017.

Marr, B.(2017.1). Grammy−Nominee Alex Da Kid Creates Hit Record Using Machine
Learning, http://www.forbes.com/sites/bernardmarr/2017/01/30/grammy−nominee
−alex−da−kid−creates−hit−record−usingmachine−learning/#7d8f133b70ed,
Jan. 30, 2017.

Multichannel (2017.8.21). How AI can make TV's future brighter.

OECD (2012). Exploring Data−driven Innovation as a New Source of Growth,
[DSTI/ICCP (2012)9].

Ofcom (2017.4.24). As Hollywood taps into AI, what would you build with IBM
Watson?

Okeleke, A.(2017.9.8). The Essential Role of Big Data Governance in Big Data
Analytics for CSPs, OVUM report.

Ontiveros, E. & Sabater, V. L.(2018), The Data Economy Wealth 4.0, Ariel and
Fundación Telefónica (2018.4. 5.)

OVUM (2017.3). AI in Digital Media, March 20, 2017.

PWC (2019), PwC Global Entertainment & Media Outlook 2019−2023.

Siegel, Eric (2010), *Seven Reasons You Need Predictive Analytics Today*,
PredictionImpact Inc.

Song, M.Z.(2019.6). A Study on Artificial Intelligence Based Business Models of Media
Firms, *International Journal of Advanced Smart Convergence*, Vol.8 No.2, 56−67.

Stone, M. L.(2014), Big data for Media, Reuters Institute for the Study of Journalism,
University of Oxford (2014.11.8).

The Wrap (2013. 8. 13). How social media is revolutionizing the flailing movie tracking industry, http://www.thewrap.com/movies/article/cansocial−media−revolutionize−flailing−tracking−industry−107646

Variety (2013. 9. 25). Big data: Media embracing the most detailed information about you yet. http://variety.com/2013/biz/news/big−data−media−embracing−the−most−detailed−information−about−you−yet−1200665847/.

미디어 플랫폼 거버넌스의 디지털 전환

플랫폼 거버넌스의 개념과 원칙

비즈니스와 생태계의 디지털 전환이 논의되면서 플랫폼의 중요성이 누차 강조되었다. 플랫폼은 공급자와 이용자가 만나 서로의 가치를 창출해주는 만남의 장이다. 또한, 플랫폼도 양면 시장 전략을 통해 자신에게도 가치가 창출되는 방법을 찾는다. 점차 승자독식 구조를 가지면서 플랫폼은 중앙집중형과 분권형의 전략적 옵션을 갖게 되는데, 전자가 플랫폼 흡수, 후자가 개방형 플랫폼 전략이다. 플랫폼은 생태계 내 상호작용이 더 원활하게 일어나도록 거버넌스를 필요로 한다. 개방형 혁신, 조직 레질리언스, 데이터 거버넌스에 이어, 거버넌스의 디지털 전환 마무리는 플랫폼 거버넌스이다.

플랫폼 생태계는 플랫폼만의 '자기만 배부르기' 식으로는 지속 가능하지 못하다. 즉, 생태계 내 모든 참여자들이 서로 꼭 맞는 상대를 제때에 만나 서로의 가치를 교환할 수 있게 해주어 '모두가 행복'해야 지속 가능하다. 플랫폼 이론의 대가들인 반 앨스타인 외(2016)가 '플랫폼 레볼루션'에서 플랫폼 거버넌스 개념, 원칙, 목적, 방법들에 대해 언급하였는데, 플랫폼 거버넌스는 플랫폼 생태계에 누가 참여할지, 어떻게 가치를 배분할 것인지, 어떻게 갈등을 해결할지에 대한 일련의 규칙을 말한다.

반 앨스타인 외(2016)는 플랫폼 거버넌스의 세 가지 원칙을 설명한다. 첫째는 서비스를 제공하는 고객에게 언제나 가치를 제공하라는 것이고, 둘째는 플랫폼 자신인 자기에게 유리하게 규범을 바꾸기 위해 자신의 우위를 이용하지 말라는 것이며, 셋째는 타당한 정도의 부(富) 이상을 취하지 말하는 것이다. 이러한 플랫폼 거버넌스의 목적은 가치를 창출하고 증대시키는 생태계 참여자들에게서 얻어진 수익을 공정하게 배분하는 것이다. 이유는 생태계에서 벌어들이는 대부분의 수익이 플랫폼 기업 밖에서 거두어들이는 것이기 때문이다. 따라서 생태계 총수익은 매우 투명하고 공정하게 설계되고 관리되어야 한다.

플랫폼 기업은 비즈니스 모델을 혁신하고 보완재나 약한 대체재를 흡수하고 플랫폼 개방 수준을 높여 생태계 참여자들에게 혜택을 주는 것 외에도 국가 간 경계가 없는 지구촌 사람들 모두를 대상으로 비공식적이지만 규범과 정책, 아키텍처를 잘 설계하여 공유해야 한다. 이에, 반 앨스타인 외(2016)는 이상의 세 가지 플랫폼 거버넌스 원칙을 유념하고 유지하기 위한 네 가지 방법으로 법, 규범, 아키텍처, 시장 활용 방법을 제시한다. 첫 번째로, 법은 기존의 재무적 상식에서 벗어나 플랫폼 거버넌스 원칙인 '자기에게 유리하게 규칙을 바꾸기 위해 자신의 우위를 이용하지 말라'와 연관된다. 이는 '소유와 지배의 분리'를 의미한다. 플랫폼 거버넌스 설계에서 어쩔 수 없이 발생하는 정보의 비대칭성 외에도 생태계 참여자들과 플랫폼 기업 간에 발생하는 정보 비대칭성을 무시할 수 없기 때문에, 잘 설계된 플랫폼 거버넌스는 투명해야 한다. 많은 플랫폼 기업들이 비즈니스 시작 초기에 책임 소재를 불분명하게 하여 많은 시행착오를 겪었다. 예로, 에어비앤비 같은 공유경제 플랫폼에서 발생한 매매춘 행위나 강간 등의 불미스러운 사건들이 있다. 미국 판례에서 플랫폼 사용자 잘못에 대해 플랫폼에게 책임을 묻지는 않지만, 플랫폼 기업은 이에 대응하는 자율적인 '법'을 가져야 한다. 플랫폼 거버넌스에서 말하는 '법'은 플랫폼이 정하는 명시적 규칙으로 자율규제 형식이다. 대표적 사례는 페이스북 등 SNS 플랫폼들의 악성 댓글에 대한 규칙 제정이다.

두 번째로, 규범은 아무것도 없는 무(無)에서 생성되지 않으며, '서비스를 제공하는 고객에게 언제나 가치를 제공하라'는 플랫폼 거버넌스 원칙과 연관된다. 이를 위해, 생태계 참여자인 사용자들 스스로 직접 플랫폼 거버넌스 형성 과정에 참여하게 하는 것이 바람직하다. 반 앨스타인 외(2016)가 제시한 규범은 '법'과 구분되게 커뮤니티 참여문화를 말한다. 이는 모든 플랫폼이 희망하는 것이기도 한데, 플랫폼이 보유할 수 있는 가장 큰 자산 중 하나가 사용자들의 헌신적 커뮤니티 활동이다. 이는 우연히 생기는 것이 아니라 숙련된 플랫폼 관리자에 의해 형성되곤 한다. 대표 사례가 이베이의 '즉시 구매(Buy it now)'라는 고정 가격제 유지이다. 원래의 방식인 경매는 판매자가 올린 상품에 대해 마지막에 가장 높게 입찰한 구매자에게 낙찰, 판매되는 방식인데, '즉시 구매'는 경매를 통하지 않고 판매자가 정한 판매 가격대로 구매하는 방식이다. 경매와 '즉시 구매'가 동시에 진행되는 경우도 있는데, 이 경우 즉시 구매는 한정된 시간 동안만 제공된다. 이는 판매자보다 구매자들을 먼저 고려한 규범이다. 판매자는 구매자가 있으면 어차피 플랫폼 생태계에 참여할 것으로 여겼기 때문이다.

세 번째로, 아키텍처는 소프트웨어 프로그램 코딩을 말한다. 데이터 거버넌스에서 설명되었듯이, 최근의 잘 설계된 플랫폼 아키텍처는 데이터 기반에서 스스로 학습하고 발전하는 인공지능 기반이다. 대표 사례로 기존 신용 대출을 파괴적으로 혁신한 조파(Zopa) 같은 대출 플랫폼이 있다. 조파는 세계 최초 P2P 온라인 대출 플랫폼으로 차입자를 선별해 리스크 수준별 시장을 조성한다. 고위험 차입자에 의한 역선택 위험을 극복한 조파의 아키텍처를 보면, 다수 투자자가 결정한 대출조건을 기초로 투자안들을 조합한 후 차입자와 매칭한다. 금리(저이율 → 고이율) 및 접수일시(先 접수) 순서대로 투자안을 조합해 도출된 금리(투자자 요구금리 평균치)를 차입자에게 제시하며 차입 신청금액까지 모두 매칭되어야 대출이 실행되는 구조이다.

마지막으로, 시장 활용이다. 플랫폼 기업은 재미 요소나 평판 등을 통해 시장을 형성하고 관리할 필요가 있다. 이는 '타당한 정도 이상의 부를 취하지 말라'는 플랫폼 거버넌스 원칙에 관련된다. 플랫폼은 자신의 위험을 최소화하는 것도 중요하지만, 이보다 더 중요한 것은 위험 분산 메커니즘을 활용해 생태계 참여자들의 위험을 우선적으로 낮춤으로써 전반적으로 생태계의 총가치를 최대한 높이는 것이다. 이는 생태계 내 참여자 수가 무한 확장 가능한 에어비앤비 같은 공유경제 플랫폼에 해당된다. 공유경제란 개인과 단체 및 기업이 가진 물건, 시간, 정보, 공간 등 자원을 다른 사람이 사용하도록 개방하는 경제활동이다. 미국 하버드 법대의 로렌스 레식(Lawrence Lessig) 교수가 2008년 저술한 《리믹스(Remix)》와 자신의 저작권법 관련 논문에서 사용하면서 이 개념이 알려지기 시작해 개인 간 교환, 공유, 대여 등 방식을 사용하는 경제 모델로 자리잡는다.

레식이 본 중개자가 수수료를 취하는 '상업적' 공유경제는 유휴자원이 있는 개인과 이를 필요로 하는 개인을 매개시켜주는 중개자인 플랫폼 기업을 토대로 발전한다. 에어비앤비와 우버는 집, 차량 등 개인 자산을 타인과 공유해 자원을 효율적으로 활용하고 사회적 관계를 나누며 수수료 수익도 창출하는 것을 목적으로 한다. 레식은 이러한 '상업적' 공유경제가 점차 '협력적' 공유경제로 진화할 것으로 전망한다. '협력적' 공유경제는 금전적 보상에 따른 목적이라기보다는 콘텐츠 자체에 대한 기여로 한계비용이 제로에 수렴하는 공유경제를 의미한다. '상업적' 공유경제로 시작한 에어비앤비는 호스트에게 게스트의 불량 행위에 대한 보상을 거부했지만, '협력적' 공유경제로 들어서는 에어비앤비는 호스트에게 100만 달러 주택 소유주 보호 보험을 들어주거나, 신종 코로나바이러스 감염증(코로나19) 대응으로 2020년 취약계층에게 무료나 할인 요금으로 숙소를 제공하기 위한 비영리단체(Airbnb.org)를 출범시키는 등의 시장 활용을 시작한다.

미디어 플랫폼 거버넌스의 변화

이상에서 플랫폼 거버넌스 원칙을 유지하는 네 가지 방법을 설명하였다. 여기서는 미디어 플랫폼 거버넌스가 현재 어떻게 변화하고 발전하는지에 대해 법, 규범, 아키텍처, 시장 활용 방법 등 네 가지 방법 중심으로 살펴보고자 한다. 먼저, 플랫폼이 정하는 투명하고 명시적인 규칙인 자율규제 성격의 '법'과 관련한 미디어 플랫폼 거버넌스 사례로 국내 포털이 있다. 국내 포털들의 자율적인 명시적 '법'이 생긴 주된 배경은 포털에서 제공되는 뉴스의 책임 소재이다. '신문등의진흥에관한법률'(이후 '신문법') 제2조 제2호에서 '인터넷신문'은 "컴퓨터 등 정보처리능력을 가진 장치와 통신망을 이용하여 정치·경제·사회·문화 등에 관한 보도·논평 및 여론·정보 등을 전파하기 위하여 간행하는 전자간행물로서 독자적 기사 생산과 지속적인 발행 등 대통령령으로 정하는 기준을 충족하는 것"으로 정의된다. 한편, '인터넷뉴스서비스'는 신문, 인터넷신문, '뉴스통신진흥에 관한 법률'에 따른 뉴스통신, '방송법'에 따른 방송 및 '잡지 등 정기간행물의 진흥에 관한 법률'에 따른 잡지 등의 기사를 인터넷을 통하여 계속적으로 제공하거나 매개하는 전자간행물을 말한다.

2015년 국내 신문법상 뉴스서비스인 포털도 언론사라는 대법원 판결이 나면서, 인터넷 신문과 포털 뉴스 모두 신문법에서 밝히는 "언론의 자유 신장과 민주적인 여론 형성"을 위한 "지원 및 육성" 대상이 된다. 서울고등법원은 2015년 네이버가 100여 개 언론사들과 제휴를 맺고 하루 평균 1만여 건 기사를 이용자들에게 전달하고 기사 하단에 댓글을 작성할 수 있는 공간을 제공해 기사 전달로 그치지 않고 정보 교환 및 여론 형성을 유도하였다는 점에서 "기존의 어떤 언론 매체보다도 월등한 배포 기능"을 갖추고 있으며, 언론사들이 전송하는 기사를 분야별로 분류 배치하고 포괄적 표현 내지 글자 수 축소를 위해 기사 제목을 변경한다는 점에서 편집 기능을 수행하고, 자체 취재 인력 없이 제휴 언론사들로부터 공급받는 기사를 게시하고 있지만, 이는 기존 언론사들이 뉴스통신으로부터 뉴스를 공급받아 생산하는 기사와 동등하게 게재하는 것과 비슷해 유사 취재 기능을 수행하고 있다고 보았다. 이에, 네이버는 기사의 단순 전달자가 아니라 '취재, 편집, 배포' 등 언론 기능을 갖춘 언론으로 인정된다.

이에 대한 플랫폼의 대응은 자발적인 '법'의 제정이다. 포털이 언론이라는 법원 판결 이후, 네이버와 카카오(당시에는 다음)는 '선한 행동을 규정하는 법에 대해서는 신속하고 명확한 피드백을 제공하라'는 '플랫폼 레볼루션'에서 제시된 '법' 방식을 실행에 옮긴다. 이들은 30명의 외부 인사들로 구성된 '뉴스제휴평가위원회'를 구성해 2016년부터 뉴스 수집 서비스(콘텐츠 제휴)와 검색 서비스(검색 제휴)에 뉴스를 제공할 수 있는 언론사들을 심사하기 시작해 500개 이상의 언론사가 지원했고, 심사 통과율은 10% 내외였다. 이는 플랫폼이 제시하는 자율적'법'의 투명성을 보여주려고 노력한 대표적 사례인데, 사실상 이를 통해 국내 뉴스 생태계에서의 플랫폼의 절대적 위상이 간접적으로 증명되는 계기가 되기도 했다.

두 번째 플랫폼 거버넌스 방법인 '규범'과 관련한 미디어 플랫폼의 커뮤니티 참여문화 사례로는 국내 대표 포털인 네이버의 '지식iN(인)'이 대표적이다. 2004년 1월부터 2010년 9월까지 검색엔진 점유율 기간 내 평균 비율 63.89%를 기록해 2위인 카카오(당시 다음, 18.81%)와 3배 이상 차이를 보여준 비결은 당시 '지식iN' 때문이다. 네이버는 1999년 서비스 시작 후 3년 후인 2002년 지식 검색 서비스 '지식iN'을 시작하면서 검색 포털의 선두주자가 된다. 당시 도입 배경은 한국어 콘텐츠 양이 너무 부족해 서비스 이용 고객들이 원하는 정보를 찾아내기가 힘든 상황에서 네이버가 생태계 참여자들이 가진 다양한 경험과 지식을 공유하게 해 언제나 가치를 제공하자는 취지이다. 이에, 네이버는 알고 싶은 것을 묻고 답하는 커뮤니티 장을 제공하게 되고, 그 답변을 꾸준히 데이터베이스화하는 서비스를 제공하게 된다.

지식iN으로 성공한 네이버는 2003년 8월 검색 순위 전 기관, 전 부문 1위를 석권하고, 이듬해엔 지식iN DB 1,000만 돌파를 이루는데, 미디어의 시작이 늘

그렇듯이, 초기엔 오락에 편중되거나 왜곡된 정보가 유통되기도 했다. 고객들은 정보 양이 증가한 것은 좋지만 질적인 면에서는 비판적이었고, 네이버는 전문가 답변인 '변호사 답변' 등 서비스를 추가하고, 명예 지식iN, 파워 지식iN 활동 후원 프로그램, 대표 기업과 지식 파트너를 맺는 등 플랫폼 관리자로서 질적 향상에 노력하게 된다. 이와 유사한 사례로 10장에서 논의한 OTT인 비키(Viki)는 자발적 번역 참여문화 규범을 활용해 집단지성을 이룬다. 드라마나 영화가 며칠 만에 수십 개 언어로 번역되는데, 이는 수많은 회원들이 자발적으로 본인이 관심 갖는 영화나 드라마로 보고 자국의 언어로 번역해 자막을 달아주기 때문이다.

규범에서 플랫폼이 주의할 점은 플랫폼 내 커뮤니티 영향을 받는 사람들은 어떤 채널을 이용해야 의사결정 절차에 영향을 미칠 수 있는지를 알게 된다는 점이다. 이 때문에 커뮤니티 책임자인 플랫폼 기업에겐 커뮤니티 구성원의 행동들에 대한 주의가 필요하다. 즉, 커뮤니티의 참여문화 규범을 어긴 사람들에게 제재 조치를 내릴 방법을 가지고 있어야 한다. 이는 앞서 9장의 개방형 플랫폼 전략에서 사례로 제시된 위키피디아가 초기 완전 개방형을 추구하면서 사용자의 잘못된 정보 제공으로 인해 규범을 새로 만든 경우이다. 위키피디아 플랫폼 설립자는 이에 대한 성명서를 발표하였다.

세 번째 플랫폼 거버넌스의 방법인 '아키텍처'와 관련한 미디어 기업 사례로는 기술을 경쟁력으로 가진 신생 미디어 기업들이 주를 이룬다. 미디어 플랫폼이 블록체인 기반으로 아키텍처를 스스로 개선하는 경우로 스포티파이(Spotify)가 있다. 음원에 대한 라이선스를 기록하는 '미디어체인랩(Mediachain Labs)'은 세계 최대 음악 스트리밍 서비스 기업인 스포티파이에 2017년 4월에 인수되고, 스포티파이는 미디어체인랩의 블록체인 기술을 활용해 음악 콘텐츠 사용에 대한 로열티 지급 업무를 개선하게 된다. 미디어체인랩은 블록체인 기술을 활용해 창작물과 관련한 정보를 공유하고, 콘텐츠 제작자와 저작권자 등에게 콘텐츠 이용에 대한 적절한 보상이 이뤄지도록 돕는 기술을 개발하게 된다.

스포티파이가 미디어체인랩을 인수한 목적은 로열티 미지급 문제를 해결하기 위해 블록체인 아키텍처가 필요했기 때문이다. 스포티파이는 어떤 작곡가가 어떤 노래에 대한 소유권을 주장하는지에 대해 충분한 데이터를 파악하지 못해 그동안 로열티 지급에 어려움을 겪어왔으며, 미지급된 로열티 문제로 법적 분쟁에 휘말리기도 했다. 이로 인해 스포티파이는 미국 전국 음악출판사 협회

(NMPA)와 분쟁을 치른 바 있으며, 지급되지 않은 로열티에 대해 3,000만 달러의 합의금을 지급한 경험도 있어서 음원에 대한 로열티 지급 문제를 개선하는 것은 숙원 사항이었다.

마지막인 네 번째 플랫폼 거버넌스 방법인 '시장 활용'은 주로 시장 평판의 활용이다. 대표 사례는 페이스북의 '좋아요' 기능이다. '좋아요'에 집착하는 개인은 이 평판에서 자존감의 등락을 확인한다. 따라서 온라인 평판은 플랫폼 속 참여자들의 자존감을 규정하는 정서적 힘이 된다. 2010년 3월 페이스북은 공지사항에 당시 브랜드나 기업, 유명인 페이지 구독 시 페이지의 '팬'이 되기 위해 눌러야 했던 버튼이 훨씬 더 쿨하고 간단한 이름인 '좋아요'로 바꾼다는 내용을 공지한다. 이 미묘한 변화가 엄청난 결과를 초래해, 온라인 공감 표시 방식은 소셜 화폐(Social currency)가 되었고, 지구촌 모두가 이에 익숙해졌다.

'좋아요' 기능의 공지사항보다 1년 앞서 선보인 상태 업데이트나 타임라인 게시글 기능 등이 페이지 자체에 확대 적용되었는데, 이의 주 목적은 전 세계 페이스북 사용자들을 집단적 온라인 경험에 가둬두기 위함이다. 이는 잠금 효과를 노린 것이다. 이후에 공지된 '좋아요' 기능은 엄청난 영향력을 갖는다. 기업과 광고주들은 사람들이 어떤 것에 관심 가지며, 돈을 어디에 쓰는지, 무엇에 열광하는지 등을 읽을 수 있게 되었다. '좋아요' 버튼은 광고주들에게 매우 유익한 광고 도구이고, 브랜드를 알릴 절호의 찬스이다.

'좋아요' 버튼이 생긴 배경은 2007년 프롭스(Props)라는 암호명의 초기 프로젝트이다. 이는 사용자들로 하여금 페이스북의 뉴스 피드(News feed)에 올라온 콘텐츠에 보다 쉽게 공감하게 해준다는 다소 모호한 취지로 시작된 프로젝트인데, 페이스북 직원인 레아 펄먼(Leah Pearlman)이 2007년 내놓은 아이디어이다. 이는 뉴스 피드 댓글 중 사람들이 어떤 것을 좋아하는 지를 알 수 있게 해주며, '아주 좋아요' 또는 '끔찍하네요' 등 댓글을 일일이 작성하는 대신, 클릭 한 번으로 생각을 표현할 수 있는, 정말 멋진 것을 뜻하는 어섬(Awesome) 버튼으로 만들어지고, 초기 아이콘도 더하기 기호나 별 모양이었다가 지금의 엄지 척 모양으로 자리잡게 된 것이다. 페이스북의 '좋아요' 기능이 발표된 이후, 이 개념은 다른 소셜 네트워크에도 빠르게 퍼져나가, 2010년에 유튜브가 엄지 척 버튼을 추가했고, 링크드인은 공유하기 버튼을 추가한다. 2015년 트위터도 별 모양이었던 아이콘을 하트 모양으로 바꾸면서 이러한 대세의 흐름에 가세한다.

하지만 시간이 지나면서 '좋아요'에 대한 집착 현상이 사회적으로 이슈화된다. 사람들은 타인의 관심이 있어야 자존감이 유지된다는 강박감을 갖게 되고, 타인의 거절이나 거부를 예민하게 받아들이는 거부에 대한 민감성으로 인해 '좋아요'로 표현되는 SNS 평판에 목말라 있게 된다. 이에, 페이스북과 그의 자회사인 인스타그램은 사용자들의 숫자를 공개적으로 보여주지 않는 기능을 실험하기 시작한다. '좋아요' 버튼을 완전히 사라지게 하지 않으면서 '좋아요'에 집착하는 현상은 줄어들 수 있을 것으로 기대했기 때문이다. 페이스북은 타깃광고와 사용자 추적 기능을 통해 얻는 어마어마한 수익을 포기하지 않기 위해서 이 기능을 없애는 데 소극적 자세를 취한다.

넷플릭스가 2020년 9월 공개한 다큐멘터리 '소셜 딜레마(Social Dilemma)'는 페이스북, 인스타그램 등 실제 실리콘밸리에서 일했던 직원들의 인터뷰를 통해 소셜 미디어 내 가짜뉴스, 중독, 상업적 알고리즘, 선거 조작 등을 다루었다. 특히 페이스북 '좋아요' 버튼 개발자인 저스틴 로젠스타인(Justin Rosenstein)을 비롯해 실리콘밸리에서 소셜 미디어 산업 부흥을 이끌었던 이들이 직접 출연해 "미쳐 돌아가고 있다"며 여러 문제점을 폭로했고, 페이스북이 이에 반항하며 입장문을 내놓기도 했다.

과연 '좋아요' 기능을 제공하는 페이스북이 '타당한 정도 이상의 부를 취하지 말라'는 플랫폼 거버넌스 원칙을 잘 수행하고 있는지에 대한 플랫폼 스스로의 자가 질문이 필요하다. 무엇인가에 대해서 '좋아요'를 눌렀을 때 그 대가로 소비자가 얻는 것이 무엇인지가 분명하지 않기 때문이다. 이는 페이스북의 플랫폼 거버넌스 전략 변화가 요구되는 배경이 되며, 페이스북에만 한정된 전략 변화 요구가 아니다. 한편, 2021년 초, 페이스북은 '페이스북 페이지'에 있는 '좋아요'와 '팔로우(해당 페이지의 게시물을 구독한다는 뜻)' 기능 중에서 '좋아요' 기능을 없애고 '팔로워' 기능을 특화한다고 발표하였는데, 이는 개인 페이스북의 '좋아요'에 대한 정책 변경은 아니다.

또한, 페이스북은 '좋아요' 기능에 이어 한 걸음 더 나아가 아바타 기능을 테스트하기 시작한다. 사람들이 직접 자신만의 개성을 살린 아바타를 만들어 소통할 수 있게 하는 것이다. 호주를 시작으로 확장 중이며, 국내에서는 2020년 4월, 페이스북에 아바타 기능이 추가되었다. 다른 앱에서 3D 이모티콘, 이모지라고 불리는 이 기능은 어디서도 볼 수 없는 나만의 개성을 표출하게 해준다. 자기 얼굴로 아바타를 만들 수 있다.

미디어 플랫폼의 신뢰형성
전략

　미디어 기업의 플랫폼 거버넌스 전략의 미래 방향은 신뢰 형성이어야 한다. 페이스북 시장 활용 방법인 '좋아요' 버튼 사례에서 보듯이, 생태계 내에서 지속 가능한 플랫폼 기업이 되려면 플랫폼 거버넌스의 진화를 필요로 한다. 그 이유는 어떤 법이나 규범, 아키텍처, 시장 활용 방법이 계속 나오지만, 플랫폼 생태계 내 구성원들은 자신에게 유리한 것을 찾고 있기 때문이다. 기업의 플랫폼 거버넌스 전략 시도에도 불구하고 여전히 플랫폼과 참여자들 간에는 정보의 비대칭 현상이 존재하고 새로 생겨나며, 부정적인 네트워크 효과가 발생할 수 있다. 양면 시장이 다면 시장이 되면서 더 복잡해진 네트워크 효과로 인해, 플랫폼 구성원 간의 상호작용은 플랫폼의 통제로 이어지고, 그 통제는 또 다른 복잡성과 참여자들의 불만 및 불신을 낳는다. 창출된 가치를 통제하기 위해 새로운 갈등도 생긴다. 갈등이 생길 때마다 플랫폼이 유의해야 하는 거버넌스 원칙은 '자사 이익보다는 공급자나 이용자의 편을 들어주어야 한다'는 점이다.

　따라서 플랫폼 거버넌스 전략 메커니즘은 스스로의 자정작용을 가져야 하며 통제를 포함한 자율적 규제를 하면서 끊임없이 진화하는 모습을 보여주어야 한다. 필요에 따라서는 법이나 규범 등의 방법들을 수정해야 한다. 플랫폼이 전략을 수정하고 방법들을 개선할 수 있는 주요 배경은 변경에 비용이 많이 들지 않는 디지털 환경 때문이다. 공간적, 시간적 제약도 없다.

　플랫폼은 자신이 주도하는 생태계 내에서 개별 구성원들이 가지게 될 부정적 네트워크 효과를 없앨 방법을 찾아야 한다. 그렇지 못할 경우, 멀티호밍 및 멀티 플랫포밍이 가능한 구성원들은 다른 플랫폼 생태계를 찾아 떠날 것이다. 이러한 플랫폼 생태계의 생리를 잘 아는 구글은 처음부터 스스로에게 "사악하지 말자(Don't be evil)"는 사명을 내걸고 있다. 앞서 언급한 플랫폼 거버넌스 원칙과 방법들을 상기해보면, 법, 규범, 아키텍처, 시장 활용 등 네 가지 방법들은 결국 '서비스를 제공하는 고객에게 언제나 가치를 제공하라' '플랫폼 자신인 자기에게 유리하게 규범을 바꾸기 위해 자신의 우위를 이용하지 말라' '타당한 정도 이상의 부를 취하지 말라' 등 반 앨스타인 외(2016)가 주장한 세 가지 플랫폼 거버넌스 원칙을 수행하려는 노력들로 이해된다. 한마디로 정리하면 결국 신뢰의 형성이다.

조성은과 한은영(2013)은 '정보화 사회'가 가져온 신뢰의 변화에 대해 언급한 바 있다. 2013년 당시 이들이 주목한 것은 특히 소셜 미디어의 관계 맺음이 지속적으로 진행되면서, 초기에는 댓글 등의 질적인 내용 평가가 중요하나, 점차적으로 평가 내용이 지속적으로 축적되면서 양적인 관계 평가가 중요해지기 시작한다는 점이다. 이들이 말한 '양적' 측면이 바로 앞서 언급한 페이스북의 '좋아요'를 표시한 수를 말한다. 이는 에어비앤비, 우버 등 공유경제 플랫폼들이 제공하는 평판 시스템으로 확장되고 있고, '양적' 평가의 결과로 사람들의 선택을 받는 세상이 열리고 있다.

'양적' 평가가 중요한 평판 시스템이 도입되기 이전의 SNS는 댓글 등을 통해 그 자체만으로 입소문 마케팅에 도움을 주었고, 트위터가 대표적이다. 개인 간 관계를 맺은 보다 친밀한 지인 간 소통을 통해 정보와 지식이 전달됨으로써 정보에 대한 신뢰 수준은 오프라인보다 더 높아진다. 그런데 이는 유사한 성향을 띤 사람들에 대한 신뢰이지, 전혀 모르는 낯선 사람들이 전하는 정보에 대한 신뢰는 분명히 아니었다. 한편, SNS와 공유경제 플랫폼의 발달로 전혀 알지 못하는 사람들 간에도 거래가 일어나게 된다. 전혀 알지 못하는 전 세계 사람들이 민박 알선 앱인 에어비앤비를 통해 낯선 사람들에게 자신의 안방을 내어주거나, 전혀 알지 못하는 사람들이 인가받지 않은 택시 앱인 우버에 자신의 몸을 싣는 사례들이 대표적이다. 이는 양적 평가 때문이다.

양적 평가에 기반한 플랫폼들이 모두 성공하는 것은 아니다. 성공한 플랫폼들은 뭔가 차별화된 경쟁력을 분명히 가지고 있다. 그 키워드는 바로 신뢰(Trust)이다. 그런데 이의 전제조건이 있다. 어떤 개인에 대한 신뢰가 생기기 위해서는 그 개인에 대한 정보가 플랫폼에 노출되어야 한다는 점이다. 즉, 타인에 대한 정보를 얻기 위해서는 자신의 정보도 노출시켜야 한다. 예로, 에어비엔비에서 민박집 주인에 대한 신뢰를 가지기 위해서는 이를 이용하는 숙박 이용자도 자신의 개인정보를 민박집 주인과 공유해야 한다. 각각 자신이 공개한 정보만큼 각자의 네트워크가 서로 연결될 가능성이 높으며 이는 더 확장되어 신뢰가 쌓이게 되는 것이다. 따라서 호스트인 집주인과 숙박 이용자 모두 더 많은 자신들의 정보를 플랫폼에 공개하게 된다.

조성은과 한은영(2013)에 의하면, 페이스북의 '좋아요' 등이 주는 평판은 기존의 사적인 신뢰를 공적인 신뢰로 전환시키는 '기대의 안정성'을 확보하는 도구가 된다. 이들이 언급한 '기대의 안정성'을 누가 더 많이 제공하는가가 플랫폼 거버넌스 전략 성공의 관건이 된다. 공유경제에 초점을 두고 연구하는 보츠만(Botsman 2010)은 에어비엔비의 공유경제를 특히 '협력적 소비(Collaborative consumption)'라고 명명했다. 이어 보츠만과 로저스(Botsman, Rogers 2010)는 《하버드비즈니스리뷰》에서 '협력적 소비'를 개념화한다. 보츠만이 말하는 '협력적 소비'란 ICT에 힘입어 소비자들끼리 제품이나 설비 등을 공유하거나 교환하는 새로운 소비 패턴이다. 기존 렌탈 서비스나 중고 시장 물물 교환 등 대안적 소비 형태와 크게 다르지 않지만, 협력적 소비의 차별점은 공유하려는 태도이다.

이러한 협력적 소비를 통해 소비자가 얻을 수 있는 가장 큰 혜택은 소비자 자신이 스스로 경험하는 경제적 효능이다. 가격 부담이 덜하다는 장점 때문에 소비자들은 소유를 포기하고 약간의 불편함을 감수하면서까지 기꺼이 협력적 소비를 시도한다. 협력적 소비가 사회 문화적 트렌드로 자리잡을 수 있는 중요한 이유 중의 하나는 특히 많은 소비자들이 갖고 있는 친환경적 성향 때문이다. 물건을 재활용함으로써 불필요한 생산, 폐기를 막아 환경 보호에 기여한다. 이러한 '착한 소비자'들이 늘어나면서 협력적 소비는 더욱 주목받으며, 공유경제는 SNS로 인해 완전히 낯선 사람에 대한 신뢰 구조가 형성되어 비용 절감, 고객 가치 창출로 연결되며, 보츠만은 이를 신뢰경제(Trust economy)라고 명명했다.

릴리어와 릴리어(Reillier & Reillier 2017)도 자신들의 저서인 《플랫폼 전략(Platform strategy)》에서 반 앨스타인 외(2016)가 이미 언급한 플랫폼 거버넌스 원칙과 방법들을 그대로 소개하였으며, 특히 보츠만이 언급한 신뢰경제와 플랫폼 거버넌스를 함께 논의하고 있다. 이들도 플랫폼 거버넌스가 왜 신뢰 기반으로

갈 수밖에 없는지에 대한 대표 사례로 에어비앤비를 제시한다. 에어비앤비는 위험성을 최소화하기 위해 SNS 연계를 통한 신뢰 형성에 노력했고, 이를 위해 페이스북의 '소셜 커넥트' 아키텍처를 자사의 '추천' 기능에 연결시켰다. 릴리어와 릴리어는 아래 [그림 1]에서와 같이 플랫폼이 지켜야 할 플랫폼의 신뢰 형성 프레임워크를 일곱 가지 핵심 신뢰로 제시한다. 플랫폼은 먼저 참여자에게 정보에 대한 신임(Credibility)과 자발적 행위에 의한 기여(Contribution), 고객 경험의 질적 일관성(Consistency)을 유지하고, 플랫폼 자신에게는 기술적 통제(Control)와 과정상의 수정(Correction), 그리고 고객 보호(Coverage) 기능을 가진다. 그리고 참여자와 플랫폼 사이에는 커뮤니티(Community)가 있는데, 이는 플랫폼과 참여자 모두에게 해당되는 것이다. 플랫폼 자신에게 요구되는 3개 핵심 신뢰에 대해서는 마지막 절에서 다룰 것이며 여기서는 플랫폼이 참여자들에게 형성해야 할 세 가지 핵심 신뢰에 대해 살펴보자.

◇ [그림 1] 플랫폼이 유지해야 할 핵심 신뢰 7C

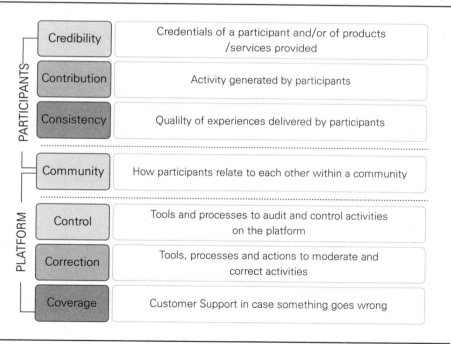

자료: Reillier & Reillier 2017: 157쪽

플랫폼이 생태계의 참여자들에게 줄 수 있는 첫 번째 핵심 신뢰는 참여자에게 주는 정보, 상품, 서비스에 대한 신임(Credibility)이다. 릴리어와 릴리어는 이베이, 에어비앤비, 블라블라카(BlaBlaCar), 업워크(Upwork)를 이의 성공 사례로 든다. 미디어 플랫폼으로는 앞서 언급한 네이버의 '지식iN'이다. 이는 네이버 플랫폼에 대한 신임이 낯선 사람이 다른 사람과 창의적인 정보 교환을 하는 것을 가능하게 하는 기반이 되게 한다. 즉, '지식iN'이라는 커뮤니티에서 플랫폼은 참여자들로 하여금 낯선 사람이 되는 것을 그만 두게 하는 것이 매우 중요하다. 커뮤니티 내에 리더가 등장하고 알려지고 신뢰를 받게 되면, 참여하는 사람들에게 적합한 비공식적 시스템들이 개발되고 서로에 대한 이러한 신뢰를 키우기 위해 일부가 이러한 시스템을 함께 발전시키게 된다.

플랫폼이 생태계 참여자들에게 줄 수 있는 두 번째 핵심 신뢰는 참여자 행위의 기여(Contribution)이다. 릴리어와 릴리어는 블라블라카, 트위터, 업워크를 이의 성공 사례로 든다. 미디어 플랫폼으로 트위터의 트윗(Tweet)이 있다. 이는 참여를 유발하지만, 잘못된 트윗에 대해 규정한 규범도 있다. 예로, 2020년 10월, 코로나19 사태에서 마스크 무용론을 주장한 도널드 트럼프 미국 대통령 의학고문의 트윗을 삭제했는데, 그 이유는 이 트윗이 코로나19 관련 허위 또는 오해의 소지가 있는 정보 공유를 금지하는 정책을 위반했기 때문이다. 이는 보건당국 전문가에 의해 증명되며, 허위라고 확인된 게시물 확산을 불허하고 있다.

플랫폼이 생태계 참여자들에게 줄 수 있는 세 번째 핵심 신뢰는 고객이 경험하는 질적 일관성(Consistency)이다. 릴리어와 릴리어는 이베이와 아마존, 에어비앤비를 이의 성공 사례로 든다. 초기 이베이의 상호평가 시스템(Reciprocal reputation system)은 결국 '맞받아치기(tit for tat)'식 접근으로 이어지면서 플랫폼 참여자들에게 나쁜 인센티브를 주게 되어 부정적 네트워크 효과를 발생시키게 된다. 이에, 이베이는 판매자에게서 정보는 받되 데이터만 축적하고 구매자에게는 보이지 않게 하는 전략 변경을 하게 된다. 이와 유사한 미디어 플랫폼으로는 유튜브의 댓글 관리이다. 동영상 소유자가 댓글 기능을 사용하도록 설정한 경우에만 이용자가 동영상에 댓글을 게시할 수 있으며, 다른 이용자가 동영상에 올린 댓글에 '좋아요' 및 '싫어요' 표시를 하거나 답글을 남길 수 있다.

데이터 기반 미디어 플랫폼 거버넌스

　릴리어와 릴리어(2017)가 제시한 플랫폼이 유지해야 할 핵심 신뢰 7C 프레임 워크는 플랫폼이 참여자 대상으로 가져가야 할 핵심 신뢰와 자사가 직접 기능을 수행해야 할 핵심 신뢰로 구분하였다. 여기서는 후자에 대해 살펴보고자 한다. 즉, 데이터 기반으로 미디어 플랫폼이 직접 어떻게 신뢰 형성을 할 수 있을지를 플랫폼이 가져야 하는 3대 핵심 신뢰 기능인 통제(Control), 과정상의 수정 (Correction), 그리고 고객 보호(Coverage) 기능 중심으로 살펴보고자 한다.

　플랫폼이 직접 가져가야 하는 첫 번째 핵심 신뢰는 기술적 통제(Control) 기능이며, 릴리어와 릴리어는 우버를 성공 사례로 든다. 미디어 플랫폼의 경우에는 실패 사례를 들겠다. 먼저, 데이터 유출 사건을 경험한 페이스북의 경우이다. 2019년 초, 억 단위의 페이스북 관련 기록들이 2개의 앱 데이터 셋을 통해 노출된 채 발견됐다. 여기에는 계정 이름과 평문으로 저장된 비밀번호가 포함되어 있었다. 먼저 발견된 데이터 셋은 멕시코의 미디어 기업인 컬쳐라콜렉티바 (Cultura Colectiva)에서 나온 5억 4,000만 개의 개인 기록들이다. 여기에는 댓글, 좋아요, 감정 표현, 계정 이름 등이 저장되어 있다. 두 번째 데이터 셋은 '앳더풀 (At the Pool)'이라는 페이스북 연동 앱의 백업 데이터로, 2만 2,000명 사용자의 비밀번호가 평문으로 저장되어 있다. 조치가 취해졌지만, 페이스북에 대한 신뢰 하락은 만회하기 어렵다. 컬쳐라콜렉티바는 자사 페이스북 계정에 올라온 게시글에 대한 사용자 반응을 수집 분석하는 회사로, 어떤 종류의 게시글이 좀 더 많은 반응을 일으키는지 파악하고 미래 게시글을 통해 보다 높은 트래픽을 발생시키는 데 사용한다. '앳더풀'은 페이스북 플랫폼과 연동해 사용자들에게 신규 친구들과 연결시켜주는 기능을 한다. 이는 캠브리지 애널리티카(Cambridge Analytica) 스캔들이 터지고 1년이 좀 지나서 발생한 일이라 플랫폼 신뢰 하락의 정도는 더 심각하였다.

2019년 중반, 페이스북은 미국 스탠더드앤드푸어스(S&P) 사회책임경영지수(ESG 지수)에서 퇴출되며 환경·사회적 책임 측면에서 그간 공들여 쌓아온 선도적 이미지까지 무너지기 시작한다. ESG는 환경(Environment)과 사회적 책임(Social responsibility), 지배구조(거버넌스; Governance)를 말하는 것으로 S&P ESG 지수는 이들 가치를 추구하는 기업들로 구성돼 있다. 페이스북은 환경 부문에서는 100점 가운데 82점을 얻었지만, 사회적 책임과 거버넌스 부문에서는 각각 22점과 6점이라는 낮은 점수를 받아 지수 퇴출 배경이 된 것이다. 이어, 월스트리트저널(WSJ)은 페이스북 저커버그 CEO가 회사의 개인정보 보호 관행과 관련해 문제를 알면서도 이를 바로잡지 않은 것으로 보이는 정황이 담긴 이메일들을 공개했다.

국내에서는 대표 포털인 네이버와 카카오가 2020년 들어 ESG 경영을 도입하기 시작한다. 네이버가 먼저 2020년 10월 ESG 위원회를 설치했고 12월 ESG 전담 조직을 만들었고, 카카오는 2021년 초에 이사회 산하 'ESG 위원회'를 신설하고, 카카오의 지속가능경영 전략의 방향성을 점검하고 성과와 문제점을 관리 감독하기로 하고, '기업지배구조헌장'도 내놓았다. 이러한 움직임은 소비자들의 신뢰가 무엇보다 중요해지고 있음을 방증한다.

플랫폼의 기술적 통제의 또 다른 실패 사례는 유튜브가 야기한다는 확증 편향(Confirmation bias)이다. 이는 유튜브가 어떤 항목을 기준으로 콘텐츠 추천 시스템을 작동시키는 것인가에 대한 의문 제기이기도 하다. 그 이유는 윤리적으로 도저히 납득하기 어려운 사건들이 계속 발생하기 때문이다. 자살한 사람이 촬영된 '로건 폴' 채널 영상이 수백 만건의 조회수를 기록하는 등 폭력 영상들은 항상 문제가 됐다. 이에, 2018년 전(前) 유튜브 추천 시스템 담당자가 '가디언'에 추천 알고리즘 방식에 대한 의혹을 폭로한다. 그는 구글에서 3년간 근무 후 2013년 해고당한 전 유튜브 엔지니어팀 직원인 기욤 샤스로이며, 영국 일간지인 가디언에 유튜브 추천 시스템 알고리즘에 관해 폭로한 것이다.

샤스로는 유튜브의 자동 추천 시스템이 결코 민주주의적이지 않으며 투명성과 균형성 문제를 가지고 있다고 주장한다. 그에 의하면, 알고리즘 왜곡으로 얻은 효과는 사용자의 길어진 유튜브 시청 시간이다. 사람들이 더 많은 동영상을 시청해 더 많은 광고를 보는 것이 유튜브 수익 창출의 우선순위이다. 샤스로가 속했던 유튜브의 엔지니어팀은 사용자의 유튜브 동영상 시청 시간을 연장해 광고 수익을 늘리는 시스템을 지속해서 실험했다고 한다.

해고된 샤스로는 2016년부터 유튜브 추천 알고리즘 작동을 추측하기 위해 직접 설계한 프로그래밍으로 유튜브 데이터를 수집한 후, 가디언이 2018년 2월 2일 이 데이터베이스로부터 분석한 결과를 그의 인터뷰와 함께 보도한다. 샤스로가 유튜브 데이터 샘플을 모두 가져올 순 없기 때문에 두 가지 추천 데이터를 단순 스냅하는 방법을 택했다고 한다. 그 결과, 유튜브의 초기 검색 결과에서 제공되는 리스트와 다음 동영상으로 추천하는 영상 리스트를 토대로 수천 번 작업을 통해 유튜브가 특정 주제에 대해 추천 컨베이어 벨트에 올리는 데이터군을 수집할 수 있음이 포착된다.

샤스로는 미국 대통령 선거 당시 도널드 트럼프 후보와 힐러리 클린턴 후보에 관한 유튜브 추천 시스템 작동을 주제로 잡았다. 각 후보 이름을 검색해 나온 결과 중에서 상위 5개 비디오를 수집하였고, 해당 동영상을 클릭한 후 다음 동영상으로 추천하는 비디오 리스트를 캡처하는 등, 유튜브가 추천한 다음 동영상이 어떤 성격의 비디오인지를 분석하는 작업을 반복한 샤스로가 공개한 대선 후보 관련 데이터 리스트는 총 8,052개이다. 샤스로는 균형 있는 데이터 수집을 위해 개인화 시스템 작동을 최대한 방지했고, 자신의 검색 결과를 균형 있게 하기 위해 각 후보 이름을 번갈아가며 한 번씩 검색했으며, 동영상 시청 기록에 영향을 받지 않기 위해 추천된 다음 동영상으로 넘어가는 과정을 거치지 않았다고 한다.

가디언은 샤스로가 공개한 모든 동영상과 그중 가장 많이 추천된 상위 1,000개 동영상을 집중 분석했고, 개별 비디오에 대해서는 동영상 성격도 분석했다. 추천된 동영상 성격이 각 당을 지지하는지 여부를 판별하기 위해 내용 및 제목을 조사한 결과, 전체의 3분의 2인 콘텐츠가 특정 후보에게 유리하게 작동하는 내용임이 발견된다. 총 643개 편향 콘텐츠 중 551개가 트럼프 지지 성격을 나타냈고, 나머지 3분의 1의 추천 동영상은 정치 중립적이다. 가디언은 전체 영상을 추천 횟수에 따라 순위를 매기는 작업도 했다. 검색 동영상 옆에 다음 동영상으로 추천된 횟수를 1회당 1추천으로 계산해서 상위 추천 동영상 25개와 추천수가 많은 상위 유튜브 채널 10개를 추린 결과 특정 후보에 대한 성향을 드러내는 것들이 대부분임이 드러난다.

이상의 데이터 분석 결과를 통해 폭로된 것은 유튜브 추천 알고리즘 시스템이 편향되거나 음모론적 동영상 위주로 작동하고 있으며, 추천 시스템의 초점이 '체류 시간'에 있다는 점, 외부 세력이 유튜브 추천 알고리즘을 작동시킬 가능성이 충분히 있으며, 특정 세력이 자신의 콘텐츠를 이슈화시킬 경우에 추천 동영상에 자주 등장할 경우의 수가 높다는 점 등이다. 이러한 논란 이후에, 유튜브의 공식 입장은 '구글의 머신러닝과 자동 알고리즘 시스템을 강화하겠다'는 선언적인 답이다.

플랫폼이 직접 가져가야 하는 두 번째 핵심 신뢰는 과정상의 수정(Correction) 기능으로 첫 번째의 통제 기능과도 연결된다. 릴리어와 릴리어는 유튜브, 트위터, 이베이를 이의 성공 사례로 든다. 미디어 플랫폼인 유튜브는 불법 콘텐츠를 내리고 있으며, 이를 가려내기 위해 데이터 기반의 인공지능 알고리즘인 콘텐츠 ID(Content ID)를 개발하여 콘텐츠 소유자의 파일이나 유튜브에 올린 동영상 내용을 비교해 저작권 보호 여부를 확인하게 하는 시스템을 가지고 있다. 콘텐츠 ID는 콘텐츠 제작자가 유튜브에 올린 동영상에 대해 광고 수익배분을 할 수 있게 해주는 기반이 되는 AI로, 콘텐츠 저작권자인 1인 미디어 크리에이터에게만 콘텐츠 소유자로서 인정을 해주기 때문에 불법 콘텐츠 양산을 줄이는데 큰 도움을 준다.

그런데 아쉽게도 유튜브가 제공하고 있는 콘텐츠 ID 방법을 악용해서 짧은 파일로 신청하고 콘텐츠 저작권자에게서 수익을 빼앗으려는 사례가 발생한다. 이에, 유튜브는 2019년 7월 이를 이용하는 저작권 관리 정책을 변경한다. 즉, 유튜브는 기존의 수동 신청 시스템을 해당 동영상의 어느 부분에서 콘텐츠가 사용되고 있는지에 대한 타임 스탬프를 요구하는 방식의 신청 형태로 바꾼다. 이는 1인 미디어 크리에이터로 하여금 크리에이터 스튜디오 편집 도구에서 타임 스탬프를 이용해 동영상에서 제기된 내용 중 일부를 제거하고 자동으로 신청을 취소하고 수익 창출을 복원할 수 있게 한 것이다. 이러한 정책 변경은 짧은 파일을 제작하는 콘텐츠 제작자의 동영상 수익 창출인, 콘텐츠 소유자의 수익 옵션 선택을 금지한 조치이다. 하지만 이는 아직 수동으로 신청하는 경우에만 해당되고, 자동으로 신청되는 경우에는 적용되지 않는다. 여하튼 이러한 변경은 저작권자와 제작자 간의 균형을 고려한 수정에 해당된다.

플랫폼이 직접 가져가야 하는 세 번째 핵심 신뢰는 고객인 참여자를 보호(Coverage)하는 기능이며, 릴리어와 릴리어는 참여자를 보호하기 위해 보험에 가입한 에어비앤비와 블라블라카를 성공 사례로 든다. 미디어 플랫폼에게 이러한 보험 기능은 찾아보기 어려운데, 새로 부상하는 미디어 커머스(Media commerce) 비즈니스 모델에 필요하다. 미디어 커머스를 통해 '콘텐츠를 보는 곳'이 '상품을 사는 곳'이 되기 시작했으며 미디어가 마케팅 공간 역할도 한다. 미디어 커머스는 기존의 TV홈쇼핑을 뛰어 넘는 플랫폼을 필요로 한다. 이의 대표 사례는 미디어 커머스 기업들의 메타 플랫폼으로 활용되기 시작한 인스타그램이다.

전통 미디어 기업들도 미디어 커머스에 큰 관심을 보이기 시작한다. 국내에서는 TV홈쇼핑 채널들이 대표적이다. 홈쇼핑 채널을 보유 중인 CJENM의 사내 벤처 '다다스튜디오'는 뷰티, 리빙, 토이, 푸드, 트렌드, '1분 홈쇼핑' 등 6개 채널을 가지고 있다. 이러한 미디어 커머스 기업들이 주요 활동무대로 삼아온 소셜 미디어 인스타그램이 과장광고나 선정성에 대한 기준을 강화하기 시작한다. 이미 SNS를 활용한 인플루언서(Influencer) 커머스의 성장과 함께 꼬리표처럼 따라온 과장광고 논란이 미디어 커머스로 이어질 것을 예상한 인스타그램은 이에 대한 선제적 방어책이 필요했던 것이다.

국내의 식품의약품안전처는 2019년 6월 유명 인플루언서들의 판매 제품을 점검한 결과, 허위 및 과대광고 행위를 한 1,930개 사이트를 적발하고 방송통신심의위원회에 차단을 요청했다. 건강기능 식품이 아닌 제품을 오인, 혼동시키거나 소비자들로 하여금 질병의 예방과 치료 효과가 있다고 믿게 만든 허위 및 과대광고가 대부분이었으며, 단속 대상이었던 다이어트 제품들은 미디어 커머스와 유사한 방식인 후기 형식의 영상 콘텐츠로 마케팅이 이루어져 소비자들 사이에서 SNS에 노출된 미디어 커머스 자체에 대한 불신도 함께 퍼지게 된다.

2019년 5월, SNS 플랫폼인 인스타그램은 상품 확인 후에 온라인숍으로 바로 이동이 가능한 인스타그램 쇼핑을 시작하면서 쇼핑태그 정책을 함께 내놓는다. 쇼핑태그를 처음 도입할 때는 '실물이 있는 제품이면 대부분 사용 가능'이라고 안내되었지만, 너무나 많은 제품군에서 문의가 오기 시작하면서 제한 정책이 나오게 된 것이다. 그 내용을 보면, '건설, 페인팅, 배관, 잔디 관리 등 홈 서비스'와 '항공사 서비스, 호텔 숙박, 자동차 렌트 등의 여행 서비스', '미용 서비스',

'보험, 은행, 대출 등 금융 서비스', '수의사, 동물 관련 서비스' 등을 쇼핑태그에 적용을 할 수 없으며, '의료용품'이나 '위험한 기계', '자동차 및 연료' 쪽에서는 아예 쇼핑태그가 적용될 수 없다는 제한 사항이 달리도록 조치하였다.

참고문헌

김위근(2015.3.27). 포털 뉴스서비스와 인터넷신문의 상생과 조건, KISO저널 제18호.

김선호/박아란(2017.12). 4차 산업혁명과 뉴스 미디어 정책, 한국언론진흥재단.

동아닷컴(2020.10.19). 트위터, "마스크 효과 NO" 트럼프 의학고문 트윗 삭제.

동아일보(2021.1.14). IT기업들 "이제는 ESG 경영"

매일경제(2020.3.4). 온라인 시대 유통 새 문법 '미디어 커머스' 기획에서 판매까지… 품질 위주로 시장 재편 중.

메디칼업저버(2017.9.26). '관종'내면 취약해 SNS상 관심에 집착.

문지현(2017.4.5). 인터넷: 플랫폼 혁명, 미래에셋대우.

미디어SR(2018.2.8). 유튜브, 알고리즘 왜곡으로 광고 수익 올렸다. 前 엔지니어 의혹 제기.

보안뉴스(2019.4.4). 페이스북 사용자 데이터 5억 4천만 건, 인터넷에 노출.

보험연구원(2020.2.17). 인플루언서 마케팅의 확산과 보험회사의 대응.

비즈니스인사이트(2021.1.7). 페이스북 페이지에서 '좋아요' 기능 사라진다. https://biz.insight.co.kr/news/319836

서울경제(2019.6.15). 결국 '개인정보 유출'에 무너지는 페이스북…해체수순 밟나?

사례뉴스(2020.3.3). 뜨는' 비즈니스, 잘 나가는 '미디어 커머스' 기업들의 성공 비결은?

송민정(2017.6). 4차 산업혁명 시대, 데이터경제에서 신뢰경제(Trust economy)로의 한걸음 진보 말한다, 자동인식비전.

송민정(2018.2). 블록체인 기반으로 기존 공유경제를 파괴(적 혁신)할 가능성. 자동인식비전.

연합뉴스(2019.8.21). 유튜브 확증 편향성, 정치 편향성에 무감각하게 만들어.

주간동아(2019.3.20). 유튜브의 댓글 차단 "이게 최선입니까"만 13세 미만 아동 크리에이터 보호 명분…원칙 없고 불공정해 논란.

조선비즈(2007.10.10). 네이버 지식인은 정말 '알바'들일까?

조선일보(2020.10.7). "넷플릭스 적당히 해라" 페이스북 'SNS 중독' 다큐에 발끈

조성은, 한은영(2013.12). SNS의 이용과 개인의 사회관계 변화 분석: SNS 연결관계를 통한 신뢰 사회 구현에 대한 전망, 정보통신정책연구원 기본 연구, 13−19−02.

최민재·김영욱·양승찬·심영섭·정준희·심우민·황성연·김민성(2018). 디지털 뉴스미디어 정책, 한국언론진흥재단.

케이디비(KDB)산업은행(2016). 창업지원을 위한 해외 오픈형 플랫폼 사례분석 및 시사점.

크라우드 산업 연구소 위즈돔(2013). 새로운 대한민국을 꿈꾸는 기업들을 통해 살펴본 공유 경제. "서울, 공유 경제를 만나다" 기념 연구 보고서.

Barber, B. (1983). *The Logic and Limit of Trust. New Brunswick*, N.J.: Rutgers University Press.

Barnes, S.B. (2006)/ A Privacy Paradox: Social Networking in the United States, First Monday, 11: 9, http://firstmonday.org/ojs/index. php/fm/article/view/1394/1312.

Botsman, R. (2010) The case for collaborative consumption. TED.com. http://www.ted. com/talks/rachel_botsman_the_case_for_collaborative_consumption .html

Botsman, R. (2012). The currency of the new economy is trust. TED.com. http:// www. ted.com/talks/rachel_botsman_the_currency_of_the_new_economy_is_trust.html.

Botsman, R., Rogers, R. (2010) What's Mine is Yours: The Rise of Collaborative Consumption. *Harper Business Review*.

Fastcompany (2019.12). How Facebook's 'Like' Button Hijacked Our Attention and Broke the 2010s, Dec 19, 2019, https://medium.com/fast−company/how−facebooks−like−button−hijacked−our−attention−and−broke−the−2010s−74 b89bd19e8e.

Hampton, K., Goulet, L. S., Marlow, C., & Rainie, L. (2012). Why most Facebook users get more than they give, Pew Internet & American Life Project.

Lessig, L. (2008). Remix: Making Art and Commerce Thrive in a Hybrid Economy, New York: Penguin Press, October 2008.

Reillier, L.C. & Reillier, B. (2017). *Platform strategy*, Routledge.

Tsotsis, A. (2011). TaskRabbit Turns Grunt Work into a Game, Wired, July 15. http://www.wired.com/magazine/2011/07/mf_taskrabbit/all/.

YouTube Official Blog (2019.8.15). Updates to our manual Content ID claiming policies, The YouTube Team.

저자약력

송민정 교수는 스위스 취리히대학교에서 커뮤니케이션학 박사학위를 취득하였고, 현재 한세대학교 미디어영상광고학과 교수로 재직 중이다. 1995~1996년 스위스 바젤에 있는 경영경제 컨설팅 기관인 프로그노스(Prognos)에서 [미디어와통신(Media and communication)] 부서의 전문연구원을 시작으로 1996~2014년 KT경제경영연구소 수석연구원으로 연구원 생활을 하였고, 2014년 성균관대학교 휴먼ICT융합학과 대학원의 산학협력 교수를 거쳐 2015년부터 한세대학교 교수로 재직하면서 연세대 언론홍보대학원, 한양대 언론정보대학원에서 미디어 경영론 강의로 출강 중이며 스마트사이니지포럼의 감사를 역임하고 있다. 저서로는 정보콘텐츠산업의 이해, 인터넷콘텐츠산업론, 디지털 미디어와 콘텐츠, 모바일 컨버전스는 세상을 어떻게 바꾸는가, 빅데이터가 만드는 비즈니스 미래지도, 디지털미디어 경영론, 빅데이터경영론, 에너지데이터경영론 등이 있다.

미디어 경영 관련 영어 논문으로는 A Case Study on Partnership Types between Network Operators & Netflix: Based on Corporate Investment Model (2020), A Study on Artificial Intelligence Based Business Models of Media Firms (2019), Trust-based business model in trust economy: External interaction, data orchestration and ecosystem recognition (2018), A Study on Trust ICT Business Models: Based on Disruptive Innovation Theory (2018), A Case Study on Kakao's Resilience: Based on Five Levers of Resilience Theory (2017), A Study of Media Business Innovation of Korea Telecom (2016), Global Online Distribution Strategies for K-Pop: A case of "Gangnam Style" (2015), A Case Study on Korea Telecom Skylife's (KTS's) Business Model Innovation: Based on the Business Model Framework (2013), Case Study on Hybrid Business Model: kt's Olleh TV Skylife (2012) 등이며, 국문 논문으로는 한류의 비즈니스 확장에 관한 연구: 창의성 유형 모델 기반으로 (2018), IoT기반 스마트사이니지 비즈니스모델 개념화: 4대 스마트커넥티드프로덕트(SCP) 역량 중심으로(2017), 글로벌 5대 MCN 미디어 기업들의 비즈니스모델 연구: 파괴적혁신 이론을 토대로(2016), 넷플릭스, 동영상스트리밍 기업인 넷플릭스의 비즈니스모델 최적화 연구: 비즈니스모델혁신 이론을 토대로(2015), 빅데이터를 활용한 통신기업의 혁신전략(2014), 망중립성 갈등의 대안인 비즈니스모델 연구: 양면시장 플랫폼전략의 6가지 전략 요소를 근간으로(2013), 비즈니스모델 혁신 관점에서 살펴본 스마트TV 진화에 관한 연구(2012), 플랫폼흡수 사례로 본 미디어플랫폼전략 연구: 플랫폼흡수이론을 토대로(2010), IPTV의 오픈형 플랫폼 전략에 대한 연구: 플랫폼 유형화 이론을 기반으로(2010), DMB 사업자의 경쟁전략 방향 연구: 산업구조 분석을 토대로(2003), IT혁명이 문화콘텐츠산업구조에 미치는 영향(2002), 양방향 서비스의 주요 특징인 상호작용성(Interactivity)의 이론적 개념화(2002), 다채널 시대의 상업적인 공익 프로그램 공급 가능성에 대한 연구(2001), 인터넷 콘텐츠산업의 경제적, 사회적 파급효과 연구(2000), 유료(有料)TV 산업의 경쟁전략: 클러스터 이론(Cluster theory)과 연계하여 살펴본 BSkyB 사례를 중심으로(2000) 등이 있다.

디지털전환시대의 미디어경영론

초판발행	2021년 3월 30일
지은이	송민정
펴낸이	안종만·안상준
편 집	배규호
기획/마케팅	김한유
표지디자인	BEN STORY
제 작	고철민·조영환
펴낸곳	(주) **박영사**
	서울특별시 금천구 가산디지털2로 53, 210호(가산동, 한라시그마밸리)
	등록 1959. 3. 11. 제300-1959-1호(倫)
전 화	02)733-6771
f a x	02)736-4818
e-mail	pys@pybook.co.kr
homepage	www.pybook.co.kr
ISBN	979-11-303-1210-1 93320

* 파본은 구입하신 곳에서 교환해 드립니다. 본서의 무단복제행위를 금합니다.
* 저자와 협의하여 인지첩부를 생략합니다.

정 가   23,000원